行動主義を理解する
―――行動・文化・進化―――

UNDERSTANDING BEHAVIORISM:
Behavior, Culture, and Evolution
Second Edition

ウィリアム・M・ボーム 著

森山哲美 訳

二瓶社

UNDERSTANDING BEHAVIORISM:
Behavior, Culture, and Evolution, 2nd Edition
by William M. Baum

© 2005 by William M. Baum

All Rights Reserved. Authorised translation from the English language edition published by John Wiley & Sons Limited. Responsibility for the accuracy of the translation rests solely with Nihei Sha and is not the responsibility of John Wiley & Sons Limited. No part of this book may be reproduced in any form without the written permission of the original copyright holder, John Wiley & Sons Limited.

Japanese translation rights arranged with John Wiley & Sons Limited through Japan UNI Agency, Inc., Tokyo.

目　次

◎ 第2版に向けて　xi

第Ⅰ部　行動主義とは何か　1

第1章　行動主義—定義と歴史　3
歴史的背景　4
- 哲学から科学へ　4
- 客観的心理学　7
- 比較心理学　9
- 初期の行動主義　11

自由意志　対　決定論　14
- 定　義　14
- 自由意志に賛成の議論と反対の議論　16

要　約　21
◆ 参考文献　23
第1章で紹介した用語　24

第2章　科学の哲学としての行動主義　25
実在論と実用主義　26
- 実在論　26
- 実用主義　29

徹底的行動主義と実用主義　39
要　約　43
◆ 参考文献　44
第2章で紹介した用語　45

第3章　公的事象・私的事象・自然事象・架空事象　47
心理主義　47
- 公的事象と私的事象　48

- ■ 自然事象　　49
- ■ 自然事象と精神事象、そして架空事象　　50
- ■ 心理主義への反論　　52

範疇誤認　　58
- ■ ライルと超越機械論的仮説　　59
- ■ ラクリンの巨視的行動主義　　62

私的事象　　68
- ■ 私的行動　　68
- ■ 自己知識と意識　　74

要　約　　78
- ◆ 参考文献　　78
- 第3章で紹介した用語　　79

第Ⅱ部　行動の科学的モデル　　81

第4章　進化論と強化　　83

進化の歴史　　83
- ■ 自然選択　　84
- ■ 反射と定型化運動パターン　　87
- ■ 強化子と弱化子　　93
- ■ 系統発生的影響を概観する　　99

強化の歴史　　100
- ■ 結果による選択　　101
- ■ 歴史的説明　　106

要　約　　110
- ◆ 参考文献　　110
- 第4章で紹介した用語　　111

第5章　目的と強化　　113

歴史（履歴）と機能　　113
- ■ 歴史的説明を使って　　114
- ■ 機能的単位　　117

目的の3つの意味　　122

■ 機能としての目的	122
■ 原因としての目的	123
■ 感情としての目的：自己報告	131
要　約	135
◆ 参考文献	137
第5章で紹介した用語	138

第6章　刺激性制御と知識　　139

刺激性制御	140
■ 弁別刺激	141
■ 拡張された系列と弁別刺激	142
■ 弁　別	144
知　識	146
■ 手続き的知識：方法について知ること	148
■ 宣言的知識：対象について知ること	150
■ 自己知識	155
科学者たちの行動	161
■ 観察と弁別	161
■ 科学的知識	162
■ 実用主義とコンテクスト理論	163
要　約	165
◆ 参考文献	166
第6章で紹介した用語	167

第7章　言語行動と言葉　　169

言語行動とは何か	169
■ コミュニケーション	170
■ オペラント行動としての言語行動	170
■ 話し手と聞き手	172
■ 例	177
■ 言語行動 対 言葉	183
機能的単位と刺激性制御	184
■ 機能的単位としての言語活動	185

■ 言語行動の刺激性制御	187
■ よく見られる誤解	188
意　味	**192**
■ 参照理論	193
■ 使用としての意味	196
文法と構文	**200**
■ 記述としてのルール	200
■ 文法の規則はどこにあるのだろう	203
要　約	**204**
◆ 参考文献	206
第7章で紹介した用語	207

第8章　ルール支配行動と思考　　　　　209

ルール支配行動とは何か	**209**
■ ルール支配行動と暗に形成される行動	210
■ ルール：命令、教示、忠告	212
■ 常にいつでも2つの関係	219
ルールに従うことを学習する	**225**
■ ルール追随の形成	225
■ ルールはどこにある？	226
思考と問題解決	**227**
■ 変化する刺激	229
■ 事前経過行動	232
要　約	**234**
◆ 参考文献	235
第8章で紹介した用語	236

第III部　社会問題　　　　　237

第9章　自　由　　　　　241

自由意志という語の使用	**241**
■ 自由であること：自由意志	242
■ 自由を感じること：政治的自由と社会的自由	243

- ■ 精神的自由　　　255
- 従来の考えに対する挑戦　　　259
- 要　約　　　260
  - ◆ 参考文献　　　261
- 第9章で紹介した用語　　　262

第10章　責任、信用、そして非難　　　263

- 責任と行動の原因　　　263
  - ■ 自由意志と制御の可視性　　　264
  - ■ 信用する、非難する　　　265
  - ■ 慈悲と制御　　　266
- 責任そして行動の結果　　　269
  - ■ 責任とは何か　　　270
  - ■ 実用的に考える―制御の必要性　　　272
- 要　約　　　276
  - ◆ 参考文献　　　278
- 第10章で紹介した用語　　　278

第11章　関係と管理、そして統治　　　279

- 関　係　　　279
  - ■ 相互強化　　　280
  - ■ 個人と組織　　　283
- 搾　取　　　285
  - ■ 「幸福な奴隷」　　　287
  - ■ 長期の結果　　　287
  - ■ 相対的な福祉　　　289
- 制御と対抗制御　　　295
  - ■ 対抗制御　　　295
  - ■ 公　平　　　299
  - ■ 力　　　300
  - ■ 民主主義　　　303
- 要　約　　　304
  - ◆ 参考文献　　　306

第11章で紹介した用語　　　　　　　　　　　307

第12章　価値：宗教と科学　　　　309
価値についての問題　　　　　　　　　309
■ 道徳的相対主義　　　　　　　　　310
■ 倫理的基準　　　　　　　　　　　311
価値についての科学的アプローチ　　316
■ 強化子と弱化子　　　　　　　　　317
■ 感　　情　　　　　　　　　　　　320
■ 進化論と価値　　　　　　　　　　323
要　　約　　　　　　　　　　　　　330
◆ 参考文献　　　　　　　　　　　　332
第12章で紹介した用語　　　　　　　　333

第13章　文化の進化　　　　　　　335
生物の進化と文化　　　　　　　　　336
■ 自己複製子と適応度　　　　　　　337
■ 社　　会　　　　　　　　　　　　339
■ 文化の定義　　　　　　　　　　　341
■ 文化の特性　　　　　　　　　　　344
変異と伝達、そして選択　　　　　　349
■ 変　　異　　　　　　　　　　　　349
■ 伝　　達　　　　　　　　　　　　357
■ 選　　択　　　　　　　　　　　　361
要　　約　　　　　　　　　　　　　368
◆ 参考文献　　　　　　　　　　　　370
第13章で紹介した用語　　　　　　　　372

第14章　文化のデザイン：生存のための実験　373
進化によるデザイン　　　　　　　　374
■ 選択育種　　　　　　　　　　　　374
■ 評　　価　　　　　　　　　　　　375
■ 基準としての生存　　　　　　　　376

■ 誘導変異 　　　　　　　　　　　　　　　　379
実験的社会 　　　　　　　　　　　　　　**381**
　■ 実験する 　　　　　　　　　　　　　　381
　■ 民主主義 　　　　　　　　　　　　　　382
　■ 幸　福 　　　　　　　　　　　　　　　384
　■『ウォールデン・ツー』におけるスキナーの構想　385
反　論 　　　　　　　　　　　　　　　　**388**
要　約 　　　　　　　　　　　　　　　　**397**
　◆ 参考文献 　　　　　　　　　　　　　　399
　第14章で紹介した用語 　　　　　　　　　400

◎ 索　引 　　　　　　　　　　　　　　　　401
◎ 訳者あとがき 　　　　　　　　　　　　　406

◎ 第2版に向けて

『行動主義を理解する』の初版を記したとき、私は、学生たちに読ませていた B. F. スキナーの著書より読みやすく、もっと現代的な行動主義についての概説書を記したいと思った。すべての行動主義者は、行動の科学は可能であるという点で意見が一致している。この立場こそが行動主義である。行動主義者の間で意見が分かれるとしたら、それは科学と行動をどうとらえるのか、その見方の違いであると今でも思っている。しかし、この第2版では、スキナーの考えに着目するというよりは、私自身の考えに着目することにした。その結果、本書には、行動分析学の専門用語はそれほど多く含まれていない。普段私たちが使っている用語により近い言葉で記された本書は、初版と比べるとさらに読みやすくなったと思う。

第2版では、同僚や学生たちが指摘してくれた多くの間違いを修正した。哲学的背景を述べた第2章と第3章では、徹底的行動主義と実用主義の関連性について述べ、それらの哲学が通俗実在論や二元論から分岐したことについてよりわかりやすく述べたつもりである。ライルの考えと巨視的行動主義の考えの両方を強調した。すなわち、ラクリンの視点と私自身の視点の両方を強調して論じた。本書の至るところで巨視的な行動主義の視点に基づく説明がなされている。

進化を文脈としてとらえ、行動と進化の関連を明らかにするために、新たな素材を加えた。究極的な結果（ultimate consequences）である健康、資源、関係、そして生殖の役割を明確にした。自己制御、ルール支配行動、利他的行為、協力、文化的ルール追随といった問題を、長期的な強化と短期的な強化の競合としてとらえ、それらをまとめて関連づけた。第13章では、文化の進化を取り上げ、それと有機体の進化との対応をより明確に述べた。関係、管理、そして統治を問題にした第11章では、対抗制御を自己制御として明白に練り直し、国際関係の安全のジレンマの節を設けた。第14章では、民主主義の改善に向けた提言を特殊な例として盛り込んだ。新たな用語によって学生が混乱しないようにするために、各章の参考文献の後にスタディガイドとして用語リストを加えた。

◎ 謝　辞

　第2版を記しているとき、2人の研究者から特に援助を受けた。ホーウィー・ラクリンからは支援となる優しい指摘を受け、ジャック・マーからは歯に衣着せぬ挑戦的な批判を受けた。ゲリー・チューリッフには感謝する。彼は批判だけでなく、本書を読んでくれた彼の学生たちの評価も送ってくれた。ジョン・クラフトも本書を教科書として用いた結果をフィードバックしてくれた。アースキン客員研究員の資格を提供してくれたニュージーランドのカンタベリー大学には感謝している。書き直しのほとんどはその大学で行われた。そこに滞在中、有益な議論をしてくれたアント・マックリーン、ランディー・グレイス、ネヴィル・ブランパイドの3氏には特に感謝する。マイケル・デービソン、ドン・オーイングス、ピート・リチャーソンとは貴重な対談ができた。トム・マウヒニィー、ジョン・マローン、フィル・ハインラインからは有益な提案がなされた。息子のギデオンは、国家間の関係について政治学者の理論と研究を紹介してくれた。私のすべての子どもたち、そして、ショーナ、アーロン、ザック、ナオミ、ギデオン、さらに、彼らにとって大切な人であるニックとマルシア、そしてステイシーの支援には特に感謝する。

第 I 部

行動主義とは何か

行動主義は、これまでとかく論争の的になった。それを正しく理解して反対する者もいるが、多くは行動主義を誤解して反対している。第Ⅰ部の3つの章は、行動主義の「哲学的スタンス」と呼ばれるものは何であるのか、それについて明確にすることを目的とする。

　行動主義について真に議論の対象となっている事柄はどれも、行動主義本来の考えに由来する。すなわち、行動の科学は可能であるという考えである。歴史的にみると、すべての科学は、ある時点で、外見上の自然事象の背後あるいはその下にあると言われている仮想原因（隠れた主体；hidden agent）を排除しなければならなかった。第1章では、行動主義者が隠れた主体を否定したことで、真の議論がどのように生じたのかについて説明する。行動は自由であるのか、それとも決定されたものであるのかという疑問についての議論である。

　行動主義は時間とともに変わってきた。そのために生じた誤解を未然に防ぐことを目的としたのが第2章である。**方法論的**行動主義（*meth-odological* behaviorism）と呼ばれる初期の行動主義は**実在論**（*realism*）に基づいている。この考えは、すべての経験は、人の主観的な内的世界から生じるのではなく、客観的な外的な世界から生じるという見方である。実在論は**実用主義**（*pragmatism*）と正反対である。実用主義は経験の起源について議論しない。その代わり、私たちの経験を理解して経験を活かすようにすることが有用であると主張する。**徹底的**行動主義（*radical* behaviorism）と呼ばれる後の行動主義は、実在論というよりは、どちらかといえば実用主義である。この違いを理解しないと、心理主義を拒絶するという徹底的行動主義の重要な側面を誤解することになりかねない。

　第3章で説明される、心理主義に対する行動主義者の批判は、本書の残りの部分の基礎となる。なぜなら、心理主義を批判することで、行動主義者は、行動を非心理主義的に説明しなければならないし（第Ⅱ部）、社会的問題を非心理主義的に解決しなければならない（第Ⅲ部）からである。

第1章
行動主義─定義と歴史

　行動主義の中心となる思想を語るなら、それは**行動の科学は可能である**という思想である。この考えがどのような意味を持つのかについては、行動主義者によって異なる。特に、科学とは何か、行動とは何かについてはなおさらである。しかし、すべての行動主義者に共通する見解は、行動の科学は可能であるということである。

　多くの行動主義者は、行動の科学は心理学でなければならないとも主張する。これについては論争が起こっている。というのも多くの心理学者は、心理学はとにもかくにも科学であるという考えに否定的だからである。心理学を科学と見なす人たちは、心理学の主題は行動とは異なるなにかであると考えている。ほとんどの行動主義者は、行動の科学を**行動分析学**（*behavior analysis*）と呼ぶようになっている。行動分析学は心理学の一部か、心理学と同じか、あるいは心理学とは別物かという論争が続いている。しかし行動分析学会（Association for Behavior Analysis）のような専門家団体や、『行動分析家』（*The Behavior Analyst*）、『実験的行動分析学研究』（*Journal of the Experimental Analysis of Behavior*）や『応用行動分析学研究』（*Journal of Applied Behavior Analysis*）といった学術雑誌は、行動分析学という分野の独自性を示す。

　行動主義は、行動分析学と呼ばれるこの科学についての知識体系である。したがって、行動主義は科学そのものではない。正確に言えば、行動主義は科学ではなく、科学の哲学である。しかしながら、行動についての哲学であるので、行動主義は私たちにとって身近で大切な問題を取り扱っている。すなわち、なぜ私たちはそのようにするのか、何を私たちはすべきであるのか、何をすべきではないのか、という問題である。行動主義は、行為に対する従来の考え方としばしば反対の立場にたつ別な見方である。なぜなら、従来の見方は科学的ではないからである。本書の後の章を読めば、行動主義が従来の考え方と根本的

に異なる方向に向かう場合があるということがわかるだろう。とりあえず第1章は、行動主義の歴史の一部と、その最も直接的に関連する事項のひとつである決定論について取り上げることにする。

歴史的背景

■ 哲学から科学へ

　天文学、物理学、化学、生物学のようなすべての科学の起源は哲学である。そして、それらの科学は最終的には哲学から自由になった。例えば、天文学と物理学が科学として確立される前、哲学者たちは宇宙の成り立ちについて次のように思案した。宇宙はこのようになっているはずだということについて結論するために、まず神あるいは何らかの他の概念基準や論理的思考について仮定した。例えば、すべての重要な出来事がこの地球で起こっているように見えるなら、地球は宇宙の中心になければならない。そして、円は最も完璧な形なのだから、太陽は地球の周りを円軌道で移動しなければならない。月は太陽より近い別な円軌道で移動しなければならない。星々は球の中に存在しなければならない。球は、すべてにおいて最も完璧な三次元の形である（今日でも、太陽、月、そして星々は天体と呼ばれている。そのわけは、それらが完璧であると思われていたからである）。

　天文学と物理学という科学が誕生したのは、人が自然的な対象や現象を観察によって理解しようとしたときであった。ガリレオ・ガリレイ（1564-1642）は、望遠鏡を月に向けてクレーターだらけの月面を見た。そして、その光景が哲学者が考えていたような完璧な球からほど遠いものであることを発見した。ガリレオは、ボールを滑走台に転がして落体の運動を記録し、物理学にも貢献した。その結果の記述は、速度や加速度についての現代の考えを生み出すことに一役買った。アイザック・ニュートン（1642-1727）は、力や慣性といった概念を追加して、地上の物体の運動だけでなく、月のような天体の運動を理解するためのパワフルな記述的体系をつくった。

　物理学が科学になったとき、ガリレオやニュートン、そしてその他の啓蒙思想家たちは哲学と決別した。哲学者の考え方は、仮定から結論を導くやり方で

ある。それは、「もしこれがそうであるなら、それはそのようになるだろう」という形式をとる。科学はそれとはまったく正反対である。「真理と言えるものは、観察されるものである。そのような観察によって、真理は導かれる。それは、他にどのような観察をもたらすのであろうか」。哲学的な真理は絶対である。すなわち、仮説が詳細に述べられ、論理が正しければ、結論はそれに従わなければならない。それに対して、科学的な真理は、いつも相対的であって暫定的なものである。すなわち、科学的な真理は、観察に対して相対的であり、新たな観察によって反証される可能性がある。長きにわたって天文学者たちは、惑星は7つだけと考えていた。しかし、8番目そして9番目の惑星が発見された。哲学者は、自然宇宙を超えた抽象概念の仮説を立てる。神、調和、理想の形などである。理論構築に用いられる科学的な仮説は、自然宇宙と、それがどのように体系づけられているかのみを問題にする。ニュートンは、物理学者であっただけでなく神学者でもあった。しかし、彼は2つの活動を分けていた。物理学について、彼は「私は仮説を立てない（*Hypotheses non fingo*）」と言った。これは、物理学の研究をしているとき、彼は、超自然的な構成要素や超自然的な原理、すなわち、自然宇宙そのものでないものには何に対しても関心を示さなかったということである。潮の満ち引きが起こるのは神の思し召しによるのではなく、地球の周りを回っている月の引力によるものである。

　物理学の場合と同様、古代ギリシャの哲学者たちは、化学にも思いを凝らした。ヘラクレイトスやエムペドクレス、アリストテレスのような哲学者たちは、物質がその性質において異なるのは、それぞれの物質に固有の性質、固有の本質、固有の原理があるからであると考えた。アリストテレスが考えた質は、**熱さ・冷たさ・水分・乾燥**の4つであった。ある物質が液体の場合、その物質が多くの水分を含んでおり、固体は多くの乾燥を持っている。歴史が下ると、質、本質の数は増えた。物が熱くなるのは、それが**カロリー**（*caloric*）という内的性質を持っているからである。燃えるものは、**フロギストン**（*phlogiston*）を持っているから燃える。これらの要素は、実際に存在する物質であると考えられ、材料の中のどこかに隠れている物質と考えられた。思想家たちがこのような隠れた物質に思いを巡らすことをやめて、物質の変化を注意深く観察し、観察した事柄を関係づけることで化学が生まれた。なかでもアントワーヌ・ラボアジエ（1743-94）は、質量の注意深い観察によって酸素の概念をつくった。彼は、

密閉容器の中で金属の鉛が燃焼して黄色の粉末（酸化鉛）に変わったとき、粉末の重さが金属のときの重さよりも重くなること、しかし、容器全体の重さは変わらないということを発見し、金属が空気中の何かと結合するからではないかと考えた。そのような説明には、自然的な用語だけしか含まれていない。哲学者たちが考えた隠れた物質は排除され、科学としての化学が成り立ったのである。

生物学も同様に、哲学と神学から独立した。生物と生物でないものが異なるのは、神が生物に何かを与え、生物でないものにはそれを与えなかったからであると哲学者たちは考えた。この内的な何かを霊魂と考えた者もいたし、**活力**（vis viva；生きる力）[1]と呼んだ者もいた。17世紀になると、初期の生理学者は、動物の体内を調べて、それがどのように機能しているのか調べるようになった。ウィリアム・ハーベイ（1578-1657）は、体内の働きが、何らかの神秘的な活力というようなものではなく、機械の働きのようなものに似ているということを発見した。血液が動脈と組織を通って静脈に戻る、そのような循環を起こすポンプのような働きを心臓がするのではないかと思われた。物理学や天文学の場合と同じように、そのような考えは、哲学者たちの仮説的な考えを排除し、自然現象の観察のみに注意を向けるという考えである。

チャールズ・ダーウィン（1809-82）が1859年に、自然選択による進化の理論を発表して大騒ぎとなった。彼の理論が、星と動物のすべてを数日間で創造したのは神であるとする聖書の説明に逆らっているという理由で憤慨する者もいた。さらに、ダーウィンによってショックを受けた者は、地質学者や生物学者の中にもいた。多くの種が現れては消えてきたということを裏付ける、圧倒的な数の化石を熟知しているこれらの科学者は、進化は起こるということをすでに確信していた。しかし彼らの中には、もはや聖書の創造説をそっくりそのまま採用することはなくなっていたにもかかわらず、なおも生命の創造（すなわち進化）を神の御業によるものと考える者がいた。彼らは、聖書の説明を文字通り受け止める人と同じように、ダーウィンの自然選択理論に怒りを感じた。

ダーウィンの理論は、同時代の人々に強い影響を与えた。というのも、彼の理論は、神や他のあらゆる非自然的な力によって生命体が創造されたわけでは

---

[1] 訳注：日本では、「気」と呼ばれるような概念。このような考えは、生気論（vitalism）と言えるものである。

ないと説明したからである。自然選択は完全に機械的なプロセスである。生き物に変異があり、それが遺伝で受け継がれるなら、生殖に有利な種類は競合するすべての種類に取って代わる。現代の進化論は20世紀前半に起こったものであり、それは自然選択の考えと遺伝的継承の理論とが結び付いた理論である。この理論は、神が存在しない自然主義であるため、今なお反発を招いている。

　天文学、物理学、化学、生理学、そして進化生物学が哲学から分離したのと同じように、心理学も哲学から分離した。それは比較的最近のことであった。1940年代までは、心理学科を独自に持つ大学はほとんどなかった。心理学の教授は、哲学科に所属しているのが普通だった。1800年代中頃に端を発する進化生物学が、今なお神学や哲学の教義から完全に独立していないなら、今日の心理学者たちが、今なお心理学を真の科学と呼ぶべきかどうかで互いに議論しているのも不思議ではない。また一般の人たちが、真に科学的な心理学とは実際どのようなものなのかについて、なかなかわからないのも無理はない。

　19世紀の後半、心理学者たちは心理学を「心の科学である」と言い始めた。ギリシャ語の**プシュケ**(*psyche*)はむしろ「精神（spirit）」に近いものであるが、「**心**（*mind*）」は、思弁的なものではなく、科学的な研究の対象になり得るものと思われた。その心をどのように研究するのだろう。心理学者たちは、哲学者たちの方法、すなわち内観を用いることを提案した。心が舞台や競技場のようなものであるなら、その内部を見ることはできる。そして、そこで何が起こっているのかを見ることはできる。これが**内観する**（*introspect*）という単語の意味である。内観するのは難しい。信頼できる科学的な事実を収集することを目的とした内観は、特に難しい。19世紀の心理学者たちは、この難しさは十分な訓練と実践によって乗り越えられると考えた。しかし、この見方に対して、2つの思考路線が攻撃した。ひとつは客観的心理学であり、もうひとつは比較心理学である。

■ 客観的心理学

　19世紀の心理学者の中には、内観法を科学的な方法とすることに不安を感じる者がいた。内観法は、あまりにも信頼できない方法であり、個人的なバイアスを非常に受けやすく、あまりにも主観的な方法であると思われた。他の科

学では、客観的な方法が用いられた。その方法は、世界の至るところの実験室でチェック可能で、再現可能な測定法を生み出した。内観法の訓練を受けた2人の内観者が自分たちの結果の見方が異なる場合、それを解決することはなかなか難しい。しかし客観的な方法なら、異なる結果をもたらしたと思われる手続き上の違いがわかるかもしれない。

客観的心理学（objective psychology）の初期の先駆者のひとりに、オランダの心理学者 F. C. ドンダース（1818-89）がいる。彼は天文学の不思議な問題に興味を持った。それは、天空のある場所に星が位置する正確な時間を求める方法である。ある星を強力な望遠鏡で観察すると、星は無視できない速さで移動しているようにみえる。天文学者は、正確な時間を測定しようとしたが、一瞬のうちにそれを評価することは困難であった。天文学者は、星を見ながら1秒に1回カチッとなる時計の音に耳を傾けて、この音の回数を数えた。星が望遠鏡に付けられた一本の直線を横切ったとき（「通過の瞬間」）、天文学者は、星が直線を横切る直前に音がしたときの星の位置を心の中で記録し、そして星が直線を横切った直後に音が鳴ったときの星の位置を心の中で記録した。そして、2つの位置の間の距離の一部、すなわち星が直線を横切る直前の位置と直線との間の距離を推定した。問題は、星が移動する瞬間を同時に観察している天文学者の間で評価時間が異なることであった。天文学者は、ひとりひとりの天文学者の「観測の個人差」と呼ばれる差を見つけて、この変動を克服しようとした。それは特定の天文学者の時間評価から正確な時間を計算する方法である。

ドンダースは、時間評価が変動するのは、星が移動する瞬間を正確に判断するのに必要な時間は人によってまったく異なるからであると考えた。そして、その判断のための心的過程は天文学者の間で実際に異なっているとドンダースは考えた。この「判断時間」は、有用な客観的評価基準になるかもしれないと彼は考えた。そこで彼が始めた実験が、人間の**反応時間**（reaction times）を測定するという実験だった。反応時間は、光や音を感知してボタンを押すまでに要する時間である。1つの光が点灯して1つのボタンを押す場合と比べると、2つの光のどちらかが点灯して、2つのボタンの正しい方を押す場合の方が、かなり時間がかかるということを彼は見いだした。長い選択反応時間から短い単一反応時間を引き算すれば、その人の選択という心的過程を客観的に測

定できるとドンダースは主張した。この方法であれば、他の科学と同じような客観的方法で心理学者は室内実験ができるということから、この方法は、内観よりかなり優れた方法であると思われた。

　心的過程を他の客観的な方法で測定する心理学者たちは他にもいた。グスタフ・フェヒナー（1801-87）は、人がまさに検出できる2つの光ないしは2つの音の物理的違いである**丁度可知差異**（*just-noticeabe difference*）に基づく尺度を開発して、感覚の主観的強度を測定しようとした。ハーマン・エビングハウス（1850-1909）は、学習と記憶を客観的に測定するため、無意味綴り（子音—母音—子音の組み合わせからなる無意味な綴り）のリストを作成し、彼がそれらを学習したときに要した時間と、時間が経過した後での再学習に要した時間を測定した。他には、I. P. パブロフ（1849-1936）が開発した方法を用いて、実験室の中で提示される新たな信号に乗り換える単純な反射を測定して、学習と連合を調べる者もいた。このような試みに共通する前提は、客観的な方法をとることで、心理学は真の科学になることができるという前提であった。

■ 比較心理学

　心理学者たちが心理学を科学にしようとしていた頃、心理学は進化の理論の影響も受けていた。もはや人は他の生物と異ならないと考えられるようになった。われわれは、類人猿、サル、イヌ、場合によって魚と解剖学的に共通する特徴を持っているだけでなく、行動の面でも多くの共通する特徴を持っているという認識が広がっていった。

　したがって、たとえ互いに明らかに異なる種でも、共通する進化の歴史がある限り、双方はまた互いに類似する、という**種の連続性**（*continuity of species*）の考えが現れた。ダーウィンの理論が教えたところは、新たな種が出現するのは、既存の種に変異がある場合に限るということであった。私たちの種が他のあらゆる種と同様に進化したのであれば、その進化は何か他の種の一次的変異として起こったに違いない。私たちと類人猿の先祖は同じであり、類人猿とサルの先祖は同じである。さらに、サルとツバイも先祖は同じ、ツバイと爬虫類も先祖は同じであるということが容易にわかる。

　私たち自身の解剖学的特性の起源を他の種に見いだせるなら、私自身の心的

特性の起源も同様に見いだせる、比較を考える人たちはそのように考えた。このように種間を比較すれば、私たち自身についてより多くのことを知ることができる。そのような考えと、私たち人間の心的特性のより単純な、あるいはより基本的な形態が現れているのが他の種であるという考えとがいっしょになって、比較心理学（comparative psychology）が生まれた。

　私たちの種と他の種を比較することが普通になった。ダーウィン自身、『人及び動物の表情について』（原題：*The Expression of the Emotions in Men and Animals*）という本を著した。当初は、人の知性が他の動物にも見かけ上見られるという証拠は、野外の動物や家畜の大ざっぱな観察に基づくものであった。それらはペットや家畜のまさに逸話であった。ちょっと想像力を働かせれば、イヌが門の扉の留め金を持ち上げて扉を開けて庭に出るようになったのは、イヌが飼い主を手本にして扉の開け方を観察し、それを理解したからだと言えるだろう。さらに想像力を働かせれば、イヌの気持ちや思考、さらに感情などは私たちのものと似ているはずだと考えるようになる。ジョージ・ロマネス（1848-94）は、このような思考の道筋をたどって、そのような論理的帰結にいたった。彼は、アリの中で起こっているぼんやりとした意識のようなものを私たちは推測するが、私たち自身の意識は、その推測の根底となっていなければならないとまで主張した。

　動物を人間のように見る彼のような見方、あるいは**擬人化**（*anthropomorphism*）ともいえる彼の見方は、あまりにも思弁的であると思った心理学者もいた。19世紀後半と20世紀前半、比較心理学者によって、ルーズな逸話的な証拠は、動物を用いた実験の実施によって厳密な観察に取って代わった。その初期の研究のほとんどは迷路を用いた。人からネズミ、そして魚やアリに至るありとあらゆる動き回る生き物は、迷路の問題を解決できるように訓練することができると考えられたからである。動物が迷路を走り回るのにどのくらいの時間がかかったのか、さらに、どのくらいの回数間違えたのかを測定することができた。さらに、これらの指標の減少を、迷路が学習された証と見ることができた。動物を擬人化しようとして、この時代の研究者たちは、動物の心理状態や思考、そして情動について、さらなる思弁を頻繁に行った。ネズミはエラーすることを嫌がっているとか、戸惑っている、躊躇している、自信を持つようになった、などと言われた。

動物の意識についてのこのような主張の問題は、そのような主張が個体のバイアスにかなり依存しているということである。内観している2人の人間が、自分たちが怒りを感じているのか、それとも悲しみを感じているのかについて意見がかみ合わないのであれば、ネズミが怒りを感じているか、それとも悲しみを感じているのかについて2人の人間の意見が異なっても当然である。そのような観察は、あまりにも主観的である。したがって、そのような観察をさらに行っても、この意見の不一致の解決には至らない。行動主義の創設者であるジョン・B・ワトソン（1879-1958）は、動物の意識を推測することは、内観よりもっと信頼できないと考え、内観も動物の意識についての推測も真の科学的な方法とは言えないと結論した。

■ 初期の行動主義

1913年にワトソンは、「行動主義者が見る心理学（Psychology as the behaviorist）」というタイトルの論文を発表した。すぐに、これは初期の行動主義の宣言と考えられるようになった。客観的心理学の主導権を握ったワトソンは、方法としての内観や類推について、心理学者の間でますます混乱が生じていると明確に発言するようになった。物理学や化学の方法とは異なり、内観はあまりにも個人に依存し過ぎると彼は文句を言った。

> あなたの実験結果が……再現されないなら、それはあなたが内観の訓練を受けていないからである。このような攻撃が観察者には行われるが、実験場面には向けられない。物理学や化学では、実験条件が攻撃の対象になる。装置の感度が十分ではないとか、化学薬品に不純物が混ざっている、というように。これらの科学では、より良い技術が用いられれば、再現可能な結果が生み出される。心理学はそうではない。注意して3－9の状態を明確に観察できないなら、それは観察者の内観に問題があるというのである。一方、ある感情が観察者にとってある程度明らかに見えても、その内観もまた不完全である。観察者は多くのものを見ている。感情は決して明らかでない（p. 163）。

内観が信頼できないなら、動物と人間の間の類推はなおさらそうである。ワ

トソンが文句を言ったのは、意識を強調すると、以下のようにならざるを得ないということである。

　意識を強調すると、動物の行動を研究しているのに、その動物の意識の中味を**構築しよう**とするばかげた立場をとらざるを得なくなる。このような見方をすると、動物が学習できるということを明らかにした後でも、動物の学習方法の単純さや複雑さを明らかにした後でも、さらに過去の習慣が現在の反応に及ぼす効果を明らかにした後でも、動物が通常反応できる刺激の範囲を明らかにした後でも、さらに、動物が実験条件のもとで反応できる範囲が広げられた後でも、つまり一般的な用語で言えば、動物がさまざまな問題をさまざまなやり方で解決しても、課題はまだ終わっていないとか、それらの結果は価値がないと思わざるを得なくなる。結局、最後は、それらの結果を意識に照らして類推し解釈するということになってしまう……動物の考えられる心的過程について何かを語らざるを得ないような気持になる。私たちは、動物に目がなければ、動物の意識の流れの中に私たちが知っているような明るさや色の感覚はあり得ないとか、味蕾がなければ、意識の流れの中には、甘み、酸っぱさ、塩辛さ、苦味の感覚はあり得ない、と言う。しかし、他方では、動物は、温度や触覚刺激、さらに有機的な刺激に反応するのだから、動物の意識の中味はほとんどこれらの感覚からなっているはずである……すべての行動のデータを類推によって解釈しようとするこのような考え方は、明らかに間違っていると思う……（pp.159-60）。

　心理学者がそのような不毛な努力に陥るのは、意識の科学として心理学を定義するからである、とワトソンは主張した。信頼できない研究方法と、基盤のない思弁であるのは、このような定義のせいとされた。心理学が真の科学にならないのも、このような定義のせいであるとされた。
　意識の科学ではなく、心理学は行動の科学として定義されるべきであるとワトソンは記した。ピルズベリーがその教科書の中で**心理学**を行動の科学と定義していながら、数ページで行動についての言及はやめてしまって、代わりに意識の「従来どおりの取り扱い」になっているのを知ってがっかりしたとワトソンは言っている。それに応じてワトソンは、「心理学をピルズベリーのように行動の科学と定義して記すことはできると信じているし、その定義に違反す

るようなことは決してしない。意識、心理状態、心、満足、内観的に検証可能、イメージ、などといった用語を絶対に用いない」と記した（p. 166）。

　意識とか心に関する用語を避けることで、心理学者は、人の行動も動物の行動も研究することができるだろう。種の連続性が「動物の人化(ヒト)」をもたらすのであれば、その反対の「人の動物化？」も等しく考えられる。人についての考えを動物に当てはめることができるなら、動物の研究で明らかになった原理は人にも応用できるだろう。ワトソンは、人間中心主義には反対であった。彼は、進化を研究している生物学者を指摘した。「進化を研究している生物学者は、多くの植物種や動物種の研究からデータを集め、自分が行っている実験で問題としている特殊な種類の遺伝形質の法則を導き出そうとする……その生物学者の研究のすべてが人の進化に向けられているとか、研究の結果が人の進化で解釈されなければならないというのはおかしい」（p. 162）。ワトソンにとって、人を単なるひとつの種と見なして、すべての種をカバーした一般的な行動の科学に心理学を変えるというやり方は、疑う余地はないように思えた。

　ワトソンが考えたこのような行動の科学は、心とか意識といった伝統的な用語を一切使わず、内観や、動物と人の類推の主観性を排除し、客観的に観察可能な行動だけを研究するものであった。しかし、ワトソンの時代であっても、行動主義者はこの方策が正しいのかどうか議論した。**客観的**というのが何を意味して、何が**行動**をまさしく構成するのかについてはっきりしなかった。これらの用語は解釈の可能性を残していたので、科学を構成するものについての考え、ならびに行動の定義の仕方は、行動主義者たちの間でいろいろであった。

　ワトソン主義後の行動主義者の中で最もよく知られているのは、B. F. スキナー（1904-90）である。行動の科学を達成する方法についての彼の考えは、他の大部分の行動主義者たちの考えとはまったく異なるものであった。他の行動主義者たちは、自然科学の方法に目を向けたが、スキナーは、科学的な説明に目を向けた。スキナーによれば、真に科学的な説明を可能にする用語と概念を開発するという方法によって、行動の科学は達成される。彼は、これとは反対の見方を**方法論的行動主義**（*methodological behaviorism*）と呼び、自分自身の見方を**徹底的行動主義**（*radical behaviorism*）と呼んだ。これについては、第2章と第3章で詳しく論じるつもりである。

　2つの行動主義の違いがどのようなものであっても、すべての行動主義者は、

ワトソンの基本的な前提、すなわち、行動の自然科学は可能であり、心理学はそのような科学になり得るという前提に同意する。行動を科学的に扱うことができるという考えが意味することは、他の科学が、隠れた本質、隠れた力、隠れた原因を排除したのと同様に、行動分析学（あるいはそれと同じ意味の心理学）は、そのような神秘的な要因を排除するということである。このような要因を排除することで、ダーウィンによる進化についての自然的（博物学的）説明に対する反動と似たような論争が起こる。ダーウィンは、隠れた神の手を排除することで人々の反感を受けたが、行動主義者は、別な隠れた力を排除することで攻撃を受ける。その力とは、個体自身の行動を起こさせる個体の力である。ダーウィンの理論が、創造主としての神という大事な考えに挑戦したのと同じように、行動主義は、自由意志という大事な考えに挑戦する。隠れた原因については、第3章で十分に議論するつもりであるが、自由意志への挑戦というのは、しばしば反感を招くので、ここで取り上げることにしよう。

自由意志　対　決定論

■ 定　義

　行動を科学することはできる。この考えには、行動が規制的であること、行動を説明することはできるということ、そして正しい知識があれば行動を予測することができ、さらに正しい方法で行動を制御することもできる、という意味がある。それは他のあらゆる科学が問題としていることと同じである。この考えは、行動はもっぱら遺伝と環境によって制御されるという**決定論**（*determinism*）である。

　多くの人が決定論には反対している。決定論は、個体の行為の責任は遺伝と環境にあると考えている。この考えは、個体の行為の責任は個体にあるという長年にわたる伝統的な考えと真っ向から対立する。このような伝統的な考え方は、ある程度変わってきた。すなわち、非行は劣悪な環境によるものであるとか、親や教師のおかげで著名な芸術家が生まれると言われている。また、アルコール依存症、統合失調症、利き手、IQといった行動特性には、遺伝的な要因があるということが認められている。しかし、賞賛と非難は個体に向けられ

るべきであり、行動は、遺伝と環境に依存するだけでなく、それ以上の何かに依存する、そのように主張する傾向、すなわち、人は自分の行為を選択する自由を持つと主張する傾向は今なおある。

　選択できるという能力は**自由意志**（*free will*）と呼ばれる。自由意志は、遺伝や環境に次ぐ第三の要因であり、個体内部にある何かである。自由意志説は、遺伝やすべての環境に関係なく、ある方法で行動する人は、別な方法で行動するという選択もできたはずであると主張する。自由意志説は、選択という単なる経験を超える何かを主張する—私には、私がアイスクリームを食べることができるか、あるいは、できないかとしてしか思えないのであるが、しかし、私がアイスクリームを食べるのは、もっぱら私の過去の出来事によって決められるはずである。自由意志説は、選択は幻想ではない、個体それ自身が行動の原因である、と主張する。

　決定論と自由意志説の間にたって、哲学者たちはその調整を試みてきた。それによって、自由意志の「ソフトな決定論」「柔らかい決定論」と呼ばれる立場が現れた。例えば、ドナルド・ヘッブ（行動主義者。Sappington, 1990 を参照）に帰する柔らかい決定論は、自由意志とは、現在の環境と比べれば捉えることが難しい遺伝と過去の環境履歴に行動が依存する状態である、と考える。しかし、それでもそのような考えは、行動が、遺伝と環境、過去と現在によってもっぱら生起すると考えているので、自由意志は単なる経験や錯覚にすぎず、人と行為の間の因果関係ではないということになる。哲学者ダニエル・デネットによって提唱された柔らかい決定論は、自由意志を行為の前の熟考と定義している（Dennett, 1984）。アイスクリームを食べるかどうか私が熟考する限り（アイスクリームを食べると太るだろうか、後で運動すれば肥満にならずに済むだろうか、いつもダイエットすれば幸せになれるだろうか）、私がアイスクリームを食べる行為は自由に選択される。この考えは決定論で説明できる。熟考そのものは、遺伝と過去の環境によって決定されるであろう行動だからである。熟考がその後の行動に対して重要な役割を果たすのであれば、熟考は、前の出来事にさかのぼる因果関係の連鎖のひとつのリンクとしてしか機能しない。しかし、この定義は、これまで自由意志と人々が言ってきたものとは異なる。

　哲学者たちは、自由意志についての従来の考え、すなわち過去の出来事に縛られずに実際選択することは可能であるという考えを、**自由意志論者の自由意**

志（libertarian free will）と呼ぶ。決定論と対立しない他のどのような定義も、例えばヘッブやデネットのような定義も、行動主義や行動の科学にとって問題にはならない。自由意志論者の自由意志だけが行動主義と対立する。ユダヤ教とキリスト教の神学における自由意志の概念の歴史を見れば、行動主義が示すような決定論をまさに否定するために自由意志が存在するということになる。したがって、哲学者たちと袂を分かち、本書では、自由意志論者の自由意志を「自由意志」とすることにしよう。

■ 自由意志に賛成の議論と反対の議論

　自由意志が証明されるには（言い換えるなら、決定論が否定されるには）、たとえ行為の貢献要因のすべてがわかっても、予測とは異なる行為が起こる必要がある。しかし、そのような完璧な知識は、実際、不可能である。したがって、決定論と自由意志の争いは証拠を提示すれば解決できるようなものではない。良家出身の中間クラスの子どもが薬物中毒になってしまった場合、そのような行動の説明となるような彼らの背景がまったくないのだから、自分で選んでそのようになったに違いないと思えるが、そうであれば、決定論者は、さらに調べてみれば、そのような中毒に至らしめた遺伝的要因や環境要因を明らかにできるはずである、と主張する。モーツァルトの音楽的才能は、彼の家族背景、そして当時のウィーンの社会の在り方を考慮すれば、完全に予測できるように思える。しかし、そうであっても、自由意志の提唱者は、小さなウォルフガングは、他の子どもたちのようにおもちゃで遊ぶことより、音楽を一生懸命勉強することで親を喜ばせる方を自由に選択したのだ、と主張するだろう。証拠で説き伏せることができないのであれば、決定論を受け入れるか、自由意志を受け入れるかは、一方を信じることの結果によって決まる。そして、そのような結果は、社会的な結果、あるいは美的な結果なのかもしれない。

◎ 社会的な議論
　実際、自由意志を否定すれば、私たちの社会の道徳的仕組み全体を弱体化させる可能性があるだろう。行為の責任をその人自身に負わせることができなければ、私たちの司法制度はどうなるのだろう。自分は心神喪失で知的に問題が

あると犯罪者が主張するときに、問題はすでに起こっている。人に自由な選択がなければ、私たちの民主主義の制度はどうなるのだろう。候補者選びが自由でないというのであれば、なぜわざわざ選挙するのだろう。人の行動を決定できると信じれば、専制国家が奨励されるかもしれない。おそらく、このような理由のために、自由意志を信じた方が、たとえそれを証明できなくても、望ましいし有益である、ということだろう。

行動主義者は、このような議論に対処しなければならない。そうでなければ、行動主義は有害な学問というレッテルを貼られる危険がある。これらの問題は第Ⅲ部で取り扱うことにしよう。第Ⅲ部では、自由と社会政策、そして価値について議論するつもりである。今ここで少しそれについて概観すると、後で取られる一般的な方向が見えるだろう。

民主主義への脅威という思いは、間違った思い込みによる。確かに、民主主義は選択に依存している。しかし、自由意志がなければ選択は意味がないとか、選択はできないというのは間違っている。選択がなくなると考えるのは、自由意志に取って代わるものをかなり単純化し過ぎて考えているからである。選挙では、投票するかしないかの２つの方法のどちらかになる。そうであるなら、実際に、どちらにするかは投票する人のこれまでの長期にわたる履歴（背景、育てられ方、価値観）だけでなく、選挙直前の出来事にも依存する。選挙運動が行われるのも、まさにこの理由である。素晴らしい演説であれば、私は、心が動かされるかもしれない。そうでなければ、別な候補者に投票したかもしれない。選挙が意味あるものになるのに自由意志がなければならないということにはならない。投票者の行動は、より短期的な環境決定因である影響と説得に開いてさえすればよいのである。

私たちが民主主義を尊重するのは、私たちに自由意志があるからというわけではない。一組の実践として民主主義はうまくいくとわかっているからである。民主主義社会では、知られているあらゆる君主国家や専制国家と比べて、人々がより幸福であり、より生産的である。自由意志の損失を危惧する代わりに、より良い民主主義はどのようなものなのかを考えた方がよいだろう。どのようにすれば民主主義制度をより良いものにすることができるのか、それを見つけるためにその制度を分析できるなら、さらにもっと効果的な制度にする方法を見つけることができるかもしれない。政治の自由は、自由意志より何かもっと

実際に役立つものからなる。政治の自由とは、選択を可能にして、統治する人たちの行動に影響を及ぼすことができるということである。行動を科学的に理解すれば、政治の自由を高めることができるだろう。このようにして、行動の科学でわかったことを上手に用いることができる。したがって、行動の科学を悪用する必要などまったくない。何よりも、自由意志が本当にあるのなら、行動の科学の知識の利用法について思い悩む必要などおそらくないだろう。

道徳についてはどうであろう。ユダヤ教とキリスト教の神学は、自由意志を救済の手段として具体化した。そのような教えがなくても、人は善になるのだろうか。この質問に対する回答のひとつの方法は、自由意志という考えに対するこのようなこだわりがない一部の人たち、はるかに多数であるが、その人たちを指摘することである。中国、日本、そしてインドの仏教徒やヒンズー教徒は、道徳的でない行動をするのだろうか。合衆国では、公教育の普及に伴って、道徳教育は、教会や家庭から学校へとますます移っている。アメリカ社会は、良識ある市民を育てるために学校での学習にこれまで以上に重きを置いているが、行動分析学はすでにそれに対して手助けをしている。道徳を破壊するどころではない。子どもたちを、良識ある、幸福な、そして役に立つ市民に育てるのに、おそらく行動の科学が用いられるだろう。

司法制度について言えば、それは、社会の失敗を扱うために存在しているのである。したがって、司法を純粋に道徳的な問題と見なす必要はない。行為は個人に帰せられるという実用的な意味で、私たちは、いつも「自分の行動に対して責任を負わせる」必要があるだろう。ある人間が罪を犯したことを法廷がひとたび立証したなら、この犯罪者から社会を守る方法と、その人間に二度とそのような行動をさせない方法を考えるという実用上の問題が起こる。犯罪者を投獄しても、犯罪は繰り返されるだろう。行動の科学は、犯罪を防ぐためにも、そして犯罪に対して適切に対応するためにも役立つことができる。

◎ 美学の議論

自由意志の考えを批判する人たちは、その考えが論理的ではないということをしばしば指摘する。自由意志の考えを奨励する神学者でさえ、自由意志の考えが全知全脳の神と逆説的に対立するということに困惑している。聖アウグスティヌスは、その問題を明確に述べた。もしすべてが神によって行われ、神の

みがすべてを予見できるのであれば、どうして人が何でも自由にできるということになるのだろう。神が私たちの行為をも含めたすべての事柄を決定するのであれば、自然的な決定論の場合と同じように、私たちが単に無知（ここでは神の意志についての無知）であるがために自由意志を思い違いしているということになる。この問題に対して神学は、自由意志を神秘と考える方法で解決しようとするのが普通である。神は全知全能であるにもかかわらず、神は私たちに自由意志を与えたもうたと考えるのである。科学的観点からすれば、そのような考えは論理を度外視しており、逆説は未解決のままであるので、この結論は満足のいくものではない。

　決定論と対立する、信心深いあるいは素朴とも言える自由意志説は、無知に基づいている。実際、自由意志は、行動の決定因がわからないために作られた名称であると主張できる。人の行為の裏にある理由がわかるようになればなるほど、行為の原因を自由意志に求めることはしなくなるだろう。自動車を盗んだ少年が貧しい環境で育ったのであれば、私たちはその行動を環境のせいにするだろう。彼が家族や社会からどれほど虐げられていたか、どれほど無視されていたかを知れば知るほど、彼は自由に犯罪を選択したとは言わなくなるだろう。ある政治家が賄賂を受け取ったことを知ったなら、政治家がとった態度は自由であるとは考えないだろう。ある芸術家が親の援助や優れた教師に恵まれていたと知れば、彼の才能を感嘆することはないだろう。

　この議論の別な側面は、私たちがどれほどわかっているとしても、ある人がある状況でどのような行動をするのかを正確に予測することはできないということである。この予測不可能であることが自由意志が存在する証であると考えるときもある。しかし、天候も予測不可能であるにもかかわらず、天気が自由意志によるものであると考える者はいない。自然界には多くのシステムが存在する。それらのシステムの一瞬の振る舞いを事前に予測することはできない。しかし、自然界のシステムに私たちは自由を想定することは決してしない。他の自然科学ではそうするのに、なぜ私たちは行動の科学に対してより高い基準を設定するのだろう。それは論理的ではないように思われる。否、論理的ではない。なぜなら、予測不可能性による議論には、論理的な誤りがあるからである。自由意志は予測不可能であるという意味を含む。しかし、だからといってその逆の、予測不可能であることが自由意志の意味を含まなければならないと

いうことにはならない。

　ある意味で、自由意志には予測不可能という意味があるというのは誤っているとさえ言わざるを得ない。私の行為は、他の人からはおそらく予測できないかもしれない。しかし、もし私の自由意志が私の行動を起こすというのであれば、私は、自分が今から何をしようとしているのかを正確に知らなければならない。そのためには、私は自分の意志を知らなければならない。なぜなら、わからない意志がどのようにして自由になれるのかを知ることは難しいからである。私がダイエットしようと決めたなら、そして、これが私の意志であるということを私が知っているなら、私は、自分がダイエットに取り組むことになるということを予測するはずである。もし私の意志を私が知っていて、私の意志が私の行動を引き起こすということを私が知っているなら、私は自分の行動を完璧に予測できなければならないはずである。

　自由意志が行動を引き起こすという考えは、さらに解決困難な問題をもたらす。自由意志のような非自然的な事象が、アイスクリームを食べるというような自然的な事象を、どのように引き起こすことができるのだろう。自然的な事象が引き起こすものは、別な自然的な事象である。なぜなら、自然的な事象同士は、互いに時間的にも空間的にも関係し合えるからである。性的な交渉によって、およそ9カ月後には赤ちゃんが生まれる。そう言えるのは、赤ちゃんが生まれる原因を時間的にも空間的にもそのような行為に求めることができるからである。しかし、定義に従えば、自然的でない事柄や非自然的な事象を時空間上に配置することはできない（もし、非自然的な事象を時空間上に配置できるなら、それらの事象は自然的な事象になる）。そうであれば、どのようにすれば、非自然的な事象が自然的な事象をもたらすことができるのだろう。私にアイスクリームを食べさせることができる意志は、いつ、どこで生じるのだろう（これと同じような問題は、心と体の問題である。それについては第3章で取り上げる）。そのような仮説的関係性の不明瞭さゆえに、ニュートンは「私は仮説を立てない（*Hypotheses non fingo*）」と言ったのである。科学が未解決の問題を認める理由は、結局のところ、問題がさらなる思考と実験をもたらすからである。しかし、自由意志と行為の関係性は、そのように明らかにすることはできない。その関係性は神秘である。世界を説明しようとする科学の目的は、説明できない神秘を排除する。

例えば、自由意志の神秘性は進化論に矛盾する。まず、自由意志を考えると、進化の不連続性の問題が起こる。動物に自由意志がなければ、なぜ突然、人だけに自由意志が起こったのだろう。私たちが人になる前の私たちの祖先において、自由意志の前兆となるものがなければならない。2番目に、動物が自由意志を持つことができたとしても、そのような非自然的な事柄がどのようにして進化することができたのだろう。自然的な特性は、他の自然的な特性から修正を受けて進化する。一瞬、一瞬、予測不可能なやり方で振る舞える自然の機械的システムの進化ですら、人は想像できる。しかし、自然選択がどのように非自然的な自由意志を生じたのかについては考えることができない。これが、いくつかの宗教団体が進化論を激しく否定する理由かもしれない。逆に言えば、これは、行動の科学的な説明から自由意志を排除する強力な理由にもなる。

　ここで自由意志説に反対する議論を行っているもっぱらの理由は、自由意志を排除する行動の科学的な説明は可能であるということを、実際に示すためである。ここでの議論の目的は、人には自由意志があるので人の行動を理解することはできないという主張に反対して、行動の科学を擁護することである。行動分析学は、自由意志のような概念によって不幸な結果がもたらされる司法制度（第10章）や統治体制（第11章）のような領域では、自由意志のような概念を用いるべきではないと警告する。行動分析学は、自由意志を排除するが、日常会話の中や、宗教、詩、文学の世界でその概念を用いることに反対はしない。聖職者、詩人、作家が、自由意志や自由選択についてしばしば語るのはかまわない。行動の科学は、そのような自由意志の語りを説明しようとするかもしれない。しかし、だからといって、それを決して認めているわけではない。しかし、本書では、自由意志のような不可解な神秘的な概念を用いずに行動を理解する方法を探っていく。

要　　約

　行動の科学は可能であるという考えは、すべての行動主義者が合意する重要な考えである。この科学は行動分析学と呼ばれるようになった。行動主義は、行動の科学についての哲学とみることができる。

　すべての科学は哲学から生まれ、哲学から離脱した。科学者が哲学的な思弁

から観察を重視するようになったとき、天文学と物理学が起こった。そのようにすることで、それらの科学は、超自然的な事柄に関心を向けることを一切やめて、自然の森羅万象を観察し、自然的な事象を他の自然的な事象で説明するようになった。化学も同様に、化学的な事象の説明として物質内部の隠れたエッセンスを排除したとき、哲学と決別した。生理学が科学になったのは、内的な**活力**（*vis viva*）のような概念を捨てて、身体機能を機械論的に説明するようになったときであった。ダーウィンの進化論は、宗教に対する攻撃であると一般に思われた。その理由は、彼の進化論が、生命体は自然的な事象のみによって創造されるのであって、超自然的な神の手によって創造されるものではないと説明しようとしたからである。科学的な心理学も哲学から独立した。しかし、それは今なお続いている。客観的心理学と比較心理学の2つの運動が、哲学からの決別を促した。客観的心理学は、他の科学と異なる方法の観察と実験を強調した。比較心理学は、人も含めたすべての種が自然選択によって共通の祖先から進化したことを強調した。そして、人の行動を純粋に自然的な事象で説明することを促した。

　行動主義を打ち立てたジョン・B・ワトソンは、比較心理学を手本とした。彼は、心理学は心の科学であるという考えを攻撃した。内観も、動物の意識への類推も、どちらも他の科学の方法によってもたらされる信頼できる結果を生み出さないと彼は指摘した。彼は、行動を研究することによってのみ、心理学はそれが自然科学になるために必要な信頼性と一般性を獲得すると主張した。

　行動を科学することができるという考えは、今なお議論されている。なぜなら、その考えは、行動は個体の自由意志から生起するという考えに異議を唱えるからである。行動を科学できるという考えは、決定論を推奨する。決定論は、すべての行動は、元来、遺伝的継承と環境の効果に由来すると考える。**自由意志**という用語は、遺伝と環境などお構いなしに、人が自由に行動を選択すると仮定された能力に付けられた名前である。決定論は、自由意志説を行動の決定要因を無視した思い違いであると主張する。柔らかい決定論と、自由意志との両立を志向する理論は、自由意志は思い違いにすぎないという考えを肯定するので、彼らの理論は、行動の科学の挑戦とはならない。人は選んだとおりに行動する能力を実際に持っているという考え（ユダヤ教とキリスト教によって支持されている考え）、すなわち**自由意志論者の自由意志**だけが決定論に対抗す

る。決定論と自由意志説の議論は証拠によって解決できないので、どちらの見方が正しいのかという論争は、まさにどちらか一方の立場をとったときの結果、すなわち社会的結果と美的な結果の議論に基づく。

　決定論を批判する人は、民主主義と社会における道徳を守るには自由意志を信じる必要があると主張する。行動主義者は、おそらくその逆が真であると反対する。すなわち、社会的な問題への行動的アプローチは、民主主義を発展させ、道徳的行動を促すことができると主張する。美学について言えば、批評家たちは、全治全能の神の考えと結び付いた（普通はそうであるが）自由意志は非論理的であると指摘する。行為が自然的な事象によって決定されようと、神の意志によって決定されようと、行為を個体の自由意志に帰することは論理的に不可能である。自由意志の提唱者たちは、科学は個体の行為を詳細に予測することができないのであるから、自由意志は、たとえ不可解であっても可能であり続けると反論する。それに対して行動主義者は、他の科学が乗り越えなければならなかったのと同じ問題に自由意志説は直面することになるので、その不可解なところこそ受け入れることができないと反論する。その問題とは、自然的な事象でないものがどのように自然的な事象をもたらすのか、という問題である。行動主義者は、他の科学と同じ解答をする。自然的な事象は他の自然的な事象からのみ生起するという解答である。行動のこのような科学的な見方は、自由意志説の考えを法律や政治に持ち込むことに反対する。法律や政治の文脈で自由意志を想定しても、社会に何ら生産的な結果をもたらさないと反対する。しかし、行動の科学的な見方は、日常会話、宗教、詩、そして文学で自由意志の考えを用いることには中立であり続ける。むしろ、その使用を説明するかもしれない。

◆ 参考文献

Boakes, R. A. 1984: *From Darwin to Behaviorism: Psychology and the Minds of Animals*. Cambridge: Cambridge University Press.　この本は、初期の行動主義の進歩について歴史的に説明した優れた本である。（ボークスR.　宇津木保・宇津木成介（訳）（1990).　動物心理学史—ダーウィンから行動主義まで　誠信書房）

Dennett, D. C. 1984: *Elbow Room: The Varieties of Free Will Worth Wanting*. Cambridge, Mass: MIT Press. この本では、自由意志についての徹底的な議論が行われている。そして柔らかい決定論の例が示されている。（関連翻訳書、デネットD. C.　山形浩生（訳）（2005).　自由は進化する　NTT出版）

Sappington, A. A. 1990: Recent psychological approaches to the free will versus determinism issue. *Psychological Bulletin*, **108**, 19-29. この論文は、決定論と自由意志についてのさまざまな立場が要約されている有益な論文である。

Watson, J. B. 1913: Psychology as the behaviorist views it. *Psychological Review*, **20**, 158-77. ワトソンは、この古典的な論文の中で彼独自の見解を明らかにした。（関連翻訳書、ワトソン J. B. 安田一郎（訳）(1980). 行動主義の心理学 河出書房新社）

Zuriff, G. E. 1985: *Behaviorism: A Conceptual Reconstruction*. New York: Columbia University Press. この本は、20世紀初頭から1970年頃までのさまざまな行動主義者の考えを取りまとめ、それらについて論考している。

第1章で紹介した用語

活力 Vis viva
カロリー Caloric
擬人化 Anthropomorphism
客観的心理学 Objective psychology
決定論 Determinism
行動分析学 Behavior analysis
自由意志論者の自由意志 Libertarian free will
種の連続性 Continuity of species
丁度可知差異 Just-noticeable difference
徹底的行動主義 Radical behaviorism
内観 Introspect
二元論 Dualism
反応時間 Reaction time
比較心理学 Comparative psychology
プシュケ Psyche
フロギストン、燃素 Phlogiston
方法論的行動主義 Methodological behaviorism

第2章
科学の哲学としての行動主義

　行動の科学は可能であるという考えは、一見やさしそうに見えるが実は難しい。行動の科学は、2つの厄介な疑問を投げかける。まず、「科学とは何か」という疑問である。この疑問にはすぐに、「科学とは自然宇宙の研究である」というような解答が出てきそうである。しかし、この解答にはさらに次のような疑問が生じる。「自然的な」ものにしているのは何か。「研究」には何が必要か。この疑問を別な言い方をすれば、「科学と、詩や宗教のような人間の他の試みとの違いは何か」になる。これに対して、「科学は客観的である」という答えが戻ってくるかもしれない。しかし、科学が「客観的」であるということはどういうことなのだろう。

　2番目の疑問は、「行動の研究を科学的にするものは何か」である。この疑問に対する解答は、1番目の疑問への解答次第である。おそらく行動は、自然宇宙の一部であるだろう。科学的な見方から行動について語る方法には、おそらく独特なところがあるだろう。

　本章は1番目の疑問に目を向ける。2番目の疑問は第3章で論じる。しかし、行動を科学的に研究するということが、何を意味するのかについての十分な解答は、本書の他の部分で具体的に論じられる。

　科学についての徹底的行動主義者の考えは、初期の行動主義者や20世紀前の多くの思想家によって表明された考えと異なる。徹底的行動主義は、**実用主義**（*pragmatism*）として知られる哲学的伝統に合致するが、初期の見解は**実在論**（*realism*）に由来する。

実在論と実用主義

■ 実在論

　世界的な見方として、実在論は西洋文明において非常に浸透している。そのため、多くの人が何の疑問もなくそれを受け入れている。それは、木も岩も、そして建造物や星も、さらに人間も、私たちが見ているものは実際に存在するという考えであり、私たちに世界を経験させる現実の世界が外界に存在するという考えである。ある意味で、その考えは、私が木に背を向けたとき、振り返ると木がまた見えるのはなぜかという問いに対する説明の理論である。木が自分の外界の一部であるというのは、当たり前のように思えるかもしれない。しかし、木についての私の経験、私の知覚、思考、感情は私の内部にある。この見かけ上当たり前に思える考えは、2つのそれほど単純ではない推測をもたらす。まず、この現実の世界は、どことなく**内的**と思える私たちの経験と異なり、どことなく**外的**のように見える。次に、私たちの経験は、この現実の世界**についての経験である**ということである。つまり、私たちの経験は、その世界そのものではない。これから見るように、この2つはどちらも、驚くべき結果によって疑問視されるかもしれない。

　自由意志と決定論の場合と同じように、哲学者たちは、実在論について非常に多くのことを記してきた。実在論にもいろいろ異なる見解がある。上記段落の記述は、哲学的な記述でもなんでもない。どちらかといえば、哲学者たちが**素朴実在論**（*naive realism*）と呼んでいる考え方に最も近いだろう。それは、対象の存在は私たちのその知覚と異なると考える。それは、西洋文明で育まれ私たちが受け継いだ、行動についてのひとつの見方であり、しばしば**素朴心理学**（*folk psychology*）と呼ばれている。そのため、そのような見方は**通俗実在論**（*folk realism*）と言えるだろう。世界についての私たちの経験の安定性、すなわち、私が振り返れば木はまだそこに存在するという経験の安定性であるが、それはその現実に由来する、そのような日常的な考えを私たちは単に「実在論」と言っている。

◎ 客観的な宇宙

　紀元前6世紀のギリシャの哲学者の中には、科学的な思考ともいえるような考え方をしている者が何人かいた。そのうちのひとりであるタレスは、当時広く受け入れられていたバビロニア人の見方と根本的に異なる宇宙の見方を提唱した。バビロニアの見方は、神マルドゥークがこの世界を創造し、世界で起こっているすべての出来事を支配し続けていると考えた。タレスは、太陽、月、そして星は、毎日、天空を機械的に動いていると考えた。それらの天体は、夜になると平らな地球の周りを回り、朝になると東のそれぞれの場所に戻る、タレスはそのように考えた（Farrington, 1980）。この見方は、今日の見方とかなり異なるように思えるかもしれないが、タレスの宇宙に対する見方は有用であった。ファリントン（Farrington, 1980, p. 37）は、「タレスの見方は賞賛に値するはじめての見方である。その核心となるものは、**マルドゥークのような神を介在させずに、多くの観察された事実を統合して、ひとつの一貫した考えを構築したことである**」と述べている。肯定的に言えば、宇宙は包括的機構であるとタレスは考えたのである。

　実在論では、包括的機構は「外部に」存在する実在の機構を意味しており、私たちと独立に存在する機構である。包括性とはどういうことかというと、私たちがそれについて多くのことを知れば知るほど、この機械的な宇宙は不可解なものにはますます見えなくなるということである。それが独立に存在することで、それは**客観的**なものになる。すなわち、それについての私たちの理解がどのように変化しようと、その変化にかかわらず、宇宙は宇宙のままであり続けるということである。

◎ 発見と真理

　実在論には、科学的な発見と科学的な真理という確かな見方が含まれる。私たちが、実際に存在する（実在する）客観的宇宙について学んでいるなら、宇宙を科学的に研究すると、私たちは宇宙についての事柄を発見する、そのように言ってもよいのである。宇宙がどのように機能しているのか、その作用について何かを発見できれば、宇宙についての真理を発見したと言ってもよいのである。そのような見方においては、わずかずつでも、発見につぐ発見によって、私たちは宇宙の作用について偽りのない真理に近づく。

◎ 感覚データ（sense data）と主観性

実在論者にとって、真理への私たちのアプローチは遅々として不確かなものである。というのも、客観的な世界を直接研究することはできないからである。私たちが直接触れることができるのは、私たちの感覚が私たちに語ってくれることでしかない。哲学者のジョージ・バークレイ（1685-1753）は、この間接さゆえに、世界が実在するという仮定は疑わしいと考えた。彼は、「人間の知識の原理」と題するエッセイの中で次のように述べている。

> 家も山も、川も、つまりすべての感知し得る対象は存在している、それは理解によってそれが知覚されているということとは異なり、自然あるいは現実に存在する。そのような意見が不思議なことに人々の間で実際に広がっている。……しかし、もし私が間違っていなければ、問題としている対象を心の中で思い描いている人は誰でも、その対象が明らかに矛盾と言えるものを含んでいることに気づくだろう。前述の対象、ただし、私たちが感覚で知覚する物体であるが、それらは何のために存在しているのだろう。そして、**私たち自身の考えや感覚以外**に、私たちは何を知覚しているのだろう（Burtt, 1939, p. 524）。

言い換えるなら、私たちは実在する世界に直接触れることはない、触れているのは、それに対する私たちの知覚でしかない。それゆえ、世界が実際に存在すると信じる論理的理由を私たちは持たない、というのである。

バークレイ後の哲学者の中には、感知し得る対象が存在するということについての彼の疑念を受け継ぎ、世界の対象は推測でしかない、あるいは語り方でしかない、という考えを受け入れた。しかし、科学の哲学者たちは、実在論にこだわり、バークレイの主張と異なる方法で取り組もうとした。例えば、20世紀初頭に著作活動をしていたバートランド・ラッセル（1872-1970）は、バークレイの「考え」と「感覚」の代わりに、**感覚データ**という概念を用いた。彼が提唱したことは、科学者は実際の世界について理解しようとするために、感覚データを研究しているということであった。感覚データは内的なものであり、主観的なものである。しかしそれは、「外部に存在する」客観的な現実の世界を理解するための手段である。

◎ 説　明

　実在論の枠組みでは、説明は、物体が実際に存在する方法を発見することからなる。地球が太陽を周回する軌道がひとたびわかったなら、なぜ季節があるのか、なぜ天空の太陽の位置が変化するのか、その理由を私たちは説明してきた。宇宙の作用を説明することは、自動車のエンジンの作用を説明するようなものである。クランク軸が回転するのは、ピストンの上下運動に伴ってピストンがクランク軸を回転させるからである。

　実在論者にとって、説明は単なる記述ではない。記述は、私たちの感覚データがどのように集約されるのか、その方法を詳述しているだけである。天空での太陽の位置の移り変わりは、地球が太陽の周りを楕円軌道で周回することが一般的に受け入れられるずっと以前から記述されていた。記述は、表面的には、物体がどのように見えるのかを語っているにすぎない。物体の作用について、その根底にある真理がひとたび発見されたなら、私たちが知覚している事象は説明される。

■ 実用主義

　実在論は、実用主義とかなり異なっているかもしれない。実用主義は、合衆国の哲学者たち、特に19世紀後半と20世紀初頭のチャールズ・ピアス（1839-1914）やウィリアム・ジェームズ（1842-1910）によって発展した考えである。実用主義の根本的な考えは、次のようなものである。科学的探究の力は、客観的な宇宙の作用の仕方についての真理を発見することにあるのではなく、客観的な宇宙が私たちに何を**行わせる**のかということにある（それゆえに、**実用主義**［*pragmatism*］という名前の語源は「**実用的**［*practical*］」と同じである）。特に、科学によって私たちが行うことができる素晴らしい点は、私たちの経験の意味を科学によって理解することができるということである。科学は、私たちの経験をわかりやすくしてくれる。雨は、何か不思議な神のせいで降るのではなく、水の蒸発と上空の大気の天候条件によって降るのである。科学は、何がこれから起こるのか、その予測を時に可能にさえする。手段があれば、これから起こることを制御することもできる。私たちが天気予報に耳を傾けるのは、それが役に立つからであり、抗生物質を摂取するのは、感染を防げるからである。

ジェームズ（1974）は、議論を鎮めるための方法として、そして真理の理論として、実用主義を提唱した。疑問の中には、終わりのない議論の応酬となって、満足のいく解決に至らないようなものがある。

この世界はひとつであろうか、それとも多くの世界があるのだろうか。世界は決定されているのだろうか、それとも自由であろうか。物質的か精神的か。これらの考えはどれも、この世界に役に立つかもしれないし、そうでないかもしれない。そして、そのような考えに関する議論は尽きない。そのような場合、それぞれの考えの実用的な結果を突き止めて、ひとつひとつの考えを解釈しようとすれば実用的になる。あちらの考えと比べてこちらの考えがどちらかといえば真である場合、どれも実用的に見たらどのような違いがあるのだろう。突き止められるどんなものも、実用的な違いがなければ、どれも実用的に同じということになり、すべての議論は無意味となる。議論が手に負えないときでも、どちらか一方が正しければ、何らかの実用的な違いを示すことができるはずである（pp. 42-3）。

言い換えるなら、もしある疑問に解答しても、それによって科学が進展する方法が決して変わらなければ、その疑問自体が間違っているのであり、それは注目に値する疑問ではない。

すでに読者は、私たちの存在しないところで、現実の独立した客観的な世界が実際に存在するかどうかという疑問は、議論が無駄な疑問のひとつではないかと思っていたかもしれない。それこそまさにジェームズやピアスが認めたことである。ジェームズは、「私たちが対象から思い浮かべることができる感覚はどのような感覚で、そして、私たちはどのような反応で対処しなければならないのか」（p. 43）と述べ、ある対象について私たちが作った概念は、その実用的な効果以外の何ものでもないと記している。自転車について大事なことは、それを私が見て、それをその名前で呼び、友人にそれを貸したり、自分がそれに乗ったりすることである。実用主義は、自転車のこのような効果の背後に**実際の自転車**があるのかどうかということについて不可知論の立場をとり続けるのである。

疑問に対するそのような態度をとる実用主義は、疑問に対する解答が真理であるかどうかということについて特殊な立場をとると言わざるを得ない。真理

の理論として、実用主義は、おおよそ真理とは**説明力**と同じであるとする。私たちが存在しないところでも実際の宇宙が存在するかどうかについての疑問が無意味であるなら、何らかの最終的で絶対的な真理が存在するかどうかという疑問も無意味である。単に真か偽かと考える代わりに、ジェームズが提案したのは、考えは、より真実にもなり得るし、より真実ではないということにもなり得る、ということである。彼の考えは、もしある考えが他の考えと比べて、私たちのより多くの経験を説明し、理解を促すのであれば、前者の考えの方が後者の考えよりもより真実である、という考えである。ジェームズは次のように言っている。「いわば次のような考えであればどのような考えも、私たちが依存できる考えである。私たちの経験のある部分から他の部分に私たちを首尾よく運んでくれる考えで、物事を満足のいく形で結び付け、しっかりと作用し、単純化し、負担を軽減してくれるような考えである。そのような考えは、それだけで真実であり、その程度までは真実であり、**手段として真実である**」（p. 49）。太陽と星が地球の周りを回っているという考えが説明したのは、それらの天体が天空を横断するということだけである。しかし、地球は、地軸を中心に回転しながら、太陽の周りを回っているという考えの方がより真実であると言えるのは、その考えが、なぜ季節の移り変わりがあるのかも説明しているからである。しかしながら、厳密に言えば、地球が**実際に**太陽の周りを回転しているかどうかは決してわからないだろう。もしかしたら、別なもっと真実のような理論が現れるかもしれない。

　ジェームズは自分の見方の裏付けとして、すべての科学的な理論は、実際のところ似たり寄ったりであると指摘した。経験のすべての事実を説明する理論が仮にあるとしても、ほとんどない。その代わり、ある現象をかなりうまく説明する理論もあれば、別な現象をうまく説明する理論もある。ジェームズは次のように記している。

　　科学のすべての分野で、敵対する系統的論述が非常に多くある。そのため、研究者たちは、現実を絶対的に記録した理論などないという考えになじむようになった。しかし、ある観点からすれば、その考えは、どの論述も有用なものとなり得るという考えである。論述を大いに利用するには、古い事実を要約して新たな事実を導き出せばよい。系統的論述は、私たちが自然についての報告書を記すた

めの、人間が作った言葉、概念的に簡潔にした表現でしかない……（pp. 48-9）。

　ジェームズと同じような考えを持つ現代の哲学者は、トマス・クーン（1970）である。彼は、『科学革命の構造』（原題：*The Structure of Scientific Revolutions*）という本を著した。彼はこの本の中で、科学を究極の真理に向かう終わりのない過程と特徴づけることはできないと主張している。大体、「規範的な科学」が行われている場合、難問は研究と探求によって解決される。しかし、それと同時に、新たな難問が突如として現れる。あまりにも多くの問題が解決されないままであると、これまでとまったく異なる科学的な見方が受け入れられるようになり、最終的にそれが古い見方に取って代わる。革命が起こるのである。この新たな見方は「パラダイム」と呼ばれるが、普通、古い見方と比べてより多くの異なる現象を説明する。そして、それがまた難問を提起する。科学についてのそのような考え方は、科学を究極の真理に向かう行進としてではなく、ダンスフロアのダンスのように見ているのかもしれない。ダンスの場合、いろいろなダンサーたちが、いろいろなステップやスタイルを試してみる。そしてバンドは、それに対して、時々まったく異なる曲を演奏し始める。大げさな言い方ではないが、クーンは、あるパラダイムが別のパラダイムに取って代わるという点で科学は進歩すると指摘した。そのようなパラダイムシフトが起こる理由のひとつに、その変化によってより多くの現象が説明されるという理由がある。ダンスと曲は、これまでのものと比べてより洗練されたものになる。

◎ 科学と経験

　実用主義は、ウィリアム・ジェームズと物理学者のエルンスト・マッハ（1838-1916）の友情の結果として、現在の行動主義に間接的に影響を及ぼした。ジェームズがマッハに与えた影響は、マッハの著書『マッハ力学』（原題：*The Science of Mechanics*）という本の中に表れている。その著書こそ、実用主義が物理学の力学の分野に応用された歴史である。この本がスキナーに多大な影響を与え、そしてスキナーは、現代の行動主義に大きな影響を及ぼした。このような間接的な方法で、現代の行動主義は、ジェームズに負うところ大である。

　ジェームズに追随してマッハは、科学は経験と関係している、特に科学は私

たちの経験を理解することに関係している、と主張した。彼は、科学はもともと人々が互いに効果的に経済的にコミュニケートするための必要性から生まれたものであると考えた。経済的にコミュニケートすることは、人間の文化には重要である。というのも、経済的にコミュニケートすることで、世界についての理解が、ある世代から次の世代に容易に伝達されるからである。経済的になるには、私たちの経験を類型やカテゴリーに体系づける概念を考案する必要がある。このような概念を用いることによって、多くの単語ではなく、ひとつの用語で世界を理解することができる。マッハは、科学を、技巧を実践する社会階級と彼がみなした職人の知識体系と比較した。

　このような階級は、特殊な自然過程で忙しくする。この階級の人は変化する。古いメンバーは消えてなくなり、新しいメンバーが現れる。このようにして、新たに出現した人々に、すでに保有された経験や知識のストックを授ける必要が起こる。そして、結果を事前に決定できるようにするため、彼らには一定の目標を達成させるための条件に精通させる必要がある（Mach, 1960, p. 5）。

例えば、陶工見習いは、いろいろな種類の粘土について学び、粘土の練り方、つやの出し方、焼成の方法、窯入れなどについて学ぶ。そのような指導がなければ、見習いは、素晴らしい仕上げの作品を作るのにどのような手続きを踏んだらよいのかまったくわからない。また、そのような教示の概念がなければ、世代の引継ぎが行われない。それぞれの世代の陶工は、はじめから試してみて技術を発見しなければならなくなるのである。これは非効率的であるばかりでなく、何世代にもわたる知識の集積をも妨げる。大工が100年前の大工の経験から一切の利益を受けることができない場合、今日の住宅建設の状態がどのような状態になるのかを想像してほしい。

◎ **概念的節約性**
　あらゆる熟練した能力について上記のようなことが言えるのであれば、科学についても同様のことが言える。車の運転の仕方を教える場合、教わる者を車の後ろに行かせて、「よし。前へ進め。やってごらん」と言うのはばかげている。そうではなく、教える者は教わる者に、始動、操縦、制動、クラッチ、アクセ

ル、ギアといった概念を説明するだろう。そうすれば、教わる者は、「カーブに差し掛かったとき、アクセルを緩める。操縦しやすくなったら再び加速する」と説明されたとき、何をしたらよいかわかるだろう。自分自身の経験によってそのようなルールを見つけることができるかもしれないが、教わった方がかなり容易である。クラッチやアクセルといった概念によって、運転方法を他者に理解させることができる。それとまったく同じように、科学的な概念があれば、自然事象の経験を他者に理解させることができるのである。マッハは以下のように記している。

> したがって、自然現象で不変の事柄を見つけること、さらに、それを構成する要素、要素間の結び付き、ならびにそれらの相互依存性の状態を発見すること、これこそが物理学がやることである。物理学は、包括的で詳細な記述を行うことによって、新たな経験を待つことを不要にしようとする。物理学は、すでにわかっている現象間の相互依存性を利用することによって、実験の手間を省こうとする。その相互以前性に従えば、私たちは、ある出来事が起こったなら、次に何が起こるのかをあらかじめ予測できる（pp. 7-8）。

言い換えるなら、科学は概念をつくるということである。そのような概念によって人は他者に、この世界の事象間の関係や、これこれしかじかの事柄が起こるといったい次に何が起こるのか、そのような事象についての過去の経験を基にして予測されるものは何か、を告げることができるのである。科学者が「酸素」「衛星」あるいは「遺伝子」といった用語をつくると、ひとつの単語で、それに関わる予期と予測の全体像が語れるのである。このような概念によって私たちは、そのような予期と予測を、冗長な説明を何度も繰り返す必要なく、節約（経済）的に語れるのである。

科学が節約的で要約的な用語を考案する方法のひとつの例として、マッハは「空気」という概念の歴史について詳述している。彼はガリレオ（1564-1642）の時代から話を始めている。

　ガリレオの時代、哲学者たちは、シリンダとポンプの働きによって起こる吸引という現象を、いわゆる「**真空を恐れる**（*horror vacui*）」、自然が真空を嫌っている、

ということで説明した。自然は、直に触れたものを取り込む。自然はそのようにして真空の形成を妨げる力を持っていると考えられていた。それがどのようなものであっても、何らかの空隙があるところには、すぐに自然は入り込む。このような見方には根拠のない思弁的なところがあるが、ある程度、その見方は現象をとらえていると認めざるを得ない（p. 136）。

グラスを口につけて、自分の顔に張り付くかのように中の空気を吸えば、グラスの中に真空ができる。それによって自分の頬が引き付けられるのを感じるだろう。今日では、この現象を私たちは空気の圧力によるものと説明するだろう。このような見方の変化のきわめて重要なステップのひとつは、空気に重さがあるということを観察したことである。

　ガリレオは空気に重さがあるということ……を明らかにしようとした。はじめに空気以外に何も入っていない瓶の重さを量る。そして、瓶を熱して部分的に空気を抜く。そのときの瓶の重さを量る。その結果、空気に重さがあることがわかった。しかし、大部分の人たちは、「真空を恐れる（horror vacui）」ということと、空気に重さがあるということは、まったく別なことと考えていた（p. 137）。

吸引と空気の重さの関係を発見したのはトリチェリ（1608-47）であった。彼は、管の一端を閉じて、管の中を水銀で満たした。そして管の開いている他端を逆さにして、それを水銀で満たされた容器に入れた。すると水銀柱ができ、その頭部には真空ができる。トリチェリはそれを発見した。マッハは次のようにコメントした。

　おそらくトリチェリの場合、この２つの考えによって、次のようにほぼ確信したであろう。「真空を恐れる（horror vacui）」と言われているすべての現象は、流体柱、すなわち空気柱の重さによって生じる圧力によって、単純にそして論理的に説明されるだろう。そのようにしてトリチェリは、大気圧を発見したのである。彼はまた、大気圧の変化を水銀柱ではじめて観察したのであった（p. 137）。

真空ポンプが発明されると、空気が管から抜かれるとどのようになるのかと

いうことについて、さらに多くのことが観察されるようになった。そのような観察の多くは、ゲーリケ（1602-86）によって行われた。彼は、はじめて効果的な真空ポンプなるものを作った。

　ゲーリケがこの装置を使って観察した現象は、多様でさまざまであった。水は、真空の中でガラスの容器の壁に音をたててぶち当たる、突然開かれた空の管に空気と水が激しく流れ込む、液体の中に溶けていた気体が排気されて漏れる、……これらのことが即座に見分される。明かりのついたろうそくは、使い果たされて消える。ゲーリケが推測したとおり、ろうそくは空気から栄養物を引き出すからである……。ベルは真空の中では鳴らない。鳥は真空の中で死ぬ。多くの魚は膨らんで、最後には破裂する。ぶどうを真空の中に入れておくと、半年間も新鮮さを保つ (p. 145)。

マッハの考えでは、空気の概念によって、これらの観察したことすべて（すなわち、経験）が互いに関連のあるものとして見られるようになった。空気の概念がなければ、それらの観察された事柄は体系づけられないままである。空気という単語によって、それらの観察された事柄は、たやすく互いに関係づけられたものとして語られるようになり、比較的数少ない単語で語られるようになる。このように概念は、私たちに節約的に議論することを可能にする。

◎ 説明と記述

　上の引用のいくつかで、マッハは、科学の目的は記述であると指摘している。実在論では、科学の目的は「単なる」記述ではなく、経験を超えた現実の発見に基づく説明であると述べた。そのような見方では、記述は状況の単なる要約であり、説明は実際に真なるものについての語りとなる。ジェームズやマッハのような実用主義者にとって、そのような区別は存在しない。なぜなら、実用的に言えば、科学が継続して行わなければならないことは、状況、すなわち観察と経験だけだからである。実用主義者にとって説明は、節約的な用語による記述ということである。

　実用主義者にとって重要なことは、私たちが観察したことを、ある現象と他の現象とを関係づけた用語で記述することである。そのような関係を明らかに

したとき、そしてひとつの観察した事柄が他の事柄とどのように関連しているのかを明らかにしたとき、私たちの経験は、混沌とした神秘的なものから、規則的で包括的なものになっているように見える。マッハは、科学という仕事は、いくつかの出来事が普通ではなく不可解に見えるときに開始される、と主張した。その次に科学が行うことは、自然現象の中にある共通した性質、見かけはまったく異なっているにもかかわらず同じものである要素を見つけ出すことである。上司の机の上にミッキーマウスの像があるのを見て不思議に思う。それが電話であると聞かされて納得する。子どもの頃、私は、手にある物体は重さがあるので、手を放すと落下するものだと思っていた。そのように思っていたので、ヘリウムの風船が手放されて舞い上がるのを不思議に思った。後になって、密度と浮力の概念を学んだ。そして、ヘリウムの風船が空中に浮かぶのは、ボートが水面に浮かぶのと同じであるということを理解した。

マッハは、ある現象をよく知られた用語で記述する過程は、私たちが説明によって私たちが言おうとしていることとまったく同じであると論じた。

> 普通のやり方で結び付いている**同じ**単純な要素のいくつかを、私たちが至るところで見つけることができるようになってはじめて、それら事象は私たちにとってなじみのあるものになるようだ。もはや私たちは、それらの事象を不思議ともなんとも思わない。その現象に新しいもの、奇妙なものは存在せず、私たちはそれらの事象に精通したように思える。もはやそれらの事象に当惑することはない。そのようになったとき、それらの事象は**説明**されたことになる（p. 7）。

科学的な説明とは、なじみのある用語で事象を記述することでしかない。科学的な説明とは、私たちの経験の及ばないとこにある何らかの隠れた現実を明らかにすることではない。

マッハの言い方が主観的であることに驚くかもしれない。事象が説明されるのは、私たちが、それらの事象に「親密さを感じた」ときであるという言い方である。しかしマッハが言いたいことは、ある出来事（事象）が親密な用語で記述されたとき、その出来事は親密に思える（説明される）ということである。実用主義者は、親密な用語を十分に学習された用語としてしか見ていないが、実用主義者でない者は、親密さは感情に依存していると思うのかもしれな

い。実在論では、ある事象を「親密な」ものにするものは、事象そのものについてのものではなく（客観的なものではない）、この事象あるいはそれに似た事象に対する私たちの経験についての何かである（何か主観的なもの）。実在論者にとっては、ヘリウムの風船が舞い上がるとき、その出来事（事象）が神秘的あるいは見慣れた光景と思うかどうかは、その客観的な事象に関わることによって決まるのではなく、私たちがその事象を主観的にどのように評価するかによって決まる、ということになる。

　しかし実用主義では、もし主観と客観を区別しようとするなら、その区別は実在論の区別とまったく異なるものになる。主観と客観の対立は、実用主義者からすれば、主観が選択される形で解決されると言えるだろう。客観的な現実世界というものが存在する必要はないのだから、「客観性」が仮に何らかの意味を持つのであれば、それはせいぜい科学的な探求の質でしかなり得ないだろう。実用主義に最も合致した運動は、主観と客観という2つの用語を単に完全に捨ててしまうことである。

　上で述べた引用のいくつかで、科学者たちの活動についてマッハが語るときに「発見」という単語が使われているのは奇妙に思われるかもしれない。発見とは、その外観に惑わされることなく、物事の成り立ちを明らかにすることを暗に意味しているように思われる。その考えは実在論と同じである。マッハにとって現象の中に共通する「要素」を「発見すること」は、概念を発明（invention）することと同じである。それぞれの共通する要素というのは、カテゴリーとか類型に相当する。そして、その要素に付けられたラベルは概念であり用語である。このような類型化されたものとして、私たちが「浮動（floating）」と呼んでいるものがある。ボートが水に浮かぶとか、ヘリウムの風船が空中に浮かぶといった事象である。浮動という概念を私たちが発明すれば（あるいは発見すれば）、ヘリウムの風船の運動を理解することができるようになる。主観と客観の区別は実用主義では存在しないというのとまったく同じように、発見と発明の区別も実用主義では存在しない。「空気」という概念について語りながら、マッハは次のように記している。「見ることもない、ほとんど感知することもない物が、いつも私たちの周りを包み込み、あらゆる物体に入り込むといったことを突然発見するということ以上に素晴らしいことはない。空気は、生命にとっても、燃焼にとっても、そして巨大な機械的現象にとっても、最も重要な

条件であるということを発見すること以上に素晴らしいものはない」(p. 135)。しかし彼は、「空気という概念は、素晴らしい**発明**（*invention*）である」とも言えたであろう。

興味を持たれた読者は、発見と発明というものが何であるのかを考えるには、トマス・クーンの『科学革命の構造』を参照すべきである。酸素を「発見した」ラボアジエは、燃焼を語るための新たな方法を発見した。このことは、彼は「酸素」という新たな用語を発明したと言っているのと同じである。

後の章、特に第6章と第7章で、科学的な用語について再度議論することになる。なぜなら、行動的な見方からすれば、科学的な語りは、結局のところ行動でしかないと考えるので、発明も発見も、どちらも科学を十分に記述している語とは言えないからである。私たちは、科学者というのはある種の行動に従事する人であり、その行動にはある種の言語行動も含まれる、ということを見ていくことになるだろう。しかし今は、より一般的なレベルの議論を続けることにして、より特殊な議論は先に延ばすことにする。

徹底的行動主義と実用主義

現代の徹底的行動主義は実用主義に基づいている。「科学とは何か」という問いに対して、徹底的行動主義はジェイムズやマッハの答えを提供する。すなわち、科学は、人間が自然に対して経験する事柄（すなわち、「自然世界」について私たちが経験すること）を節約的にそして包括的に記述するという営みである。行動の科学の目的は、親しみやすい用語で、それゆえに「説明される」用語で行動を記述することである。行動の科学の方法は、行動という私たちの自然な経験を正確に観察することによって、それらの経験を詳細に述べることを目的とする。

徹底的行動主義者は実在論より実用主義を好む。その理由は、実在論は行動の科学と相容れない二元論的な見方をするからである。外的世界が実在するというと、「自分が外的世界と分離しているなら、自分はどこにいるのだろう」という疑問が生じる。素朴心理学の答えは、人は、その人にとっての私的な世界である内的世界に存在するということになる。その中で人は、感覚、思考、感情を経験し、人の身体のみが外的世界に属する、と考えるのである。第1章

で見たように、そのような二元論を受け入れることはできない。なぜなら二元論に立つと、「内的な自己や心は、どのように身体の行動に影響するのだろうか」といった未解明な問題を招くことになるからである。内的自己は自然世界ではない。そして、自然ではない事象が自然事象にどのように影響を及ぼすことができるのかということを理解する方法はない。したがって、上の問いに対する解答は決して得られないだろう。この点について第3章でさらに論じることになる。当面は、内的と外的の二元論を認めると、外的な行動だけを扱う科学は完璧ではないと思われてしまうということに気づいていただきたい。実際、行動主義者は、思考とか感情といった内的世界を無視していると非難されることが多い。しかし徹底的行動主義は、内的世界と外的世界の二元論を受け入れずに、行動分析学という学問は、ひとつの世界とそのひとつの世界で見いだされる行動を扱う学問である、と考えている。

　古い見方である方法論的行動主義は、実在論に基づいた見方である。実在論者である方法論的行動主義者は、客観的世界と主観的世界を区別した。彼らにとって科学は、客観的世界にのみ意味があるように思われた。彼らにとって科学は、「今そこにある」世界を研究する方法によって成り立つと考えられた。実在論では、すべての人が同じと言える客観的世界が今そこに存在すると考えられている。それに対してそれぞれの人の主観的な世界はその人独自のものであって、他の人からアクセスできない世界である。そのため、方法論的行動主義者にとって行動の科学が可能になる方法は、客観的な方法によってのみとなる。今そこに存在する世界、すべての人が共有する世界、意見の一致を見ることになる世界についての感覚データを集めるという方法によってはじめて、行動の科学は可能になると考えられている。方法論的行動主義という名前は、方法がこのように強調されたことに由来する。

　次のように言うと驚くかもしれないが、ほとんどの実験心理学者は方法論的行動主義者であると言えるだろう。彼らは、心、態度、人格といった内部の何かについて研究しているのだと主張する。その方法は、外的な行動から内的な世界を推測するという方法であり、評定課題、パズル、紙と鉛筆を用いた検査や質問紙における結果からの推測である。しかし実験心理学者は内的な世界を調べる方法を持っていない。そのため彼らは結局、表に現れている行動を客観的方法で研究する。このようなアプローチと方法論的行動主義の唯一の違いは、

実験心理学者は内的な世界について推測するが、方法論的行動主義者はその推測をしないということである。ジョン・B・ワトソンを代表とする初期の行動主義者たちは、そのような推測を拒絶する。というのも、そのような方法は科学的でないと考えたからである。初期の行動主義が「他人の心理学」と言われたり、行動主義は、人の公的な行動、つまり他者によって観察可能な行動だけを研究しているとか、行動主義は意識を否定していると言われたりするのは、まさにそのような理由からである。

　徹底的行動主義はそうではない。徹底的行動主義は、主観的世界と客観的世界を区別しない。徹底的行動主義は、方法に目を向けるよりも概念や用語に目を向ける。物理学が「空気」という用語を発明（考案）したように、行動の科学はいくつかの用語を発明することで進歩してきた。歴史的に見ると、行動分析学は、**反応**（*response*）、**刺激**（*stimulus*）、**強化**（*reinforcement*）というような概念を使った。これらの概念の使い方は、行動の科学の進歩とともに変化してきた。将来、その使い方は変化するかもしれない。あるいは他のもっと有効な用語に取って代えられるかもしれない。続く章で、私たちは多くの用語を取り上げることになる。古いものもあれば新しいものもある。それらの有効性を評価しよう。そしてどの用語が節約的で包括的な記述であるのか、何度も何度も吟味しよう。

　実在論に立つと行動を定義しにくくなるということが、徹底的行動主義が実在論を否定するもうひとつの理由である。行動を研究する場合、実在論の立場は、実際の世界に表れている何かしら本物の行動があると考える。そして、私たちの感覚によって知ることができるものは、それが道具を使って感覚されたものであろうと、直接的な観察によって感覚されたものであろうと、実際の世界、本当の世界についての感覚的なデータでしかない。本当の行動を直接知ることは決してないのである。例えば、ある人が街を素早く両足を交互に動かして移動している場面を客観的に観察しても、これは、その人が**通りに沿って走っている**という記述の意味をとらえていないと反論する人がいるかもしれない。これではまだ不十分であると反論する人もいるだろう。その人が走っているのは、運動しているのかもしれないし、警察から追われているからかもしれない、あるいは競争しているからかもしれない。その人は競争しているのだと仮に決めたとしても、まだ不十分である。その人は、オリンピックの練習として走っ

ているのかもしれないし、自分の家族や友人に感動させるために走っているのかもしれない。

　人の行動をこのようにいろいろと記述することができるという問題を、実在論者（方法論的行動主義者）はどのように扱うのであろうか。その最良の方法として、まず通りを走っているということをできる限り機械的な（客観的な）用語で忠実に記述する方法がある。おそらく関係する筋肉までも記述するかもしれない。そのような機械的な運動であれば、おそらく本当の行動にかなり近づくことができると考えられているからである。そして、その人がこのような行動に従事するその理由については、別なやり方で扱われることになるのだろう。

　しかしながら、行動を手足と筋肉の動きに変換すると、厄介な曖昧さが生じる。同じ手足と筋肉が多くの異なる活動に使われるかもしれない。上の例では、走者の動きは、運動の一部であるかもしれないし、警察からの逃避であるかもしれない。どちらも同じ動きであるので、実在論者は、それらを同じ行動と言わざるを得ない。しかし、どのような妥当な定義を持ち出しても、運動と、警察からの逃避を同じ行動とするわけにはいかない。

　実用主義者（徹底的行動主義者）は、本当の行動というような考えを一切持たない。単に走者の行動を最も**有効**に記述する方法、マッハの用語を借りれば、最も**節約的**に記述する方法だけを問題にする。すなわち、最良の理解、あるいは最も包括的な記述を提供してくれる方法だけを問題にする。徹底的行動主義者が、走者が走るという理由、**運動**のためとか**警察からの逃避**といった理由を含めて活動を定義することを重視するのは、そのような理由からである。有効な記述は、「その人はオリンピックに出場しようとしてこの道で競争している」という言い方になるだろう。実際には、私たちは、このような言い方にオリンピックに出場しようとしている理由を加えたり、さらに他の方法を行ったりして、行動の記述を洗練させたものにするかもしれない。第 4 章と第 5 章で問題にするが、活動の一貫した定義には、その活動の機能が含まれていなければならない。つまり行動に従事する理由も行動そのものの一部である。

　徹底的行動主義は、「**行動**とは何か」という問題にどのように答えるのだろう。その答えは実用的である。行動について私たちが語るときに使っている用語によって、行動の意味を理解するだけでなく、行動の定義も行う。行動には、

私たちが考案（発明）した用語を使って私たちが語ることができる事象はどのようなものも含まれる。徹底的行動主義は、行動について語るのに、最良の方法、最も有効な方法を問題とする。例えば、もしある人がオリンピックの出場資格を得るために競争しているということが有効であれば、オリンピックの出場資格のために競争しているというのが行動的事象になる。第４章で、今日の行動分析家が用いている概念のいくつかを取り上げる。そのとき、行動をもっと明確に定義することもできるだろう。

　このように実用主義は、観察の仕方を強調するよりも、語り、用語、そして記述を強調する。これが、方法論的行動主義と徹底的行動主義の際立って異なる点のひとつである。私たちが語ることができる事柄の中には、意識的な現象がある。徹底的行動主義者にとって意識的な現象は、行動研究の対象のひとつである。それがどのように行われるかについては、第３章で見ることにしよう。

要　約

　行動の科学は可能であるという考えから、２つの問題が生じる。（１）科学とは何か、さらにもっと専門的に言えば、（２）科学のどのような見方によって行動の科学が可能なのか、という２つの問題である。徹底的行動主義者は、実用主義の哲学的な枠組みの中で科学をとらえている。実用主義の見方は、20世紀前の多くの科学者と20世紀初頭の行動主義者の見方である実在論とは異なる見方である。実在論は、私たちの身体の外の世界（外界）は実在し、この外界が、私たちひとりひとりにおいて内的な経験を生じると考える。外界は客観的であると考えられ、内的経験の世界は主観的であると考えられている。実在論では、科学は、この客観的世界についての真理を発見することからなる。しかし私たちは、この外界についての直接的な知識を持っていない。私たちが直接知っているのは、私たちの感覚によって生起した内的な経験だけである。そのような理由から、バートランド・ラッセルのような哲学者たちは、科学は客観的な宇宙のあるべき姿を感覚データから推論することで進歩する、と主張した。推論によって現実世界の究極的な真理に到達したとき、現実世界についての私たちの経験は説明される。そのような実在論の考えに対して、実用主義は、間接的に知られる実際の外界を仮定しない。実用主義は、私たちの経験の

意味を理解する課題に重きを置く。私たちの身の回りで起こっていることを理解するのに役立つ疑問と解答に価値がある。外界が実際に存在するのかどうかといった疑問は、私たちの経験を理解する上でさして重要な問題とはなり得ないし、注目に値しない。絶対的な究極の真理など存在しない。むしろ私たちの経験が、概念によってどのくらい互いに結び付けられるのか、どのくらい体系化されて理解されるのか、という点に概念の真理はある。ウィリアム・ジェームズやエルンスト・マッハのような実用主義者にとって、私たちの経験のさまざまな部分をともに結び付けるこのような過程こそが説明と言えるものである。マッハは、私たちの経験を効果的に語ること、すなわちコミュニケーションは、説明と同じであると考えた。ある事象を親しみのある用語で語ることができる限り、その事象は説明されると彼は主張した。事象を親しみのある用語で語ることが記述である限りにおいて、説明は記述である。科学は、私たちの経験をより包括的に理解することができるような概念だけを発見する。

　方法論的行動主義は実在論に基づく。それに対して徹底的行動主義は、実用主義に基づく。徹底的行動主義は、内的世界と外的世界を二分する考えを行動の科学にとって有害であるとして認めない。その代わり徹底的行動主義は、ひとつの世界の中で行動に基づく科学を提案する。実在論者にとって、実際の行動は実際の世界で生じている。そして、この実際の行動は、私たちの感覚によって間接的な方法でしか知り得ない。そのようなことから方法論的行動主義者は、行動事象をできる限り機械論的に、できる限り生理学に近づけるようなやり方で記述しようとする。それに対して徹底的行動主義者は、行動を理解するのに役立ち、行動を節約的に語ることができるような記述的な用語を探す。行動の実用的な記述には、行動の目的と行動が生起するときの文脈が含まれる。徹底的行動主義者からすれば、記述的な用語によって、行動は説明され、また行動が何であるのかが定義される。

◆ 参考文献

Burtt, E. A. (ed.) 1939: *The English Philosophers from Bacon to Mill*. New York: Random House.

Day, W. 1980: The historical antecedents of contemporary behaviorism. In R. W. Rieber and K. Salzinger (eds.), *Psychology: Theoretical-Historical Perspectives*, New York: Academic Press, 203-62.　この論文の中で、ウィラード・デイは、実用主義と徹底的行

動主義の関係を論じている。

Farrington, B. 1980: *Greek Science*. Nottingham: Russell Press. 初期のギリシャ科学についての優れた本である。

James, W. 1974: *Pragmatism and Four Essays from* The Meaning of Truth. Reprint New York: New American Library. 実用主義についてのウィリアム・ジェームズの考えをこの本（初版は1907年と1909年）で知ることができる。

Kuhn, T. S. 1970: *The Structure of Scientific Revolutions*, 2nd ed. Chicago: University of Chicago Press. 実用主義的思考のトマス・クーンによる拡張がこの本の中で要約されている。（トーマス・クーン　中山茂（訳）（1971）．科学革命の構造　みすず書房）

Mach, E. 1960: *The Science of Mechanics: A Critical and Historical Account of Its Development*, 6th ed. Reprint La Salle, Ⅲ.: Open Court Publishing. エルンスト・マッハが実用主義の考えを物理学に応用した。（エルンスト．マッハ　伏見譲（訳）（1969）．マッハ力学—力学の批判的発展史　講談社）

Russell, B. 1965: *On the Philosophy of Science*. New York: Bobbs-Merrill. この数編の小論の中にバートランド・ラッセルの科学に対する見方が述べられている。

第2章で紹介した用語

概念的節約性 *Conceptual economy*	**実用主義** *Pragmatism*
感覚データ *Sense data*	**素朴実在論** *Naive realism*
感覚データ理論 *Sense data theory*	**素朴心理学** *Folk psychology*
真空を恐れる *Horror Vacui*	**通俗実在論** *Folk realism*
実在論 *Realism*	

第3章
公的事象・私的事象・自然事象・架空事象

　徹底的行動主義は、伝統的な意味の主観的現象と客観的現象を区別しない。第2章では、それを確認した。解決できないような不可解な問題をもたらすすべての二元論を徹底的行動主義は受け入れない。徹底的行動主義は、公的事象（public event）と私的事象（private event）、大ざっぱに言えば、客観的世界と主観的世界をほとんど区別しないけれど、いくつかの区別は行っているということが本章でわかるだろう。その最も重要なものは、自然事象（natural event）と架空事象（fictional event）の区別である。

心理主義

　心理主義（*mentalism*）という用語は、スキナーによれば、ある種の二元論を意味する。それは、精神的な事柄と行動的な事柄を区別する用語である。心理主義は、ある種の「説明」ではあるが、実際には何も説明していない。靴1足を購入した理由を友人に尋ねたとしよう。友人が「欲しかったから」「出来心で」と答えたなら、それらの回答は説明のように思える。しかし、実際には質問する前の状態と何も変わっていない。そのような説明になっていない説明、無説明が心理主義の例である。

　行動の科学とは何か、その定義を議論するとき、徹底的行動主義は、多くの場合、妥当な説明と偽りの説明の区別を重視する。実用主義者ジェームズやマッハ（第2章）にとって、妥当な説明とは、わかりやすい用語で記述することである。徹底的行動主義も、靴1足を購入するというような事象をわかりやすくする用語を探す。そのような用語を考案すると、**〜したかった**、**出来心で**、といった用語がなぜ不十分であるのかということもわかるだろう。

■ 公的事象と私的事象

　公的事象というのは、複数の人によって報告できる事象である。激しい雷雨は公的事象である。なぜなら、誰でもそれについて共に語れるからである。もちろん、報告されないままの公的事象は多くある。鳥のさえずりは誰でも聞こえる。しかし、だからといってそれについて語らなければならないわけではない。もし私がひとりでいるときに鳥のさえずりを聞いたなら、それはたまたま私的であるというだけである。なぜなら、誰かが近くにいれば、私とその人は、鳥のさえずりについて一緒に語れるはずだからである。

　普通の状況では、思考、感情、感覚は私的事象である。なぜなら、それらについて報告できるのは、たとえ誰かがそばにいたとしても、たったひとりしかいないからである。アーロンは、ショーナが今まさにこの瞬間何を考えていたのか語ることはできない。ショーナが考えていることは私的事象だからである。ショーナだけが自分の私的な考えを報告できる。

　この公的と私的の違いについて重要な点が2つある。まず、徹底的行動主義者にとって、そのような区別はほとんど意味がないということである。公的事象と私的事象の唯一の違いは、それらを報告できる人の数である。その他は、公的事象も私的事象も同じ種類の出来事であり、まったく同じ特徴を持っている。スキナー（1969）は、このことについて次のように記している。「皮膚は、境界としてそれほど重要ではない」(p. 228)。実際、脳の活動を記録することで人が何を考えているのか明らかにできれば、その思考は、私的事象から公的事象にシフトする。この変化は、複数の人間によって観察できるようになったという変化にすぎない。したがって、このようなときのプライバシーというのは、自分がひとりのときに味わえるプライバシーである。自分がひとりでいるときにくしゃみをしたら、その出来事は他に誰もそれを見ていなかったというただそれだけの理由で私的と言える。たとえ現在、人の思考を読み取る技術がなくても、いつか必ず何らかの道具を使って人の思考が複数の人によって観察できるようになるはずである。公的と私的の違いを永遠に克服できない何か特別な見方でとらえるなら、それは、客観と主観という古くさい区別を別なやり方で復活させるようなものである。

　公的と私的の違いについて2つ目の重要な点は、公的事象も私的事象もどち

らも**自然事象**（*natural events*）であるということである。私が、**今日は良い天気**だと思ったなら、それは自然事象である。また、**今日は良い天気**だと私が言ったら、それは自然事象である。海辺に私が行くのも自然事象である。どれもすべて同類である。

■ **自然事象**

　すべての科学は自然事象を取り扱う。運動している物体、化学反応、細胞組織の成長、爆発する星、自然選択、身体の行為、それらはどれであっても自然事象である。行動分析学も、そのような科学と何ら異ならない。

　行動分析学が主題とする自然事象は、統一体としての有機体（whole living organisms）に与えられる事象である。石や星の行動（運動）は問題としない。それらは生き物ではないのだから。ひとつの細胞、肝臓、足の行動も問題としない。それらは一体となった有機体ではないのだから。私が飼っている犬が吠えれば、その事象（私の犬が吠える）は、一体となった有機体（私の犬）に属する事象である。**空が青い**と私が言えば、その発話（事象）は私に属する。いわば、その事象は、**空が青い**と私が言ったことである。同様のことは私的事象でも言える。**その車は今まで聞いたこともないような音を立てている**と私が思えば、その事象は、一体となった有機体である私に属する。それは、私が考えていることである。これらの事象はどれも、本書で単に**行動**（*behavior*）と言っているような事象である。これに「一体となっている有機体の」という語句を付加するとわかりやすいだろう。

　私的事象は、行動分析学で扱える事象である。なぜなら、科学が扱える事象は自然事象だけでなければならないからである。原則、それらの事象は観察可能なものでなければならない。すなわち、それらの事象は、時間的にも空間的にも位置づけられなければならない。しかし、実際に観察されなければならないということではない。第2章で、空気についてマッハが指摘した事柄のひとつを見た。それは、私たちは空気によって生じる多くの現象を観察するが、空気そのものを観察することはできないというものであった。空気に色を付けることができたなら、そのときは空気を観察できるだろう。

■ 自然事象と精神事象、そして架空事象

　普段の語りの中で、思考とか感情、感覚、情動、幻覚と言われるようなものはすべて**精神的**なものと考えられている。**精神的**（mental）という語は、**心**（mind）の形容詞相当語句である。**精神的**（mental）と呼ばれるものはすべて、どのような心（mind）と関係しているのだろう。

　ほとんどの英語母語話者は、自分たちには心があると主張する。したがって、心なんてないのだと言われると、多くの人が侮辱された気持ちになるだろう。心がないなんてばかげている。英語にはそのような考えが埋め込まれているように思える。心があるからこそ、思考や感情、そして情動などがあるのだと言う。それらの精神活動があるので、私たちひとりひとりは心を持っていると結論したがる。しかし、そのような論法は循環論である。私たちは皆、思考するということを知っているから、すなわち私たちは皆、自分が考えるということを知っているから、私たちひとりひとりに心があるというのである。

　心（mind）を扱った英語構文を調べてみると、心という語は主に2つの方法で使われているようだ。心がある場所や空間として、あるいは、ある種の活動の舞台、劇場のようなものとして使われるときが時々ある。「何かを心に描く（I have something in mind）」「私はどうかしているに違いない（I must be out of my mind）」と言うときなどである。また、それ自身で活動している、ある行為者あるいは主体（agent）として、心という語が使われるときがある。「私の心は決まっている（My mind is made up）」「私が思ったことだけを彼に伝えたいと思う（I have a mind to tell him just what I thought）」「心の中で、それを見ることができる（I can see it in my mind's eye）」と言うようなときである。しかし、このような空間や対象はどこにあるのだろう。それはいったい何でできているのだろう。

　心についての考えは、行動の科学にとって厄介なものである。なぜなら、心は自然の一部ではないのだから。人の頭骨を外科医が開くと、中に見えるのは脳である。脳は取り出すことができるし、手に取ることもできる。重さもあるし、その量も測定できる。それを使ってキャッチボールもできるだろう。心でそれが言えるかというと、まったく言えない。控え目に述べても、言えることは科学的な研究の対象は、時間的にも空間的にもその所在場所が確認できるも

のでなければならないということである。脳がある場所はいつも決まっている。それに対して、心は自然対象の特徴を一切持っていない。

　心（mind）を使った最も際立っている英語のフレーズは、心（mind）という語が動詞として使われたり、副詞の中に使われていたりするようなフレーズである。例えば、「よく注意してやりなさい（Mind how you go !）」「自分のことで手いっぱいだ（I am minding my own business）」「危険には十分に気を付けるつもりだ（I am mindful of the danger）」というような言い方である。これらはみな、心（mind）や注意深さ（mindfulness）といったものが、慎重な行動、思慮深い行動、意識的な行動というような、ある種の行動の質を問題にしていることを示している。注意深いと呼ばれる行動もあれば、知的と呼ばれる行動もある。意図的、私的と呼ばれる行動もある。行動が意図的、知的、私的に見えるときはいつも、さらに一歩進めて、それらの行動には心が宿っていると考えがちである。しかし、その必要はない。徹底的行動主義者は、行動の科学ではそれをやってはいけないと主張する。しかし、後の章で見ることになるが、なぜ、ある行動が意識的であるとか、意図的であるとか、知的であると言われるのか、それを問題にするのは興味が尽きない。

　考えるとか、感じるとか、夢を見るということを私はどのように知るのか、その方法に自分が気づいているかといえば、わからない。思考、感覚、夢は、私的事象であっても、それを行っている人から見れば、自然事象としてとらえられる。それに対して、心（the mind）と、それに関わる部分や過程は、すべて**架空の**（*fictional*）ものである。

　心は架空であるということは、心は創作されたものであって、見せ掛けのものであるということと同じである。妖精の教母などいないというのと同じく、私には心などない。心や教母について私は語ることはできるが、そのどちらも架空としての話でしかない。誰もそれらを見た者はいないのである。かつて、私がある講演をしたとき、聴衆の中のひとりの哲学者が反論した。彼は、私が語っているときの私の心の作用を見ていると言うのである。私は、「確かにあなたは、私の妖精の教母がやっていることを見ている。彼女はこの私の肘のところにいて、私の耳の中でささやいている」と答えたくなった。語りや問題解決を心の働きと見るのは、愛や結婚を妖精の教母の働きかけと見るのと同じくらい意味のあるものである。ただし、それはもちろん面白半分で、あるいは詩

の中でできることである。しかし、そのような語りは、科学の中では何の役にも立たない。

　精神的な事柄や精神的な事象についての日常的な話の中には、私的事象もあれば架空の事柄や事象もある。考えることや見ることは私的で自然な事象であるが、心や意思、プシケ（霊魂）、そしてエゴ（自我）はいずれも架空である。方法論的行動主義者は、公的な事柄や事象を認め、精神的な（日常的な意味での）事柄や事象は認めなかった。そのとき彼らは、架空の事柄や事象だけでなく、私的事象も認めなかった。それに対して徹底的行動主義者は、すべての自然事象を認める。その中には公的事象も私的事象も含まれる。徹底的行動主義者が認めないのは架空の事象だけである。さらにまた、どれが自然でどれが架空と言えるのかという問題は、それらの事象がどのように研究されるのかという方法の問題と関係しない。

　架空の事柄や事象は、原則的にみても観察不可能である。心、衝動や強い欲求、あるいは人格を誰も観察することはできない。それらはいずれも行動から推測されたものである。例えば、攻撃的に行動している人は、攻撃的な人格の持ち主などと言われる。しかし、誰もその人格なるものを見ることはない。見えるのは行動だけである。

　しかし、観察できないからといって難点になる必要はない。私たちは空気の例を見てきた。他にも観察できないけれども受け入れることのできる概念は考えやすい。原子、分子、放射線、電気、遺伝子などである。これらの概念はすべて発見であると同時に発明でもある。しかし、いずれも価値あるものと考えられている。それでは、精神的虚構（mental fiction）の何が間違っているのだろうか。

■ 心理主義への反論

　行動と精神世界は異なるという考えを持つと、行動を説明しようとするとき、精神的虚構を求めるようになる。心、意志、エゴ（自我）などは、**説明虚構**（*explanatory fiction*）としばしば呼ばれる。それは、それらが何かを説明しているからではなくて、説明していると**思われる**からである。説明虚構に対する重要な反論は、説明虚構は説明していないということである。2つの理由で説

明していない。それは、**自律性**（*autonomy*）と**余計**（*superfluity*）である。

◎ **自律性：精神的な原因は探求を阻む**

　自律性は、行動する能力である。ある事柄に私たちが行動を付与するなら、その事柄は自律的と言える。人もラットも、あるいは魚も、この意味で自律的である。というのも、それぞれは行動すると言われるからである。統一体としての有機体に行動を付与することに問題はない。問題は、有機体の一部、特に隠れた部分に付与する場合に起こる。

　「この内なるもの」と「その外にあるもの」を区別する、行動に対する実在論者の見方は、有機体の身体の中のどこかに、外の身体を制御する実際の自分、すなわち**自己**（*self*）なるものがあるに違いないと言っているように思われる。それはあたかも、私たちの体の中に小さな生き物—小人（homunculus）がいて、これが感覚器官からの感覚データを受け取り、そして身体の運動を制御している、と言っているかのようである。この小人は、漫画やアニメの中で内的な制御室を支配しているようにしばしば描かれている。その部屋の中には、ビデオスクリーン、音声スピーカー、レバーやノブが備えられている。これは明らかに行動の説明ではないと言える。しかし、実在論者の見方は、文字通りでないとしても、この小人と同じ問題に陥ることになる。

　この小さな人、あるいは内部の自己なるものが自律的であるがゆえに問題が起こる。もし外に現れる行動が、この内的な自己の行動の結果であるというのが本当であれば、行動の科学は、この内的な自己の行動を調べなければならない。内的な小人を調べることができないのであるから、その内的な自己を調べることはできない。どちらも架空のものである。それは、「内なるもの」と「外にあるもの」をあらかじめ区別して、行動を理解しようとすることから作られた架空の話である。そのような区別に基づく行動の科学は、決してうまくいかないだろう。それは、物質に心性を考えた力学や、内的な活力を考えた生理科学がうまくいかなかったのと同じである。そうではなく、関心を向けるべき事象は調べる対象にある。力学の場合、岩石やボールであり、生理学なら細胞や組織である。行動分析学の場合は、統一体としての有機体である。

　何か隠れた内的なものに事象を当てはめると、科学的な探求は、その隠れたものを理解しようとする困難な課題へと向けられてしまう。それだけではなく、

好奇心も萎えてしまう。さらに探究は、課題の見かけ上の困難さによって妨げられるだけでなく、実際の事柄に対して説明がなされているかのような見せ掛けよっても妨げられることになる。このようなことは、普段の社交場面ではいつでも起こっている。ある人が「なぜそのようなことをしたのだ」と尋ねられると、「そのように思ったからだ」「そういう気持ちにかられたからだ」「魔が差したのだ」と答える。私たちは、そのような言い逃れを言って回避している。そのように言われると、それ以上尋ねることが失礼になるだろう。結局、そのような説明をすることで、さらなるつっこみを避けているのである。しかし、科学者であるなら、遅かれ早かれ、そのような説明となっていない説明の不適切さを見抜かなければならない。そしてさらに質問しなければならない。このような不適切さゆえに、心理主義は第2の大きな欠陥をもたらすことになる。

◎ **余計：架空の説明は節約的ではない**

　自律的な内的なるものによって探求が妨げられてしまうということは別としても、そのような内的なるものを受け入れることはできない。なぜなら、正規の科学的基準からすれば、それらは実際の説明になっていないからである。すべての説明虚構は、それが自律的であろうとなかろうと、不十分である。探求を妨げるということは別として、「魔が差したのでそうしたのだ」「私の内なる自己が私にそれを行わせた」といった言い方は、どちらも説明になっていない。内なる衝動が自律的でないとしても、「衝動的にそれをした」という言い方は、同じ理由で説明ではない。悪魔も内的自己も、そして衝動もすべて**余計**である。

　心理主義の説明は、行動から架空のものをどんどん推測する。そして、その推測されたものが行動の原因であると主張する。野菜を食べている人は、健康になりたいからだとか、菜食主義を信じているからだとか言う。そのような語りが最初に起こるのは、野菜を食べるという活動ゆえである。そうであれば、望みや信念があると言わせている理由は、その活動である。このような「説明」は完全に循環論である。望みがあると言えるのは、そのような行動をするから、そして、そのような行動をするのは望みがあるからだ、という説明である。議論は、はじめに観察した事柄以上に前には進まない。ナオミが菜食主義を信じているということは、彼女は野菜を食べるということと異ならないからである。もっと何かいろいろなことが言えるかもしれない。彼女は菜食主義者の雑誌を

読んだとか、菜食主義者の会合に出たと言えるかもしれない。しかし、それでも、彼女のそのような行動から信念が推測される。

力学も、**真空を恐れる**（*horror vacui*）ということで吸引という事実を説明していたときに、同じ問題に直面した。生理学においても、**活力**（*vis viva*）が細胞の代謝（物質交代）を説明すると考えられたときに、同じ問題に直面した。**真空を恐れる**（*horror vacui*）は、吸引という事実から推測されたのであり、**活力**（*vis viva*）も、細胞の代謝から推測されたのである。このような推測された原因で説明しても、それは本当の意味で説明と言えるものではまったくない。なぜなら、吸引や細胞の代謝という事実よりも、もっと簡潔的な見方をそれらは提供しないからである。その代わりそれらは、いわば観察された事象の背後に居座り、そのような事実をあたかも起こしているかのように見せ掛ける。

真空を恐れる（*horror vacui*）、**活力**（*vis viva*）、そして精神的虚構なるものは、いずれも等しく役に立たない。マッハの用語を使うと、それらは節約的でないからである。精神的虚構が節約的ではない理由は、私たちが事象を認識するということを説明するのに、わずかな数の理解可能な概念を使ってそれを記述すれば済むにもかかわらず、精神的虚構で説明すると、２つの点で問題がもっと複雑になるからである。まず、すでに見てきたように、精神的虚構は、もともと観察した事柄をいくつかの不必要な概念を付加して言い換えているにすぎない。ナオミが野菜を食べるのは、彼女が菜食主義を信じているからであるというような考えを受け入れると、もともと私たちはナオミの食習慣を説明しさえすればよかったはずなのに、ナオミの食習慣と彼女の信念の両方を説明しなくてはならない。妖精教母が私に語ったから私が語るという場合、教母が私に語ることと、私が彼女の話に耳を傾けることの両方を説明しなくてはならない。

次に、このように付加された余計な概念は、観察された事象と明確な関係を持たない。ある10代の若者が、**自尊心**（self-esteem）が低いために車を盗んだというのであれば、なぜこのように自尊心が低いと車を盗むことになるのか疑問に思わなければならない。第１章で見たように、自由意志という考えに関わるひとつの問題は、自由意志という非自然的な事柄と、アイスクリームを食べるという自然的な事柄との関係が永遠に不可解なままであるということであった。これと同じ問題が、心の中のあらゆる想定された事柄の場合に起こる。この文脈では、この問題は、**心と身体の問題**（*the mind-body problem*）と呼

ばれ、自然ではない事柄が自然な事柄にどのように影響するのか、という言い方で表現される。精神を原因とするすべての見方は、この不可解な関係の問題（myserious-connection problem）を引き起こす。心と同様に、すべての架空の精神的原因は、仮にそれらが存在したとしても、非自然的なものである。身体の中のどこにもそれらを見つけることはできない。いまだかつて誰も、信念、態度、人格、エゴ（自我）を人の心臓や肝臓、あるいは脳の中に見た者はいない。質問紙に対する回答のような行動によって測定される場合は別だが、信念や態度といったものは測定されることもない。そのようなものが、どうして行動の原因となり得るのだろう。

　心と身体の問題は、決して解決されたことはない。また、解決されることはないだろう。理由は、その問題が**見せ掛けの問い**（*pseudo-question*）だからである。すなわち、それ自体何の意味も持たない問いだからである。何人の天使がピンの先端で踊ることができるのだろう。抵抗できない力が動かすことのできない対象に遭遇すると何が起こるのだろう。このような質問の背後には、それぞれ意味のない前提、すなわち、天使はピンの先端で踊ることができるとか、抵抗できない力と動かすことができない対象は共存できる、という意味のない前提がある。このような心と身体の問いの根底にある前提は、心、態度、信念といった虚構は、とにかく行動の原因となり得るという意味のない考えである。

　このような議論に対する普通の反応は、態度、信念、願望といったものは、脳の中に存在する物事であると指摘することである。しかし、脳についての現在の理解のレベルでは、そのような主張は許されない。おそらくいつかは、脳の働きが十分に理解されるようになって、調査のために研究するとか、店に強盗に入るといった行動の根底にあるメカニズムが明らかになるだろう。しかし、仮にそのようになったとしても、その日が来るのは遠い先であるようだ。生理学が生化学上の発見を待つ必要がなかったのと同じように、行動分析学は、神経系の発見を待つ必要はない。今日、細胞の働きは、生化学によって説明される場合が多い。しかし、生理学者たちは、化学者の力を一切借りることなく、膜、浸透性、代謝、有糸分裂のような概念で細胞の働きを理解した。同様に、行動分析学は、神経生理学者の力を一切借りずに、行動と環境の相互作用というレベルで行動を理解することができる。確かに、神経生理学者からの支援が間近に迫っているなら、行動分析学は、身体機構に言及することで、さらに説明す

ることができる現象を記述することになるだろう。

　徹底的行動主義が**心理主義**（*mentalism*）に異を唱えるのは、実際のところ、**二元論**（*dualism*）に対しての反論である。二元論では、物質的な存在と非物質的な存在の2種類の存在が、あるいは、物質について言及する用語と、非物質について言及する用語の2種類の用語が、行動を完全に理解するには必要であると考える。行動分析学だけでなく、すべての科学は二元論を拒絶する。二元論はわかりにくく、かつ非節約的であるからである。ニュートンは、「私は仮説を立てない（*Hypotheses non fingo*）」と言った。彼の意味する**仮説**は、自然事象に何らかの形で内在する非物質的な原因、超自然的な原因である。

　ルネ・デカルト（1596-1650）の著作は、心理学における二元論を確立する上で影響力があった。デカルトは、数学や哲学に素晴らしい多大な貢献をしたが、行動に対する彼の見方は、あらゆる科学的なアプローチへの妨げとなった。彼は、動物と人間の身体は複雑な機械であり、単純な自然のメカニズムに従って働いていると提案した。脳と神経は、**動物精気**（*animal spirits*）という希薄な液体で満たされており、これが筋肉に流れると行為が生じると彼は考えた。キリスト教神学に従って、彼は、動物は単なる機械であるが、人間は機械だけでなく霊魂を持つと主張した。この霊魂が行動に影響するというのである。霊魂は、脳の中央部にある腺、動物精気の流れに影響を及ぼす松果線を動かす。これによって行動が影響を受ける。この特殊な考えは決して定着しなかったが、人間の行動が霊魂によって生じるという考えは残った。後に心理学がもっと科学的になるにつれて、心理学者たちは、霊魂を心に置き換えることでキリスト教神学との距離を置いた。松果腺にしても心にしても、デカルトの二元論が投じた問題——**機械の中の幽霊**（*the ghost in the machine*）の謎は解決されなかった。仮に松果腺の活動が行動に影響するにしても、謎は解決されない。すなわち、霊魂はどのようにして松果腺を活動させるのだろう。心はたとえ超越的でないとしても、それでもなお非物質的（非自然的）である。行動から見ると、心は霊魂と同じく霊的なものである。科学にそのような不可解なことを認める余地はない。

範疇誤認

　哲学者ギルバート・ライル（1900-76）もまた、心理主義を攻撃した人であった。ただし、彼のアプローチはスキナーのそれとは異なった。スキナーは、**心**（*mind*）、**知性**（*intelligence*）、**理性**（*reason*）、**信念**（*belief*）といった用語を行動分析学から排除することを提唱したが、ライルは、それらの用語は、非論理的に使わなければ、有用となり得ると考えた。**知性**（*intelligence*）のような用語に伴う問題は、ザックは知的な行動を示すとか知性を示す、と言われるような場合だけである。スキナーは、知性を知的な行動から推測された精神的虚構と見ていたが、ライルは、知性とは知的な行動であって、一方が他方の原因であると考えることは、あるいは２つが何らかの方法で結び付いていると考えることでさえ、論理的なエラーである**範疇誤認**（*category mistake*）に関わると主張した。

　フルーツ（これは範疇、カテゴリーである）に当てはまるものの名前をあげる呼称ゲームをしていて、ひとつの事例としてニンジンをあげるなら、それはエラーであり、範疇誤認である。ニンジンはフルーツではないからである。範疇誤認には、いろいろなタイプがあり、いろいろなやり方で誤認が生じる。想定されている事例が属すことができないカテゴリーに、その事例を間違って当てはめてしまうような誤認である。

　もう一度フルーツの名前をあげてみよう。ある人が**野菜**（*vegetables*）と言ったとする。これは**ニンジンのエラー**とは異なるやり方のエラーである。**野菜**が、もうひとつの類似したカテゴリーに属するからというだけではない。野菜は、それ自体、フルーツに似たもうひとつのカテゴリーのラベルである。もし誰かが**フルーツ**と言ったら、このフルーツの名前をあげるゲームはもっと奇妙なものになるだろう。**フルーツ**はひとつの事例というよりは、ひとつのカテゴリーラベルである。それだけでなく、その事例をあげている正真正銘のカテゴリーのラベルなのである。しかし、このように**フルーツ**をあたかもフルーツの事例であるかのように扱うようなエラーが、まさにライルが心理主義で起こっていると考えたようなエラーである。

　今度は、知的行動の事例の名をあげる呼称ゲームにしてみよう。割り算の筆算をする、チェスをする、家を設計する、舞踊の振り付けを創造する、などと

いった回答が出てきたとする。その次に、**知性**（*intelligence*）と答える人もいる。そうなると、これはライルの見方からすれば、**フルーツ**の例を求められているときに**フルーツ**と答えるのと同じ理由で、誤りのように思われる。**知性**は、割り算の筆算、チェスプレイ、家の設計、振り付けのような活動を含むカテゴリーのラベルである。そのような活動はすべて知性の事例である。ここで起こっているエラーは、このカテゴリーラベルを、そのカテゴリーの事例であるかのように扱っているエラーである。

　この議論に対して起こり得る反論は、「違う。私が知性と言っているのは、必ずしもそのような活動のすべてではなくて、これらの活動の根底にある何かであって、それは、そのような活動を可能ならしめるもの、そのような活動の原因である」と言うだろう。しかし、この知性はどこにあるのだろう。何でできているのだろう。知性はどのように行動を起こすのだろう。そのようなぼんやりとした性質は、知性が知的行動というカテゴリーの事例だからではなく、知的行動のラベルであるために生じる。上で述べたような反論は、行動について普通になされる説明であるために、論理のエラーはそのようにたやすく起こる。行動についてのこのような説明をライルは**超越機械論的仮説**（*paramechanical hypothesis*）と呼んだ。

■ ライルと超越機械論的仮説

　超越機械論的仮説は、論理的にカテゴリーのラベルである用語が、何らかのぼんやりとした空間（心[the mind]）の中のぼんやりとした事柄に言及し、このようなぼんやりとした事柄が何らかの機械的な方法で行動を引き起こす、という考えである。これはまさに、スキナーが心理主義と呼んだ考えと同じである。心理主義は、重要な事柄から私たちの目をそらさせるだけでなく、役に立たないという実用上の問題があるということをスキナーは強調した。それに対しライルは、心理主義の論理的な問題を強調した。

　ライルは、それを示すために団結心という概念を指摘した。私たちは、フットボールの試合を観戦して、選手が互いに叫んで励まし合ったり、エラーをしたときに互いに背中を叩き合ったり、うまくいったときに抱き合ったりするのを見ると、団結心を彼らは示していると言う。何かぼんやりとしたスピリット

なるものが選手と共にフィールドを行ったり来たりして、選手の頭上をうろついていると言っているわけではない。部外者が、「選手が叫んだり、背中を叩いたり、抱き合ったりしているのを私は見るけれど、その素晴らしい団結心はどこにあるのだ」と尋ねようとするなら、おそらく私たちは、その質問はおかしな質問だと思うだろう。そして、その質問者は、団結心という概念を理解していないと思うだろう。私たちは、叫ぶこと、叩くこと、抱き合うこと**こそ**が団結心だと説明するだろう。私たちが言っているのは、このような活動は、私たちが**団結心**（*team spirit*）とラベルづけした活動カテゴリーの事例であるということである。それらは唯一の事例ではない。このリストを私たちはもっと広げることができるだろう。

団結心についての私たちの語り方ゆえに、部外者の間違いは生じたのである。私たちは、そのチームは団結心を**示す**（*show*）と言う。このような言い方をしたから、部外者は、叫ぶこと、叩くこと、抱き合うこと、**さらに団結心を示すこと**、これらを一緒にまとめた方が正しいと思ったのである。これは、割り算の筆算をすること、チェスをプレイすること、振り付けを創造すること、**さらに知性を示すことをひとつにまとめるのと同じエラーである。知性を示すこと**が、ひとつの行動カテゴリーに対するラベルであるのとまったく同じように、**団結心を示すということ**は、ひとつの行動カテゴリーに対するラベルである。割り算の筆算をする、チェスをプレイするといったことは、知性を示すことの事例である。示されるべきぼんやりとした知性など存在しない、示されるべき知性という**もの**は存在しない。

ライルは、知識、目的、情動などのあらゆる種類の精神的能力や精神的状態にこの議論を当てはめた。これらの精神的能力や精神的状態は、行動の中で示されていると言われているものであり、あるいは行動の原因であると言われているものである。例えば、アーロンはマルシアを愛していると言えるのはなぜだろう。彼は、彼女に花を買う、彼女に詩を書く、彼女のいるところでは口ごもり赤面する、彼女に自分の愛を告白するといったようなことからである。アーロンがこのようなことをしなけ**れば**、彼はマルシアを愛していない。アーロンがそのようなことをするのは、彼がマルシアを愛している**から**である。すなわち、アーロンがこれらのことをするということと、彼がマルシアを愛しているということは**同じである**。

ライルの議論が他の用語にも適用されることは、続くいくつかの章で見ることになる。彼はもっぱら論理的な基盤で心理主義を攻撃したが、彼の議論とスキナーの議論は、主たる強調点が異なる。スキナーの実用主義的な反論の萌芽は、ライルの著作の中に見いだすことができる。ライルの論理上の攻撃の基礎は、スキナーの著作の中に見ることができる。両者の主な違いは、行動を専門的に議論する際に心理主義的な用語を排除することをスキナーは望んだが、ライルは、それらの用語を使うことはできると暗示した点である。ただし、愛、信念、期待、態度といった語は、実際のところ、行動のカテゴリーの単なるラベルであることを忘れてはならないとライルは指摘した。

他の哲学者たちは、ライルのこのような議論を批判した。主に2つの理由で彼の議論は信用できないと考えられた。まず、ライルの「カテゴリー」という語の使い方は受け入れ難い終わりのなさを暗示するという批判である。すなわち、「知性を示す」「愛している」には、数え切れないほどの活動が含まれているはずで、そうであれば、このカテゴリーの事例としてあげられるべき行為のひとつを正確に特定化することは難しくなる、という批判である。次に、痛みのような「生の感じ」が本当に報告されているかどうか、それはもっぱら公的な活動の存在によって決まる（公的な活動の存在が「必要で」ある）とライルが主張したことに対する批判である。ライルによれば、「私は痛みを感じている」ということは、単に「私は自分の身体を抱えて、身もだえする」という意味でしかないということになるが、そのような必要性はないという批判である。例えば、哲学者であるリチャード・ローティ（1979）は、次のように批判した。

> 運動や叫び声と言えるようなもののリストを永遠と無限に提供しなければ、行動にとって必要な傾向を十分に記述する方法はないと思える。そのような理由で（ライルの議論は）攻撃されてきた。また、次の理由によっても彼の議論は攻撃を受けてきた。ある領域に存在する「必要不可欠なもの」はどのようなものでも、それは「意味」の問題ではなく、単に事実の表明でしかないという理由である。その事実とは、ある行動をなんらかの内的な状態でもって説明するのが普通であるという事実である。というわけで、ストーブが赤くなっていることと、その中に火があることとを関係づける必要がないのと同じように、その必要性は「言語的」でもなければ「概念的」でもない（p. 98）。

この哲学者の最後の指摘は間違っているように思う。ストーブの「中に」火が存在することは、明らかに物理的関係だからである。それに対して、人の「中に」信念が存在するということには、そのような明晰さがない。それ以外のすべての指摘は、カテゴリー、言葉（language）、意味を心理主義的に見ていることによるものである。このような反論によって哲学者たちを説き伏せられるかどうかはわからないが、行動主義者はライルの指摘を足場にして、概念を付加しながらさらなる対策を講じている。第6章では刺激性制御（stimulus control）の概念を考えるが、そこでカテゴリーには終わりがないという反論を乗り越える。第7章では言語行動（verbal behavior）を取り上げ、「意味」についての反論を乗り越える。しかし今は、カテゴリーについてのライルの考えが、**活動**（*activity*）についてのより具体的な考えにどのように置き換えられるのかを見ていくことにしよう。

■ ラクリンの巨視的行動主義

　現代の行動主義者であるハワード・ラクリンは、ライルの議論をさらに進めた。少なくとも1930年代以来、行動主義者の中には、一瞬の事象に目を向けても行動を理解することはできないと指摘する者がいた。19世紀と20世紀前半には心と行動の原子論的見方が山ほどあった。唯一かなり理解されていた行動の単位が反射だったので、ある瞬間に起こる事象、すなわち、**刺激**（*stimulus*）と**反応**（*response*）という用語で行動は語られる傾向があった。そして、事象間の最も重要な関係は、ある瞬間の事象間の時間的な近接、あるいは**接近**（*contiguity*）であると考えられていた。

　瞬間的な事象と接近をこのように強調する見方を批評する人たちは、このような見方を**微視的**（*molecular*）と呼び、自分たちが提唱する見方を**巨視的**（*molar*）と呼んだ。巨視的に考える人は、行動の微視的な見方は2つの理由で不十分であると主張した。まず、現在の行動は、現在の事象だけでなく、過去の多くの事象に依存する。これらの過去の事象は、瞬間的な出来事としてではなく、ひとつの集合体として行動に影響する。今日、私が食べ過ぎないようにしているのは、過去に何度も大食して太ったからである。これはどれも、ある特定の瞬間に起こったわけではない。2番目の理由は、行動は瞬間的には起

こり得ないという理由である。どんなに短い行動であっても、必ず時間がかかる。歯を磨く行動は単一の事象であるが、私の場合、しばらく時間がかかる。私の1日の活動のすべてを合計すると、必ず24時間になるはずである。

　ラクリンは、ライルの考えは正当であり、巨視的視点（moralism）のこの第2の信条が拡張されていると見た。第2の信条とは、活動（activities）という行動の単位は時間上の広がりを持っているという信条である。上の例で言えば、アーロンがマルシアを愛しているというのは、ある特定の時間に起こっているわけではない。彼の行為は、いろいろなときに起こる行為の総体だからである。彼が仕事をしているときは、彼は彼女に花をプレゼントせずに、あるいは彼女を称賛せずに、あるいはマルシアを愛していると言える他のどのような行為もしていない。それゆえに、彼が働いているその瞬間は、アーロンはマルシアを愛しているとは言えない。このように語るのはばかげている。たとえ彼が、ほとんどの時間を働くことと眠ることに費やしているとしても、アーロンは現在マルシアを愛しているし、数年にもわたってそうしてきた。そのように語るのが完全に妥当であるように思う。アーロンはいつもマルシアを愛しているが、年がら年中彼女に愛を示しているわけではない、この問題に対して普通の「解決策」は、超越機械論的仮説である。この仮説は、ほんやりとした精神的虚構として愛という事物を考案する。これは、いつでもアーロンが愛の行動を起こせるようにいつも存在するものである。これによって、アーロンはいつもマルシアを愛しているが、実際にいつも愛を示すわけではないという両者の時間的な食い違いを説明する。この考えは魅力的に見えるが、すでに見てきたように、これは何ら実際的な解決にならない。そのような仮説は、混乱を招き、節約的ではなく（スキナー）、また論理的に間違っているからである（ライル）。

　巨視的な見方に従えば、アーロンの愛について重要なことは、どのくらいの頻度で彼の愛の行為が生じているかということである。アーロンがマルシアを愛すること、アーロンがマルシアに愛を示すこと、それらは、実際、同じ活動の総体に付けられた2つのラベルにすぎない。アーロンは数年間にわたってマルシアを愛してきたと言えるのは、その間、アーロンの愛の活動が比較的高い頻度で生じたからであると語った方がよい。アーロンが示してきたのは、何か幻のような内的な精神的愛ではなくて、高率で生起している愛の活動であった。これらの活動は、彼が行っている唯一の事柄である必要はない。それらの

活動は十分に頻繁に起こる必要があると言うだけでよい。実際重要なのは、活動の速さ（rate）である。アーロンはマルシアに月に1回しか電話しないとか、花を年に1回しかプレゼントしないというのであれば、そして特に、ドロレスには毎日電話して、週に2回も彼女に花を贈るのであれば、マルシアはアーロンの誠意を十分に疑うだろう。アーロンがマルシアを今もこれからもずっと愛すると宣言するなら、彼は、自分の愛の活動が高い頻度でこれからも生起し続けると予測しているのである。

　活動はエピソディックなものである。すなわち、年がら年中起こるわけではなく、時折起こり、そしていつ起こるのかわからない。アーロンは、しばらくの間仕事をして、しばらくの間マルシアと電話で話す。そして、しばらく仕事をして、マルシアのことを想い描いたりする。それから昼食をとり、また仕事にとりかかる。マルシアに語ることも、マルシアについて想い描くことも、マルシアを愛するというエピソードである。それらは、マルシアを愛するという広がりのある活動の部分である。私たちが今問題にしている期間中に、アーロンは、あるときには仕事をして、あるときには健康を維持するために食事をし、あるときにはマルシアを愛する。ある活動（activity）のエピソードを簡潔に表現したものとして、**行為**（*action*）という語を使うことにしよう。アーロンは、1日をとおして愛の行為と他の行為（例えば、仕事をするというエピソード）を交互に行っているのである。それが、アーロンはマルシアを愛していると私たちに言わせる事柄である。

　ラクリンの議論は、愛とか怒りのような心の状態でも、あるいは意図とか信念といった行動傾向でも、行動の内的な原因と言われているすべての用語に当てはまる。彼は、痛がっているということが何を意味するのか、それを議論しながら痛みの意味を説明した（Rackin, 1985）。愛の場合と同じように、痛がっているということは、痛みを示すこと、痛がっているという活動を構成する活動群に従事することである。そのような活動として、顔をゆがめる、うめく、自分を抱きしめる、わめく、ころげまわる、ぐったりする、などがある。

　愛の場合と同じように、人が痛がっていると言えるかどうかは、どの程度そのような活動が起こっているのか、そして、どのような文脈でそれらの活動が起こっているのか、ということによってのみ決まる。ある人が、1週間に1度しか苦しまなかったり、母親が部屋にいるときにしか苦しまなかったりしたな

ら、その人は痛がっているふりをしていると結論したくなるだろう。舞台で痛がっている役者は、本当に痛がっていると私たちに完全に思わせるかもしれない。しかし、演劇が終わった後で、その役者が笑ったり、おしゃべりをしたりしているのを見ると、彼は役を演じていただけだと言える。人が痛がっていると私たちが自信を持って断言できるのは、痛みに関わる行動が、一貫して、そして高率で起こる場合だけである。まさに愛の場合と同じように、痛がっているということが、単に痛み行動を頻繁に示し、いろいろな状況でそれを示すということであるなら、幻の内的な精神的な愛など存在しないというのと同じように、内的な精神的な痛みなどないということになる。言い換えるなら、感じられている**物**（*thing*）としての痛みなどないのである。むしろ、痛みを感じること、あるいは痛がっているということは、ひとまとまりの活動、あるいは活動の総体そのものである。

　ここでひとつの反論が起こるだろう。幻の内的な精神的な愛はおそらく存在しないだろう、しかし痛みは決して幻ではない、それはむしろ感覚であると思われる、つまり実際の私的事象である、という反論である。これは哲学者たちが「生の感じ（raw feel）」と呼んでいるものである。これは「しかし、私は痛みを感じることはできるが、それを示すことはできない」といった言葉で表現される反論である。これに対するラクリンの反応は、この反論に対する彼の回答から最もよく理解される。

　ラクリンは、痛みを感じることは不可能であるが、痛みを示すことは不可能ではない、なぜなら痛みを感じることは痛みを示すこと**である**のだから、と反論した。ひとりの哲学者がラクリンの議論全体に対して、自分は、長年にわたって激しい頭痛があり、それを誰にも告げていないと説明して反論しようとした。ラクリンの回答はこうであった。「もしそうであるなら……、彼の両親、彼の医者、彼の親友たち、彼の配偶者、そして、いるのであれば、彼の子どもたちは、今でもそのような頭痛について知らないはずだ。賭けてもいいという人はいますか？」。これは冗談を言っているように見えるが、重要な点は、人は、他者や自分自身のどちらであれ、彼らに痛みを示さずに痛がることはできないということである。痛みを感じることはできるが、痛みは誰にも示すことはできないと主張する限り、ラクリンの議論は経験に逆らっているように見えるだけである。私が自分の部屋にひとりでいて、痛みに襲われる。でも誰も見てい

ない状況で、その痛みを乗り越えたとしよう。私は痛がってなかったのだろうか。それを私が示したなら、私は痛がっていた。しかし、その全体のエピソードは、たまたま誰もそこにいなかったという意味でのみ私的であった。もしそこに他の人がいたなら、その人も、私が痛がっていたということを認めただろう。私の頭痛を私が知る方法は、私の頭痛を他者が知る方法と同じである。すなわち、私は顔をしかめ、うめき、目を閉じ、アスピリンを服用する。もしそのようなことを私が一切しなければ、頭痛がしたなどと私は決して言わないだろうし、他者も言わないだろう。

　痛みは、私的な経験というよりはむしろ、公的な行動からなるというラクリンの考えは、矛盾しているように思えるが、それを裏付ける多くの証拠がある。特に、痛みや痛みに関わる他の行動を言語的に報告する行為は、状況に大いに依存する。私たちの多くは、痛いはずなのに、他に気を取られて痛くは感じられない怪我をすることがある。関節をねじったアスリートが走り続け、レースが終わった後で関節が痛み始めたと報告する場合がある。同じ怪我でも、レースでなければすぐに「痛みを感じる」結果になるのだが、他に気を取られて痛みが感じられない怪我がある。痛みについての研究は、これと似たような多くの例を報告している。出産は、私たちの文化では痛みと考えられる。しかし文化人類学者によると、夫人は一切痛みを示さずに、外で働きながら出産し、赤子を産んですぐに働き続け、一方、夫は家の寝室で横たわり、うめき声をあげ、激しい痛みの状態であるすべてのしぐさを示すような文化があるという。特に際立った例が、麻酔専門医のヘンリー・K・ビーチャーによって報告されている。彼は、第2次世界大戦の戦闘病院にいた傷病兵の行動と、この傷病兵と同じような傷の手術を受けた市民の行動を比較した。その結果、兵士の場合、およそ3分の1がモルヒネ投与を行わなければならなかったほどの痛みを訴えたが、手術を受けた市民患者の場合、5分の4が痛みを訴えたということがわかった。兵士はほとんど痛みはないとか、痛みは感じないと報告したのに対して、市民は激しい痛みを報告したのである。ビーチャーが観察したのは、この違いは、兵士が痛み刺激に鈍感だったからだというわけではないということである。静脈穿刺が失敗したとき、兵士も市民たちと同じくらい痛みを訴えたからである。

痛みそれ自体と、経験される痛みの間に単純な直接的な関係はない。痛みは、大部分、他の要因によって決まる。ここで重要なのは、傷の意味である……傷ついた兵士の場合、「怪我に対する反応」は、戦場に行かずに生き逃れることができるという安堵であり、感謝であり、多幸感でさえあった。市民にとっては、命に関わる手術は、気がめいるような不幸な出来事であった（Melzack, 1961, pp. 42-3 から引用）。

　このような観察は、ラクリンの考えを支持する。超越機械論的仮説では同じ外傷は同じ痛みを生じるということが求められるのだが、そうではなく、痛みを感じるという報告を含む痛がるという行為全体が状況に依存するのであるから、ラクリンの考えは支持される。私たちから見て内的経験である痛みがたとえ衝動的にそのような行為を引き起こしているように見えても、臨床的ならびに実験的な証拠は、痛がるというのは、愛しているとか他の一切の精神的状態と同じように、公的な行動からなるという考えを支持する。
　そのような見方をしてラクリンは、スキナーほどには私的事象を強調しない。私的事象が実際に起こっているのかいないのかは、ラクリンにとってほとんど重要な問題にならない。彼の視点は、一般的に、公的・私的にかかわらず、瞬間的な事象や個別化された行為を強調しないからである。アーロンがマルシアを愛しているという行為には、彼が彼女について考えるということも含まれるかもしれない。しかし、そのカテゴリーに属する公的な活動が一切起こらなければ、マルシアとアーロンのどちらもアーロンの誠意を疑うはずである。ラクリンにしてみれば、愛も痛みも私的事象として存在する必要はない。実際に人々が自分自身や他者について語る場合、いつも公的な行動にかなり依存しているからである。巨視的な見方からすれば、私が自分自身を知る方法は、他者が私を知る方法と同じであるとまさに言えるだろう。これについては、第6章でさらに説明するつもりである。
　ラクリンが私的事象を否定したのは、方法論的行動主義への回帰のように思われるかもしれない。しかし、そうではない。方法論的行動主義もラクリンも、公的事象を研究することを提唱した。しかし、その理由は両者で異なる。方法論的行動主義者たちは、公的事象を客観的ととらえ、精神的な事柄や事象を、それらが主観的であるからという理由で研究の対象から排除した。彼らは、微

視的な見方で行動を理解しながら、瞬間的な行為を予測することを望んだ。ラクリンは、客観と主観の区別を問題にしないし、精神的な事柄や事象を排除しない。その代わりに彼は、精神的な事柄や事象は研究できると主張した。なぜなら、それらについて言及していると考えられる用語（痛み、愛、自尊心など）は、実際は巨視的な活動のラベルだからである。したがって、私たちは、精神的な事柄や事象を研究するには、そのようにラベル付けされた活動を詳しく述べる公的な事象を研究するのである。ラクリンは、方法論的行動主義と袂を分かち、反二元論と実用主義の2つの理由で徹底的行動主義と手を組んだ。あらゆる徹底的行動主義者と同じように、彼は精神的虚構の存在を否定した。特に、精神的事象が行動の原因であるという見方を否定した。彼は、主観と客観の区別を問題にしない。その代わりに、自分の見方が本当であるということをその説明力（有効性）で見ているので、彼の考えは、実在論というよりはむしろ実用主義の伝統に属すると言える。彼は、私的事象の存在を否定もしないし肯定もしない。人々が語る巨視的な活動には、いつも多くの公的な行為が含まれるからである。実際、公的な行為がなければ、巨視的な活動について人々は決して語らないだろう。しかし、それは言語行動（verbal behavior）を考察するときのテーマとしよう（第7章参照）。

私的事象

　スキナーにとって、私的事象は自然であり、すべての重要な点で私的事象は公的事象に似ている。思考は自然事象で、行動に影響を及ぼすことが時々あるが、それでも思考は、それが行動を引き起こすわけではないという意味で、行動の原因では決してない。行動の起源は、現在と過去の環境にあるが、スキナーは、ある種の行動、特に自己報告（self-report）を分析するときに私的事象を重視した。自己報告についてはこれから考えるが、第6章でも、そして第8章で取り上げる問題解決でも考えることになる。

■ 私的行動

　私的事象は、環境というよりは人の事象であるから、行動事象として理解

した方が最良である。大まかに言って、2種類の私的事象がある。思考事象（thinking events）と感覚事象（sensing events）である。

　まず思考について議論する。これは、私的に語ることである。この定義はあまりにも限定的のように思えるかもしれない。なぜなら、普段の語りの中では、他にも多くの方法で**思考**（*thinking*）という語が用いられるからである。「映画に行こうと思っている」というのは、「映画に行く傾向がある、行きそうである」ということを意味する。「昔見た絵を想い描いている」というのは、その絵をイメージしているということになり、それは感覚事象として理解した方がよい。

　思考は公的な発話と関係するが、感覚事象はそうではないので、思考と感覚事象は区別されるのが普通である。思考は、公的にも私的にも語られる（スキナーは、**顕現的**［*overt*］と**非顕現的**［*covert*］という語を使った）。「このボタンを押すとどうなるのだろう」と声に出して自分に語ることもあるし、そのようにつぶやくかもしれない。あるいは、それを私的に考えるかもしれない。これらの事象はすべてまったく同じである。最初の2つは耳にすることができるが、3番目はできない。しかし、感覚事象には、それに匹敵するような公的な事象がない。スカンクのにおいを嗅ぐという公的な部分（鼻をつまみ、においについて語る）は、形態的に、私的に感じることが関わるどのようなものとも異なる。

　感覚事象は、スキナーが「コピー理論」と呼んでいる感覚や知覚についての通常の見方と対比すると、最もよく理解される。離れたところにある物をどのようにして見ることができるのか、それを明らかにしようとした古代ギリシャの哲学者の中には、対象は私たちの目にそれらのコピーを送っているに違いないと考える者がいた。道をはさんで向こう側にある木が見えるのは、木が私の目にそれ自体の小さなコピーを送っているからに違いないという考えである。現在の見方もそれと異ならない。ただし今は、木は光を反射し、その光が眼の瞳孔を通過して、眼球の後ろにある網膜上に像を形成するという。これらの像は、ギリシャのコピーの代わりとなるものである。

　この考えは、目で起こっていることを理解するには役立つかもしれないが、見るということについて何も説明していない。木はどのようにして見えるのかという問題が、木のコピーがどのようにして見えるのかという問題にすり替わ

る。コピー理論は、心理主義のすべての欠点を持っている。木が見えるのは、目の中や脳の中で木のコピーができているからであるという説明は、見せ掛けである。そのため、見るということが何であるのか、それを理解しようとしなくなる。コピーは余計である。というのは、木を見ること、あるいはコピーを見ること、そのどちらを問題にしても、問題は同じであって異ならないからである。何かを見るというのはどういうことなのか、特に、コピー理論は、なぜ見るということが選択的であるのか、その理由を説明していない。私たちの目に入ってくる反射光の対象のすべてが必ずしも見えるわけではない。なぜ木が見えて、道路は見えないのだろう。どのようにして他者に対して何かに目を向けさせることができるのだろう。読者に対してどのようにして何かを見「させる」ことができるのだろう。標識をじっと見ていながら、それを見ていないということが、どのようにしてできるのだろう。

　徹底的行動主義者にとって、感覚することと知覚することは、行動的事象であり、活動である。見るもの、聞くもの、におうもの、感じるもの、味がするもの、これらは、行動事象の質である。すなわち、行動事象の定義の部分である。オオカミを見るということと、クマを見るということは、質的に異なるが、この２つの事象は、かなりの部分を共有する。すなわち、どちらも見るというエピソードであって、聞く、歩くというエピソードではない。しかし、２つはまた異なるのである。それらは、店に向かって歩くということと、銀行に向かって歩くということが異なるのと同じように、異なる活動である。これらの歩行の目標や目的（店または銀行）は、その活動の定義の部分である。私があるとき、「良い天気だね」と言う場合と、他者に「君の後ろにトラがいる」と言う場合、どちらも話をするというエピソードであるが、歩くという２つの行為の場合と同じように、この２つの行為は異なる。良い天気とトラは行為の定義の部分である。どこにも行かずに歩行することはできないし、何かを語らずに話をすることはできない。それとまったく同じように、何かを見ずして見ることはできない。歩行する、発話する、見る、それらの異なる行為の間で、対象となる場所や対象となる物は分化するのであって、それらの行為に場所や対象が結び付いているわけではない。それらは異なる行為であって、異なる物に同じ行為が当てはめられるわけではない。

　事象を見るということの目標とか目的というのは、その事象の質である。こ

れは、視覚以外の感覚について語ると、よりわかりやすくなるだろう。そのような語りにおいて、私たちがコピー理論の餌食になることはめったにない。バイオリンの演奏を耳にしたとき、聞くという活動がバイオリンの音と何らかの方法で結び付くと主張する人はいないだろう。その音は聞くという活動の部分であり、おそらく聞くという活動の結果である。バイオリンを聞くということとオーボエを聞くということは異なる活動であって、異なる音に同じ活動が当てはめられるということではない。「森で木が倒れたとしよう。そこに誰もいなかったとしたなら、木は音をたてたと言えるのだろうか」という昔の禅問答。行動主義者の答えは、「否」である。なぜなら、音は聞くという行為の部分としてはじめて存在するからである。バイオリンの音を聞くというのとオーボエの音を聞くというのが異なるのと同じように、クマを見ることとオオカミを見ることは異なる。

見るということと見られるものとの関係は、スキナーが「見られるものがないときの見るという行動」と言っている事柄を調べると、なお一層鮮明になる。オオカミの夢を見たとき、オオカミは存在するのだろうか。子どもの頃に住んだ家を想像するとき、そこに家は存在するのだろうか。コピー理論が起こる理由のひとつは、おそらくそのような例を説明しようとするためだろう。私が見ているなら、おそらく、その見るべきものが存在しなければならない。オオカミも家もそこには存在しないのであるから、コピーが私の視覚（私の目ではない！）に何らかの方法で残っていなければならない。このように用いられるコピー理論は、ある種の心理主義である。この見せ掛けの説明は、説明を一切していない。幻の精神的コピーはどこにあるのだろう。それは何でできているのだろう。どのようにしてコピーを見ることができるのだろう。以前に私たちは、説明のための見るという行為をした。しかし、今は、それと同じ行為だけでなく、その行為と神秘的な関係にある神秘的なコピーを持つ。もうひとつは、目を閉じてオオカミを見るということは、目を開いてオオカミを見るということと共通点があると考えることである。この２つの活動は異なるが、普通、それらを別物として語れるが、両者はかなり共通している。そのために、「今まで実際に見たことがない事柄をどのようにして夢に見たり、想像したりするのだろう」「空想を実践することができるのだろうか」といった未解決の疑問が残る。しかし、夢を見ることと想像することを活動として見れば、コピー理論と比べ

て、これらの疑問をより効果的に科学的研究の枠組みでとらえることはできる。

コピー理論は、コピーが記憶に貯蔵され、記憶からそのコピーが検索されると考えて、夢と想像を説明しようとする。回想についての疑問は、符号化、貯蔵、検索といった幻の精神的過程についての疑問になる。私が子どもの頃に住んだ家を想い描くとき、そこに父がいるのも見える。おそらく、それはこの2つのコピーが記憶の中で何らかの方法で結び付いたためであろう。「鳥を考えてごらん」と言われれば、私は、スズメ、フィンチ、ダチョウを考える。それは、おそらくこれらのものが記憶の中で何らかの方法で結び付いたからであろう。

それに対して、行動分析学の見方は、生活の事実に目を向ける。子どもの頃私は、そのとき住んでいた家を見ながら父も見た。鳥の鳴き声を聞いたとき、スズメ、フィンチ、ダチョウの鳴き声を聞くことが多かった。このような事柄が結び付くとしたなら、それは記憶の中でではなくて、時と場所の中で結び付く。回想は再現である。私が海に行ったことを思い出すとき、私は、空、水、そして砂を再び見る。そして、波の音を再び聞く。また海の大気のにおいを再び嗅ぐ。想像するというこのような行為は、見る、聞く、においを嗅ぐというもともとの行為とは異なる。しかし、それらはまた類似している。私たちの行動の多くは、毎日繰り返される。私は毎朝、髪を櫛ですく。私の内部のどこかに櫛で髪をすくという記憶がなければならないと語ることが、どのように私がそれをするのか、あるいは、なぜ私がそれをするのかという問題を理解する上で役立つのだろうか。

多くの心理学者は、ある活動が繰り返される場合、その活動は、人の中で、おそらく脳の中で何らかの方法で表象されなければならないという考えにこだわる。コピーとしての表象の問題に直面すると、表象は単に脳の作用でしかないと彼らはしばしば主張する。そのような論法によると、私が毎朝車のエンジンをかけるとき、始動しているエンジンが停止しているエンジンの中で表象されていなければならないということになる。いつか神経生理学者たちは、活動が再び起きるときの脳のメカニズムを明らかにしてくれるかもしれない。そうであっても、しばらくは、見ることと、再び見ることを活動として理解し、その理解を拡張し続けることは可能である。

感覚的な活動は、経験によって修正される。つまり、感覚的活動は学習の影響を受ける。初年次の医学生は、彼らの教師と異なる見方で脳を見るだろう。

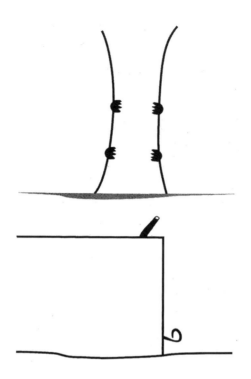

図3.1　ここに描かれているようないたずら書きは、見ることが行動であること、そして、他のすべての行動と同じように、見ることが文脈に依存することを示す。上の図は、木の向こう側で木をよじのぼっている熊の絵である。下の絵は塀越しに犬を連れた兵士が歩いている絵である。

かつては、その教師も学生とほとんど異ならなかった。学生たちも、いつかは教師と同じように脳を見るだろう。私たちは、風景や交響曲から物事を見つけ出すことを学習する。「田畑の向こうの納屋を見てごらん」「オーボエの音に耳を傾けてごらん」と言われると、人は、ほんの少し前には見ていなかった、あるいは聞いていなかったものを感じる。図3.1には、いたずら書きが2つ描かれている。読者がこれまでこのような絵を見たことがなければ、これらの図は線の集まりにしか見えないだろう（もし以前に見たことがあるなら、はじめてこのような絵を見たときのことを思い出してほしい）。さて、上の図は、木をよじのぼっている熊（向こう側にいる）の絵で、下の絵は塀越しに犬を連れた兵士が歩いている絵である。そのように告げられると、読者の見方は変わるは

ずである。読者の行動が、私の説明で変わったのである。第6章と第7章で弁別と刺激性制御を取り上げるが、その後になると、このような行動の変化を**弁別視覚**(*discriminated seeing*)と呼ぶ理由がさらによくわかるようになるだろう。

■ 自己知識と意識

意識(*conscious*)という語は、いろいろな使われ方をする。「意識がある」というのは、「意識している」と同義であるように思われる。なぜなら、意識はものではなく特徴であるからだ。人は、意識を持っているとか意識をなくしている、あるいは意識しているとか意識していないと言われる。どちらの対比も同じ可能性を言及している。人が意識しているか意識していないかは、その人の行動、特に、質問が提供されたり、針が刺さったりといった環境事象に対する反応によって決まる。人以外の動物は意識があるのかないのかといったことが時々問題とされる。この問いに対する解答は、動物が行っていることによって決まるし、私たちが、何を意識の証拠と見るかによって決まる。意識的と言われる行為もあれば、そうでない行為もある。陪審員は、人が意識的に犯罪を実行したのか、それとも意識しないで犯したのかについて判断しなければならないときがたびたびある。

意識についての判断には多くの異なる基準が提案されている。しかし、人が意識的であるとか、あるいは行為が意識的であるということが、どのような意味であるのかについては意見が異なる。イヌやコウモリが意識しているかどうかについての議論はいまだに続いている。議論に収拾がつかない場合、実用主義者としての科学者は、その理由が、解答にあるのではなく、問題そのものにあるのではないかと疑い始める。

行動主義者の関心事は、いつ人々が「**意識的**」という語を使おうとするのか、それを理解しようとすることなのかもしれない。しかし、そのような考えは、行動を科学的に理解する上で役に立たない。意識についての考えが曖昧で役に立たないのは、この考えが、スキナーが語った小人(homunculus)や、ライルが語った超越機械論的仮説(para-mechanical hypothesis)に密接に関わっているからである。意識は、小人や内部の自律的な自己に属し、それらが外的な世界をその感覚器官をとおして見たり、内的な心の世界を覗いたりする。こ

のようにして小人や内的な自己なるものは、内と外の両方の世界に意識的になる。内的な世界、外的な世界、内的な自己、そして心、それらに対するこのような見方に疑問を投げかけていただきたい。そうすれば、意識の考えにも疑問を投じることになるだろう。なぜなら、意識についての考えは、このような見方と異なる意味をほとんど持たないからである。

　何かについて「意識を失う」「意識している」という言い方を人々に言わせるのは何であるのか、それを問題にする場合、行動主義者は、どのようにして、そのような言い方が学習されるのか、どのような事象のもとでそのような言い方がなされるのか、ということを問題にする。社会的集団はかなり多種多様であるけれど、ひとつの証拠については誰もが同意しているように思われる。それは、人々が自分の行動を語ることができる場合、人々は、その行動を意識しているとか、その行動について意識的であると考えられるということである。私は、自分が仕事に自動車で出かけるということに関わるすべての行為を普通は語ることはできない。すなわち、それらの行為は意識されていない。しかし、注意しろと特に求められたときは、私は、ある程度詳細に自分の行為を語ることができる。何か手がかりが与えられなくても、ある程度語ることはできる。そこまでの行為であれば、人々は私の行為が意識的であると言うだろう。自動車を運転するとか歩行するという私の行為は、意識されているものもあれば、そうでないものもある。それは、それらの行為について私が他の誰かに語ることができるかどうかによって決まる。話をするという行為でさえ、話し手が、自分が語ったことを繰り返し言えるかどうかで、意識的であるとか意識的でないということになる。ある事柄を語ってから間もなくして、それを否定するようなことは頻繁にある。「無意識に言ってしまった」というように。

　他の活動と同じように、見る、そして、それ以外の感じるという活動は、意識的なものもあれば、そうでないものもある。それは、それらについて語ることができるかどうかによって決まる。警官が私の車を止めて、「あの信号が見えなかったのか」と尋ねたなら、私は、たとえその方向を見ていたとしても、信号を見落としたのだから、正直に「はい」と答えるだろう。それは、皆さんが図3.1のいたずら書きをはじめて見たとき、熊や兵士を見なかったのと同じである。警官が「今なら信号が見えるか」と尋ねたら、私はそれを見て「はい」と答えるだろう。どちらの回答も行動について報告しているのである。は

じめの報告は、事象がなかったことの報告であり、2番目の報告は、事象が起こったという報告である。スキナーの視点によれば、そのように報告されている事象は私的な事象である。しかし、ラクリンにしてもスキナーにしてもどちらも、人が私的な活動を報告することは、公的な活動を報告することと同じであるということを認めている。私たちは、食べるもの、行くところ、話すことについて語ることを学習する。それと同じ方法で、見たり、聞いたり、においを嗅いだり、考えたりしたことを語ることを学習する。自己知識と呼ばれるものは、そのような語りからなる。第7章で、このような語りは、言語行動であり、社会的な産物であり、公的刺激や私的刺激によって制御される行動であるということを見ることになる。

　ラクリンもスキナーと同じように、自己知識は、ある種の行動として理解できるという一般的な見解を持っている。しかし彼は、行為をより拡張された活動の部分と見ているので、自己知識における私的な行為の役割をほとんど重視しない。ラクリンにとって、**コマドリを見る**というのは、ひとつの活動であり、それは**店に向かって歩いて出かける**というのと同じであるのだろう。店に向かって歩いて行く活動には、ある方角に向かって歩く、店に向かって歩いて行くことを語る、その後で購入したものを家に持って帰る、というような行動が含まれる。それと同じように、コマドリを見るという活動には、コマドリがいる方向を見る、コマドリを指で指し示す、コマドリについて語る、コマドリがいなくなったときにそれについて語るといった行動が含まれる。コマドリを見る行動には、「見てごらん。あそこにコマドリがいるよ」「コマドリが見える」「コマドリが見える？」と他の誰かから尋ねられて「見える」と答えるような行動が含まれる。巨視的な見方からすれば、これらは私的事象の報告ではない。それらは、**コマドリを見る**という活動（公的な活動）の単なる部分にすぎない。

　痛みを感じることについてのラクリンの考察は、ほとんどの人が私的な感覚事象と考えている現象に触れている。痛みを感じることの巨視的な見方は、コマドリを見ることの巨視的な見方に似ている。足に痛みを感じる場合、足を指し示し、足をつかみ、足を引きずり、足について語るといった行動が含まれる。「足が痛い」と語ることは、私的事象についての報告ではなく、単に足の痛みを感じているという活動の部分でしかない。ラクリンにしてみれば、痛みという私的事象は決して議論されるものではないのである。私的事象は、見当違い

であるばかりでなく、存在すらしない。ある人が足の痛みを訴えたなら、そして非常にもっともらしく訴えたら、私たちは痛みがあろうとなかろうと同じように行動する。後になってはじめて、その人が痛いふりをしていたということを、おそらく痛みが突然に消え失せたか、あるいはその人が違う足を引きずったりすることで知る。同じことは、見ることにも、聞くことにも当てはまる。『愛すれど心さびしく』（原題：*The Heart is a Lonely Hunter*, 1968年米映画）という映画で、聴覚障害者の男が、オーケストラの指揮をしているかのように身体を動かして音楽を楽しんでいるかのようなふりをする。彼のパフォーマンスは納得させられるほどであったが、レコードの音楽が止まっても彼は続けた。彼の仲間は、彼が聞こえているふりをしていたことを知る。レコードが止まって彼が止めたなら、おそらく仲間の女性は、彼は音楽が聞こえると思い続けたであろう。遅かれ早かれ、彼は失敗する運命にあった。しかし、もし聴覚障害の人が完璧なふりができるなら、どう見てもその人は聞こえているはずだということになるだろう。なぜなら完璧なふりをしているので、誰もその違いがわからないからである。

　聴覚障害の人が周りの皆をだましたとしても、彼自身は自分がごまかしているということを自覚しているのではないかと反論する人もいるだろう。しかし、すべての場合にうまくいくなら、彼はどのようにしてそのように自覚できるのだろう。彼が知るすべてに対してうまく行っているなら、その行動は、**聞こえている**ということになる。彼自身の行動と他者の行動が異なる場合にのみ、彼は自分がごまかしていると自覚できるのである。耳が聞こえる人が音楽を聞きながら、楽しんでいるふりをしているとしよう。この人がすべて正しいことをしているなら、自分が実際にそれを楽しんでいると確信してはならない理由など、どこにあるのだろう。彼にとっても他者にとっても唯一の手がかりは、彼の行動と、音楽を本当に楽しんでいると言える人々の行動との違いである。そのような人たちは、微笑んだり、リラックスしたり、邪魔されることに抵抗したり、後で音楽について語ったりする。私が後で音楽について語らなかったからといって、私が音楽をそれほど楽しんでいないということになるのだろうか。おそらくそうだろう。私的に感じられる楽しみを議論する必要がないのと同じように、巨視的な見方に立てば、私的に聞こえるということを議論する必要はないのである。

要　約

　徹底的行動主義者たちは、多くのテーマについてさまざまな意見を持っているが、一般的に次の基本的事項について見解が一致している。

　第一に、日常的に語られている行動についての心理主義的説明は、科学の土俵にあがらないということである。心が行動の原因であるというのは、虚構である。行動の原因は、現在と過去の遺伝と環境にある。心理主義的虚構は、一見説明のようになっているものだから、環境側に行動の起源を求めようとしなくなり、それによって満足のいく科学的な説明ができなくなる。心理主義が不満足であるのは、それが非節約的であり（スキナー）、論理的に間違っているからである（ライル）。

　第二に、行動の科学では、**信じる**（*believe*）、**期待する**（*expect*）、**意図する**（*intend*）といった日常的な心理主義的用語は、避けるべきか、あるいは注意深く再定義されるべきである。行動分析家は、どちらをどの程度までとるべきかということはいまだ明らかでない。この後の章では、かなり適切に再定義できるいくつかの用語を見ていくことになるだろう。その一方で、再定義に値しないと思われるような異質な用語もある。行動分析学のために考案された新しい用語は、特に役立つように思える。

　第三に、私的事象についての見解である。仮にそれを語らなければならないとしたら、それは自然事象であり、公的な行動とすべての点で特徴を共有する。たとえ私的事象が語られるにしても、その起源は環境にあり、他の行動とまったく同じである。私的事象は行動の起源には決してならない。スキナーは、私的行動（第6章や第7章で議論する自己知識のような行動）を語る状況における私的事象の役割を認めてはいるが、ラクリンのような巨視的行動主義者たちは、私的事象に何らかの説明的な役割を与える必要性をまったく感じていない。巨視的行動主義者は、行動を、ある広がりを持つ時間帯に起こる活動（拡張された活動）に統合されるものと考えている。とりわけ、私的事象についての語りは、そのような拡張された活動の中に含まれることがある。

◆ 参考文献

Baum, W. M. 2002: From molecular to molar: A paradigm shift in behavior analysis. *Journal of the Experimental Analysis of Behavior*, **78**, 95-116. この論文は、巨視的見方と、それが実験室での研究や日常生活にどのように適用されるのかを説明した論文である。

Melzack, R. 1961: The perception of pain. *Scientific American*, **204** (2), 41-9. 痛みについての生理学的側面と状況的側面を要約した優れた初期の研究。

Rachlin, H. 1985: Pain and behavior. *The Behavioral and Brain Science*, **8**, 43-83. この論文は、痛みについてのラクリンの考えを述べた論文であり、彼の考えを支持する議論と証拠を提示した論文である。この雑誌には、彼の視点に対する何人かの批判家のコメントと、それらの批判に対するラクリンの回答も掲載されている。

Rachlin, H. 1994: *Behavior and Mind*. Oxford: Oxford University Press. この比較的高度な書籍の中でラクリンは、巨視的見方を説明し、精神的な用語がどのように行動的に解釈できるのかについて説明している。

Rorty, R. 1979: *Philosophy and the Mirror of Nature*. Princeton, NJ: Princeton University Press. この本では、現在の実用主義者と考えられるひとりの哲学者による心身二元論に対する広範な批判が述べられている。(リチャード・ローティ 伊藤春樹・野家伸也・野家啓一(訳)(1993). 哲学と自然の鏡 産業図書)

Ryle, G. 1984: *The Concept of Mind*. Reprint. Chicago: University of Chicago Press. 第1章で、超越機械論的仮説と「機械の中の幽霊」、そして範疇誤認が説明されている。第2章以降では、知識、意志、情動といったさらに特殊なテーマが取り上げられている。(ギルバート・ライル 坂本百大・井上治子・服部裕幸(訳)(1987). 心の概念 みすず書房)

Skinner, B. F. 1969: Behaviorism at fifty. In B. F. Skinner, *Contingencies of Reinforcement*. New York: Appleton-Century-Crofts, 221-68. 私的事象を精神的事象と対比させて論じたスキナーの最も有名な論評。

Skinner, B. F. 1974: *About Behaviorism*. New York: Knopf. 第1章では、方法論的行動主義と徹底的行動主義の比較が行われている。第2章では、私的事象と対比させて精神的原因を論じている。第5章(「知覚すること」)では、コピー理論と「見ているものがないときの見ること」が論じられている。

第3章で紹介した用語

意識 Conscious	行為 Action
架空の、虚構の Fictional	公的事象 Public event
活動 Activity	心と身体の問題 Mind-body problem
超越機械論的仮説 Para-mechanical hypothesis	コピー理論 Copy theory
	小人 Homunculus
巨視的(な)見方 Molar view	自然事象 Natural event
顕現的と非顕現的 Overt and covert	私的事象 Private event

自律性　*Autonomy*
心理主義　*Mentalism*
接近　*Contiguity*
説明虚構　*Explanatory fiction*
動物精気　*Animal Spirit*

範疇誤認　*Category mistake*
微視的（な）見方　*Molecular view*
見せ掛けの問い　*Pseudo-question*
余計　*Superfluity*

第 II 部
行動の科学的モデル

他者の視点を明確な納得のいく形で批判するには、受け入れ可能な代わりとなる視点を提供しなければならない。行動についての従来の心理主義の見方が、どのような点で間違っているのかをわかりやすくするには、科学的に受け入れることができるような説明を考える必要がある。第4章から第8章にかけて、行動分析学のいくつかの基本的な概念を取り上げる。そして、非科学的な心理主義の考えに取って代わる説明を提案するのに、それらの概念を使うことにする。

　しかしながら、ひとつ忠告しておきたい。すべての科学的な説明と同じように、私たちが取り上げる説明は、科学者からみれば暫定的なものと考えられ、議論の対象となり得るし、変更の可能性もある。このような説明はどれも、将来、間違っていると考えられるようになるかもしれない。あるいは、今日でさえ、それを信じない行動分析家もいるかもしれない。

　当面の目的として、特定の科学的な説明が最終的に捨て去られる可能性があるということは重要ではない。私たちは、単に行動の科学的な説明が可能であるということを理解しさえすれば十分である。行動分析学が進歩するにつれて、新たな説明が考え出されると、それまで受け入れられた説明は変わるだろう。私たちは、心理主義に取って代わるものとして、どのような説明が科学的に受け入れられるのか、それを見さえすれば十分である。

第4章
進化論と強化

　現代の進化論は、行動を語る上で強力な枠組みとなっている。実際、この文脈を考慮せずに行動を語ることはできないように思われる。なぜなら、ダーウィン以来の生物学者たちは、行動が彼らの主題のひとつであるとますます主張しているからである。種の連続性についての仮説（第1章）に合わせて、生物学者たちの視点は、さらに人間の行動にも向けられるようになった。ワトソンの時代もさることながら、進化論を考慮しない心理学者は、今日、科学的な発展の主流から取り残されることになる。

　本章では2つの点で進化論に目を向ける。まず、進化の歴史、あるいは私たち自身を含むあらゆる種の**系統発生**（*phylogeny*）によって、私たちは種の行動を理解することができるという点である。個体が引き継ぐ遺伝子のほとんどは、多くの世代にわたって選択されてきた。なぜなら環境と生殖の相互作用を成功させる行動を促すのは遺伝子だからである。2番目に、進化論の説明は科学では独特な説明であるという点である。科学的な説明は、構造に目を向けるのが普通である。あるいは、事物がある時間にどのようにアレンジされるのかということに目を向ける。進化論の説明様式は、**歴史的**（*historical*）説明と言えるもので、これは行動分析学の中心になっている。なぜなら、心理主義に代わる科学的に受け入れることができる説明は、歴史的説明だからである。

進化の歴史

　種の系統発生について私たちが語るとき、特殊な事柄を語っているわけではない。長期にわたる一連の事象、あるいは事象の歴史について語っている。「朝になるとなぜ太陽が昇るのか」という問いに対して物理学が提供する解答は、「キリンの首はなぜ長いのか」という問いに対して生物学が提供する解答と種

類が異なる。太陽についての説明は、今まさに起こっている出来事だけに言及しなければならない。それは日の出のときの地球の回転という出来事である。キリンの首についての説明は、数えきれないほどのキリンとキリンの祖先の何百万年にわたる誕生と生と死について言及する必要がある。

　ダーウィンの偉大な貢献は、系統発生がなぜ進化の過程をたどるのか、その理由を比較的単純なメカニズムで説明できるということを示したことであった。ダーウィンは、キリンの首の歴史は、一連の変化だけでは説明できない、キリンの首の歴史は選択の歴史である、と考えた。何が選択するのだろう。それは全知全能の創造主ではない。母なる自然でもない。キリンでもない。自然の機械的な過程、すなわち自然選択である。

■ 自然選択

　あらゆる有機体の個体群の中では個体差がある。そのような変異は、部分的には環境要因（例えば、栄養）によるものであり、また、遺伝的継承によるものでもある。セレンゲティ高原に現在なっているところに生活していたキリンの祖先に遺伝子の変異があった。つまり首が短い個体もいれば、首が長い個体もいた。しかし、天候が次第に変化するにつれて、新しい背の高い植生が増えた。平均すると、比較的首の長いキリンの祖先は、比較的高い場所に首を伸ばすことができ、少しでも多くの草を食べることができた。その結果、平均すると、彼らはより丈夫な身体になり、病気に対する抵抗力も比較的強くなり、また捕食者からも比較的上手に逃れた。首が他と比べて長い個体はどれも、子孫を残さずに死んでいたかもしれない。しかし、平均すると、首の長い個体の方が、より多くの子孫を残した。その結果、平均すると、より生きながらえ、より多くの子孫を残す傾向があった。首の長い個体の数が増えるにつれて、新たな遺伝子組み換えが起こり、結果として、子孫の中には、それ以前の世代よりもさらに長い首を持つものが現れ、さらに生き延びた。首の長いキリンが繁殖して首の短いキリンを追放し続けると、個体群は、ますます増えた首の長い個体で構成された。その結果、個体群全体の首の長さの平均値は大きくなった。

　図4.1は、その過程を表したものである。横軸は、首の長さを示し、左から右へいくにつれて長くなる。縦軸は、キリンあるいはキリンの祖先の個体群に

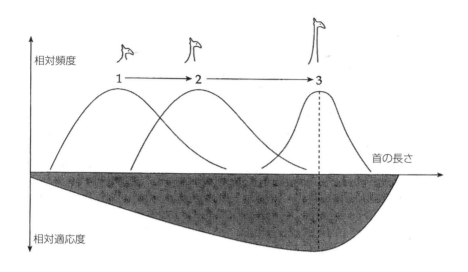

図4.1　自然選択による進化

おける、さまざまな首の長さの相対頻度を示す。曲線1は短い首の祖先の変異を示す。選択が進むにつれて分布は右に移り（曲線2）、首の長さの平均値は、変異し続けながらより長くなる。曲線3は今日のキリンの変異、安定した頻度分布を示す。それよりも長い首への変化は起こらない。

　そのような選択の過程が起こるには、3つの条件が満たされなければならない。まず、どのような環境要因であろうと、ある特徴が有利となるような環境要因が存続しなければならない。ここでは、比較的首が長いことが有利となるような環境要因として、背の高い植生があげられる。2番目に、首の長さの変異は、少なくとも部分的には遺伝的変異によるものでなければならない。比較的首の長い個体の子孫には、比較的首の短いものよりも比較的首の長いものが生まれてくる傾向がなければならない。もし首の長さの変異が遺伝子の変異に基づかずに食べ物の違いだけで起こるなら、すなわち、他にやり方がなくて、よりよく食べた個体の首が長くなるのであれば、選択は不可能になるだろう。なぜなら、代々引き続き、食べ物の違いは同じであり、それによって首の長さは繰り返されるからである。3番目に、異なる種類の間で競争がなければならない。ある領域の資源の量は、キリンの特定の大きさの個体群だけを維持でき

る量である。そのため、生殖によって生まれるキリンの数は、生き残れる数以上のものとなり、死ななければならない子もいる。環境に適応した子どもは次の世代に生き延びて、自分自身の子どもを産む。

　これら3つの要因が組み合わさって、**適応度**（*fitness*）という概念となる。ある遺伝的変異（a genetic variant）の適応度、すなわち、ある**遺伝子型**（*a genotype*）の適応度は、同じ個体群の他の遺伝子型と比べて、世代から次の世代にかけて増加する傾向がある。いかなる遺伝子型であっても、例えば首が短い遺伝子型でも、それだけであれば環境への適応は可能である。しかし、他の遺伝子型と競合することで、その適応度は低くなる可能性がある。遺伝子型の適応度が高ければ高いほど、その遺伝子型は、世代を重ねるにつれてますます優勢となる。図4.1の下方向の縦軸は、さまざまな首の長さに内在する遺伝子型の適応度を示す。網掛けの曲線は、首の長さの変化に伴う適応度の変化を示す。選択過程の至るところで適応度は同じ状態のままである。なぜなら適応度は、首の長さと繁殖成功を関連づける環境の不変要因（ここでは植生）を示すからである。適応度の最大値は、点線の垂直線で示されており、今日のキリンの首の長さの平均と同じである。ある個体群の平均的な遺伝子型が最大の適応度になると、その個体群におけるその遺伝子型の分布は安定する。

　ひとたび個体群が安定すると、進化の方向性移動だけが終了して選択は続く。それはその個体群を安定させ続ける選択である。図4.1の適応度の曲線は、最大値を通過する。あまりにも長い首は不利になるからである。出産が大変になるし、血液をあまりにも高いところに送ることは、心臓に負担をかけることになる。そのために、適応度に上限が設定される。適応度の曲線は最大値を超えるので、選択は、最大値（個体群の平均値）から両方向にずれると不利になる。

　ダーウィン自身、そしてその後の多くの生物学者も、行動が進化の重要な役割を果たしていることを認識した。選択が起こるのは、個体が環境と相互に関わるからである。その相互の関わりのほとんどが行動である。私たちの例では、キリンの首が長いのは、彼らが食べるからである。カメが甲羅を持っているのは、その中に身体を引っ込めることで自分を守れるからである。全過程の鍵となっている繁殖は、求愛、交尾、子どもの養育といった行動がなければ起こり得ない。

　より効果的に行動する個体は、より高い繁殖成功を享受する。遺伝子型の適

応度は、それが生み出す個体、すなわち、他と比べてよりよく行動する個体、より多く食べる個体、より速く走る個体、子どもにより多くの給餌をする個体、より素晴らしい巣をつくる個体などに依存する。そのような行動が遺伝子型によって影響を受ける限り、自然選択は遺伝子型に作用して、それを変化させ、それを安定させる。

■ 反射と定型化運動パターン

◎ 反　射

　行動の特徴の中には、解剖学的特徴と同じように、種に特有なものがかなりある。これらの中で最も単純な特徴は、**反射**（*reflex*）と呼ばれる。なぜなら、反射についての最も初期の理論は、感覚器官を刺激する環境事象を**刺激**（*stimulus*）と呼び、この刺激によって生じる身体の効果は、神経系によって**反応**（*response*）、すなわち行為となって現れる、と説明したからである。鼻をくすぐられると、くしゃみが出る。目の前に手を差し出されると、まばたきする。寒いと、震える。くすぐり、手の差し出し、寒さが刺激であり、くしゃみをする、まばたきする、震えるが反応である。

　反射は自然選択によってもたらされる。反射はいつも、健康の維持、生存の促進、あるいは繁殖の増進に関係しているように思われる。くしゃみをする、まばたきする、震える、危険なときにアドレナリンが放出される、性的に興奮する、などは反射の例である。これらの反射が強い個体は、それが弱い個体や、反射が存在しない個体と比べて、よりよく生き延びて子孫を残す傾向がある。図4.1で、首の長さをくしゃみ反射の強さやペニス勃起の準備性に置き換えても、同じような選択の歴史を想定することができる。適応度の曲線は、最大値を通過するだろう。あまりにもくしゃみが弱いとほとんど身体を保護できなくなるし、勃起がゆっくり過ぎると子どもをつくれなくなるが、くしゃみが強過ぎると身体に良くないし、勃起が敏速過ぎると妨げとなる（社会的な問題は言うまでもない）からである。何世代にもわたって、比較的強い反射を促す遺伝子型は、平均すると、より頻繁に繁殖させる傾向があり（頻度分布1と2）、最終的には最大適応度に達する（頻度分布3）。

◎ 定型化運動パターン

　さらに複雑な行動パターンも、環境事象と固定した関係の一部になって、種に特有なものになり得る。親のセグロカモメが巣に戻ると、ヒナは親のくちばしの点の部分をつつく。すると、親は反応して地面に餌を吐き出す。他の鳥類では、ヒナは口を広く大きく開ける。すると親は、開いた口に餌を入れる。卵を持ったメスのトゲウオ（小さな魚）はオスの縄張りに入る。オスはメスの周りで一連の運動をする。メスは、それに反応してオスの巣に近づく。そのような複雑な行動的反応は、**定型化運動パターン**（*fixed action pattern*）として知られている。セグロカモメのヒナが親のくちばしの点をつつく、ヒナが大きな口を開けて餌をねだる、親が餌を吐き出す、オスのトゲウオが求愛「ダンス」をするなどは、そのような例である。定型化運動パターンを引き起こす環境事象は、**鍵刺激**（*sign stimuli*）とか**解発刺激**（*releasers*）として知られている。親鳥、くちばしへのつつき、広く開いた口、メスのトゲウオの卵でいっぱいの腹などである。反射の場合と同じように、これらの行動的反応は、適応度にとって重要であると思われるかもしれない。それゆえ、それらの反応は、自然選択の歴史によって生じたものと考えられるかもしれない。反射の場合と同じように、定型化運動パターンがあまりにも弱過ぎる個体や、あまりにも強過ぎる個体の遺伝子型は適さない。

　解発刺激や定型化運動パターンは、反射における刺激と反応より複雑であるように見えるが、両者の間に明確な線引きはできない。どちらも環境事象（刺激）と行為（反応）の関係と考えることができる。どちらも種に特有と考えられるのは、どちらもかなり確実な特性だからである。すなわち、どちらの特性も、キリンの首やヒョウの点と同じくらい確実な特性だからである。それほど確実なものなので、それらは生来のもの、遺伝子型によるものであって、学習されたものではないと考えられている。

　反射も定型化運動パターンも、それらが必要なときに即座に現れることによって適応度を高める反応である。タカの影が頭上を横切るとき、ウズラのヒナは縮こまり、震える。この反応がもしタカとの遭遇という経験に依存するなら、生き延びて子孫を残すウズラは少ないだろう。反応のパターンが改善されることはある。カモメのヒナが親鳥のくちばしを正確につつけるようになるとか、サバンナモンキーの子どもの単一の警戒声が最終的にワシ、ヒョウ、ヘビに応

じて異なる声に分化することはできる。しかし、この警戒声がはじめに確実に生じるのは、そのような確実性に対する選択の歴史によるものである。そのようなパターンをはじめから学習しなければならないとする遺伝子型の適応度は、もともと組み込まれている遺伝子型の適応度と比べて低い。

　首の長さや体色の場合と同じように、反射や定型化運動パターンは、長い時間にわたって選択されたものである。その間、環境は、十分に安定していて、適切な行動ができる個体に有利となり続けた。今日私たちが見ている反射と定型化運動パターンは、過去の環境によって選択されたものである。それらは過去において適応度を高めたが、現在においても適応度を高め続けるという保証はなにもない。環境が現在変わるようなことがあれば、選択によってこの組み込まれた行動パターンが変わる機会はないだろう。

　そのような学習によらない行動パターンを人間は示すのだろうか。すべての種の中で私たち人間は、最も学習に依存する種であるようだ。しかし、人間の行動は完全に学習されたものであると考えるのは間違っている。私たちにも多くの反射がある。咳をする、くしゃみをする、びっくりする、まばたきする、瞳孔が広がる、唾液を分泌する、腺から液を分泌する、などがある。定型化運動パターンについてはどうであろう。これらを人間に見いだすのは難しい。というのも後に学習によってかなり修正されるからである（カモメのヒナや、幼いサバンナモンキーの場合と同じように）。普遍的に起こる行動であるため、定型化運動パターンと言えるものもある。ひとつには微笑みがある。生まれたときから盲目の人でも微笑む。もうひとつの例は、挨拶のときに眉を上げる反応である。人が他者にきちんと挨拶するとき、眉が瞬間的に上がる。普段、その反応に気付く人はほとんどいないだろう。しかし、それは挨拶された人を歓待するという気持ちの現れである（Eible-Eibesfeldt, 1975）。文化的な訓練によって、人の定型化運動パターンが修正されたり、抑圧されたりしたとしても、人にも定型化運動パターンがあるということはまぎれもない事実である。実際、私たちは、もって生まれた発達初期の行動傾向の手の込んだ基盤がなければ、私たちが行っているすべての複雑な行動パターンを学習することはほとんどできないだろう。

◎ レスポンデント条件づけ

　反射と定型化運動パターンによって生じる単純な学習形態は、**古典的条件づけ**（*classical conditioning*）、あるいは**レスポンデント条件づけ**（*respondent conditioning*）と呼ばれる。この学習が条件づけと呼ばれるのは、その発見者であるI. P. パブロフが、この学習の結果を記述するのに**条件反射**（*conditional reflex*）という用語を使ったからである。彼は、新たな反射は経験が条件となって学習されたものであると考えた。パブロフはさまざまな反射を調べたが、最もよく知られている研究は、食べ物への反応に関するものであった。音や光のような刺激が食べ物を摂取する行動に規則的に先行すると、その刺激が存在するときに行動が変化するということを彼は見いだした。イヌが音と食べ物の対提示を何回も受けると、イヌは音が提示されただけで唾液や胃液を分泌するようになった。ザックが感謝祭の晩餐に出されたローストターキーを見て唾液を出すようになったら、彼はそのような反応を生まれつき持っていたわけではないことは明らかであろう。彼が唾液を出すようになったのは、過去にそのような出来事が摂食に先行したことがあるからである。ザックがインドの正当なヒンズー教徒の家で育っていたなら、生後肉食をしていないのであるから、ローストターキーを見ても唾液を出さないだろう。合衆国で成長してインドの家庭を訪問したとしても、そこで出された夕食の食べ物を見て唾液を出すことはないだろう。

　単純な反射反応を制御する条件づけは、定型化運動パターンも制御する。パブロフ以後の研究者たちは、過去に食事が頻繁に行われたときの状況のもとでは、唾液だけでなく食べ物に関するすべての行動がより起こりやすくなることを明らかにした。イヌは、吠えたり尻尾を振ったりする。これは野生のイヌが集団で食事をするときに起こる行動である。食事の時間が次第に近づくにつれて、ハトは、ライト、床、空中、あるいは他のハトといったほとんどどんなものにも、餌がつつけるようになるまでつつくようになる。

　行動分析家たちは、そのような現象について語る最良の方法を議論した。その中の比較的古い語り方として、反応は刺激によって**誘発される**（*elicited*）という言い方がある。それはパブロフの条件反射の考えから導き出された言い方である。それは1対1の因果的関係を示す。この言い方は唾液分泌のような反射反応には適切かもしれないが、食べ物を食べるときに起こりやすくなるさま

ざまな行動にまでこのような言い方をするのは不適切であるということが多くの研究者によって明らかにされた。食べ物に関わる行動のすべてをまとめた言い方として、**誘導する**（*induce*）という用語が導入された（Segal, 1972）。音が提示された後で食べ物を食べるということが頻繁に繰り返されると、音が鳴っているときに食べ物に関連する行動が誘導される。また、食べ物を食べるということが繰り返される限り、トーンは食べ物に関連する行動を誘導するとも言える。イヌの場合、唾液を分泌する、吠える、尻尾を振るといったすべての行動が、音が鳴っているときに起こりやすくなると言える。

　食べ物に当てはまることは、他の生理学的に重要な出来事にも当てはまる。交尾行動に先行する状況は、性的興奮や種によってさまざまな反射や定型化運動パターンのすべてを誘導する。人の場合、心拍、血流、腺分泌の変化を伴う。

　危険になる前の状況は、さまざまな攻撃行動や防衛行動を誘導する。別なネズミがいるときに電気ショックが提示されたネズミは、そのネズミを攻撃する。同じように、痛みを経験している人は、しばしば攻撃的になる。過去に痛みを経験したときのあらゆる状況が、攻撃行動を誘導する。実際に、痛みを経験する前から嫌がっている患者に、どれほど多くの医者や歯医者や看護師が格闘しなければならなかったであろう。そのような状況は、種によって異なるさまざまな多くの反射反応や定型化運動パターンを誘導する。このような行動の中には、攻撃よりも逃避と関連が強いものがある。危険の信号となる状況では、動物は走りまわる可能性が非常に高くなる。避けることができない痛みを伴う状況を過去に経験すると、危険の信号は、**学習性無力**（*learned helplessness*）と呼ばれる極端に受動的な現象を誘導するときがある。これは、人の臨床的鬱に似ていると考えられるときがある現象である。

　このような現象のすべてが何を意味するのか、そして、それらをどのように語ればベストなのかについては、いまだに議論が続いている。しかし、ここで立ち止まる必要はない。私たちの目的からすれば、自然選択の歴史は少なくとも２種類の結果をもたらし得るということを理解すれば十分である。まず、適応度にとって重要な事象、例えば食べ物、配偶者、捕食者といった事象が、単純な反射と定型化運動パターンという行動的反応を確実に生起できるように自然選択はしたということである。次に、自然選択によって種はレスポンデント条件づけが確実にできるようになったということである。ザックは生まれつき

ローストターキーを見て唾液を分泌できたわけではない。彼が合衆国で育ったことで、そう反応するようになったのである。いろいろな信号に反応することを学習できる個体が多くの子孫を残したなら、今日の個体は、自然選択の歴史によって、種に特有な遺伝子型を所有することになり、このような学習を行うことができるようになったのである。ある意味で、そのような遺伝子型は個性なるものをつくる。どのような事象が信号として反射や定型化された行動を誘導するのかということは、その個体自身の特殊な履歴によって決まるからである。その履歴とは、系統発生的に重要な特殊な事象に、そのような特殊な信号が先行したという履歴である。

私たちが**系統発生的に重要である**（*phylogenetically important*）と呼んでいるこのような事象は、種のすべての成員に（行動的反応を誘導するという意味で）重要になる傾向がある。このような同一性から、進化の歴史は、これらの事象が（現在の意味で）重要である個体が個体群の中でより多くの子孫を残した歴史であると言える。食べ物やセックスが適切な行動を誘導しなかった（すなわち、それらの事象が重要ではなかった）個体を構成する遺伝子型は、現在の私たちには存在しない。

系統発生期間を通してずっと、すなわち何年も前に重要であったことと、今日の私たちの社会で重要と考えられていることは、区別されなければならない。食べ物やセックスなどを系統発生的に重要な出来事にした進化の歴史は、何百万年にもわたる歴史であった。何百万年もの昔にそれらの出来事と適応度とを関連づけた環境状況は、今日存在しないかもしれない。なぜなら人間の文化は、ほんの数世紀の間にかなり変化する可能性があるからである。この数世紀という時間では私たちの種に重要な進化的変化をもたらすことは、決してできないだろう。例えば、20年ごとに新たな世代が産まれるとして、300年でもわずか15世代でしかない。これは遺伝子型にかなりの変化をもたらすにはあまりにも短過ぎる。都市と工場、自動車と飛行機、核兵器、核家族といった産業革命の結果として生じた変化は、どれをとっても、私たちの遺伝子型に基づく行動傾向に何ら効果をもたらさなかったと言えるだろう。したがって私たちの進化の歴史は、今日私たちが抱えるいくつかの問題に対して、その解決のための準備をしてくれたとは言えないだろう。医者が予防注射をしようと近寄ってきたとき、適切な反応はリラックスすることであるのに、私たちは、緊張した

り、その危険に身構えたり、いつでも逃げられるようにしたり攻撃しようとしたりする傾向がある。核兵器を所持している今、棒が強力な武器であったときに進化した攻撃的な傾向を抑制することは、かなり重要であると言っても言い過ぎではない。

■ 強化子と弱化子

なぜ私たちは素直に注射を受けるのだろう。行動分析家は、抵抗せずに私たちがこのように従う傾向をこのような行為の結果で説明する。注射を避けると、短期的には痛みを回避できる。しかし注射を甘受すると、長い目で見れば、健康そして生殖といったもっと重要な結果がもたらされる。このように行動の結果が行動を形成する傾向は、2番目の学習である**オペラント条件づけ**（*operant conditioning*）、**オペラント学習**（*operant learning*）の基礎となる。

系統発生的に重要な事象が行動の結果となるとき、それらの事象は**強化子**（*reinforcer*）とか**弱化子**（*punisher*）と呼ばれる。系統発生の過程で、その提示が適応度を高めるようになった事象は強化子と呼ばれる。それは、この事象が、この事象をもたらす行動を強める傾向があるからである。食べ物、避難所、セックスは強化子の例である。働けば食べ物や避難所が得られるのであれば、私は働く。私の文化に特有な求愛の儀式、すなわちデートすることでセックスできるのであれば、私はデートする。一方、系統発生の過程で、その除去が適応度を高めるような事象は弱化子と呼ばれる。なぜなら、そのような事象は、それらをもたらす行動を抑える（弱化する）傾向があるからである。痛み、寒さ、病気は弱化子の例である。私がイヌをかわいがったらイヌにかまれたとする。そうなると、私はそのイヌを再びかわいがることはしなくなるだろう。もしナッツを食べて気分が悪くなったら、ナッツを食べなくなるだろう。行動の結果によってその行動にそのような変化が現れるのは、オペラント学習の例である。

◎ オペラント学習

レスポンデント条件づけは、2つの刺激（系統発生的に重要な事象と信号）間の関係によって生起する。それに対して、オペラント学習は、刺激と活動

	結　果 (Consequence)	
	強化子 (Reinfocer)	弱化子 (Punisher)
正の (Positive)	正の強化 (Positive Reinforcement)	正の弱化 (Positive Punishment)
負の (Negative)	負の弱化 (Negative Punishment)	負の強化 (Negative Reinforcement)

活動と結果の関係

図4.2　オペラント学習をもたらす4種類の関係

(activity)（系統発生的に重要な事象と、そのような事象の出現に影響を及ぼす行動）の関係によって生起する。大まかに言って、行動と結果には2種類の関係がある。ひとつは正（*positive*）の関係、もうひとつは負（*negative*）の関係である。食べ物を求めて狩りをしたり働いたりすると、これらの行動によって食べ物がもたらされたり、食べ物がもたらされる可能性がさらに高くなる。これは、食べ物という結果と、狩りをしたり働いたりする活動の間の正の関係である。ギデオンがナッツにアレルギーを示すなら、彼は用意された食べ物を食す前に、ナッツやナッツオイルが食べ物に含まれていないか確認する、そしてアレルギーを起こさないようにするために食べ物の成分をチェックする。この関係は負の関係である。チェックするという活動によって、病気という結果を防ぐことができるし、病気になる可能性を減らすことができる。

　活動と結果の2種類の関係（正の関係と負の関係）と、2種類の結果（強化子と弱化子）によって、この世界にはオペラント学習を可能にする4種類の関係が存在する（図4.2）。仕事と食べ物の依存関係は、正の強化の例である。**強化**（*reinforcement*）と言えるのは、この関係によって、活動（仕事をする）が強められたり持続したりするからである。**正**（*positive*）と言えるのは、その活動によって強化子である食べ物が提示されやすくなるからである。歯を磨くことと虫歯の関係は、負の強化の例である。**強化**と言えるのは、この関係によって歯を磨くという活動が持続するからである。**負**と言えるのは、歯を磨く

ことで弱化子である虫歯になる可能性が低くなるからである。凍った場所を歩くことと転ぶという関係は、正の弱化の例である。**弱化**である理由は、この関係によって凍ったところを歩くという活動が起こりにくくなるからである。正と言えるのは、その活動によって弱化子である転倒がより起こりやすくなるからである。狩りで獲物を捕まえようとしているときに音をたてるというときの関係は、負の弱化の例である。**弱化**と言えるのは、この関係によって音をたてるという活動が抑えられるようになるからであり、負と言えるのは、音をたてるという活動によって獲物を捕らえることが難しくなるからである。

　系統発生的に重要な事象（phylogenetically important events）だけが強化子あるいは弱化子ではない。レスポンデント条件づけによって系統発生的に重要な事象の信号となった刺激も、強化子や弱化子として機能する。レバーを押せば餌が出てくるという訓練を受けたイヌは、餌が対提示された音に対してもレバーを押すようになる。レスポンデント条件づけの関係によって、その音が餌の信号としての機能を持ち続ける限り、音はイヌのレバー押し反応を強化する。人々が食べ物だけでなく、金銭のために働く理由もそれと同じである。レスポンデント条件づけの場合のように、金銭は食べ物や他の商品と対提示される。強化子や弱化子が、このようにレスポンデント条件づけの結果となっているとき、それは**獲得された**（acquired）とか**条件性**（conditional）のものと呼ばれる。適応度に直接関連する系統発生的に重要な事象は、**無条件性強化子**（unconditioned reinforcer）や**無条件性弱化子**（unconditioned punisher）と呼ばれる。食べ物の信号となっている金銭や音は、条件性強化子である。医院で経験した痛み事象は、医院そのものを条件性弱化子にする。

　人間の社会では、条件性強化子や条件性弱化子となる事象は多くあり、多様である。それは文化によって違うし、ひとりひとり違う。また、同じ人であっても時によって違う。私が1年生だったとき、金星がもらえるように頑張った。私の子どもが1年生だったとき、笑顔マークのステッカーをもらえるようにと促された。合衆国では、私たちは病気になると医者にかかる。魔術師やシャーマンに相談する文化もある。ナッツにアレルギーを示すギデオンは、ピーナッツバターのにおいも見た目も嫌悪して、それを避ける。昼食にそれを食べる私は、いつも店でピーナッツバターを購入する。私の問題は、グリーンペパーである。レストランのサラダにそれが入っていると、私はそれをつまみ出す。

そのような刺激が条件性強化子や条件性弱化子になるかどうか、あるいはなり続けるかどうかは、それが無条件性強化子や無条件性弱化子の信号となっているかどうかによって決まる。金銭は、食べ物や他の無条件性強化子がそれによって利用できるということを示す信号としての機能を持っている限り、強化子であり続ける。合衆国建国当初、政府は「コンチネンタル」という貨幣を発行した。しかしそれは価値のないものになった。なぜなら、金とほとんど交換できなかったからである。すなわち、この紙片を信頼できる貨幣と換金する機会がほとんどなかったのである。人々は、この紙幣を支払金として受け入れなかった。すなわち、それは強化子としての機能を失ったのである。私の友人であるマークはスカイダイバーであるが、彼は飛行機からはじめて飛び降りたとき怖がった。しかし、何度も災難に遭うこともなく飛び降りたことで、今ではなんの躊躇もせずに飛び降りる。飛び降りが弱化子でなくなったのである。飛行機から飛び降りたことがない私は、この行動を維持している条件性強化子のパワーに驚くだけである。

　この最後の例は、私たちが強化や弱化を論じるときに忘れてはならない重要なポイントを示している。行動の結果はひとつではない場合がしばしばあるということである。「痛みなくして得るものなし」「やれやれやっと金曜日だ」といったスローガンは、人生のこのような事実を指摘している。人生は選択でいっぱいである。その選択は、強化子と弱化子のさまざまな組み合わせを提供する選択肢間の選択である。仕事に出かけると、給料が支払われる（正の強化）と同時に面倒な問題に苦しむことになる（正の弱化）。病気で休むと電話で伝えると、いくらか給料が減る（負の弱化）一方で、厄介な問題を避けることができる（負の強化）。旅に出かけることもできるし（正の強化）、職場の不承認を招くことにもなる（正の弱化）。どの関係が勝るかは、どの関係が支配的となるほど十分に強いかによって決まる。またそれは、現在の状況とこれまでのその人の強化や弱化の履歴によっても決まる。

◎ 生物学的要因

　強化と弱化は、私たちの種が進化した状況を考慮に入れながら理解する必要がある。強化と弱化に対する感受性が適応度を高めるのは、ある限られた状況だけである。さらに、そのような感受性の中には、他と比べて適応度をより高

めるような感受性がある。そのような事実から、系統発生は、強化と弱化の作用をいろいろな方法で促進したり妨げたりするような生理を私たちにもたらしたと言える。行動分析学は、3種類の生理的影響を考えている。

まず、強化子は年がら年中強化子として機能するわけではない。アップルパイを3切れ食べたばかりのとき、親切なホストからさらに4切れ目を勧められても、勧められた方は拒むであろう。どれほど強化子のパワーが強くても、それで十分ということがあり得る。しばらく強化子との接触がなければ、強化子は強力となる。これは**剥奪化**（*deprivation*）である。もし強化子を多く摂取したばかりであれば、強化力は弱くなる。これは**飽和化**（*satiation*）である。食べ過ぎたことがある人は誰でも知っているように、強化子は弱化子にさえなる。すでにアップルパイで満たされているとき、さらにもっと食べなければならないというのは、実際、良いものがあまりにもあり過ぎるということになり、これは弱化子となる。中世に行われた水攻めは、人が飲める以上の水を無理やり飲ませるという弱化の効果を悪用したものであった。強化子がこのように満たされたり欠乏したりする傾向、場合によっては弱化子に変わってしまうという傾向は、そのような傾向を持っている個体がそのような傾向を持たない個体と比べて生存する可能性が高く、子孫をより多く残すことができたために進化してきたのである。

第2に、私たちは、ある種のレスポンデント条件づけに対して、生理的に準備された状態で生まれてくるのかもしれない。他と比べて獲得されやすい条件性強化子や条件性弱化子がある。多くの経験を要するものもあれば、ほとんどそうでないものもある。見かけ上、無条件性強化子や無条件性弱化子と思えるものでも、何らかの経験に依存しているように思える。私は子どもの頃、マッシュルームが嫌いであった。しかし今では、サラダに生のままでそれを入れる。同様に、セックスの強化力は経験によって強まるようである。逆に、見かけは条件性強化子や条件性弱化子と思えるものでも、非常にたやすく獲得されるために、ほとんど条件性とは思えないものもある。子どもや何人かの大人にとってキャンディは強力な強化子である。多くの果物を食べた私たちの祖先は、甘い味の食べ物に対する好みを持っていたがゆえに利益を受けた。というのも熟した（甘い）果物の方がそうでないものと比べて栄養豊かだからである。その結果、ほとんどの人間は甘党になる準備がなされて生まれてきたと思われる。

急速な文化の変化によって、今は甘い食べ物がたやすく手に入るようになり、このことが残念な結果になる人もいる。

準備されたそのような学習のもうひとつの例は、ヘビに対する恐怖である。多くの子どもは、ヘビをためらうことなくいじろうとする。恐怖はまったく示さない。しかし、ヘビは怖いものであるというあらゆる指摘に特殊な感受性を示す。1週間前には平気でヘビをいじっていた子が、今日は同じヘビを見て悲鳴をあげて隠れる。私たちの祖先にとって、ヘビは実際に危険であった。選択は、ヘビに対して恐怖を示す傾向のある人が有利になるように作用してきたのであろう。実際、サルで実験してみると、はじめはどうというわけでもなかったサルが、すぐに激しくヘビを怖がるようになる（Mineka et al., 1984）。

人間は、他人の承認や非難を表す信号にも特に敏感であるように思われる。これらの信号の中には、微笑みやしかめっ面のように普遍的なものがあるが、文化によって異なるものもある。承認や非難は、音声やしぐさ、身体の位置によっても表現されるが、それらは非常に微妙であって他者には気付かれにくいかもしれない。しかし、同じ文化で育ったもの同士の間では了解できるものである。私たちのような社会的な種においては、個々の個体の生殖がうまくいくかどうかは、その個体が同じ共同体の他者と望ましい関係を築けるかどうかに依存する。人類の選択歴は、微笑みやしかめっ面のような無条件性の手がかりに対する感受性と、どんな条件性の手がかりにもとりわけたやすく学習する能力の両方に有利に作用した。

強化子と弱化子を無条件性と条件性とに二分するより、これを高レベルの条件性から低レベルの条件性にまたがる条件性の連続体上で語るのがよいのかもしれない。甘い食べ物やヘビの条件性の度合いは低い。一方、金銭や落第はかなり条件性が高い。微笑みやしかめっ面は条件性のレベルが低いが、軽蔑や促しの微妙な態度は条件性のレベルが高い。どちらの見方をとるにしても、2つの点が重要であるように思われる。（1）強化子や弱化子になることができる事象の範囲は非常に広い。（2）すべての強化子も弱化子も、そのパワーは、適応度にもたらすそれらの効果によって、直接的あるいは間接的に決められる。すなわち、強化力も弱化力も、自然選択による進化の歴史によって最終的に決められる。

第3の生理的な影響は、あるタイプのオペラント条件づけの方法に対する準

備づけである。私の身体構造は、ある学習を起こりにくくしている。どのように私が自分の翼を広げようとしても、私は飛ぶことを決して学習しない。しかしワシであれば、きっと翼を広げて飛ぶことを学習するだろう。もちろんワシが飛べるのは翼があるからだし、その翼を使う性質がワシにはあるからでもある。私たちの種も、確実な方法で行動し、確実なスキルを身に付ける性質を持っている。子どもは言語音に対して特に感受性を持って生まれてくる。そして、早い時期にバブリングを始める。実際すべての子どもたちは、特に教えられなくても、2歳頃までに自分の周りで話されている言語を話すようになる。発話は、この行動の結果によって、すなわち、他者への発話の効果によって学習される。他者は、子どもの発話を強化したり弱化したりする。子どもがクッキーを要求することを学習するのは、そうすることで、他者からクッキーを得ることができるからである。しかし、この学習はかなり準備されている。発話は人間の適応度にとって重要であるので、発話の学習を有利にする遺伝子は強く選択されるだろう。その結果、私たちの身体生理機能は、実際に、私たちがこのスキルを確実に学習できるようにしている。

　私たちの生理的機能の結果として、容易に学習できるものもあれば、今日の生活でどれほど重要であっても促進されにくい学習もある。発話の学習と読み書きの学習を比べてみよう。前者は教育を必要としないが、後者は学校と教師を必要とする。微積分学を学習することは役に立つかもしれないが、それでもほとんどの人には難しい。そうでありながら、ほとんどの人は車の運転を学習できる。目と手と足の協調のようなものは、車の運転に必要であるし、狩りをするにも、捕食者から逃れるのにも重要である。この協調は私たちにとって容易である。しかし、抽象的な思考はかなりの努力を要する。狩りをするのと身を守ることには何百万年の歴史があったが、微積分学が考案されたのはたかだか400年前である。このことから、すべてのスキルが等しく容易に獲得されるわけではなく、オペラント学習がかなりうまくいくスキル（発話や車の運転）もあれば、そうでないもの（読書と微積分学）もあると言える。

■ 系統発生的影響を概観する

　自然選択の歴史（進化の歴史）は、5つの方法で行動に影響する。

1. 自然選択によって確実な行動パターンが生じる。反射や定型化運動パターンは、そのような行動であり、生存と生殖の助けとなる行動である。
2. 自然選択は、レスポンデント条件づけの可能性を高めるような遺伝子型に有利に作用する。レスポンデント条件づけによって、さまざまな中性刺激が、定型化運動パターンを必要とする状況（解発子）の到来の兆候となったり脅威となったりする。レスポンデント条件づけの学習可能性は適応度を高めるので、レスポンデント条件づけに必要な生理的装置が選択された。
3. 自然選択は、オペラント条件づけの可能性を高めるような遺伝子型に有利に作用する。オペラント条件づけによって、強化子や弱化子といった結果が、そのような結果をもたらす行動を形成する。オペラント学習は、系統発生の過程で適応度を高めるので、自然選択は、このようなタイプの柔軟性に必要な生理的装置を生み出した。レスポンデント条件づけの基盤となる定型化運動パターン（パブロフによれば、無条件刺激と無条件反応）は、無条件性強化子や無条件性弱化子としてオペラント条件づけの基盤にもなる。レスポンデント条件づけの信号あるいは条件刺激は、オペラント条件づけの条件性強化子や条件性弱化子として機能する。
4. 自然選択は、剥奪化と飽和化の生理的機構をもたらす。剥奪化や飽和化によって、強化子と弱化子が行動に及ぼす力は強くなったり弱くなったりする。
5. 自然選択は、レスポンデント条件づけにおいて、ある信号を条件づけしやすくしたり、オペラント学習において、ある活動を強化しやすくしたりするようなバイアスを選択する。そのような信号と活動は、特に適応度にとって重要である。しかし、柔軟性があるということも適応度には都合が良い。そのため、そのような学習を特に容易にさせる生理的機構が選択される。

強化の歴史

　行動分析学における「強化の歴史（強化の履歴）」という用語は、本当は、「強化と弱化の歴史（履歴）」を省略した用語である。それは、個体が誕生してからのオペラント学習の歴史（履歴）という意味である。本節でとりあげる強化の歴史（強化履歴）は、系統発生に似た、結果による選択（selection by consequences）の歴史である。強化と弱化は、個体の生活史において（行動の**個体発生**［*ontogeny*］において）行動を形成し、行動を発達させる。その方法は、繁殖成功（生殖がうまくいくこと）が系統発生において種の形質を形成するのと同じ方法である。

■ 結果による選択

　図4.1 は、比較的に首の短い個々のキリンの祖先は、比較的に首の長い個体と比べて、平均すると、子孫を残す可能性が低いということを示した。適応度（繁殖成功）が比較的に低いということ、ならびに適応度が比較的に高いということは、比較的に首が短いということと比較的に首が長いということの結果であった。このような分化的な結果が存続する限り（図4.1 の曲線1と2）、つまり、首の長さの違いが繁殖成功の違いをもたらす限り、個体群における首の長さの平均は長くなり続けた。この成長過程が限界に達しても（曲線3）、首の長さの変異はなおも分化的な結果をもたらした（首の長さの違いによって繁殖成功のレベルは異なった）。ただし、この時点では、あまりにも短過ぎる首や、あまりにも長過ぎる首は、結果として平均してみると、繁殖成功は低くなる。なぜなら首の長さの変異は最大適応度の点（図4.1 の破線）に及んでいるからである。そうなると、首の長さに対する分化的な結果は、この個体群を安定させるように機能する。

　系統発生における一般的な経験則は、遺伝子型に変異のある個体群において、繁殖成功をもたらす可能性の高い遺伝子型が最も頻繁になったり、存続し続けたりする傾向があるということである。同様のことは、強化と弱化の個体発生にも当てはまる。それは、**効果の法則**（*law of effect*）として知られている。

◎ 効果の法則

　成功する行動（うまくいく行動）と成功しない行動（うまくいかない行動）は、それらの効果によって定義される。日常的な用語で言えば、成功する行動とは良い効果をもたらす行動であり、成功しない行動とは良くない効果、あるいは悪い効果をもたらす行動である。オペラント学習では、成功と失敗は、強化と弱化に対応する。成功する活動は強化される活動であり、成功しない活動は強

化されない活動、あるいは弱化される活動である。

　効果の法則は、オペラント学習の根本原理である。効果の法則とは、ある活動が強化されればされるほど、その活動は起こりやすくなり、ある活動が弱化されればされるほど、その活動は起こらなくなるということである。効果の法則の結果は、しばしば反応形成（shaping）として語られる。その理由は、よりうまくいくような行動は強められ、よりうまくいかないような行動は弱められるので、それはまるで彫刻家が一塊の粘土をこねて、ある部分には粘土を盛り上げ、別な部分は粘土を押し付けたりしながら粘土を望む形にするのと似ているからである。私たちがはじめて書くことを学んだとき、oやcの文字に似ていれば形がゆがんでいても賞賛された。そのような努力の中で、良いものもあればそうでないものもあった。良いものは通常、賞賛される可能性が高い。実際、出来の良くないものは、認められなかったかもしれない。次第に、私たちの文字はより良い形になったのである。（褒められる基準も変わる。はじめの頃賞賛された形は、後になると認められなくなる。）

◎ 反応形成と自然選択

　行動の形成は種の進化とまったく同じように作用する、行動分析家はそのように考えている。遺伝子型集団の構成が繁殖成功（適応度）の違いによって形成されるのと同じように、個体の行動の構成は強化と弱化によって形成される。両者の対応をわかりやすくするには、ある種のすべての行動群、例えば、車で仕事に向かうといったことを考えてみる必要がある。ある人がある期間、例えば1カ月間、車で仕事に向かうという行動群に従事する。これはキリンの個体群のようなものである。車で仕事に向かうというのは、行動のひとつの種であり、キリンが動物のひとつの種であるのと同じである。1カ月に私が行う車の運転のすべては、運転活動の集団である。これは、セレンゲティ高原のキリンのすべてがキリンの個体群であるのとまったく同じである。キリンの中には他と比較してうまく繁殖して子孫を残すものがいる。それと同じように、私の運転エピソードの行為の中には（第3章を参照）、首尾よく私を仕事場に向かわせるものがある。時間を稼ぐ巧みな運転操作である。このような行為は強化される。一方で、時間の損失となったり、危険となったりするような行為もある。これらの行為は弱化される。うまくいく行為はますます起こりやすくなる。あ

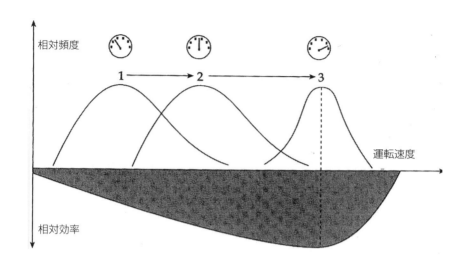

図4.3　強化と弱化による行動の形成

るいは少なくとも、何カ月にもわたって維持される。うまくいかない行為は起こりにくくなる。あるいは少なくとも、数カ月にわたって起こらなくなる。これは、繁殖成功するようなキリンが比較的普通になり続けるのに対して、繁殖成功しないようなキリンが次第にいなくなるのとまったく同じである。比較的繁殖成功するようなキリンがその成功によって選択されるのと同じように、比較的うまくいくような運転は、その成功によって選択される。選択によって、徐々に運転は進化したり、安定したりする。

　図4.1のキリンの首の長さを制限速度に対する車の速度に置き換え、適応度を効率性（危険な目に遭わずに予定より早く着く）に置き換えてみる。結果は図4.3のようになる。3つの頻度曲線は、私の運転習熟の3つの段階を示していると言える。はじめは、ゆっくりとした速度で走っていた（曲線1）。うまくなるにつれて、早く走るようになった（曲線2）。曲線1や2のような速度は効率的ではなかった（強化されない）ので、私の運転は次第に今の速さに変化した（曲線3）。この速度は平均的に見て最も効率の良い速度であり、破線で示される速度（制限速度を時速5マイルほど上回る速度）である。

　自然選択の場合と同じように、強化と弱化は集団と平均に作用する。職場に

車で出かけるときの私の運転技術が形成されていたとき（図4.3の曲線2）のより速い速度というのは、平均という点からみた場合にかぎって、より効率がよいということである。より速く走っても、警察官に止められたり、事故にあったりして、効率がよくない場合もたまにはあった。どんなに速く走っても、最終段階で、スクールバスの後ろについたり、踏切に引っかかったりしたときのように、それ以上速く走っても効率的でない場合も時々あった。ある行為が増えたり減ったりするのに、そのような行為のすべてが必ずしも強化されたり弱化されたりする必要はない。長い時間をかけて**平均的に**そのような行為が比較的に多く強化されたり弱化されたりすればよい。

　自然選択によって個体群が進化ないし安定するには、3つの要因が必要である。3つの要因は、変異、生殖（reproduction）、分化的成功（differential success）である。（1）可能性の中から選択が起こるには、ひとつ以上の可能性がなければならない。すなわち、個体群の個体は、その特徴において変異しなければならない（図4.1では首の長さという特徴が問題とされたが、他にも走る速さ、体色など多くの特徴がある）。（2）いろいろな変異が、それ自体、繁殖する傾向を持たなければならない。すなわち、子は代々親に類似しなければならない。その結果、変異は世代間で繰り返されることになる。自然選択におけるこの繰り返しは、遺伝的継承によって生じる。長い首のキリンも、短い首のキリンも、彼らの親から長い首や短い首を引き継ぐのである。（3）変異の中で、あるものは他と比べてより適応（成功）的でなければならない（すなわち、競争がなければならない）。もしすべての変異が等しく適応（成功）的であるなら、適応度曲線は図4.1で示されたようにはならずに平坦なものになる。その場合、キリンの首の長さのような特徴は、特定の方向に変化せず、安定もしない。時によってどこへどうなるのか予測がつかないような状態になる。あまりにも短い首は適応度を低めるので、集団は着実により長い首に向かって移動する。あまりにも長い首もまた適応度を低めるとき、集団は変化しない状態になる。

　強化や弱化による反応形成（shaping）にも同じ3つの要因、すなわち変異、再現（recurrence）、分化的成功が必要である。（1）反応形成の場合、変異は、類似の目的の行為（私たちが問題にした例では、職場に行くのに車を運転するというのがある）の集団の中で起こる。私たちは、まったく同じ方法でまった

く同じ活動を繰り返すということはほとんどない。歯を磨く場合、一生懸命磨く場合もあれば、そうでない場合もある。早口で話す場合もあれば、ゆっくりと話す場合もある。私の場合、制限速度を超えて運転する場合もあれば、そうでない場合もある。一生懸命歯を磨く場合もそうでない場合も、早口で話す場合もそうでない場合も、速く車を走らせる場合もゆっくりと走らせる場合も、そのような活動の集団は、比較的に首の長いものもいれば短いものもいるキリンの個体群とまったく同じように変化する。（2）反応形成が起こるには、活動は、時々再現（再出現）しなければならない。私がロック・クライミングを一度きりしか行わなければ、ロック・クライミングの行動が形成される機会はない。私は歯を毎日磨くので、私の歯磨きの行動は形成される機会が多い。（3）反応形成の場合、分化的成功は、分化強化や分化弱化を意味する。私は耳の聞こえない祖母に大声で話をする。そうでなければ、彼女は私が言ったことが聞こえないので、彼女に対する私の語りを強化することができないからである。私があまりにも大きな声で話をしたら、彼女は、「ねえ、そんな大声を出さないで」と言って叱る。ほとんどの場合、私はどのくらいの声の大きさなら、彼女と私の会話がうまくいくのかを見つける。つまり、うまく会話ができる声の大きさもあるが、そうでないものもあるということである。これは、図4.3で、うまく走れる速さもあれば、そうでない速さもあるというのとまさに同じである。自然選択の場合のように、集団の大きさには限界がある。歯を磨くのは、1日にせいぜい2～3回である。1カ月に車で職場に向かうのは、ごくわずかである。うまくいく変異が、日々あるいは月々、より頻繁に再現するようになるので、うまくいかない変異が出現する傾向は少なくなる。ある変異が他と比べて強化されたり弱化されたりする機会が多くなれば、その限りにおいて、行為の集団は図4.3のように変化するか安定した状態になる。

　人が他者の行動を変えることを目的として強化子や弱化子をアレンジするとき、それは訓練、指導、治療と言われる。スポーツのコーチがチームのメンバーを訓練する、動物のトレーナーがクマにダンスを教える、教師が子どもに読みを教える、あるいは上司にもっと自己主張できるように治療家はクライエントを支援する、そのどれをとってみても、強化と弱化についての同じ原理が適用される。唯一の違いは、これらの反応形成の例は、関係（relationships）をつくるということである。すなわち、2人の人が関わっており、どちらの行動

も形成されているということである(これについては第7章、第9章、第11章でさらに問題とする)。

　訓練も指導も、そして治療も選抜育種に似ている。選抜育種は、繁殖成功(reproductive success)、すなわち個体の繁殖が自然環境によって決定されるのではなく、むしろひとりの人間によって決定される過程である。農夫が最も多くのミルクを出す牝牛だけを繁殖させるとき、ミルクを出す遺伝形質をフルに生かしている。それは、自然選択が自然環境の中で有利な特徴の遺伝形質を利用しているのとまさに同じである。ダーウィンが自然選択を思いついたのは、ひとつには選抜育種を彼が見たからである。彼は、同じ原理が、農園においても自然においても当てはまると考えた。同様に、強化と弱化についての同じ原理は、私たちの自然、すなわち構造化されていない環境にも当てはまるし、行動変容を目的とした構造化された状況でも当てはまる。

■ 歴史的説明

　自然選択と反応形成の間には類似点がある。これは、どちらの考えも似たような問題を解決できるので、偶然ではない。第1章で私たちは、ダーウィンの自然選択の理論が進化についてのはじめての科学的な説明になった経緯を見た。それ以前にも、多くの思想家たちは聖書の厳密な説明を認めなかったけれど、進化は、神の意図、神の知性、あるいは神の目的によるものと普通に思われていた。科学的な見方からすれば、そのような「説明」は受け入れることのできないものである。なぜなら、そのような説明をしても、理解は深まらないし、真の意味で先へ進むことができないからである。自然選択が、神の意図、神の知性、神の目的に取って代わったのと同じように、強化と弱化による選択は、行動している人や動物の中の意図や知性、あるいは目的といったもので行動を説明する心理主義的な「説明」に取って代わる。

　図4.4は、自然選択と反応形成の類似点をまとめたものである。どちらの考えも、時間の経過とともに次第に変化する、すなわち歴史という考えをもとにしている。自然選択による進化の歴史は、系統発生であり、基礎となる遺伝的特徴の漸次的な変化である。行動形成の歴史は、個体の行動が個体の環境の中で強化や弱化の関係(図4.2)と相互に関わることによって生じる漸次的な変

	歴史	集団(変異)	再現	選択	古い「説明」
自然選択	系統発生	遺伝子型	遺伝子継承	分化的適応度	神、創造主
反応形成	強化と弱化の歴史(個体発生)	行為型(行動)	繰り返しあるいは「習慣」	分化強化と分化弱化	目的、意志、知性(心理主義)

図4.4 自然選択と反応形成の類似点

化である。私たち個人の強化や弱化の歴史は、私たちの行動が、食べ物や金銭、承認や痛み、あるいは不承認をもたらしたすべての時々の歴史である。これらの事象はすべて、私たちの行動を今日の行動に形成した結果事象である。それは、私たちの行動の個体発生の一部となっている。

どちらの考えも変異が起こる集団について言及している。進化においては、変異は個体集団の中で起こり、重要な変異は個体の遺伝子型ではじまる。反応形成では、変異は行為型の集団の中で起こる。歯磨きや店に出かけるというように、ある課題やある活動を個体が遂行する方法はすべて異なる。そのような変異である。

どちらの考えも型の再現を必要とする。自然選択では、遺伝子型は遺伝的継承によって世代間で伝達される。反応形成では、活動は、その機会が繰り返されるために再び起こる。私は、毎朝毎晩、歯を磨く。それは、毎朝起きるからであり、毎晩寝るからである。そのような繰り返しは、しばしば「習慣」と呼ばれる。習慣の根底にある正確なメカニズムは神経系にあるはずであるが、そのメカニズムは、形質が親から子へ遺伝的に伝達される場合と比べて十分に知られていない。

どちらの考えも、分化的成功による選択が変化をもたらすとしている。自然選択においては、個体群を構成する遺伝子型は、分化的適応度あるいは繁殖成功の違いによって変化する。反応形成の場合、ある活動が遂行される方法(行為型)は、分化強化や分化弱化、すなわち行為型の違いによって効果が異なるために変化する。

最後に、それぞれの考えは、それ以前の非科学的な説明に取って代わっている。自然選択は、創造主である神、進化を導く秘密の力なるものを、純粋に自然の用語による説明に置き換える。生命体の見かけ上の賢さや目的的な行為は、変異に作用する選択の成果として見る。キリンは長い首によって利益を受けるが、その理由をキリンならびに創造主に求める必要はない。なぜなら、環境がキリンの長い首を良しとしたのであり、長い首を選択したのも環境だからである。強化と弱化による反応形成もまた、秘密の力、行動の心理主義的な原因を純粋に自然の用語による説明に置き換える。ある行為が賢く見えたり、目的的に見えたりするのは、変異に作用している選択（強化と弱化）の成果によるものである。私は上手に運転すれば利益を得る。しかし、その利益は、私によるものでもなければ、私のいかなる内的な目的や知性によるものでもない。環境が、上手に運転することに利益をもたらしたのであり、その行為を選択したのも環境だからである。

　自然選択や強化のような歴史による説明は、直接的原因に基づく科学的な説明とは異なる。日の出は、直接的な原因である地球の自転で説明される。歴史による説明では、事象の「原因」は、どこにも存在しない。事象の「原因」は、過去の事象の全体的な歴史である。キリンの長い首を、キリンの誕生時あるいは胎児の時期のいかなる事象によっても説明することはできない。キリンの長い首は、何百万年にわたってそれを生み出した選択の長い歴史によって説明される。同様に、私の運転の速さを、私が運転しているとき、あるいは車に乗り込むときのいかなる事象によってもまったく説明することはできない。しかし、私の運転の速さは、何カ月あるいは何年にもわたってその行為をもたらした反応形成の長い歴史によって説明される。

　進化生物学者たちは、近接的説明（proximate explanation）と究極的説明（ultimate explanation）を区別する（Alcock, 1998）。行動的特徴に対する近接的説明は、胎児からのその特徴の発達を決定する生理学的なメカニズムを指摘する。近接的な方法で説明すると、個体がくしゃみをしたり、微笑んだり、学習したりできるのは、個体の遺伝的素質によるものである、となる。しかし、なぜ個体がはじめからそのような遺伝的素質を持っているのかというより大きな問題は、胎児の瞬間、あるいは他のいかなる瞬間によっても説明することはできない。究極的説明では、個体が個体群あるいは種のメンバーであるという

ことを指摘する。厳密に言えば、個体ではまったくなく個体群に帰するのである。人類がくしゃみをしたり学習したりするのは、反射によるものであり、その能力によって何百万年にわたる人類とその祖先の間で繁殖が成功したからである。このような説明が、究極的説明である。

　究極的説明は歴史的説明である。近接的説明は、即時的な原因による説明である。もし神経系の生理について十分にわかっているなら、私が6月10日の午前8時55分に時速55マイルの速さで車を運転した理由を説明できるかもしれない。それが私の行動の特殊事例についての近接的説明である。これは、分子遺伝学や発生学が、私が両手両足を持っている理由を説明するのと同じである。しかし、私が車をいろいろな速度（集団）で毎月毎月運転する理由は、私の神経系の生理で説明できない。それは、人間が両手両足を持っている理由をひとりの人の遺伝学的発生学的発達で説明できないのと同じである。個体群の説明には、究極的な説明あるいは歴史的説明が必要である。ある特殊な場面で、私が銃を持った男に財布を手渡したとする。この出来事は、ある集団（活動）のひとつ、すなわち「脅されてそれに従う」という活動のひとつであるが、この説明には歴史的説明が必要である。遊び場ではじまり、そして教室、さらにニューヨーク市の街角に至るまで、脅されて言いなりになるという行動に対する強化の長い歴史がこの出来事を説明する。

　人は近接的な説明を好むようである。おそらくその理由は、ビリヤードのボールが他のボールを弾き飛ばすような出来事の方が、歴史よりも考えやすいからであろう。ある行為の直接的な説明が見つからないと思うと、私たちは、その行為が属する活動をもたらした強化履歴を考慮せずに、直接的な原因のようなものを考え出して、それを行為の原因としたがる。ザックは勉強しなければいけないのに、映画館に出かけていく。このような場合の強化履歴がはっきりしない場合、私たちは、彼の意志力が弱いなどと言いたがる。これはもちろん心理主義である。

　第3章では、長々と心理主義を批判した。しかし、心理主義に取って代わる見方を提供したわけではない。目的や意図について、科学的に受け入れることができるような説明を提案していかなければならない。本書の第Ⅱ部のはじめのところで述べたように、そのような説明の詳細は、時とともに変化するだろう。真に科学的な説明は可能であるということを証明しさえすればよい。それ

が第5章の主題である。

要　約

　進化の理論は、行動分析学にとって2つの点で重要である。

　まず、ほとんどの行動は、種の進化的歴史（系統発生）に由来する遺伝的継承をもとにしている。反射と定型化運動パターン、レスポンデント条件づけに対する能力、オペラント条件づけに対する能力、時と場所によって効力が変わる強化子と弱化子、そしてある種のレスポンデント条件づけとオペラント条件づけに有利に作用するバイアスなどは、自然選択によってもたらされたものである。

　第2に、進化の理論は、歴史による説明のひとつの例となっており、それは、オペラント行動に当てはまる説明である。強化と弱化の歴史は、自然選択の歴史と類似した歴史である。ただし、前者、すなわち強化と弱化の歴史は、個体の生活史におけるある型の行動（行為の集団）に作用するのに対して、後者、すなわち自然選択の歴史は、何世代にもわたって種（有機体の集団、個体群）に作用する。どちらの概念も、進化の変化あるいは行動の変化が隠れた知的主体によって生じるとする非科学的な説明に取って代わるものである。

　物理学や化学における説明は即時的な原因に依存するが、歴史的説明は、長い時間をかけて多くの出来事が累積したときの効果について言及する。結果による選択によって集団の中で生じた変化は、ある特定の時点で正確に示すことができるようなものではない。系統発生と同じように、強化の歴史（強化の履歴）は過去に起こった多くの出来事について言及しているのであり、それらのすべてがともに現在の行動をもたらしたのである。

◆ 参考文献

本章のテーマをより深く扱っている多様なレベルの書籍がいくつかある。

Alcock, J. 1998: *Animal Behavior: An Evolutionary Approach*, 6th. ed. Sunderland, Mass: Sinauer Associates.　これは、進化論と社会生物学をカバーしている優れた入門書である。

Barash, D. 1982: *Sociobiology and Behavior*, 2nd. ed. New York: Elsevier. この本は、オールコックの本と比べてより専門的な内容となっている。この本も優れた本である。

Eible-Eibesfeldt, I. 1975: *Ethology: The Biology of Behavior*, 2nd. ed. New York: Holt, Rinehart, and Winston. この本は、定型化運動パターン、特に人間についての行動パターンを取り扱った良書である。

Gould, J. L. 1982: *Ethology: The Mechanisms and Evolution of Behavior*. New York: Norton. この本は、上記の本と比べて必ずしも良書と言えるわけではないが、より最新の内容となっている。

Mazur, J. E. 2002: *Learning and Behavior*, 5th. ed. Englewood Cliffs, NJ: Prentice-Hall. この本は、行動分析学の上級の教科書で、この分野のすぐれた概観をしている。(メイザー J. E. 磯 博行・坂上貴之・川合伸幸（訳）(2005). メイザーの学習と行動 二瓶社)

Mineka, S., Davidson, M., Cook, M., and Keir, R. 1984: Observational learning of snake fear in rhesus monkeys. *Journal of Abnormal Psychology*, **93**, 355-72. この論文は、サルがヘビをたやすく怖がるようになるという研究を報告している。

Segal, E. F. 1972：Induction and the provenance of operants. In R. M. Gilbert and J. R. Millenson (eds.), *Reinforcement: Behavioral Analyses*. New York: Academic Press, 1-34. この論文は、誘導(induction)、強化と誘導の交互作用、さらに誘導がオペラント行動にもたらす効果について論評した、優れてはいるが専門的な内容の論文である。

Skinner, B. F. 1953. *Science and Human Behavior*. New York: Macmillan. これは、行動分析学の最初の教科書であった。しかし今では、ほとんど歴史的価値のあるものである。そうであっても、多くの啓蒙的議論や例が含まれている。(スキナー B. F. 河合伊六・高山巌・園田順一・長谷川芳典・藤田継道（訳）(2003) 科学と人間行動 二瓶社)

第4章で紹介した用語

遺伝子型　Genotype
オペラント学習　Operant learning
オペラント条件づけ　Operant conditioning
解発子　Releaser
鍵刺激　Sign stimulus
学習性無力　Learned helplessness
究極的説明　Ultimate explanation
近接的説明　Proximate explanation
系統発生　Phylogeny
系統発生的に重要な事象　Phylogenetically important event
個体発生　Ontogeny
古典的条件づけ　Classical conditioning
条件刺激　Conditional stimulus
条件性強化子　Conditional reinforcer
条件性弱化子　Conditional punisher
条件反射　Conditional reflex
条件反応　Conditional response
正の強化　Positive reinforcement
正の弱化　Positive punishment
定型化運動パターン　Fixed action pattern
適応度　Fitness
繁殖成功　Reproductive success
反応形成　Shaping
負の強化　Negative reinforcement
負の弱化　Negative punishment
無条件刺激　Unconditional stimulus
無条件性強化子　Unconditional reinforcer
無条件性弱化子　Unconditional punisher

無条件反射　*Unconditional reflex*
無条件反応　*Unconditional response*
誘導する　*Induce*
誘発する　*Elicit*

歴史的説明、歴史による説明　*Historical explanation*
レスポンデント条件づけ　*Respondent conditioning*

第5章
目的と強化

『白鯨』(原題：*Moby Dick*[2])という小説を読むべきだと誰かから言われたとしよう。そのように言われて、地方の書店でその本を探すことにする。最初の店にはなかった。そこで別な店に行く。そのような行動は**目的的**（*purposive*）と呼ばれる場合が多い。おそらく、内的な目的（『白鯨』を購入して読むという目的）が、そのような行動を駆り立てると考えるからであろう。行動分析家は、内的な目的が活動を導くというような考え方をしない。それでは、彼らが提供する科学的に受け入れることができる考えはどのようなものだろう。

第4章では、生物学における進化の理論と行動分析学における強化の理論がきわめて類似するということを説明した。どちらの理論も歴史的説明に委ねており、その説明は、それまでの非科学的な考え、すなわち場面の背後にある隠れた主体（創造主とか、知性、あるいは意志）についての考えに取って代わる説明であるということを学んだ。本章では、強化や弱化の歴史（履歴）という考えが、どのように目的についての従来の考えの代わりになるのかをきちんと見ていくことにしよう。

歴史（履歴）と機能

第4章で、歴史的説明は究極的説明であるということ、究極的説明は、有機体の個体群あるいは行為の集団の存在を説明するのであって、特定の個体あるいは特定の行為の特殊性については多くを語らないということを学んだ。シマウマを例にあげて、進化生物学者になぜシマウマに縞があるのか尋ねたなら、シマウマという種が縞を持つ理由についての説明を受けることになるだろう。もし特定のシマウマが他のものと区別できるようなパターンの縞を持っている

---
[2] ハーマン・メルヴィル（Herman Melville）の小説。

理由を本当に知りたければ、胎生学者や発達心理学者に尋ねなければならない。ひとりの子どもを例にあげて、なぜその子どもが他の子どもをトラックのおもちゃで叩いているのかその理由を行動分析家に尋ねると、ひとつの種類の行為、すなわち私たちが攻撃と呼べるような行為がその子どもの行動の一部である理由について説明を受けるだろう。その攻撃に特定のおもちゃと特定の腕の筋肉が関係している理由を知りたければ、生理学者に尋ねなければならない。進化生物学者や行動分析家が個体群や集団についてさらに詳しいことを知ろうとするなら、彼らはまず下位個体群や下位カテゴリーを定義する。ミヤマシトドのさえずりは、縄張りごとにわずかに異なる。私は、遅れているとき、他のときより車を速く走らせる。しかしそうであっても、ある特定の場所にいるミヤマシトドも、遅れているときの私の運転も、個体群、集団であって、歴史によって説明される。

　歴史による説明ならびに集団を考えるということは、並行して行われる。どちらも慣れるのに時間がかかる。行動分析学における歴史的説明にもこれは当てはまる。というのも人は、行為が行われた瞬間に存在する原因の中に説明を求めようとする先入観が強いからである。集団を考えるということになかなか慣れない理由は、人は機能という点で行為をひとまとまりにしてとらえることに慣れていないということである。すなわち、行為がどのように見えるのかということではなく、行為によって何が達成されたのかという点から行為をひとまとまりにしてとらえることが難しいからである。これから、歴史的説明と機能的な定義がどのようになっているのか、じっくり見ていくことにしよう。

■ 歴史的説明を使って

　フロイトが精神分析を考案してから少なくとも、心理学者も素人も、子ども時代の出来事が大人になってからの行動に影響を及ぼすという考えに慣れ親しんでいる。もし私が子どもの頃に虐待を受けていたら、成人している今の私は自分の子どもを虐待する傾向があるかもしれない。もし私の家族がいつも夕食を共にしていたのであれば、親である私にとっては、これが重要であるように思えるかもしれない。そのような観察は、歴史的説明の基礎になっている。私が今そのように行動するのは、私の子ども時代の出来事が**理由**である。

◎ 歴史的原因と即時的原因

人は、子ども時代の事象を何らかの方法で現在に明確に表現しようとする傾向が非常にあるように思える。明らかな原因を現在に見つけることができないのであれば、そのような傾向はある原因を作り上げる。私が子どもの頃に精神的ショックを受けていたら、今日の私の不適応な行動の原因は「不安」や「コンプレックス」であると言われるだろう。10代の少年が機能不全の家庭で育てられたなら、彼の今日の問題行動は、彼の「低い自尊感情（low self-esteem）」によるものであると言われる。

そのような考えは、心理主義、すなわち想像上の原因を、あたかも行動の原因であるかのように前面に押し出す営みの例である。不安、コンプレックス、あるいは自尊感情について語っても、すでにわかっている事柄以上のもの、すなわち、かなり前の事象と今日の行動の関連以上のものを何も語っていない。非行を低い自尊感情のせいにしても、非行について何も説明していない。低い自尊感情はどこから生じるのだろう。低い自尊感情は、どのようにして非行を引き起こすことができるのだろう。低い自尊感情によって非行行動が生じると仮定したとしても、その非行行動以外に低い自尊感情を示す証拠が何かあるのだろうか。非行という活動を説明するために仮定された低い自尊感情だが、それは、その活動に対するラベルとしての機能以外にどのような機能があるのだろう。

このような罠を避ける方法は、遠い昔に起こった出来事が現在の行動に直接影響することを受け入れることである。子どもの頃に殴られたりネグレクトされたりした少年が10代になって車を盗むようになったのは、たとえ時間の隔たりがあっても、子ども時代に彼がこのような出来事を経験したからである。

◎ 時間の隔たり

環境と行動の間の観察された関係に時間の隔たりがあっても、科学的あるいは実用的重要性はなくならない。子どもの頃に虐待を受けた人々は、大人になると虐待する傾向があるのであれば、子どもの頃と成人のときという時間の隔たりがあっても、この事実の有効性は変わらない。この事実をもとに治療が可能になるのであり、初期の経験の効果を深く理解することができるのである。時間を超えたこのような関係をもたらす身体的機構についてわからなくても、

心理主義に頼る必要はないし、そのように観察した事柄の利用をためらう必要もないのである。

行動分析学において時間のずれを伴う状況というのは、物理学において離れたものどうしが作用するという状況に似ている。重力の考えはなかなか受け入れられなかった。理由は、ある物体が離れたところにある別の物体に影響を及ぽすことができるという考えが奇妙に思えたからである。重力が最終的に受け入れられたのは、落体や月による潮の満ち引きといった多様な現象を理解する上で、重力の考えが有効であることがわかったからである。そのメカニズムについては、かなり後になってから考えられるようになった。

わずかな時間のずれの関係であれば、私たちは疑いもなく容認する。私がつま先を切株にぶつけて1分後に痛みが出たとする。この場合、痛がっている私の行動は、1分前に切株につま先がぶつかったことによるものであると考えても誰も否定しないだろう。教師が「わからなければ手をあげなさい」と子どもに語り、子どもが5分後に手をあげたなら、たとえ5分のずれがあっても、子どもの挙手という行為は、教師の指示と子どもがわからなかったという2つの事象から生じた行為であると言ってまったく問題はない。

しかしながら、時間のずれが数年とか数時間といったように大きくなると、心理主義への誘惑が起こってくるようである。現在の行動にもたらす効果という点で、1分前に私のつま先が切株にぶつかったことと、30年前に私が心に痛手を負ったことは、原則として同じである。一方が他方と比べてかなり前に起こったのであるが、一方を説明するのにコンプレックスを考える必要がないのと同じように、他方を説明する場合にもコンプレックスを考える必要はないのである。同様に、教師の指示を生徒の困惑に結び付けることと、月曜日に行った約束を金曜日に会うことに結び付けることは、原則として同じである。それぞれの場合、昔の事象を後の事象に結び付けることで、後の行動が起こりやすくなるということである。5分間の時間的なずれを埋めるのに記憶を考える必要がないのと同じように、4日間のずれを埋めるのに記憶を考える必要はないのである。

5分間あるいは4日間という時間的なずれを伴う指示や約束に対する反応は、他にもそれより時間的に長いずれがあることを暗示する。多年にわたる時間的なずれがあっても、子ども時代のトラウマに対して現在の反応が生起するのと

まったく同じように、指示や約束に対する現在の反応は、多年にわたる時間的なずれがあっても生起する。指示に従ったり約束を結んだりという経験がなければ、子どもも教師も適切に行動することはできないだろう。子どもが教師に従うようになるには、過去に何度も子どもは何かをやるようにと指示されなければならないし、子どもはそれをしなければならなかった。そして、その行動が強化されなければならなかった。友人から読むようにと勧められて読者が『白鯨』を探しに出かけるには、そのようなアドバイスに従ったら強化されたことがあるという機会が過去になければならない。同様に、現在、ある人と約束してそれを守るためには、約束を結んでそれを守るという行動が過去に何度も強化されていなければならない。

従った指示と同じ指示が以前に提示されたことはないかもしれない。結んだ約束とまったく同じ約束を今までにしたことはないかもしれない。しかし、それぞれの経験（歴史）には現在の経験と似ているものがたくさんある。『白鯨』を読みなさいと言われたことがなくても、人から何かをしなさいと言われ、それに従ったことはある。歴史の中に特定の指示や特定の約束が含まれる必要はない。その理由は、「指示に従う」「約束を守る」というのが、構造やその外観で分類されるカテゴリーではなく、**機能**（*function*）に基づくカテゴリーだからである。

■ 機能的単位

機能的単位（functional units）とは集団であり、それは、その集団に所属する成員が行うこと、すなわち成員の振る舞い方や成員の機能の仕方によって定義される。成員がどのように構成されるのか、成員がどのように見えるのかということは、どちらかといえば問題としない。後者のような構造的なグルーピング（structural grouping）には、「4脚の家具」というようなものがある。物を単にそれに適合すべき方法でまとめさえすれば十分だからである。しかし、「テーブル」となると、機能的なグルーピング（functional grouping）になる。なぜなら、物をそのグループのものにするという目的のためにその物が存在しさえすればいいからである。テーブルには3脚のものもあれば、4脚、6脚、8脚のものもあるが、テーブルとしての違いはない。

集団あるいは種は、それが全体として単一のものとして扱われるとき、「単位（unit）」と呼ばれる。私が、テーブルを買いに行くつもりであると言えば、私がどのようなものを持って帰るかはわからずじまいであるが、私が言っている単位について疑いはない。同じように、キリンを見にアフリカに行くつもりだと私が言えば、私が見るキリンを特定できないにしても、「キリン」という単位であることに疑いはない。私の家への行き方を私が説明するなら、どのような説明となるかは明確にできなくても、それが「説明」という単位であることは間違いない。

◎ 機能的単位としての種

　現代の進化理論が現れる以前、生き物は、姿や形で分類されるのが普通であった。この分類はかなりうまくいっていた。ただし、２つの種が非常によく似ていて、区別がほとんどできなくなると、議論が生じた。ある種のトカゲには体色や骨格の構造に多様性があり、特定の標本が特定の種のものか、それともそれによく似た変種のものかを見分けることができないかもしれない。
　今日、進化生物学者は、種をその構造で定義することはもはやしない。その代わり彼らは、繁殖方法で種を定義する。種とは個体群のことである。その個体群の成員同士では繁殖するが、他のそのような個体群の成員とは繁殖しない。それぞれの種は、繁殖の単位であって、他の繁殖の単位とは異なる。その理由は、交配はひとつの種の中で行われるのであって、種間では起こらないからである。外見や体の構造は区別がつかない２種のカエルがいる。しかし、一方は日の出のときに交尾するが、他方は日暮のときに交尾する。この２種類のカエルの個体同士は決して交尾をしないので、この２種類のカエルは異なる種である。異なる種の２匹のカエルを実験室で交配することができたとしても、自然生息地で交配することがなければ、２匹のカエルは２つの異なる種に属すのである。ハイエナはジャッカルと異なっているように見える。しかし、彼らが異なる種である理由は、ハイエナとジャッカルが互いに繁殖することがないからである。重要なのは、種が行うことであり、どのように繁殖的にそれらの種が機能しているかということである。彼らがどのように見えるか、どのような声を発するか、どのような身体のつくりなのかということで種が決められるのではない。

◎ 機能的単位としての活動

　ライルによって議論された巨視的な行為のカテゴリーや、ラクリンが論じた時間的に拡張される活動（第3章参照）は、機能的単位である。そのような単位に属する活動には、時間的に広がりがあって（例えば、アーロンがマルシアを愛するという活動には、アーロンが自分の日記にマルシアのことを書くといった活動が含まれる）、他の活動（例えば、仕事をする）によってさえぎられる可能性のある活動がある。

　オペラント活動は、環境に対して同じ効果をもたらす行為のすべての集団である。実験室でよく研究されているオペラント活動は、レバー押しであり、キーつつきである。例えば、レバー押しの中には、レバーを押すことで生じる効果を持つすべての行為が含まれる。ラットがレバーを左足で押そうが、右足で押そうが、鼻で押そうが、あるいは口で押そうが、それらに違いはない。いずれの反応もレバー押しとして見なされる。通常の環境では、私たちが「玄関のドアを開ける」「ダウンタウンに出かける」と言うときの行為が単位としてのオペラント活動である。レバー押しの場合と同じように、玄関のドアを開けるという活動には、ドアが開くという効果を持つすべての行為が含まれる。私がドアを左手で開けようと、右手で開けようと、違いはない。どちらも玄関のドアを開ける行為として見なされる。巨視的な視点では、玄関のドアを開けるというのはひとつの活動である。この活動は、衣服を整えることで妨げられるかもしれない。しかし、全体として見れば、これは玄関のドアを開けるという活動のひとつのエピソードであり、さらに言えば、客を迎えるという、より拡張された活動の一部であると言えるだろう。

　機能的単位で行動を語るということは、それが実際にできるということではなく、機能的単位で行動を語らなければならないということである。ラットは、いろいろな方法でレバーを実際に押しているということがわかるには、ラットを見さえすればよい。右足でレバーを押すことだけを強化するなら、この反応の多様性は減るだろう。しかし、そうなるとラットは、いろいろな方法で右足でレバーを押すようになる。注意深く観察すると、いつでも何らかの変動性があるのがわかる。ラットは、2回ともまったく同じ方法でレバーを押すことはできないからである。ひとつひとつの反応は、それ自体がただひとつである。

　行為がこのようにただひとつということは、行動の科学に対する壊滅的打撃

のように思われるかもしれない。そうであるなら、すべての科学が同じ問題に直面していることを忘れてはならない。天文学者にとって、ひとつひとつの星は固有のものである。だから星に固有名詞をつけるのである。星を理解するのに、天文学者たちは星をカテゴリーに分類する。白色巨星、赤色矮星などというように。すべての生き物は固有のものだけれど、生物学者は、生き物を種に分類して理解する。ある意味で、物や事象をカテゴリーや種にグループ分けすることこそ、科学が行っていることと言える。同じであるということを認識することが、説明の始まりである。

　行動の単位は、グルーピングでなければならない。しかし、なぜ機能的なグルーピングでなければならないのだろう。例えばなぜ、どのような手足や筋肉が関わっているのかという基準で行為を分類しないのだろう。行動に対して構造的な定義によって分類作業を行うことは、種に対して構造的な定義によって分類作業を行うのと同じであるというのが答えである。種の場合と同じように、ある行為を見た目がよく似ているという理由で「レバー押し」という活動に分類できるかもしれない。しかし、その行為がどれほど似ていても、レバーが実際に押されているかどうかという曖昧さは解決されない。その行為が実際にどのような効果を持っているのかを問題にすることで、その曖昧さは解決されるのである。私が玄関のドアを開けるしぐさをしても、その行為は、ドアが開かなければ、玄関を開けるということにはならないのである。

　活動をその構造で定義することはできない。それを示しているのが、ある告知文からの次の抜粋である。これは、オレゴン大学のダグラス・ヒンツマンによって書かれたもので、ある学者（ここでは、X博士と呼んでおこう）の次回講義の告知文である。

　　私はX博士に「読書」について説明してほしいと求めた。彼は、読書は何百万もの人々を啓蒙するために使われている方法であると答えた。これを実践する人々（X博士は彼らを「読者」と呼んだ）は、座して長い時間じっとしたままでいる。読者は、何千という小さな図で覆われた白い紙片を顔前に抱え、目を素早く前後に動かす。このようにしている間、彼らは、興奮することは難しく、夢中になっているように見える。しかし、私は、この異様な活動によって、どのように知識が得られるのかわからない……「私がこの1枚の紙を見つめて、目を前後に動か

すとしよう。そのようにすれば、私は賢くなるのだろうか」。私は彼の机から1枚の紙をつかんでそのように言った。彼は、私の疑念に困惑しながら「そうではない。読書に堪能な人になるには、何年にもわたる実践が必要である。ある学部長がそのように記していた」と答えた。

　レバーを押したり、ドアを開けたりするのと同じように、「本を読む」というのは、それがどのように見えるかで定義されるのではなく、それが何をするのかによって定義される。聞き手が聞こえるようにするには音読する。後で質問に答えたり、教科書に従って振る舞ったりして理解したことを示せるようになるには黙読する。
　通常、私たちは、ある特定の行為を、それがもたらす効果とそれが起こる文脈に基づいて機能的単位とする。ラットは、実験箱という文脈でレバーを押す。その箱の中でレバーを押すと、これまで何回も餌が提示された。別な文脈でのレバー押しとして、例えば、レバーを押すと水が提供されるという場合がある。この場合の実験箱でのレバー押しは、餌の場合と異なる活動である。2つの活動は、「餌提示のためのレバー押し」と「水提示のためのレバー押し」と呼ぶことができるだろう。ただし、ここでの「これこれしかじかの**ための**」という意味は、「過去にこれこれしかじかのことが起こった」という意味であることを忘れてはならない。「脅しに応じる」という活動を考えてみると、この活動に属する個々の行為が「脅し」という文脈で生じ、これがかつて「脅しの除去」という効果をもたらしたことがあるということになる。私の妻に金を渡すために私の財布を彼女に渡すという活動は、路上強盗に私の財布を渡すという活動と異なる。
　「ある品を商店で探し回る」という活動は、ある文脈で起こる機能的単位を定義する。その品目によって究極的に強化されるような、さらなる活動が生起する。『白鯨』を読むことを勧めた人は、読者がその本を探し回る文脈を設定する。なぜなら、この本を手に入れればそれを読むことになり、そのような状況で読むという行動が強化される可能性があるからである。「書店で『白鯨』を探し回る」、そして『白鯨』を読むというのは、「『白鯨』を楽しむ」という活動の部分になるだろう。
　行動分析学で歴史（以下、履歴）を語ることは、ある行為が生起する文脈

と、その行為の結果を明確にすることである、と言われる。しかるに、日常的な話の中では、異なる行為には異なる目的があると言われる。これからは**目的**（*purpose*）という語のいろいろな使い方を行動分析学ではどのように扱うのか、その方法を見ていくことにしよう。

目的の3つの意味

　行動とその結果との関係を語る言葉づかいは日常英語にたくさんある。私たちは、**目的**（*purpose*）という語を使うだけでなく、他に**意図**（*intention*）、**期待**（*expectation*）、**望み**（*want*）、**願い**（*wish*）、**試み**（*try*）など、それに関係する非常に多くの用語も使う。これらの用語は、哲学者たちが、「意図的」用語とか「意図的イディオム（intentional idiom）」と呼んでいるものである。これほど多様であるにもかかわらず、意図的な用語は、ほとんどの場合、3つの使用方法にグループ化できる。機能と原因、そして感情である。

■ 機能としての目的

　目的（*purpose*）ならびにそれに近い用語の使い方のひとつは、科学的な語りに容易に合致する。この文鎮の目的は紙を押さえることである、と私が言えば、文鎮についてそれが何を行うものなのか、それ以上のことを何も語っていない、すなわち、その機能以外のなにものでもない、と語っているのである。ここで議論が起こらない理由は、この使用目的がまさに定義と言えるようなものだからである。文鎮とはそういうものだ、つまり、紙を押さえるものだ、ということである。

　行動にこれを当てはめると、この使用目的は効果ということになる。レバー押しの目的は、レバーを押し下げることである。この意味において活動は、その目的という観点から定義されると言えるだろう。「家に歩いて帰る」という活動は、私を家に帰宅させる活動である。

　この文脈では、家は私の歩行の目標としても語られる。通常、ある成果（ここでは家）をもたらす活動についての長い履歴に気付くと、その活動に対する通常の強化子を意味するために**目標**（*goal*）という語を使うようになる。目標

という語を使って説明すると、レバー押しの目標は餌ということになる。

「家に帰ろうとしている」ということが「私が普段家に帰るときに行っている行動に従事している」ということであるなら、「私は家に帰ろうとしている」といった発言をこのように理解することはできるはずである。このように見ると、「ラットは餌を得ようとしている」という言い方は、過去に餌をもたらしたことがあるレバーをラットは押していると言っているにすぎない。そして「ラットは餌を欲しがっている」というのは、過去に餌と関連していると思えるようなやり方でラットは行動していると言っているにすぎないのである。

このような言い方はどれも、『白鯨』を探しに本屋に出かけることにも当てはめることができるだろう。その目標は、その本を手に入れることである。しかし、それを手に入れることは、探すという活動の通常の効果であり、その活動の通常の強化子である。「本を探そうとしている」「本を欲しがっている」というのは、探すという行動をすると、必要な物が見つかるということが過去によくあって、今もそのような行動をすると本が見つかるかもしれないということを言っているのである。

目標や望みは、いつもの強化子に単に名前を付けるということではなく、それ以上の意味があると考えられやすい。人やラットはこのような場合に「心の中で」何かを感じていると言ったりする場合が多い。意図的な用語を次に主に使ったりするようになるのも、このようなことからである。

■ 原因としての目的

試み（つもり）とか**望み**といった用語は、行動によって生じる将来の何らかの事象を言っているかのようである。「私はドアを開けようとしている」というのは、私の努力が将来の事象、すなわち開いたドアに向けられているというように。

もちろん、将来の事象はまだ起こっていないのだから、その事象が私の行動を引き起こすことはできない。将来の事象を問題にすると、実際に起こった事象だけが結果をもたらすことができる、という科学の基本的なルールが破られることになる。私の行動を引き起こす原因は、過去か現在のいずれかになければならない。

この問題を扱う一般的な方法は、原因を将来から現在に移すことである。将来の開いたドアが、私に掛け金を外させることはできない。そこで、その行動は、目標や目的（開いたドア）の心的表象によって引き起こされるというのである。『白鯨』はまだ見つけられていないのだから、その心的表象が、探すという行動を引き起こすというのである。

　しかしながら、将来の事象の心的表象は、心理主義と言えるものであり、第3章で論じられた心理主義のすべての問題の犠牲になる。この内的な目的はどこにあるのか。それは何でできているのか。どのようにして、このぼんやりとした開いたドアが、私に掛け金を外させるのだろうか。『白鯨』の内的表象は、どのようにしてそれを人に探させるのだろう。このように、心的表象による説明は説明になっていない。単に、環境について関連する事実を曖昧にしているだけにすぎない。掛け金を外せば、普通、ドアは開く。物を探せば普通は見つかる。これらの自然の事実こそが、その行動を説明するのであり、内的な目的を持ち出す必要などまったくないのである。

◎ **目的的行動**

　目的的と言いたくなるような掛け金を外すという行動についてはどうであろう。ウィリアム・ジェームズは、目的的行動というのは、決まった結末（いつもの強化子）に至るさまざまな手段（さまざまな行動）であると記している。ドアを開けるのに難渋した経験のある人なら、ジェームズが言っていることがわかるだろう。キーが鍵の中でなにをやっても回らないとしたらどうするだろう。何回もキーを回すだろう。素早く動かしたり、ゆっくりと動かしたり、押したり引っ張ったり、上下に揺らしたりするだろう。これらがさまざまな手段である。結局ドアは開く（それが決まった結果である）。そして行動は終了する。『白鯨』の場合、ひとつの書店でそれが見つからなければ、他を探す。見つからなければまた他を探す。それが見つかれば探すのをやめる。

　行為がいろいろであるということもさることながら、おそらく強化子の出現時に活動が終了するということから、**目的的**（*purposive*）という語をどうしても使わざるを得ないのではないだろうか。ジェームズの定義では、このような見方が、**決まった結果**（*fixed end*）の前に、それに向けられる傾向の中に含まれている。私たちが、目標（将来の強化子）に行動が向かっていると言いた

がるのは、その目標が達成されたとき（強化が起こったとき）にその行動がストップするからである。このことは、何かを探すというような行動の場合、特に当てはまるように思う。例えば、レシピに塩が必要と書かれている料理を私が作るとする。私は、塩がいつも置かれている場所に行く。しかし、見つからない。他の棚、テーブルの上を覗いてみる。さらに、台所やダイニングルームで探したり、人がいればその人に塩はどこにあるのか尋ねたりする。このときの塩は、私が「塩を探す」と呼んでいる活動の強化子であるばかりでなく、他の活動へと続かせるためのきっかけ（機会［occasion］）にもなっている。塩を手に入れることが、塩を探すという活動が終了する理由である。

「塩を探す」という活動についてのこのような説明が厄介に思えることは、以前に、私は塩を探したことがなかったかもしれないということである。私たちは、以前に探したことがないようなものを探す場合が多い。そのようなことから、この行動は強化履歴で説明できないと考える人もいるだろう。

このような問題に対する解決策はすでに見てきた。それは、はじめて強盗に財布を手渡すような問題と同じである。この特殊な行為は、以前に決して起こったことはなかったかもしれない。しかし、それと似たような活動は起こったはずである。私はまさにこのような脅しにこれまで従ったことはないけれど、脅しに従うという履歴はかなりある。以前に、『白鯨』を探したことはないけれど、他の本や他の物を探したことはある。詳しく述べればいろいろである。書店で本を求めたり、塩を求めて家中を探したりするというのは、行動あるいは活動の機能的単位と考えられる。脅しに従うというのも同じである。子どもは家中物を探す方法をきちんと教えられる。探して見つけるという経験を何度もすることで、彼らははじめて上手に探せるようになる。文化によっては、動物、地下茎、ベリーを見つける方法を学習することが成人になるための重要な部分となっている文化がある。ベリーを探すという行動が学習されるのは、過去にベリーを見つけたことがあるからと言っていいだろう。

定められた目標が決して達成されない場合でも、人は、見かけ上、目的的行動と言えるような行動を考えることができる。私の目標が「世界から貧困をなくすこと」あるいは「クジラを守ること」であったとしよう。私は、貧困の経験もないし、クジラに出会った経験もない。そうであるのに、どのような強化履歴がこれに関わる行動を維持できるのだろう。これに答えるには、私たちの

社会的環境、特に、文化に参加することによって起こる強化を考える必要がある。人は、社会に役に立つ活動を追い求めることを他者から教わる。教師が用いる強化子は、通常、微笑み、親愛の情、そして承認という形でいつも間近にある。これについては、第8章と第13章で取り上げることにする。

◎ 目的的機械

　目的的行動を説明するのに、内的な目的を考えても無駄である。そのことは、目的的機械（purposive machines）を見れば特に明らかである。目的的機械というのは、いわゆるその振る舞いが目的的であると言えるようなメカニズムである。家の暖房システムはその例である。気温がサーモスタットに設定された温度（例えば華氏68度）よりも低い場合、炉がたかれ、空気は温められる。気温が華氏68度を超すと、炉は消える。このようなシステムによって、温度は華氏68度に保たれると言える。この目標あるいは目的が達成されると、それ以上の試みはなされない。

　それよりももっと複雑な目的的機械の場合、その作用から意図的なものがあると語られやすくなるようだ。チェスをプレイするコンピュータは、予測した差し手を選ぶというような言い方がなされる。そのことから勝つという内的な目的をコンピュータが持っていると言いたくなる。コンピュータは勝とうとしているとか、コンピュータはうまくいくかいかないかを知っているようだ、というように。

　暖房システムやコンピュータは、その働きがわかっている機械であるのだから、意図を意味する用語でそれらの機械について語るのは面白いし、詩的でもある。しかし、それは不要である。サーモスタットにはスイッチが取り付けられており、温度によって炉をつけたり消したりする。それがその目的があるかのように語られるすべてである。コンピュータは、すべての駒の位置によって差し手をどのようにするかについて計算するようにプログラムされている。それぞれの差し手は、このような計算の成果によってのみ決まる。計算の結果が王手詰みになればゲームは終了する。コンピュータに内的な目的などない。単に、駒の位置が変わったこと（すなわち環境）に対して作用を変えているだけである。

　もし暖房システムとコンピュータの目的というものが錯覚であるなら、人の

目的も錯覚であるといって間違いはない。その違いは、人の行動の基礎にあるメカニズムはわかっていないということである。もし神経系によって環境が感覚され、行動に移る方法が正確にわかれば、暖房システムとコンピュータの内部を指し示すことができるように、私たちの身体内部を指し示すことができるだろう。

　たとえサーモスタットやコンピュータがどのように動作するのか知らなくても、それらの動作を意図的な用語で語ることは避けられるはずである。私にとってサーモスタットは、壁に取り付けられている単なる箱である。しかし、その目的的と見える事柄は、ある環境変数（華氏68度より低い温度）が動作を開始し、別な変数（華氏68度を超える温度）が動作を停止する、サーモスタットはそのように作られているというだけのことである。チェスをプレイするコンピュータは、環境変数のセット（すなわちすべての駒の位置）に反応できるように作られているのである。コンピュータの中には、「学習」するようにプログラムされているものもある。そのようなプログラムは、過去の似たような状況での動作の結果を記録している。これらのプログラムには、次の動作を計算しているときに過去の成果が盛り込まれているのである。プログラムがどれほど複雑であっても、それぞれの動作は、現在の環境と強化（チェスの場合、勝つこと）の履歴に対する反応にすぎない。

　同じように、人の身体内部の動作について特に知らなくても、私は、意図を表す熟語を使わずに人の身体活動を説明することができる。現在の状況と、過去の類似した状況における行動の結果について知ることができれば、それだけで満足のいく科学的な説明ができるのである。

◎ 結果による選択

　チェスをプレイするコンピュータの動作を理解する上で、内的な目的は不要であるし役に立たない。それと同じように、人の行動を理解する上で、内的な目的は不要であるし役に立たない。私が本を探そうと、山に悪戦苦闘しながら登ろうと、以前に私は探したことがあるのであり、以前に私は悪戦苦闘したことがあるのである。過去に体験された、このような状況での、このような活動の結果が、このような活動が、そのような状況（あるいは状況カテゴリー）で再び起こる可能性を決定するのである。

結果による選択（selection by consequences）は、いつも履歴を暗示する。長い時間をかけて、うまくいった結果（強化）は、活動をより起こりやすくする。それに対して、うまくいかなかった結果（非強化あるいは弱化）は、活動を起こりにくくする。次第に、そのような状況で起こる行動は形成される。行動は変形されたり複雑なものになったりする。神経生理学者たちは、成功や失敗の積み重ねが行動を変容させるメカニズムについて、ほとんどわかっていない。しかし、行動分析家は、とにかく行動がそのような積み重ねの影響を受けるということを調べている。どのような強化履歴が、失くしたものを人に探させるのだろう。山に登る人と、山の写真を撮る人の強化履歴の違いは何だろう。

◎ 創造性

　どのような強化履歴によって、人は詩を書くことができるのだろう。行動主義を批判する人たちは、行動主義はそのような創造的活動を説明できないとよく言う。芸術家が絵を描いたり、詩人が詩を書いたりするときの活動の重要な点は、以前に行われたことがまったくないようなもの、すなわち独創的なことを行うことである。それぞれの芸術作品は比類なきものであり、今までにないものである。そのため、一見すると、過去の結果は芸術作品を説明できないように思える。それぞれの作品が独創的であることから、芸術家はなんとなく過去から自由であり、何らかの内的な目的でその作品が導き出されたかのように思える。

　それぞれの作品が独創的で斬新なものであることを強調するのであるが、一方で、そのような見方は創造的活動についての明らかな事実を曖昧なものにする。それは、その芸術家の作品間の関係性である。私がこの絵はモネの絵で、あれはルノアールの絵だと言えるのはなぜだろう。同じ芸術家の手になる2つの絵は、まったく同じではない。しかし、ルノアールの絵は、ルノアール自身の絵に似ているのであって、モネの絵に似ていない。芸術家の作品に特別に精通しているエキスパートは、ある芸術家の作品と、精巧に仕上げられたその贋作を区別できるのが普通である。

　絵描きも詩人も作曲家も、孤立して芸術作品を創造することは決してない。新たな詩のそれぞれは独創的なものかもしれないが、それはまた、多くのものをその詩人の以前の努力と共有しているのであり、その詩人のこれまでの長い

詩作経験からうまれたものである。これまでに、詩人の詩作は、少なくとも、ときには強化を受けて維持されてきたのである。そのような強化は、家族や友人、さらに他の聞き手たちからの賞賛や承認、金銭による強化である。すなわち、詩作は、他のあらゆるオペラント行動と同じように、その強化の履歴によって形成される。

　ある芸術家のすべての作品の文脈から見ると、個々の作品の独創性は、ひとつの活動の変異と言えるかもしれない。モーツアルトは多くの交響曲を作曲した。それは彼の人生の際立った活動であった。しかし、それぞれの交響曲のひとつひとつが独創的で創造的な作品であると言うのは、1匹のネズミがこれまでと異なるやり方でレバーを押すたびに、そのネズミは独創的で創造的な行為に従事していると言っているようなものであろう。交響曲を作るという活動の中でそれぞれの交響曲が独創的であるというのは、レバー押しの活動の中でそれぞれのレバー押し行動が独創的とあるというのとまったく同じである。

　このような変異は、無生物界における動作でも起こる。雪の結晶は独特である。それは、ひとつひとつのレバー押しが独特であるのと同じである。ひとつひとつの新たな押し方や、個々の新たな芸術作品の背後に才能や自由意志のような何らかの特殊な力があると主張するのであれば、そのような力はひとつひとつの雪の結晶の背後にも存在すると言わざるを得なくなるだろう。雲が才能や自由意志を持つというのは、ばかげているように思われる。論理的に語れば、人の創造性は才能や自由意志でしか説明できないと主張するのは、同じようにばかげていることになる。少なくとも私たちが言えるのは、雪の結晶を説明するのにそのような力は不要であるなら、芸術作品を説明する場合にもそれは不要であるということである。

　作曲家の場合、**意図的に**（*on purpose*）何か新しいものを創造すると言える点で、作曲家は雲やネズミと異なっている。創造的な活動は、新奇性を狙っているというのである。そうであれば、それぞれの新しい作品は、それ以前の作品に目を向けて作られているということになる。初期の作品は、文脈を設定する。その文脈のもとで、新たな作品は、初期の作品に似ているかもしれない。しかし、そうであっても、それが古いものとまったく同じものになるというようなことはない。モネは、1日のいろいろな時間帯に、同じ乾草の山の絵を何枚も書いた。それぞれの絵の色使いは異なっている。初期の作品と見比べて、「意

図的に」創造的になるために、内的な目的を仮定する必要はない。必要なのは、単にその活動の中の変異の一部が、すでに作成されている作品に、部分的に依存しているということだけである。すなわち、そのような変異が履歴の一部でなければならないということだけである。そう考えると、ネズミイルカやネズミを、訓練によって「意図的に」創造的にすることができる。ハワイのシーライフパークのカレン・プライアたちは、イルカたちがこれまで行ったことがないような新たな反応（芸当）にだけ強化子を与えるようにした。数日もしないうちに、新しい芸が規則的に現れ始めた。彼女たちは、マリアというイルカについて次のように報告している。

　これまでに見たこともないような行動をし始めた。空中に飛んだり、尾を使って水中からなめらかに滑ったり、水槽の上を「横滑り」したり、といった行動である。その中には、反応形成の技術によって生み出されるような反応と同じくらい複雑なものもあった。その多くは、シーライフパークの職員が、いままでマリアや他のイルカでまったく見たことがないようなものであった。訓練者の基準は、「これまで強化されたことがないような行為だけを強化する」というものであった。この基準は、マリアの場合、新奇性を本質的な要因とする身体全体の完璧な運動パターンの表出という形で、達成されているように思えた（Pryor et al., 1969, p. 653）。

　私の同僚のトニー・ネビンとニューハンプシャー大学の何人かの学部生は、同じような基準を使って、箱、斜面、小さなブランコ、おもちゃのトラックといったいろいろな対象が置かれているテーブルの天板の上でネズミを訓練した。彼らは、それらの対象に対するネズミの行為の中で、これまで見たことがないような行為だけを強化した。すると、ネズミたちは、対象に対して新奇な反応を示し始めた。このような観察から、私たちは、イルカもネズミも創造的な才能を持っていると結論すべきなのだろうか。
　新奇性を強化できるのは、過去の行動が、現在の行動の文脈を設定できるからである。私たちは、以前に行ったことを覚えている。そのため、私たちは、何が強化されるかに応じて、同じような行動を行ったり、別な行動を行ったりするようになる。『白鯨』をある書店で見つけることができなかったら、新た

な店に行く。その人やモネの新奇な行動を説明するのに、内的な目的を仮定する必要がないのは、イルカやネズミの場合と同じである。

■ 感情としての目的：自己報告

　人が目的について語る3番目の方法は、私的経験に関するものである。他者の目的について私たちが語るとき、私的事象について語ることはできない。しかし、自分自身の目的を語るとき、私たちは、何か存在するもの、何か私的なものに触れていると思うかもしれない。私たちは、日々、互いに目的について質問を投げかけ、そして、その質問が完璧に妥当であるかのように互いに質問に答えている。「君はザックを困らせるつもりだったのかい？」「いいえ、私はただ彼を助けようとしただけだ」といった自己報告（self-reports）は、自分の意図なるものが、自分の行動（彼を助けようとする）を、自分の経験の一部であるかのように語っている。どのようにそれを確信できるのだろう。このような文脈で、私たちは、「**感じる、気がする**（*feel*）」という動詞をよく使う。例えば、「何かアイスクリームが食べたい感じだ」「散歩したい気がする」というように。何をそのとき「感じて」いるのだろう。何について語っているのだろう。

◎ 将来についての語り

　目的についての自己報告は、科学的な説明に対する挑戦となる。なぜなら、そのような自己報告は、将来について語っているように見えるからである。明日、海岸に出かけたいと私が言う場合、何を意味しているのだろう。その海岸に私がいるということは、将来の事象である。それは実現しないかもしれない。そのため、私がそれを今語っている行為を説明するためには、人は、代わりとなる何かを現在に求めることになる。自分が何をしたいのかわかっているなら、それは、何か内的な感情が自分に語りかけているということになるのだろうか。

　自分の意図を報告するときの私的な手がかりが明らかである場合がたまにはある。私のお腹がグーグー鳴っていたり、口の中が渇いていたりするとき、私は、食べたい気分だとか、飲みたい気分だと報告するだろう。手がかりがはっきりしない場合もある。なぜ映画を見に行きたい気分なのかを正確に語ることは難しいだろう。その手がかりは、それでもなお実在するものなのかもしれな

い。しかし、お腹がグーグー鳴るとか、口の中が渇いているというのと比べると、この経験の場合、手がかりははっきりしない。

　自分の意図を報告するときの手がかりの中には、公的なものもあるかもしれない。もし私がひどい切り傷を負えば、「病院に行きたい」と言うだろう。他者は、この切り傷を見ることができる。そして、「病院に行きたい」という私の語りを、一切の私的事象について思い悩むことなく理解することができる。「今日は金曜日の夜だ。映画を見たい」と言えば、これも周囲の人には理解できる。

　公的なものであれ、私的なものであれ、組み合わさることで文脈と言えるようなものになるすべての手がかりのセットは、「〜が欲しい」「〜はいいなと思う」「〜したい気分だ」といった意図についての自己報告を起こしやすくする。いったいこれらは何を意味するのだろう。

　意図的な発言は予測となる。「アイスクリームが欲しい」というのは、もし目の前にアイスクリームがあれば、自分はそれを食べるだろうということである。さらに、アイスクリームを食べるために車で店に出かけたり、部屋をきれいにしたりといった手間をかけたりする。つまり、アイスクリームは今の私の行動の強化子として作用すると言っているのである。「私は散歩したい気分だ」というのは、散歩が、その行為を可能にする私の行動の強化子として作用すると言っているのである。あるいは、このような状況では、散歩するという行動は強化される可能性があると言っているのである。意図的な発言は、今ある手がかりに基づいて、どのような事象が強化的となるのか、どのような行動が強化されるのかについての予測となる。『白鯨』を読みたいというのは、それを読むという行動が起こりやすいという意味であり、「バスに乗るつもりだ」というのは、バスに乗るという行動が起こりやすいということを意味する。

◎ 過去について語る

　行動を予測するのは、天気を予測するようなものである。天気予報士は、今日雨が降るだろうと絶対的確信を持って言うことはできない。それと同じように、私も、映画にきっと行くだろうと絶対的確信を持って言うことはできない。しかし、どちらも「このような状況では、そのような事象が起こりやすい」ということを言っているのである。このように私たちが行うのは、そのような状況を過去に経験したことがあるからである。これまで寒冷前線がこのように温

暖前線にぶつかったとき、しばしば雨になった。金曜日の夜、他に何もすることがなければ、私は映画を見に行くことがこれまでにしばしばあった、ということである。現在の手がかりが、現在の発言を決定する。それは、過去の事象に現在の手がかりが関連しているからである。

　私的事象が果たす役割が関与していることはさておき、意図についての自己報告は、他者についての意図的な発言と決して異ならない。自己報告も含めて、意図的な発言のすべては、将来について語っているように思えるが、実際は過去について発言しているのである。「意図する（intend）」「望む（want）」「試みる（try）」「期待する（expect）」「もくろむ、提案する（propose）」といった語は必ず、「過去のこのような状況では……」と言い換えることができる。普通、人々は「ネズミがレバーを押すのは、餌が欲しいからである」と言う。しかしこれは、「過去のこのような状況で、ネズミがレバーを押すと餌が出てきた。餌は強化子になった」と言い換えることができる。「君が海岸へ行くことを私は提案する」というのは、「過去のこのような状況で、私が海岸に行ったところ、その行為は強化された。だから、君も海岸に行けば強化される可能性があるだろう」ということになる。

　日々の会話の中では、意図的な言い方は役に立つ。しかし、行動分析学では、そのような言い方は心理主義となる。日々の会話の中では、意図的な発言は社会的な交流を容易にする。しかし、行動分析学では、それは無用というよりなお一層悪くする。なぜなら、自然の世界に目を向けずに、影の世界を探求することになるからである。目的的と思えるような行為や、感じた目的を自己報告することは、現在の状況に依存しているのであって、それは、それに似た状況で過去に強化されたことがあるからである。どちらの状況も自然であり、解明できるものである。10代の未婚の女性が妊娠して生活保護を受け続けるのは、彼女がそれを望んでいたからだとか、要求を満足させようとしたからだ、と言っている限り、その理由を理解することはきっと難しいだろう。また、それを防ぐことにもならないだろう。そのような「説明」は、その履歴を理解することからも、妊娠に至らしめる環境を変えることからも、私たちを遠ざけるだけである。10代の人たち、あるいはその親を非難することは簡単だが、それをしたからといって、事態が効果的に改善されるわけではない。

◎ 副産物としての感情

　感情は意図的な発言の手がかりとなる。そのときの感情は、第3章で議論したような感覚の私的事象である。私的事象には、音を聞いたり、痛みを感じたりといったものがあるが、鳥肌がたつのを感じたり、心臓がどきどきするのを感じたりするといったものもある。

　しかし、私的事象としての感情は、どちらかといえばとらえにくい。不安を感じると私が言うとき、不安にさせていると考えられる私的事象について、おそらく私はほとんど語ることができないだろう。生理学者であれば、不安を感じているという報告に伴う身体的な変化を測定することができるかもしれない。しかし当の報告者は、それらについてほとんど知らないのが普通である。

　感情の主な原因である公的な状況を示す方が、はるかに楽である。なぜ不安に感じると私は言うのだろう。それは、断崖絶壁にぶらさがっているからだとか、就職面接に行こうとしているからだと言える。なぜうれしさを感じるのだろう。くじに当たったからだとか、職を得たからだ、となる。

　このように公的な状況を考慮すれば、感情ならびに感情についての報告は、それらが生起しているときと同じような状況を過去に経験したことに由来する。直接的であれ間接的であれ、感情も感情についての語りも、第4章で議論した、系統発生的に重要な事象との経験に基づいている。感情が単に遺伝的プログラミングによって起こる場合が時々ある。崖のてっぺんに立ってびくびくするのも、性的な刺激を受けて快を感じるのも、特別な訓練は必要としない。しかし、ほとんどの場合、ある状況で感情が生起するのは、その状況が、何らかの系統発生的に重要な事象、すなわち、強化子や弱化子あるいは無条件刺激と関連しているからである。つまり、感情ならびに感情についての語りは、オペラント学習に伴って起こるレスポンデント条件づけによって生起するのである。

　英語は、感情について語るための語彙が豊富である。これらの感情は、過去に強化や弱化が起こった状況に伴って生起した感情である。正の強化が起こりやすい状況では、人は、満足や誇り、自信、切望、恍惚を感じると報告する。負の強化の履歴について語るとき、安心や安堵の気持ちを報告するだろう。強化子が取り除かれると、すなわち負の弱化を受けると、失望や落胆を報告する。過去に正の弱化が起こった状況では、恐怖、不安、心配、恥、罪悪感が報告される。

感情は、目的的と思えるような行動の主な原因となっている強化や弱化と同じ履歴によって生じる。そのため感情は、行動の原因というよりは、行動に伴う副産物である。書店でついに『白鯨』を見つけたら、うれしくなる。それは、その本を今手にしているからであり、それを読めば、それについて他の人々と語ることができたり、その面白い本を楽しむことができたりといった、さらなる強化子を受けることができるからである。本を見つけてうれしくなるのは、勧められた本を購入したり、勧められた行為をしたりすると、過去に強化されたからである。本を買えばうれしくなるのであって、本によってうれしくなるから本を買うわけではない。運動選手がゴールを決めた後でうれしくなるのは、そのような状況に承認や他の強化子が伴うことがこれまでに何度もあったからである。したがって、運動選手がゴールを決めようとする理由は、ゴールが幸せをもたらすからであるというのは間違いだろう。ゴールを決める行動がしょっちゅう起こる理由は、ゴールを決めることが条件性強化子だからである。幸福な感情は、このような条件性強化子を後押ししている強化子と同じ強化子（承認とか地位）の副産物である。自分の妻を怒鳴りつけた後で罪悪感を感じる夫が妻に花を手渡すのは、こうすることで彼の罪が軽減するからではなく、過去に、花を手渡したら（さらに優しくしたりしたら）、弱化を免れ、強化を回復したことがあるからである。もちろん、この結果はまた罪悪感を消失させる。

感情は単に副産物にすぎない。これは一般則であるが、そのひとつの例外は、感情についての報告であるかもしれない。「私は幸せを感じる」という報告は、私的事象の制御をある程度受けているオペラント（言語）行動と言えるかもしれない。これについての本格的な議論を行うには、まず第6章で刺激性制御を学び、その後で言語行動一般を取り上げる必要がある。これについては、第7章でさらに議論することにしよう。

要　　約

集団を考え、履歴（歴史）によって説明する、この2つは、切り離して考えることはできない。なぜなら、集団がどのようなものになるか、それは、最終的には、その選択の歴史で説明されるからである。そのことは、有機体の個体群という集団に自然選択が作用する場合も、行為の集団に強化や弱化が作用す

る場合も同じである。子どもの頃の出来事が、大人になってからの行動に影響するということは、誰でもわかっている。しかし、日常的な語りの中では、この過去を現在の虚構で表現しようとする。これは心理主義であり、この方法は、行動を科学的に理解する上で決して役に立たない。

このように心理主義的な説明をしたがるのは、行動を、行動が起こっているときに存在する原因で説明しようとする先入観によるものである。心理主義を避けるには、この先入観を捨てて、たとえ過去と現在の間に時間的なギャップがあっても、過去の事象が現在の行動に影響するということを認めなければならない。このようなギャップがあっても、履歴を考慮しながら現在の行動を理解することのほうがきわめて有効であることは間違いない。

現在の特定の行為は、集団に属する。その集団とは、機能的単位であり、活動である。これらは、共通の機能を持っているがゆえに、共通の履歴がある。異なる行為であっても、それらがもし類似の文脈と類似の結果を共有するのであれば、同じ機能的単位あるいは同じ活動に属する。それぞれの特定の行為が以前に起こったことがなかったとしても、それぞれの行為は、何らかの機能的単位に属する。この機能的単位は、それらの行為がある種の結果をもたらし、ある種の文脈の中で起こったことがあるという履歴を基にしているのである。

目的と、それに関連した意図的な慣用句が使われる場合、そのほとんどは、3つのタイプのどれかひとつに属する。3つのタイプとは、機能、原因、感情についての言及である。ある行為の目的がその行為の機能と同じである場合、すなわち、環境に及ぼす効果という意味で目的が使われる場合、科学的な説明として何ら問題は起こらない。目的が内的な原因として考えられる場合、行為の結果についてのぼんやりとした表象が、行為が出現した瞬間に存在していると想像される。将来の事象は行動を説明できない。しかし、内的な原因をでっちあげても説明にはならない。そのようなものを考えると、心理主義になり、心理主義のすべての問題の犠牲になるからである。本を探すというような目的的行動をきちんと科学的に説明するには、そのような行動の強化履歴に言及する。詩を書くというような創造的な行動は、そのような行動の強化履歴によって形成される。

目的や意図についての感情を自己報告する場合、その手がかりは、現在の環境と私的事象である。そのような自己報告は、どのような事象が強化的となる

可能性があるのか、どのような行動が強化されやすいのかについての予測となっている。そのような予測は、必ず過去の強化に基づいている。感じた目的を自己報告する場合、それは将来について語っているように思えるかもしれないが、実際は、過去について語っているのである。それはまさに、他者の意図についての発言が、実際には、他者の過去についての発言であるのとまったく同じである。感情が自己報告の手がかりとして機能する場合、その感情は、私的な感覚事象である。感情は、感情について語るというオペラント行動と同じように、強化や弱化の履歴の副産物であって、レスポンデント条件づけに起因する。感情が、感じられた目的の言語報告を説明する文脈の一部であるとしても、感情とそのオペラント行動との間に因果関係は存在しない。

◆ 参考文献

Dennett, D. C. 1978: Skinner skinned. In D. C. Dennett, *Brainstorms*. Cambridge, Mass: MIT Press, 53-70.　ある哲学者が、心理主義を擁護し、強化の履歴で行動を説明するスキナーの視点を攻撃している。この小論は、スキナーと行動分析学を誤解しているという点で興味深い。

Ghiselin, M. T. 1997: *Metaphysics and the Origin of Species*. Albany: State University of New York Press.　この本は、生物種が、クラスやカテゴリーではなく、機能的単位（「複数の個体」）からなることを説明している。

Pryor, K. 1985: *Don't Shoot the Dog*. New York: Bantam Books.　誰でも用いることができる強化を親切に紹介している。

Pryor, K. W., Haag, R., and O'Reilly, J. 1969: The creative porpoise: Training for novel behavior. *Journal of the Experimental Analysis of Behavior*, **12**, 653-61.　この論文は、新奇な反応の訓練に強化が用いられることをはじめて報告した論文である。

Skinner, B. F. 1969: The inside story. *Contingencies of Reinforcement*. New York: Appleton-Century-Crofts, 269-97.　この章では、心理主義に対するスキナーの反論が要約されている。

Skinner, B. F. 1974: Operant behavior. In B. F. Skinner, *About Behaviorism*. New York: Knopf, 46-71.　ここでスキナーは、目的についてのこれまでの考えは役に立たないということ、そして、それに代わってオペラント行動の方が効果的な概念であるということを主張している。

第5章で紹介した用語

意図的な慣用句　*Intentional idiom*
機能的単位　*Functional unit*
構造的単位　*Structural unit*

自己報告　*Self-report*
目的的機械　*Purposive machine*

第6章
刺激性制御と知識

　すべての行動は、それが誘導されたものであれ、オペラントであれ、ある文脈の中で生じる。夕食の席に着いたときに唾液が出る。それ以外のときには、それほど出ない。そのような誘導された行動の場合、文脈は、それを誘導する1組の環境状況である（食堂やセットされたテーブル、食べ物のにおいや見た目などである）。食べ物や捕食者、将来の配偶者、さらに他の系統発生的に重要な事象に対する種に特有な反応は、このような事象が起こりやすい文脈によって誘導される。ウズラの頭上を通り過ぎるタカのシルエットという文脈では、ウズラは身をかがめる。そうでない場合、ウズラは自分のすべきことをする。

　オペラント行動もまた、文脈の中でのみ起こる。レバーを押すことを訓練された実験室のラットは、実験箱の中でのみそれをする。訓練経験のあるラットは、実験箱に入れられるとすぐにレバーのところに行ってレバーを押し始める。私が傘を持ち出すのは、天気が崩れそうなときだけである。ウィークデーのときだけ、私は車でオフィスに出かける。

　これまで、文脈については若干触れただけであった。例えば、強化履歴は、ある結果をもたらす活動だけからなるわけではない。このような関係は、ある文脈の中で、何度も繰り返して起こってきたのである。「脅しに従う」というのは、その文脈、すなわち脅し、高い声、あげられた握りこぶし、銃といったものの存在を考慮しなければ意味をなさない。何かを知るということはどういうことなのか、行動主義者は、それを心理主義に陥らずに科学的に説明できる。その方法を理解するには、行動分析家が文脈の効果を説明するときに用いている概念を理解し、それを適用する必要がある。これから見るように、何かを知るということは、文脈の中で行動するということである。

刺激性制御

　行動は、文脈が変わると変化する。交通信号が赤だと止まり、緑だと進む。このように止まったり進んだりするという行為は、**刺激性制御**（*stimulus control*）のもとにある。ここで**刺激**（*stimulus*）は「文脈（context）」を意味して、**制御**（*control*）は「ひとつ以上の活動の頻度や可能性を変化させること」を意味する。

　授業で私は学生に、ハトが赤のキーをつついて、緑のキーをつつかないように訓練する場面を、しばしば実演してみせる。訓練のはじめの段階では、キーは赤の色光で照射され、キーをハトがつつくたびに餌を提示する。餌の提示に必要なつつき回数を次第に多くして 15 回にする。訓練の第 2 段階では、緑色のキーを導入する。この場合、ハトがキーをつつかずに 2 秒が経過したら餌が有効となるようにする。はじめハトは緑色のキーをうまくつつくことはない。しかし、いつかは餌が提示されるのを待つようになる。さらに待って多くつつかなくなれば、餌提示に必要な反応休止の時間を次第に長くして 10 秒にする。この実演の訓練の最後の段階で、私はキーの色を装置のスウィッチを使って操作する。キーが赤色である限り、ハトは素早くキーをつつく。私がキーの色を緑に切り替えると、すぐにハトはつつくのをやめる。赤に戻すと、ハトは再びつつき始める。この色の切り替えを何度も繰り返すと、それに伴ってキーつつきも切り替わる。

　この実演は刺激性制御を示している。キーの赤と緑の色が、ハトのつつき行動を制御している。それは、キーの色の変化が、つつき行動の可能性を変えるからである。

　行動分析家は、普通、刺激性制御と、刺激―反応誘発（stimulus-response elicitation）を区別する。交通信号の色が緑になると、歩く行動は起こりやすくなるが、これは、鼻をくすぐられてくしゃみが出てしまうのとは異なる。文脈の変化がオペラント行動に影響するやり方は、無理強い（compulsion）というよりは調節（modulation）と言えるようなものである。

　最も重要なことは、誘発された行動、あるいは誘導された行動は、文脈（鼻をくすぐるというのを文脈と呼べるのであれば、の話だが）だけに依存しているように見えるのに対して、オペラント行動は、ある文脈で起こっている結果

に依存するということである。すなわち、オペラント行動は、結果と文脈の組み合わせに依存するのである。くすぐりという文脈は、それ自体でくしゃみを起こすのに十分である。ハトの実演で、つつき反応が赤いキーという文脈で起こりやすくなるのは、赤いキーという文脈のときにのみハトがつつくと餌が提示されたからである。

■ 弁別刺激

　行動を誘発したり誘導したりする刺激と区別するために、オペラント行動の文脈は、**弁別刺激**（*discriminative stimulus*）と呼ばれる。ハトの実演では、赤と緑のキーライトが弁別刺激である。赤のキーの文脈でのみキーつつき反応は強化され、緑のキーの文脈では強化されないからである。双方の文脈の強化関係が異なることから、つつき反応は、キーのライトが赤のときに、より起こりやすくなる。

　実験室であっても、もっと複雑な弁別刺激が普通に使われる。ハトにつつかせる2つのキーが横に並んでいて、どちらのキーにも赤あるいは緑のライトを照射できるとしよう。これで赤のキーの隣りに緑のキーを提示して、緑のキーが左にあろうと右にあろうと、それにかかわらず緑のキーへのつつき反応だけを強化すれば、それによって緑のキーをつつくように訓練することができる。このような実験では、つつき反応に対する弁別刺激は「位置にかかわらず、緑のキー」である。**見本合わせ**（*matching to sample*）と呼ばれる課題では、中央のキーに見本刺激（例えば、赤か緑）がハトに提示される。そして、見本キーの両側にある2つのキーに選択刺激（赤と緑）が提示される。見本と一致する選択（サイド）キーに対するつつき反応だけが強化される。見本合わせのつつき反応を制御する弁別刺激は複合刺激（compound）である。ここでは、「赤の見本キーと赤の選択キー」と「緑の見本キーと緑の選択キー」である。

　実験室の外の世界では、弁別刺激は、このように複合的であるのが普通である。2車線の道路を車で走っていて、ゆっくりと走っている前の車に出くわしたとき、その車を追い越すのは片側のセンターラインが切れていて、**かつ**反対車線から車が来ていないときだけだろう。この追い越しの弁別刺激（文脈）は、少なくとも3つの要素からなる。（1）前方のゆっくりと走っている

車、（2）センターラインが切れている、（3）反対車線に車が来ない、の3つである。このうちのひとつの要素が欠けていれば、追い越しは起こらないだろう。この組み合わせが文脈となっているのである。この組み合わせが弁別刺激であり、この刺激のもとで、追い越すというオペラント行動は強化される可能性がある。

さらにもっと複雑な文脈では、文脈あるいは弁別刺激の一部が生じてしばらくたってから行動の機会が設定される。見本合わせの実験の場合、見本がハトに提示される。そして、それが消失してしばらくしてから選択キーが提示される。このとき見本はもはや存在しないわけだが、それでもハトは、見本と一致したサイドキーをつつく。人はこのような時間的なずれがかなり長くても、橋渡しができる。私があなたに金曜日の3時に研究室で会いましょうと月曜日に告げたなら、あなたが私の研究室に来るという行動は、（1）金曜日であること、（2）3時であること、（3）月曜日に私が語ったこと、に依存する。あなたが私の研究室にやってきて、その行動が強化されるには、これら3つの要素が必要である。しかし、どの要素も4日前に存在したにすぎない（時間のずれについてのさらなる議論は、第5章を参照のこと）。

■ 拡張された系列と弁別刺激

人生では、どのような順番で活動が起こってもかまわない場合が多い。料理であれば、私ははじめに塩を用意して、それから胡椒、あるいはその逆ということがある。しかし、活動がうまくいくためには（強化されるためには）、活動が決まった系列で起こる必要が時々ある。ある対象、あるいはある条件がなければ、先に進むことすらできない。車がない場合、車を借りなければ、海岸へ出かけることができない。友人を誘わなければ、映画を観に一緒に行くことはできない。強化が他と比べて起こりやすくなるような条件をつくることもある。旅行に出かける前に車にガソリンを入れて、ガソリンを補充しなくても目的地に行けるようにする。系列が長いときもある。大学生は、試験に備えて授業に出る。そして、単位を取って4年後に卒業する。部分が決まった順番で起こらなければならないときはいつでも、その系列のはじめの部分は後の部分にとって必要な環境条件を生み出す。

後の活動のために、機会あるいは文脈を設定して、系列を進行させるこのような手がかり（自動車、友人の承諾、ガソリンの満タン表示）は、**弁別刺激**（*discriminative stimulus*）と呼ばれる。ガソリンの満タン表示は、さらなるオペラント行動（旅に出かける）の弁別刺激となる。旅に出かけるという行動は、ガソリンの満タン表示が出てはじめて起こる行動である。さらに多くの場合、行動分析家は、このような弁別刺激は強化子として機能すると考える。ガソリンを満タンにするためにスタンドに出かける。そのガスステーションが閉まっていたら、そこで話は終わりになる。系列の初期の活動（ガスステーションに出かける）も、空腹のときに冷蔵庫を開ければ食べ物があるというのとまったく同じように、その活動の成果に依存する。したがって車にガソリンを入れると、その結果、燃料計は満タンと表示される。これには２つの機能がある。燃料計は、系列の次の活動（旅に出かける）に対する弁別刺激として機能する。一方、燃料計は、それを表示させるにいたったオペラント行動（ガスステーションに立ち寄る）に対しては、中間の条件性強化子として機能する。そのような強化子は、実際のところ、どのようなものであるのかについては議論の対象となっているが、ここで私たちがその渦中に巻き込まれる必要はない。理論上の細かいところはわからなくても、ここでは、行動が生み出す刺激を強化子として扱っていくことにする。

　実験室で、リングをラットが引っ張ればライトが点灯し、そのライトが点灯しているところで、ラットのレバー押し反応を餌で強化する。そのような訓練が可能である。まず、ラットがレバーを押すたびに餌粒が入っている皿を提示してラットのレバー押しを訓練する。次に、１分かそこらでレバーの上にあるライトを点灯させたり消灯させたりしながら、ライトが点灯しているときだけレバー押しを強化する。１時間か２時間もすると、ライトは弁別刺激になる。すなわち、ライトが点灯しているときにレバー押しが頻繁に起こり、ライトが消灯するとレバー押しはほとんど起こらなくなる。それからライトを消したままにして、実験箱の天井からリングをぶら下げる。ラットがリングに近づくまで待つ。近づいたらライトを点灯し、ラットがレバーを押せば餌を提示する。ライトを再び消灯する。ラットがライトを点灯させるには、ラットはリングのところに戻ってリングを引っ張らなければならない。間もなくすると、リングを引っ張って、レバーを押すという系列が規則正しく起こるようになる。ライ

トの点灯は、リング引き反応を強化しているだけでなく、レバー押し反応の機会を設定しているのである。

　ひとつの活動に対する強化子が次の活動に対する弁別刺激として機能する。これによって系列がひとつにまとめられる。そのような系列は**行動連鎖**（behavioral chain）と呼ばれる。連鎖の中の「リンク」は、次々に遂行される活動である。複数のリンクは、文脈、すなわち弁別刺激の変化によって結合される。行動連鎖は、日常世界で起こっている行動系列の実験室的モデルであると言える。行動連鎖は、複数の活動がまとめられる方法のひとつを示している。日常世界では、活動のはじめの段階で起こらなければならない部分もあれば、あらゆる順序で起こってよい部分もある。例えば、歴史の試験と心理学の試験の両方の準備を学生がしなければならない場合、試験が始まる前に準備をしなければならないが、2つの科目のどちらから始めるかは重要ではない。

　系列が重要であろうとなかろうと、全体の活動は、究極的な強化子、つまり、ほとんどあるいはすべての部分が完了した後で生起する強化子によって維持される。大学生は、試験の準備をして試験を受ける。そして良い成績をとる。これによって、つまるところ、コースの成績は良くなり、最終的に卒業となる。卒業が何らかの理由でできなくなれば、学生はコースで勉強することをやめるだろう。私たちの実験室の例で説明すると、餌が提示されなくなると、ラットがリングを引っ張る行動もレバーを押す行動もなくなる。ライトは、強化子としての機能も弁別刺激としての機能も失う。アメリカンコンチネンタルが通貨[3]としての価値を失うと、強化子としての機能がなくなる。それだけでなく、それを手に持って買い物に出かけるといったオペラント行動の文脈（弁別刺激）としての機能もなくなる。雨天で寒ければ、私は海岸に出かけるために車にガソリンを入れない。ガソリンが満タンであるということが強化子ならびに弁別刺激として機能するのは、晴天のときだけである。

■ 弁　別

　文脈の変化に伴って行動が変化する。この規則性を行動分析家は弁別（discrimination）と呼ぶ。ラットの実験では、ライトが点灯するかどうかは、ラッ

---

[3] 訳注：独立戦争当時のアメリカの紙幣。

トのリング引き行動に依存したが、実演中のハトの行動は、キーの色の変化（赤から緑への変化）に一切関係しない。キーの色は、私が変えたのである。刺激が系列の中で変化してもしなくても、あるいは刺激が行動にかかわらず変化してもしなくても、どちらにしても弁別刺激の変化に伴う行動の変化は弁別となる。無一文の状態から金を手に入れたことで、行動が労働からショッピングモールへの買い物へと変わる場合、その行動の変化は連鎖であり、弁別でもある。昼が夜になって行動が変わる場合、連鎖ではなくて弁別である。

　弁別は、刺激の変化に伴う行動の変化を意味するので、すべての弁別には、少なくとも2つの刺激条件、2つの文脈が関わる。最も単純な実験室の例では、レバー押しは、ライトが点灯しているときに（これがひとつの弁別刺激）起こり、ライトが消灯しているときには（これが2番目の弁別刺激）起こらない。ナオミが彼女の両親や友人に異なる行動を示すなら、彼女は、2つの文脈、2つの弁別刺激、すなわち両親と友人を弁別しているという。

　すべての弁別は歴史に由来する。もし学習された弁別でなければ、その弁別は進化の歴史によるものである。ウズラのヒナが、タカがいるときといないときとで異なる行動をするのであれば、それは系統発生に由来する。学習された弁別であれば、その弁別は強化履歴に由来する。ラットが、ライトが点灯したときにレバーを押し、ライトが消えているときに押さないのは、レバー押し反応がライトが点灯しているときに強化され、ライトが消灯しているときに強化されなかったからである。金があるとき私は店に出かけるが、無一文のときには出かけない。これは、金があるときに店に出かけるのは強化されたが、無一文のときには強化されなかったからである。一般的に、ある活動はある弁別刺激のもとで起こり、別な活動は別な弁別刺激のもとで起こる。その理由は、その活動はその文脈で強化され、別な活動は別な文脈で強化されるからである。

　それが全体の説明である。弁別は歴史（履歴）によって起こるのである。この説明に、精神的な事柄や、私的な事柄さえも持ち出す必要はないのが普通である。もっとも正確に述べるなら、有機体の行動には弁別のパターンが含まれるとか、行動は弁別するというべきであるが、多くの場合、有機体は弁別すると言われる。ラットがライトの点灯と消灯を弁別するといっても、ラットの内部に内的な事象を想像することはない。ラットは、ライトに「注意を向ける」から弁別すると言ったとしても、その説明は注意以外に何も語っていないと言

える。そのような説明は、ライトが点灯したり消灯したりすると、行動が変わるという事実を言い換えているだけだからである。このような説明は心理主義の例である。

　刺激性制御（*stimulus control*）とは、ある刺激が行動に対して制御を及ぼすということを意味する。すなわち、その刺激が提示されると行動が変化するということである。刺激がラットや人を制御するという言い方は間違いである。なぜならそのとき、注意といった、刺激から行動へ移行させるような何かぼんやりとした精神的行為にラットや人が従事しなければならなくなるからである。刺激性制御という考えは、刺激が行動に直接影響しているという考えである。

　弁別（*discrimination*）とは、単に文脈の変化に伴って行動が変化することを言うのである。したがって、ラットは弁別している**のだから**、ライトが点灯しているときのみラットはレバーを押すのだとか、ラットがレバーを押すのは、ラットが弁別している**からだ**という言い方は、どちらも間違っていることになる。「ラットが弁別している」「ライトは弁別刺激である」というのは、レバー押しの頻度、あるいはレバー押しの可能性が、ライトの点灯と消灯に伴って変化するということだけを意味する。「ナオミが両親と友人を弁別している」というのは、ナオミの行動が2つの文脈で異なるというだけのことである。言い換えるなら、弁別を行動に先行する私的事象ととらえ、弁別によって公的な行動が変化する、と考えるのは間違いである。一般的に、弁別は私的事象ではない。ただしひとつの例外は、自己知識（self-knowledge）を取り扱う行動分析家のその取り扱い方にある。それについて、次に触れることにしよう。

知　　識

　知識について普段語る場合、心理主義的となる。フランス語を話したり理解したりしている人は、フランス語の知識を**持っている**（*possess*）とか、フランス語の知識を**示している**（*display*）と言われる。ラットがレバーを押すのは、レバーを押せば餌が提示されるということをラットが知っている**からだ**と言われる。第5章で述べた目的や意図の場合と同じように、知識ならびに知ることは、それらによって起こっていると考えられる行動を決して説明しない。私がフランス語を話すときに「示している」フランス語の知識とは何であろう。そ

れはどこにあるのだろう。フランス語を語れる知識とは何でできているのだろう。すべての精神的な構成要素の場合と同じように、知識は、内部に隠れた何かぼんやりとしたもののようである。それは、説明のために考案されたものであるが、実際は、すでに観察された事柄以上のことを語ってはいない。すなわち、その人はフランス語を話し、理解する、という以上のことを語ってはいない。レバーを押すことと餌についてラットはどのように「知る」のだろう。ラットはそれを知っているという言い方は、過去にこのような状況でレバーを押すと餌が出てきたということ以外の何を語っているのだろう。

行動主義者なら、行動を説明するのに、知識や知ることといった用語を使わない。その代わり、このような用語が使われる条件に目を向けて、これらの用語を分析する。どのようなときに、「知識を持っている」「何かを知っている」と言われやすいのか、それを調べるのである。

哲学者も心理学者も、知識を、**手続き的知識**(*procedural knowledge*)と**宣言的知識**(*declarative knowledge*)に分ける。前者は「方法について知ること(knowing how)」であり、後者は「対象について知ること(knowing about)」である。そのような区別は多くの本に書かれており、知識の根底にあると想像された内的スキーマや意味についてあれこれ推測されている。行動主義者にとっては、このような区別が仮に役に立つにしても、あらゆる観察者にとって確認できる外的な行動と環境に基づいた区別でなければならないということになる。

従来の視点はまた、他者の知識と、自分自身の知識、特に**自己知識**(*self-knowledge*)、すなわち自己についての自分自身の知識を区別している。これまでの多くの思想家たちは、他人が行っていることに自分が関与することはできない、しかし、公的であっても私的であっても、自分が行っていることに関与する者は自分だけである、そうであれば、自己知識はともかくも特別なものでなければならない、と考えてきた。実際、哲学者たちは、他者における知識はすべて推測に基づくことしかできないのだから、自己知識だけが確かな(あるいは、手に負えない)ものになり得る、としばしば主張してきた。おそらく、私がフランス語を知っているかどうかの判断は、確かに私にしかできない。しかし、ザックがフランス語について知っているかどうかは、私からすれば、彼がフランス語を話して理解しているところを観察してから推測するしかない。

自己と他者の違いは、手続き的知識と宣言的知識の違いにまたがるので、まず、自己と他者の手続き的知識と宣言的知識について取り上げることにしよう。それから、自己知識について特に考えてみよう。

■ 手続き的知識：方法について知ること

図6.1は、知ることには4つのタイプがあることを示しており、知っているとか知識があると言えるための条件をまとめたものである。図の左の列は、手続き的知識（方法について知ること）を扱っている。どのようなときにギデオンは泳ぎ方を知っていると言うのだろう。彼が泳いでいるのを私たちが見たときである。ギデオンに泳ぎの知識があるかどうかは、彼が泳いでいるところを見た人がいるかどうかで決まる。彼が泳ぎ方を知っていると言うのは、彼は泳ぐと言っているにすぎない。

同じように、どのようなときに自分は泳ぎ方を知っていると言うのだろう。自分が泳いだときである。自分の泳ぎの知識を調べる方法は、ギデオンの泳ぎの知識を調べる方法と似ている。すなわち、自分自身が泳いでいるところを自分が見たかどうかによって決まる。自分が泳ぎ方を知っていると言うのは、自分は泳ぐと言っているにすぎない。

ライルの視点は第3章で論じたが、彼は、知ることや知識を、人の性質あるいはカテゴリーのラベルとして扱った。例えば、フランス語を知っているというのは、その使い方を知っているという複雑な例である。「ザックはフランス語を知っている」と言えるようなさまざまな行為をあげることができる。

	方法について知ること	対象について知ること
他者	彼女・彼はする？	S^D：適切な行動
自己	私はする？	S^D：適切な行動

図6.1 他者ならびに自分自身において、「方法について知ること」と「対象について知ること」の調べ方

1．ザックは、フランス語で語られたときにフランス語で答える。
2．彼は、フランス語で書かれた電報を受け取ると適切に対応する。
3．彼は、フランス語の映画を見て、適切な場所で笑ったり泣いたりする。
4．彼は、フランス語を英語に翻訳し、英語をフランス語に翻訳する。
5．彼は、フランス語の新聞を読んで、後でそのニュースについて議論する。

　このリストは無限に広げることができるだろう。「フランス語を知っている」という行為のカテゴリーには、無限に多くの行為があるからである。第3章では、これがライルの議論の問題点だと考える哲学者もいると述べた。しかし実際のところ、知識や知っているということを人が語るときに考えられている証拠のリストは、本当はかなり限られたものである。私たちは、フランス語を知っているという行為をいくつか見れば、それだけで、他の行為もおそらくそうであろうと推測し、「ザックはフランス語を知っている」と言ったりする。

　カテゴリーはまた、ひとつの行動傾向（behavioral disposition）として考えられる。ザックは、フランス語を話していないときでも眠っているときでも、フランス語を知っていると言われる。この発言の意味は、「ショーナは喫煙家である」という発言の意味と似ている。ショーナは時に喫煙するというだけなのかもしれないし、眠っているときは吸わないわけであるが、そのように言われる。つまり、彼女が喫煙家と言われるのは、彼女がそのように言われるほど喫煙するからである。同じように、「ギデオンが泳ぎを知っている」と言うのは、彼が時々泳ぐからであり、「ザックがフランス語を知っている」と言うのは、「フランス語を知っている」と言えるようなやり方で、ときおり彼が振る舞うからである。

　「私はフランス語を知っている」「私は泳ぎ方を知っている」と強く主張するときの理由は、ザックやギデオンについての発言の理由とかなり同じである。ただし、自分自身が泳いでいるところを自分が観察するやり方は、少しばかり異なる。ギデオンが泳いでいるところを見ることはできるが、自分が泳いでいるところは、ホームビデオで録画された映像を見ない限り確認できないだろう。しかし、自分が泳いでいると感じたり、水を見たり、自分の身体の動きのいくつかを見ている。そのようなときに、おまえは泳いでいると他人は言うだろう。フランス語を話す場合も同じである。自分がフランス語を話しているのを耳に

したり、フランス語の文章を読んでいる自分に気づいたりする。

ギデオンが泳いでいようと自分自身が泳いでいようと、このような事象はすべて、「ギデオンは泳ぎ方を知っている」「私は泳ぎ方を知っている」という発言と関係している。それは、オペラント行動に対する弁別刺激の関係である。ライトが点灯しているときだけラットはレバーを押す可能性があると言うのと同じように、ギデオンが泳いでいるところを見てはじめて、「彼は泳ぎを知っている」と言うようになるのである。同じように、泳ぎに関連した刺激が起こってはじめて、「私は泳ぎ方を知っている」と言えるのである。ラットのレバー押しの場合とまったく同じように、このような私の発言は、これまでに私の周囲の人たちによってきっと強化されてきたはずである。言語行動については、第7章でさらに深く論じることになるので、さしあたって心に留めておいてもらいたいことは、「ザックはXを知っている」「私はXを知っている」というような発言は、刺激性制御を受けているオペラント行動の例であるということである。

環境の文脈制御を受けているというような発言の簡単な言い方は、「言語報告（verbal reports）」という言い方であろう。「ザックはフランス語を知っている」「私はフランス語を知っている」というのは、フランス語を知っているという事象（French-knowing events）の制御を受けた言語報告である。そして、そのような発言は、そのような言語報告を行うことに対する長い強化履歴によって起こる。

■ 宣言的知識：対象について知ること

「対象について知ること」が「方法について知ること」と異なる点は、前者の場合、刺激性制御が付加される点だけである。どのようなときに私たちは「ラットはライトについて知っている」「アーロンは鳥について知っている」と言うのだろう。ラットがライトが点灯しているときにより多く反応するのであれば、ラットはライトについて知っていると言う。アーロンが、さまざまな鳥の標本の名前を正しく言えて、鳥の巣作りの習性を説明し、鳥の歌のまねなどができるのであれば、アーロンは鳥について知っていると言う。これらの発言の条件は、方法について知っているというときの発言の場合と若干異なる。対象

について知っているということに関わる行動は、何らかの弁別刺激、あるいは、何らかの弁別刺激のカテゴリーに適合していなければならない。この場合、対象について知っていると言われる事柄は、その弁別刺激であり、そのカテゴリーである。

◎ 宣言的知識と刺激性制御

　対象についての知識を調べる方法は、弁別刺激に対する反応が適切な反応であるかどうかを調べる方法である。図6.1はそのことを示している。私がアメリカの市民（南北）戦争について知っていると主張するなら、その主張が正しいかどうかは、次のような質問を自問することによって確かめることができる。「北軍のピケットは、ゲティスバーグでの攻撃を敢行せずに、リー将軍となぜ話し合わなかったのか」「南軍のリー将軍がアポマットクスのコートハウスに到着したとき、北軍のグラント将軍は何をしたか」などの質問である。もしこれらの質問にこれまで語られてきた事柄と一致した解答を私がしたなら、私が南北戦争について知っていると言われる可能性は高くなる。南北戦争について私が多くを語れば語るほど、私が南北戦争を知っていると言われる可能性はより高くなるだろう。私の発言は、質問者と質問の両方の刺激性制御を受けているオペラント行動である。図6.1はまた、自分は知っていると私が主張する場合も、その理由は基本的に同じであるということを示している。南北戦争について語ったり質問に答えたりするという私自身の行動が、「私は南北戦争を知っている」という私の語り行動を制御する文脈（弁別刺激）となっている。もし私が質問に答えなければ、自分の発言を撤回したり、南北戦争については少しだけしか知らないと言ったりするだろう。私が南北戦争について知っているかどうかを自分が確認する場合と、他者が確認する場合の唯一の違いは、他者の場合、より少ない私の行動サンプルに基づいて判断しているという点であろう。

　このように論じても、ひとつの重要な疑問が残る。行動についての知識が「適切か」どうかということを、どのように判断するのかという疑問である。最も単純な例に戻ってみよう。ライトが点灯しているときにより多くのレバー押し反応が起こる場合、ラットはライトについて知っていると言う。レバー押しという反応が過去にライトの点灯下で強化されたことがあるので、ライトの点灯

下でのレバー押しは適切な反応と言える。同じように、南北戦争についての質問を受けて私が答える場合、この行動は過去に強化されてきた。特に、正しく答えれば強化され、間違った答えは弱化を受けた。そのようなことから、**適切な**という語は、「強化されたのであって弱化されたわけではない」という意味であることが分かる。

赤いキーのときにつついて、緑のキーのときにつつかないようにハトを訓練することができる。それだけでなく、人が写っている写真のスライドのときにつついて、人が写っていない写真のスライドをつつかないようにハトを訓練することもできる（Herrnstein and Loveland, 1964）。人が写っているスライドは、ハトのつつき行動を制御する弁別刺激のカテゴリーとなっている。ハトは、人が写っているスライドだけをつつくので、ハトはスライドに写っている人について知っていると言いたくなるだろう。ハトは話すことができなくても、そのように言われる。この場合のハトの「知識」は、ハトのつつき行動によって「示されている」。ハトは適切につついているのである。すなわち、ハトは弁別しているである。あるいは、ハトは、つつき行動が強化されるようなときにつつき、強化されないようなときにはつつかないのである。これが、ハトが「人について知っている」と、私たちが言っている文脈である。

対象について知っていると私たちが語るとき、このように語らせている事柄で確認できるものは、弁別と強化である。それがわかったのであれば、2つのうちのどちらかを選ぶことになる。対象について知るということは、実際のところ、単に「弁別と強化」にすぎないということを認めながらも、対象について知ると言い続けるか、そのような言い方はしないで、その代わり弁別と強化について語る、そのどちらかである。行動分析家なら、正確を期して、専門用語を使う。なぜなら、知るということを心理主義的に語ると、混乱がよく生じるからである。

◎ 嘘とは何か

例をあげよう。人以外の動物が仲間をだますということがあり得るのであれば、その動物は意識を持っていると言わざるを得ない、と主張する哲学者や動物学者がいる（Cheney and Seyfarth, 1990）。それを裏付ける証拠として、次のような例が語られる。優位なサルと劣位のサルが争っていた。劣位のサルが

そのとき警戒音を発する。この発声は、捕食者が見えたときに通常発せられる声である。しかし、実際には捕食者はいなかった。警戒音が発せられたことで優位なサルは逃走した。このような観察結果から、上記の理論家たちは、脅された劣位のサルは、頭の中で相手のサルの立場に自分をおいていたに違いないと考える。つまり、劣位のサルは、自分自身の過去の行動から、優位なサルは警戒音が聞こえたら逃げるということを知っていたのだ、と考える。すなわち彼らは、劣位のサルは、捕食者がいないということを知っていても、警戒音を発して優位なサルをだました、と言っているのである。そのような説明の問題は何であろうか。

行動主義者は、「嘘とは何であるのか」その問題にまずアプローチする。つまり、どのような条件であれば、人は嘘をついていると言えるのだろう。それを問題にする。私たちは、嘘と間違いを区別しようとする。嘘は「目的を持って」行われる、それが２つの違いであるとよく言われる。第５章で、目的を持って行われる活動を理解するひとつの方法は、その活動と強化履歴を関係づけることであるということを学んだ。ショーナから郵便局はコングレス通りにあると告げられて行ってみたところ、実際、郵便局はダニエル通りにあった場合、私たちはショーナが単に間違えたと思うだろう。なぜなら、彼女が間違った場所をわざわざ告げる理由が見つからないからである（つまり、間違いを告げてもその行動は強化されないからである）。しかし、その日、郵便局がまさに閉まりそうになっていて、ショーナと競っているコンテストへの参加申し込みを郵送するために郵便局に駆け込むことになったのであれば、ショーナは「わざと（目的的に）」別な通りを知らせたと疑うかもしれない。なぜなら彼女のそのような行動は強化されるかもしれないからである。

誰かが嘘をついていると言えそうな状況として、まずその行為に対する強化がある。嘘をつくというのはオペラント行動である。おそらく、すべての子どもがどこかで嘘をつくだろう。その子どもが嘘つきになるかならないかは、その行為の結果によって決まる。つまり、嘘をつくという行動が強化されるか弱化されるかによって決まる。嘘をつくことに対する強化子は、ほとんどの場合、弱化を避けるということである（「おまえがクッキーを食べたのか？」「ううん。触れてもいないよ」というように）。場合によって、嘘をつくことで報酬を受け取ることもある（「今日、甘い物を食べたんじゃない？」「いや。１日中なに

も食べていない」「それならよろしい。デザートをあげよう」というように）。嘘をついたと言われたサルの場合、そのサルが警戒音を発した行動は、優位ザルの脅威が取り除かれることで強化されるのである。

　ある行為が嘘と言えるための2番目の条件は、矛盾である。ある人が嘘をつくときのその人の動機（すなわち、強化子）について何も考えられなかったとしよう。しかし、もしギデオンから、強盗を見たと言われ、その翌日は、強盗を見ていないと言われた場合、ギデオンは嘘をついていると言いたくなるだろう。特に、怖がっていたり、それに関わる出来事を語ったり、強盗について文章にしたりといった、強盗を見たということに対応したいくつかの振る舞いをギデオンが示していたら、なおさら次の日の彼の発言は嘘であると言いたくなるだろう。第3章で述べたように、ライルなら、このような事象のすべては同じ行動カテゴリーに属すると言うだろう。そして、巨視的立場の行動主義者であれば、このような事象のすべては、「強盗を目撃する」という同じ延長線上の活動の一部であると言うだろう。このカテゴリー、あるいは活動に一致しない行動は、ギデオンの場合、発言の否定であるが、嘘と呼ばれる。警戒音を発したサルは、矛盾と言える理由によっても嘘をついたと言われるだろう。なぜなら、このサルが、捕食者がいるときにも警戒音を発声したのを研究者たちは観察したからである。他のサルたちが、この信用できないサルを無視することを学習したら、すなわち、誰が発声しているのかを弁別したら、だましの警戒音に対する強化はまもなく消失するはずである。

　ここでひとつの疑問が残る。一番はじめの嘘の警戒音はどのように生起したのか、という疑問である。この情報がないという理由だけで、途端に心理主義になる。第5章で見たように、強化履歴がわからないときに、ぼんやりとした内的な起源についての物語を作っても何の役にも立たない。十中八九、劣位のサルは、かなり前に、捕食者がいるときに警戒音を発したのであろう。そして、その発声によって優位のサルがいなくなるということで強化される機会が何回かあったのだろう。そのようにして、次第に、捕食者がいない状況でも警戒音が発声されるようになったのかもしれない。そのような進行が実際に起こっているのかどうかを明らかにするには、さらなる研究が必要だろう。このような研究によって、劣位のサルの精神生活について言及しなくても、そして、そのサルが「嘘をつく」ということに特別な意味を付与しなくても、劣位のサルの

行為を説明することになるのである。

■ 自己知識

　第2章で論じたように、私たちは社会の中で育つという従来の見方からすれば、内的な主観的な世界と、外的な客観的世界が存在する。現代の行動主義の主眼とするところは、このような区別からかけ離れたものである。
　従来の見方からすれば、「自分は内的な世界と外的な世界のどちらについてよりよく知っているだろう」と尋ねることになる。この疑問自体は、行動主義者からすればほとんど意味がない。2つの答えが可能である。ひとつは、より理解可能な用語に言い換えることである。公的刺激（public stimuli）と私的刺激（private stimuli）のどちらが自分の行動を強く制御しているのだろう、という疑問になる。もうひとつは、自己知識（self-knowledge）を持っていると言える状況を明らかにすることである。これからこの2つをそれぞれ見ていくことにしよう。

◎ 公的刺激と私的刺激

　公的刺激と私的刺激について尋ねる場合、まず認めておかなければならないことは、成長している子どもの環境の中で重要な他者が通常利用できるのは、公的刺激だけであるということである。子どもの言語報告（もちろん、これはオペラント行動であることを忘れてはならない）は、子どもにとって重要なこのような他者によって強化される。対象や色の名前を正しく言うといった言語報告を強化することは、それらの刺激が公的であれば、比較的容易である。親は、子どもが「イヌだ」と言えば、「そうだね。そのとおり。あれはイヌだよ」と言って褒める。また、「このボールは何色？」と尋ねて、子どもが「赤」と答えることができたなら、「そう。素晴らしい。そのとおり」と言って褒めたりする。
　特に問題となるのは、子どもに私的事象について報告させようとするときである。なぜ問題となるかと言えば、このような事象は、重要な他者が強化するための文脈となりにくいからである。前に、痛みのような私的事象に伴う公的な手がかりによって妥当な推測が行われる、ということを詳しく論じた。子ど

もが泣いているのを見て、「怪我をしたの？」と尋ねる。子どもが「そう」と答えれば、その後、親は同情して手当てをする（強化子）。それだけではなく、「どこが痛いの？　膝をぶつけたの？」と尋ねることもある。怪我が実際に見えればわかりやすい。怪我についての質問に加えて、身体のどこが痛いのかを言わせるようにすれば、最終的には、子どもに、「僕（私）のXが痛い」といった言語報告を行わせることができる。

　上記のような確認ができる公的な付随事象がなければ、私的事象についての報告を教えるのはかなり難しくなる。そのような理由で、「自分の感情に触れる」ようになるのはかなり後になってからであり、またそれは困難である。自分は怒っているのか、恐れているのか、わからない。自分がこれを行っているのは、愛からなのか、罪の意識からなのか、わからない。そのようなことになる。このような判断は難しい。

　しかし、そのような困難は、情報がないことから生じるのではなく、その情報をどのように解釈したらよいのかがはっきりしないことから生じるのである。専門用語でこれを言い換えれば、このような困難さは、公的なものであれ私的なものであれ、さらに過去のものであれ現在のものであれ、弁別刺激がまったくないために生じるのではなく、刺激間の弁別に対する適切な強化履歴がないために生じるのである。強化履歴がないのは、正しい言語報告を強化する周囲の人々の行動を制御する公的な手がかりがないためである。怒っている、あるいは恐れているということを示すことができる公的な弁別刺激があるなら、例えば、顔が赤くなったり青くなったりすれば、自分が怒っているか恐れているかを告げることは難しくないだろう。なぜなら周囲の人たちは、正しい言語報告を強化することが難しくないからである。しかし、実際の公的な手がかりは、複雑で信頼できるものではない。特殊な訓練を受けた人だけが、恐怖と怒りを確実に区別することができる。そのような理由で、クライエントに「自分の感情に触れる」ことを促す治療家は、クライエントがどのように感じているのか、恐れているのか、怒っているのか、愛しているのか、罪の意識を感じているのかを、クライエント自身よりも理解することができるのである。

　したがって、私たちの状況は、まさに従来の見方と逆である。すなわち、私的事象は、公的事象ほどにはよくわからない（Skinner, 1969）。言語報告は、他のオペラント行動と同じように、信頼できる強化に依存する。そして、信頼

できる強化は、強化を提供する他者にとっての公的な手がかりに依存する。そのような理由から、言語報告が起こりやすくなるのは、公的な手がかりがある場合に限る。哲学者たちによって語られるいわゆる「生の感じ（raw feels）」（例えば、痛み）は、身もだえするといった公的な手がかりを伴っているときに起こりやすい私的事象にすぎない。このような公的な手がかりがあれば、それらの私的事象の言語報告を他者は必ず強化することができるのである。

　学習が容易であろうと困難であろうと、私的刺激に部分的に基づく言語報告を学習できるのは、公的な手がかりがある場合に限る。ただし、それらの手がかりは微妙で信頼できるものではない。私は、自分について知っていること（自己知識）を言語で報告する。また他者は、私について他者が知っていること（他者の知識）を言語で報告する。他の形態の知識の場合と同じように、両方の言語報告を制御している公的な手がかりはまったく同じである。私が怒っているということを知る方法は、他者の場合も私の場合もまったく同じである。それは、一般的に人が怒りながら行動しているときの状況であり、私がこれまでに怒りながら行動したときの状況である。さらに私が怒りを表出し、顔を赤らめ、拳を握りしめるときの状況である。もちろん、唯一の違いは、私の場合、怒りの考え、胸苦しさも報告できる。それに対して他者は、私の怒りの表出と赤い顔を認識するのであって、これは私にはできない。私自身について私が報告するという行動（私についての言語報告）を制御する刺激は、他者が私について報告するという彼らの行動（彼らの言語報告）を制御する刺激と異なるかもしれないが、どちらも、必ずしも十分とは言えないし、必ずしも信頼できるとは言えない。

　自分が自分を知るという自己知識は、他者について知るという他者知識と同じ種類の公的な観察に依存する。このような考えは、自己知識は、他者には利用できない特別な情報に依存するという従来の考えを無視している。しかし、この考えを支持する実験的な研究がいくつかある。例えば、ダリル・ベムと彼の学生たちは、人の自己知覚（self-perception）が、その人自身の公的な行動によって制御され得るのかどうかを調べる実験をいくつか行った。1950年代後半、レオン・フェスティンガーという心理学者が、認知的不協和理論（dissonance theory）と呼ばれる自己知覚についての理論を提案した。この理論は、人が行う自分自身への帰属（attribution）を説明するために仮定された

ものである。すなわち、自分の信念や態度についての質問に対する自分の反応（これは通常、紙と鉛筆のテストに対する反応である）を説明するために仮定されたものである。そのため、認知的不協和理論は、すぐにより一般的な帰属理論（attribution theory）のひとつとなった。この理論は、実験を受けた被験者が、はじめに何ら適切な理由もなく自分の意にそぐわない事柄を語ることを説得されると、後になって、彼らの帰属は、自分が語った事柄にさらに合うように変化するという観察に基づいていた。例えば、ある実験で被験者たちは、はじめに退屈な2つの課題に参加した。その後で、彼らは別室で待っているひとりの女性に嘘をつくように求められた。実際には、この女性は実験のサクラであった。その嘘というのは、課題はおもしろく興味深いものだった、と彼女に語ることであった。被験者の半数は、これを行えば1ドルが与えられた。残りの半数の被験者は、20ドルが与えられた。その後、彼らは質問紙に応えたのだが、1ドルしか支払われなかった被験者たちは、課題を興味深いものと評定したのに対して、20ドルを支払われた被験者と、嘘をつかなかった比較群の参加者たちは、課題はどれもつまらないものであると評定した。認知的不協和理論によれば、1ドルしか支払われなかった被験者たちが自分たちの自己知覚を変えた理由は、次のように説明される。彼らの場合、課題はつまらないと内心思っていたことと（内的知識；inner knowledge）、課題は興味深いものであったと表向きには語った行動（外的行動）の間に不協和が生じ、それを低減する必要を彼らは経験したからである。そのように説明される。

　ベムは、このような心理主義的な理論に異論を唱えた。彼が提案したことは、被験者たちは、他者の行動を観察するように自分自身の行動を単に観察しただけにすぎないということであった。そして、1ドルしか支払われなかった人が語ったことは、20ドルの支払いを受けた人が語ったことと比べてより真実になる可能性があるとベムは結論した。実験のひとつでベムは、もともとの被験者のひとりがサクラに自信ありげに嘘をつき、サクラは丁重に対応するという録音テープを作った。ベムのすべての被験者たちは、課題についての記述と、その録音テープを聞かされた。彼らは、その後、3つの群に分けられた。ひとつは何も語られないグループであり、2番目のグループは、話し手は1ドル支払われたと語られたグループで、3番目のグループは、話し手は20ドルが支払われたと語られたグループである。その後で彼らは、質問紙を受け、課題は

楽しかったのか、それともつまらなかったのかについて評定した。これは、不協和の研究で行われたのと同じ方法であった。結果は、認知的不協和の研究の結果と同じだった。ただし、もちろんベムの場合、評定（帰属）は、自分自身についての評定ではなく、他者についての観察に基づいていた。ベムは、誰か他の人が支払われようと、自分自身が支払われようと、それに関係なく、少ない支払いを受けた人の方がより信用できると結論した。

　他の心理主義と同様に、認知的不協和理論は、過去の社会的経験から私たちの目をそらせているだけである。過去の社会的経験こそが、信頼性の判断を究極的に説明しているのである。ハトが赤のキーと緑のキーを弁別する過程を示した場合とまったく同じように、ほとんどの人は、語って支払いを受けている人と受けていない人を弁別する。ハトの場合と同じように、人は、文脈に依存する強化履歴によって弁別する。支払いを受けた人の発言に従うような行動は、強化される可能性が低い。それに比べて、支払いを受けていない人の発言に従って振る舞う傾向が私たちにはある。巨視的な行動主義者あるいはライルの用語で説明すれば、「支払いを受けなかった人が語ったことを信じる」という活動、あるいはそのようなカテゴリーに属する行為を私たちは示す傾向がある、ということになる。これらの実験では、支払いを受けていない人が嘘をついた場合、その人が他者であろうと、自分自身であろうと、ほとんど違いはないのである。

　自分の信念や態度を知るということ（信念や態度についての自己知識）は、ほとんどの場合、長期にわたる多くの出来事の弁別に依存する。しかし、それらの出来事のほとんどは公的であって、私的な場合は少ない。自分の子どもを愛しながら子どもと過ごしているのか、それとも罪の意識を感じながら過ごしているのか思い悩む親は、動機について思い悩んでいると言われる。もちろん、動機は精神的虚構（mental fiction）であることは言うまでもない。このような仮定された動機はどこから来るのだろう。私の行為が愛によるものか罪の意識によるものかを弁別するには、その行動の強化履歴を調べる必要がある。それが正の強化の履歴なのか、それとも負の強化の履歴なのか。私が子どもと一緒に時を過ごすのは、過去にそれをしなかった場合、妻が私を認めてくれなかったとか、愛してくれなかったという脅しに由来するのだろうか。それとも、過去に、子どもと妻が、子どもと一緒にいるという私の行動を、抱擁とキス、その他の愛情のしるしで強化してきたからだろうか。治療家は、ある人の

罪の意識と愛をその人自身よりよくわかっていると言えるのなら、それは、治療家がそれぞれの強化履歴の違いをクライエントよりきちんと弁別できるからである。

◎ 内観法

　自己知識についての従来の考えは、**内観法**（introspection）の考えに密接に結び付いている。心（the mind）の中でどのような思考や考え、そして知覚や感覚があるのか、それを見るには、心の演劇を見る。それによって自己知識は獲得される、と内観法では考えられている。このような考えに関わる問題のいくつかを第3章で見た。それは、心は自然界には存在しないという問題であり、心を見た者は誰もいないし、見る方法も明らかではない、といった問題であった。

　自己知識についてのライルの説明は、スキナーの説明とほとんど異ならない。しかし、内観に対する彼の批判だけは、スキナーの批判と異なる。ライルが内観を否定したのは、論理的な理由からである。「コマドリを観察する」というのは、コマドリについて語る、コマドリを指し示す、コマドリを記す、コマドリが移動しているときにコマドリだと言う、といったいくつかの行動のカテゴリーに対するラベルである。私たちがコマドリを観察するとき、私たちは、コマドリを観察するということと、コマドリについて語るということの2つを行っているわけではない。なぜなら、論理的に言えば、コマドリを観察すると言うだけで、コマドリについて語るといったことをしているからである。思考を観察するということは、コマドリを観察するという行為で行われていないようなことだけをほのめかしているようである。すなわち、思考を観察するという行為は、思考とは異なる第2の何らかの行動であると言っているようである。そうであれば、私たちは、自分が観察しているということを観察できなければならない、自分が観察しているのを自分が観察する、それをさらに観察するといったようなことができなければならない。言い換えれば、内観の考えを認めると、**無限後退**（infinite regress）になる。これは哲学用語であるが、一般的にばかげた説明と考えられている。コマドリを見る場合と同様に、ある思考について語るということは、その思考について考えるということの部分にすぎない。

　一方、内観についてのスキナーのアプローチは、もっと実用的である。彼の

場合、内観が語られるときの状況を探すことになる。ある考えを観察するということがコマドリを観察するというようなものであるなら、考えについての語りは、コマドリについての語りと同じになるだろう。自分自身の行動についての語り、特に、自分の私的行動についての語りは、内観と言えるような出来事のように思える。したがって、スキナーは、その言語報告に目を向けている。コマドリについての言語報告と、思考についての言語報告の唯一の違いは、コマドリを言語報告する場合の弁別刺激は、コマドリという完全に公的なものであるのに対して、思考を言語報告する場合の弁別刺激は、思考という部分的に私的なものであるということである。どちらの言語報告も、刺激性制御のもとにあるオペラント行動である。言語報告をこのように扱うことができる方法については、第7章で調べることにしよう。

科学者たちの行動

科学者も行動する有機体であるので、行動分析学の概念は、科学者ではない人たちの行動だけでなく、科学者の行動にもまったく当てはまると考えるべきである。「科学者であれば、当然このような活動をするはずであると言えるような活動は、どのような活動だろう」このように尋ねることは、もちろん可能である。そのような活動は、オペラント行動と刺激性制御という概念を考慮すれば理解できるはずである。

■ 観察と弁別

物理学者のエルンスト・マッハや他の著述家たちは、科学者の活動と言えるような活動は日常生活の中にも見いだせるが、科学者の活動は、より注意深く、そしてより正確に行われ、違いはそれだけであると指摘している。科学者は、データを収集する。すなわち、彼らは、しばしば特殊な装置を用いて、非常に注意深く正確な観察を行っている。天文学のような非実験的な科学の場合、観察こそがデータ収集の唯一の方法である。この場合、幸運にも新たな観察が起こる場合が多い。実験科学では、特殊な環境が構築され操作される。実験とは、操作と観察が結び付いた方法である。

行動分析学の専門用語で言えば、科学的に観察するということは、弁別を形成するということである。科学の活動の中で最も基本的なもののひとつは、命名（naming）である。天門学者は星を見て、「あれが赤色巨星だよ」と語る。生物学者は細胞体の中のひとつの形状を見て、「それはミトコンドリアだ」と言う。同様に、測定は、何らかの計器（弁別刺激）を見たり、それに耳を傾けたりした結果として、何かを語ったり記したりする（オペラント行動）ことからなる。化学者は計量器を読みとって、ノートに「32度」と記す。行動分析家は計数器（カウンター）を読みとって「528回のレバー押し」と記す。データを分析することも、弁別を形成することである。私たちは、表やグラフの形で数を操作する。それでパターンを調べる。最後に、結論を導き出して、語ったり記したりする。物理学者は、グラフ上の点がある直線に近似するのを見ると、「これらの数値はボイルの法則に合致する」と言う。社会学者は相関係数を求めて、「家庭の暴力は、経済的苦難の時代に増加する」と言う。

　これらの弁別は、すべて共通する特殊な特徴を有する。すなわち科学者は、形状や計数器読み、あるいは数値のパターンに基づいて弁別しているだけでなく、弁別刺激をつくり出すように行動する。科学者は、刺激を作ったり、作った刺激に基づいて弁別したりする。このような活動が組み合わされば、科学は「創造的」であると言いたくなる。器具を私たちは何度も何度も操作して、何らかの認識可能な弁別刺激を探す。そして最後に、何かを語ることができたり、書いたりすることができる。「ほら、そこに見えるのがミトコンドリアだよ」「このようにすることで、これらの点がこの直線に沿って並んでいるのがわかるだろ」「そっちじゃない。こちらの数とそちらの数を選べば、増加傾向にある」と言えるのである。

　「発見」と呼ばれる新たな弁別を作ることに対して、科学者は特別な報酬を受ける。ノーベル賞は、「DNA分子の構造は二重らせんである」「これはポリオの予防ワクチンである」といった弁別に与えられる。

■ 科学的知識

　科学的知識は、ある種の宣言的知識、あるいは対象についての知識である。科学者が文脈の中で正しく語る（そして、特に疑問に答える）ことができるとき、

その科学者は何かについて知っていると言われる。ある古生物学者が、新たな種の恐竜の化石を発見したと報告すると、他の古生物学者たちは多くの疑問を投げかける。これが他の種ではないとどのように確信できるのか、測定方法に問題はなかったか、その化石の年代の推定は間違っている可能性はないか、その形状は本当は羽ではないのではないか、などの疑問である。その発見が受け入れられるかどうかは、これらの質問に科学者が適切に答えることができるかどうかによって決まる。行動分析学的な言い方をすれば、科学者の回答は、他者がその科学者は何かを知っていると言うための弁別刺激として機能する。多くの科学者たちがこのように言い始めたなら、その発見は共通の知識の一部となる。すなわち、科学者集団の語りや著述の一部となる。科学的知識は、科学的な文脈の中での科学者たちの語りであり著述である。

これに関連する重要なポイントは、科学者は行動する有機体であるということ、そして、科学は他のオペラント行動と同じように、文脈と結果によって制御されるある種のオペラント行動であるということである。語る、著述する、実験する、測定する、このすべてが文脈と結果によって制御されるようなオペラント行動である。

先の古生物学者の回答が他の古生物学者たちの納得のいく回答であれば、他の古生物学者たちは、その発見についての語りや著述を強化する。もし非常に多くの研究者がその「発見」を認めないとか、その語りや著述を強化しない、場合によって弱化するなら、その「発見者」は最終的に行動を変えることになり、最初の主張をあきらめたり、取り消したりする。さもなければ、自称「発見者」の語りや著述は、当分の間、強化されない状態に置かれることになるかもしれない。その状態は、最終的には解消されるかもしれないが、決して受け入れられることのなかった考えを変えずに亡くなる科学者もいる。行動がほとんど強化されない、あるいはまったく強化されない状況に直面して考えを捨てる科学者もいれば、それを持ち続ける科学者もいる。その理由はいまだ明らかではない。しかし、その答えは十中八九、個々の科学者の強化履歴にあるだろう。

■ 実用主義とコンテクスト理論

科学者は行動する有機体であるということ、そして科学はオペラント行動で

あり、科学的な知識は、科学者の語りと著述からなるということ、さらに、それらの行動のすべてが文脈と結果によって制御されるという考えは、第2章で論じた現実主義者（realist）の見方と相容れないものである。科学に対する現実主義者の見方は、現実世界や「感覚データ（sense data）」、究極の真理について、何も語っていない。

代わりに、第2章で指摘したように、科学についての行動分析学の視点は、従来の実用主義に従っている。ウィリアム・ジェームズのような実用主義者たちは、科学的理論の真理は、その有効性にあると考えている。行動分析家は、これを、**語ったり記述したりするといった行動パターンの可能性は、それらの行動に対する強化に依存する**、と翻訳する。地球は平らであるという語りは、それが聞き手や実用的な成果によって強化されていた。その限りにおいてそのような語りは存続した。しかし、聞き手がそれを強化しなくなったとき、そして代わりに地球は丸いという語りを聞き手が強化し始めたとき、地球は平らであるという考えはなくなった。地球は丸いという語りは、地球は平らであるという語りと比べて実用的な成果があったので、より多く強化された。言い換えるなら、地球が丸いという理論は、その考えが社会的に受け入れられるようになったときに「真理」であると考えられ、航海といった実用的な活動において、より有益な理論であると認識されたのである。

行動分析学の見方は、科学史家たちがコンテクスト理論（contextualism）と呼んでいる考えに似ている。コンテクスト理論によれば、科学の理論と研究は、その時代と文化という文脈の中で理解されなければならない。この理論では、科学は客観的であるとか、価値判断に基づかないという見方をしない。その代わり、コンテクスト理論家たちは、理論も、そして科学者が思いつく実験でさえも、科学者が生活して育った文化的な環境の影響を受けるということを強調する。進化論が提唱され最終的に受け入れられた時期は、産業革命が進行した時期と同じであるというのは偶然ではない、彼らはそのように考えている。

行動分析学の見方は、一般的にコンテクスト理論の見方に一致する。しかし、行動分析学の見方はそれだけではない。行動分析学の見方は、社会的な結果に加えて実用的な結果を強調し、社会的環境（すなわち、その集団における他者や、第7章で見ることになる言語共同体）が科学を形成する方法についても明確にしている。科学者たちの語りや著述といった行動は、他の有機体のオペラ

ント行動と同じように、強化と弱化によって形成される。

要　約

　人や他の生き物が、自然界（公的なものであれ、私的なものであれ）に対して強化される（すなわち「適切な」）方法で行動するとき、彼らは「知っている」「知識を持っている」と言われる。手続き的な知識、あるいは、**方法について知ること**とは、何らかの特定の行動や行動カテゴリーが観察されるということを意味する。「ギデオンは泳ぎ方を知っている」というのは、「ギデオンは時々泳ぐ」ということであり、「私が泳ぎ方を知っている」というのは、「私は時々泳ぐ」ということである。フランス語を知っているという発言についても同様である。ただし、「フランス語を知っている」というカテゴリーには、多様な行動が含まれる。宣言的知識、あるいは、**対象についての知識**とは、問題としている行動が刺激性制御のもとにあるという意味である。ラットはレバーを押して餌を獲得する方法を知っていると言われるのは、単にラットがレバーを押すからである。それに対して、ライトが点灯しているときにラットがレバーを押すだけの場合、ラットはライトについて知っていると言われる。この場合の知識は、弁別のことを言っている。対象についての知識の特殊なケースとして、刺激性制御を受けている行動が言語行動の場合がある。その場合、ある主題について人が知っていると言われるのは、その人が環境の中の弁別刺激の制御のもとで、以前に強化されたことがある発言（すなわち「正しい」発言）をする場合であり（近くに鳥がいるところで鳥について語るという場合）、特に他者からの質問のような刺激（コマドリの卵の色は何色？）の制御のもとで強化されたことがある発言をする場合である。自己知識も、「刺激性制御のもとで、ある対象について語る」という一般的なカテゴリーに属する。対象が私的事象に関わるとき、その制御は十分でなかったり弱かったりする。その理由は、弁別刺激が私的である場合、その人に関わる重要な他者は、その刺激にアクセスできないからである。そこで重要な他者は、宣言的知識からなる弁別を訓練する。その結果は、従来の視点から予測されるものとまったく異なる。すなわち、公的（外的）事象は、私的（内的）事象と比べて行動をよりよく制御する（よりよく知られる）。

科学的知識は、科学者の語りと著述からなり、研究によってつくり出される文脈に依存する。また、聞き手や読み手の行動、普通は他の科学者の行動、という結果にも依存する。

◆ 参考文献

Bem, D. J. 1967: Self-perception: An alternative interpretation of cognitive dissonance phenomena. *Psychological Review*, **74**, 183-200. この論文でベムは、いくつかの実験を報告し、認知的不協和理論の心理主義を批判している。そして、自己知覚についての行動的説明を行っている。

Cheney, D. L., and Seyfarth, R. M. 1990: *How Monkeys See the World: Inside the Mind of Another Species*. Chicago: University of Chicago Press. 野外で観察されたサバンナモンキーについての本で、本章で論じた「嘘をつくこと」の取り扱いのように、心理主義的解釈が至るところで行われている。

Dennett, D. C. 1987: *The Intentional Stance*. Cambridge, Mass: MIT Press. デネットは心理主義を支持する哲学者である。チェイニーやザイファースがサルの行動について観察した結果をかなり心理主義的に解釈したのは、デネットの影響である。特に、第7章と第8章を参照のこと。

Herrnstein, R. J., and Loveland, D. H. 1964: Complex visual concept in the pigeon. *Science*, **146**, 549-51. 人が写っているスライドと写っていないスライドをハトが弁別できるという発見がはじめて報告されたのはこの論文である。

Rachlin, H. 1991: *Introduction to Modern Behaviorism*. 3rd. ed. New York: Freeman. 認知を刺激性制御に関連させて論じた第5章を参照のこと。

Ristau, C. 1991: *Cognitive Ethology: The Minds of Other Animals*. Hillsdale, NJ: Erlbaum. この書籍は、動物学者、心理学者、そして哲学者による論文集である。動物の行動について至るところで心理主義的解釈がなされており、そのような解釈が妥当であることが論じられている。

Ryle, G. 1984: *The Concept of Mind*. Reprint. Chicago: University of Chicago Press. 知ることと自己知識については、第2章と第6章を特に参照すること。（ギルバート・ライル 坂本百大・井上治子・服部裕幸（訳）(1987). 心の概念 みすず書房）

Skinner, B. F. 1969: Behaviorism at fifty. In B. F. Skinner, *Contingencies of Reinforcement*. New York: Appleton-Century-Crofts, 221-68. この論文の中でスキナーは、内観と自己知識について論じている。

第6章で紹介した用語

- 決定論　*Determinism*
- 言語報告　*Verbal report*
- 行動連鎖　*Behavioral chain*
- コンテクスト理論　*Contextualism*
- 自己知識　*Self-knowledge*
- 刺激性制御　*Stimulus control*
- 宣言的知識　*Declarative knowledge*
- 手続き的知識　*Procedural knowledge*
- 内観法　*Introspection*
- 認知的不協和理論　*Dissonance theory*
- 弁別　*Discrimination*
- 弁別刺激　*Discriminative stimulus*
- 見本合わせ　*Matching to sample*
- 無限後退　*Infinite regress*

第7章
言語行動と言葉

　第3章、4章、5章、そして第6章で、私たちは、話すことが一種のオペラント行動であると見てきた。それに対して、一般の人々、哲学者、言語学者、そして心理学者といった多くの人々は、発話や言葉（language）は他の行動と別なもの、異なるものと考えている。実際に、言葉は、人という種と他の動物種を区別するものであると言われる場合が多い。しかし行動分析家は、進化論に依拠しながら、同じ一般的な枠組みの中で、すべての種とすべての行動を理解しようとする。行動分析家は、話すことは他の行動と似ているということを強調して、発話や言葉を従来のカテゴリーとは異なる方法で説明する。第7章では、話すことは、ある種の言語行動（verbal behavior）であって、それだけが言語行動ではないということを説明する。さらに、言語行動についてのそのような考えは、話すことや言葉についての従来の多くの考えに取って代わるものであることを説明する。

言語行動とは何か

　言語行動は、一種のオペラント行動である。それは、「コミュニケーション」と呼ぶことができるより大きな行動カテゴリーに属する行動である。ただし、**コミュニケーション**（communication）という用語は、行動的視点にはなじまない心理主義的理論を示唆する。これから見ていくが、行動的視点は、コミュニケーションという用語を再定義するか、あるいは、その用語の代わりに別な用語を提案することになる。

■ コミュニケーション

　１羽のトリが警戒音を発し、群れをなす他のトリのすべてが捕食者から身を隠すとき、コミュニケーションという出来事（エピソード）が起こったと言える。行動的な視点からすれば、これは、単にコミュニケーションが起こったと言える例である。ある有機体が他の有機体の行動に影響を及ぼすような刺激を発生させるとき、「コミュニケーション」が起こったと言うのである。

　従来の見方は、コミュニケーションにおいて、何かが人から人へと伝達されると考えている。その派生から、**コミュニケーション**（*communication*）とは「共有すること」という意味になっている。何が共有されるのだろう。考え、メッセージ、意味？　心理学者の中には、この日常的な概念に、ある考えが送り手によって符号化（encode）され、その符号（code）が受け手に伝えられ、そして、受け手によってその符号が解読（decode）され、それによって受け手はメッセージを受け取るという説明を加えて、コミュニケーションという概念を飾り立てている者がいる。

　すべての心理主義的な考えと同じように、コミュニケーションの日常的な考えは、私たちが観察している事柄以上のものを語っていないし、それによって、私たちの理解がさらに深まるというわけでは決してない。メッセージはどこにあるのだろう。それは何でできているのだろう。誰がこれを符号化して誰がこれを解読するのだろう。メッセージも、符号化も、そして解読も、何らかの精神世界の虚構であって、永遠にとらえることができないものである。

　鳴いているトリは、行動しているのである。すなわち、咽頭と肺を動かしているのである。その行動によって生じる聴覚刺激が、その刺激を聞くことができる範囲内にいる他のトリの行動を変化させる。鳴いているトリは、他のトリが受けとるメッセージを送っている、そのように言っても、その説明を明らかにすることはできない。そのような説明は、ある人が他の人に話す、という説明とどこが違っているのだろう。

■ オペラント行動としての言語行動

　警戒音と発話は、ひとつのきわめて重要な点で異なる。トリの警戒音は定型

化運動パターンであるが、発話はオペラント行動である。定型化運動パターンが、防衛や攻撃、さらに求愛の場合のように、他個体の行動に影響を及ぼすような聴覚刺激や視覚刺激を生じるとき、その事象をコミュニケーションと呼ぶことはできる。しかし、それは言語行動ではない。人は挨拶のしぐさとして眉をあげる。この行動も、それを見ている人の行動に影響を及ぼす。したがって、コミュニケーション的である。しかし、これは言語行動の例ではない。

「コミュニケーション」は、どちらかといえば、大きなカテゴリーである。すべての言語行動はコミュニケーションと呼ぶことができるかもしれないが、その逆は真ではない。定型化運動パターンは先行事象（antecedents、鍵刺激：sign stimuli）にのみ依存する。それに対して言語行動は、それがある種のオペラント行動であるのだから、その行動の結果（consequence）に依存する。

◎ 話すという行動には結果がある

ザックとステイシーがテーブルを挟んで食事をしているとしよう。ザックのポテトには塩が入っていない。そして、塩は向かい側のステイシーの近くにある。ザックは「その塩を取ってください」と言う。この行為の結果は、ステイシーが塩を手渡すことである。ザックは行動している。すなわち、彼の咽頭、唇、舌などを動かしている。ザックのこの行動が、ステイシーが耳にした聴覚刺激を生じたのである。「その塩を取ってください」というザックの発話は、彼がその塩を受け取ることで強化される。

ザックの要求は、その強化子によって制御されているということがわかる。なぜなら、彼がひとりだったり、ポテトに塩が十分にかかっていたり、あるいは、塩が彼の皿のそばに置かれていたなら、彼は「その塩をとってください」ときっと言わないからである。言語行動は、他のオペラント行動と同じように、強化される可能性が高い文脈でのみ起こる傾向がある。

◎ 言語共同体

人が言ったことを聞いて、それを強化する周囲の人たちは、語った人の**言語共同体**（*verbal community*）に属する**成員**（*member*）である。言語共同体とは、互いに語り合い、互いの発話を強化し合う人々の集団である。

ランド・コンガーとピーター・キリーン（Conger and Killeen, 1974）の実験は、

言語共同体がどのように機能するのかを示している。4人がひとつのテーブルの周りに腰掛け、自分たちが興味を持っている話題について話をする。4人のうち3人は、この実験のサクラであった。そのことは残りのひとりに気づかれないようにした。この残りのひとりが本当の実験参加者であり、その人には、この実験が社会的交流の実験であり、場面がビデオに録画されるとだけ伝えられていた。変時隔スケジュール（variable-interval schedules）に従って、その参加者の背後にある2つの小さなライトが時々点灯した。それぞれのライトの点灯は、参加者の左側と右側の人に「良い指摘だね」「そのとおり」といった承認の語を、次の適切な機会に語らせるための手がかりであった。参加者の反対側に座っていた人は、会話を促す役目だった。参加者の左側の人と右側の人のスケジュールの値が変わると、この左側の人と右側の人のそれぞれから参加者に提供されるこのような強化子の頻度は変化する。参加者の言語行動は、この強化の変化に対応して変化した。右側の人がより多くの強化子を提供すれば、参加者は右側の人とより長く話すようになり、左側の人がより多くの強化子を提供すれば、その人により長く話すようになった。

■ 話し手と聞き手

スキナー（1957）は、言語行動を、それが強化されるには他者の存在が必要なオペラント行動であると定義した。この他者、すなわち、話し手の言語行動を強化する他者は、**聞き手**（*listener*）である。冷蔵庫を開けるとか、車を運転するといったオペラント行動は、言語行動とは言えない。なぜなら、それらの行動が強化されるのに、聞き手の存在は必要ではないからである。

◎ 言語的エピソード

図7.1は、ある完璧な言語的エピソード（the verbal episode, 言語的出来事）となっている事柄を示す。ザックがステイシーに塩を求める例で述べると、ザックの要求行動のきっかけとなっている文脈、あるいは弁別刺激（S^D_S）は、彼とステイシーがテーブルを挟んで座っていること、ポテトに塩がかかっていないこと、塩が彼の手の届かないステイシーの近くにあること、といった状況である。ザックは、咽頭、舌、唇などを動かして、言語行動に従事する（B_V;

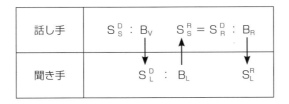

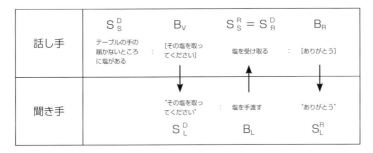

図7.1　ある言語的エピソード

S_S^Dは、話し手の言語行動B_Vの文脈である。B_Vは、聞き手にとっては、B_Lという行為を行う機会を設定している弁別刺激S_L^Dとなる。このB_Lという聞き手の行為は、話し手の行動B_Vの強化子S_S^Rになる。この話し手の強化子は、話し手がお返しの反応（ありがとうと言う）B_Rをする機会を設定する弁別刺激S_R^Dにもなる。この話し手のお返し反応は、聞き手の行動B_Lの強化子S_L^Rになる。

この言語行為は、図7.1では角括弧で括られている）。この言語行為（verbal action）によって、聴覚弁別刺激が生じる（S_L^D；こちらは、図7.1では引用符で括られている）。「その塩を取ってください」と言われれば、ステイシーは塩を取ってあげるだろう。ザックが塩を受け取ることは、それを求めた言語活動（verbal activity）を強化する。またそれは、ザックが何らかの方法で等価なものを返す弁別刺激（S_R^D）にもなる。彼は、ありがとう（角括弧で表記）と言う（咽頭、舌、唇などを動かす）。これは、「ありがとう」という聴覚刺激になって、ステイシーが塩を渡したことに対する強化子になる。

◎ **言語行動の強化**

図7.1で、B_Vを単なるオペラント行動ではなく言語行動にしている重要な事象は、S_S^Rである。すなわち、聞き手によって提供された強化子である。ザックが、ステイシーが関わらない方法で、おそらく、立ち上がって彼自身が取り

に行くというようなやり方で塩を取るなら、そのようなザックの行動を言語行動とは言わないだろう。ある行為が言語的であると言えるには、強化子は他の人、すなわち聞き手によって提示されなければならない。

　ほとんどの言語行動は社会的強化に依存する。ニックがショーナに「君の後ろにトラがいるよ」と警告する場合、この言語行為の強化子は、ショーナ——が安全な場所へ逃げて、ニックにかなり感謝するということである。あなたと私が会話をしているなら、私たちは、交互に話し手と聞き手になる。私の言語行為が、あなたの言語行為を強化しているし、その逆もある。図7.1で言えば、会話中の聞き手の行為であるB_Lは、B_Vと同じく言語行動である。私が「**その知らせを聞きたかい？**」と言えば、あなたは「その知らせを聞きたかい？」と耳にして、そして「**いいえ。どんな知らせですか？**」と反応する。私は、「いいえ。どんな知らせですか？」と耳にする。これが、私が最初に行った行為である質問を強化する。私のさらなる反応が、今度は、あなたの質問行為を強化する、などである。

　会話に加わるということは、普通は、もっと長期にわたる重要で究極的な結果をもたらす。話かける人に応じて、ロマンスを感じ、目標が見えてきて、職を得て、結婚式のために貯金をしたり、取引などしたりするかもしれない。会話に加わるということは、より広がりをもった活動、例えば、結婚生活に踏み切ったり、生計を立てたり、自分の健康を守ったりするといった活動の一部である。したがって、会話の中で交わされる短期的な社会的強化子は、通常、重要な結果によって裏付けられている。

　会話の順序交代（turn-taking）の形成は、早い時期に始まるかもしれない。キャサリン・スノウ（Catherine Snow, 1977）は、2人の母親と彼女たちの赤ちゃんとの相互のやりとりを記録した。その結果、赤ちゃんたちがたった3カ月のときに、母親は赤ちゃんの音声の聞き手になっていることがわかった。スノウが観察したところ、この時期の赤ちゃんの「げっぷ、あくび、くしゃみ、咳、クーイング、微笑み、笑いの100％は、母親の音声による応答を受けていた」（p. 12）。もちろん、このような「会話」に寄与していたのは赤ちゃんよりももっぱら母親だったが、赤ちゃんが7カ月になる頃には、赤ちゃんの寄与が増し、順序交代の頻度は次第に増した。ここにスノウが記録したひとつの例がある（p. 16）。

母親	アン
グー、グー、グー、グー	
グルル、グルル、グルル、グルル	（抗議の泣き）
あら。あなたそれが好きじゃないのね。	アアアアア、アアアアア、アアアアア
違うわ。私はその音を出さなかったわ。	
私はアアアアア、アアアアアと言わなかったわ。	アアアアア、アアアアア
そう。そのとおり。	

　赤ちゃんの関わりは着実に増し、18カ月になると、順序交代の頻度はおよそ10倍にまで増えていた。

　他のオペラント行動と同じように、言語行動が維持されるには、言語行動は間欠強化を受けるだけでよい。ステイシーがザックに腹を立てていたり、何か他のことで忙しかったり、あるいは聞こえづらかった場合、ザックは塩を獲得するのに何度も要求しなければならないかもしれない。それでもうまくいかないのであれば、自分が立ち上がって取りに行くだろう。このような状況が他の日でも繰り返されるのであれば、彼は再び要求するが、何度もうまくいかないのであれば、彼の言語行動は消去されるだろう。ただし、それはステイシーに対してだけだろう。ザックがナオミとテーブルを共にしたら、彼はナオミに塩を求めるだろう。言い換えるなら、彼は弁別するのである。一般的に、言語行動はかなり持続的であり、間欠的にしか強化されない。

　他のオペラント行動の場合と同じように、言語行動の獲得と比べて、言語行動の維持は強化が少なくて済む。子どもがはじめて言語行動を身に付けるには、強化は頻繁に行われ惜しみなく行われる。子どもがはじめて発した数語ほど、親にとってエキサイティングなことはないだろう。子どもがダディーをダイーと言ったり、ミルクをリーと言ったり、ピーナッツバターをピーバーと言ったりしても、称賛と愛情はたっぷりと与えられる。この状況は、もちろん子どもが成長するにつれて変化する。子どもが2歳のときは、親はダイーもリーもピーバーも受け入れるが、4歳になると、そのような言語行動は修正が行われ、場合によって軽く弱化されることもあるだろう。ほとんどの他のオペラント行動のように、言語行動は、漸次的近似（successive approximation）によって時間をかけて形成される。

エルンスト・モアーク（1983）は、ロジャー・ブラウン（1973）によって録音された母親と娘のイブのやりとりのテープを調べた。イブが 18 カ月齢と 27 カ月齢の頃の記録であった。この母親と子どもの「会話」は極端に一方に偏っており、母親は子どものひとつひとつの発声に 4 つないし 5 つの文を口に出していた。モアークは、イブの母親は毎日 20,000 を超えるモデル文を発していると見積もった。イブが 18 カ月頃になると、彼女は母親の発話の一部を模倣して母親の発話に反応した。母親は「クッキー食べてもいいわよ。クッキー欲しいでしょ」といったようなことを言っていた。イブが「クッキー」と反応すると、母親は、「そうよ。クッキー欲しいのね」と言ってクッキーを彼女に与えて強化するのであった。

人間の子どもは、自分にとって重要な人たちから聞いた言語音を模倣する傾向が生まれつきあるようである。そのような遺伝的にプログラムされた性向と、聞き手であるこのような重要な他者によって提供される強化との間で、言語行動は獲得され形成される。

◎ 聞き手の役割

子どもが話すことを学習するためにも、大人が流暢に話すためにも、聞き手が重要な役割を果たす。聞き手がいなければ、あるいは言語共同体がなければ、言語行動は獲得できないだろう。スノウの母親たちは、聞き手として、自分たちの赤ちゃんのすべての音声をかなり強化した。一方、赤ちゃんは、母親の発声に対して強化子を提供した。すなわち、赤ちゃんはまだ初心者ではあるが、聞き手の役を演じ始めていた。私たちのひとりひとりは、成長して、周りの人たちが共有する文化に加わりながら、聞き手になることを学習する。

言い換えるなら、私たちの行動は、耳にした他者の発声を、言語的文脈あるいは言語弁別刺激として、反応するようになる。私たちは、音声と音を弁別するし、ひとりひとりの音声を弁別する。18 カ月齢くらいになると、子どもは「クッキーが欲しい？」と「何かジュースが欲しい？」に対して異なる反応をするようになるのが普通である。

聞き手としての私たちの行為は、私たちの周囲の話し手の言語活動を強化する。これを普段、私たちは無意識に行っている。つまり、「私はこの話し手の言語行動を強化している」と報告する人はめったにいないだろう。しかし、第

5章の意味で、「意図的に」それを行っていると言われる場合がある。それは、聞き手としての私たちの行動は、強化によって形成され維持される、すなわち、強化履歴に起因するという意味である。

　話す場合と同じように、聞くという行動は、小さな子どもの場合、頻繁にそして惜しげなく強化される。スノウとモアークの研究では、母親たちが幼児の発声に反応するとき、母親たちは、話し手行動と聞き手行動の両方を強化している。なぜなら、子どもたちは、母親がたった今言ったことは何でも耳にするという文脈の中で話すからである。

　時が経つにつれて、分化強化によって、子どもの聞き手行動は洗練されたものになる(すなわち、子どもは言語文脈の中で適切に反応するようになる)。「赤いボールを拾って」と親から言われて、子どもが別な色ではなく、赤いボールを拾ったら、喜びと称賛、そして愛情が注がれる。このように、私たちの聞き手行動は強化され、形成される。10代の頃には、「人が話をしているときには聞きなさい」と叱られる。そして最終的に、アイコンタクトをしたり、うなずいたり、微笑んだりといったしぐさ、本当に相手の言っていることを聞いているというしぐさを示すことを学習する。このようなしぐさは、赤いボールを拾い上げたり、塩を手渡したりといった聞き手の他の行為とともに、話し手の行動を強化する。しかし、聞き手の行為も、話し手の行為と同じくらい維持されるには強化されなければならない。それゆえに、図7.1のS^R_L「ありがとう」は、きわめて重要である。

■ 例

　言語行動についてのまさにそのような考えは、話すこと、聞くことに対する従来の見方と矛盾する。言語行動のようなものがあると言っているのは、話をしたり聞いたりするという行為が、他の行動と異なる特殊なものではなく、他の行動と連続していると言っているのである。言い換えるなら、言語行動は、他のオペラント行動と同じオペラント行動なのである。

　この連続性を踏まえて、言語的と言えるオペラント行動、あるいは言えないオペラント行動の例はたくさんある。「言語行動」というカテゴリーは不明瞭なカテゴリーであり、その境界線ははっきりとしない。だからといって、問題

があるわけではない。なぜなら、言語行動と他のオペラント行動の間の類似性が強調されるからである。私たちの行動には、明らかに非言語的なものがあるとしても、そして、言語的と言えるもの、あるいは言えないものがあるにしても、言語行動の概念には、私たちが行っている多くのものが含まれる。この概念の範囲を理解するために、明らかに言語的あるいは非言語的と言える例や、曖昧な例のいくつかを見ることにしよう。

◎ 履歴の重要性

　見知らぬ人からロシア語で話しかけられたとしよう。あなたは、彼の言っていることが一言もわからない。彼の行動を強化することはできないだろう。これは言語行動だろうか。あなたは聞き手と言えるだろうか。

　この見知らぬ人の語りかけを、このような状況で強化することはできないとしても、彼の行動を言語行動と呼ぶことはできる。なぜなら彼の行動は、彼が属する言語共同体によってこれまで強化されていたからである。この場合の彼の行動は、決して強化されることができないからといって、言語行動とは言えないということにはならない。その理由は、言語行動は、特定の場面で強化されないことがしばしばあるからである。このような行動が言語的と言えるのは、その行動が、話し手と聞き手の共同体による強化履歴によって生起しているからである。

　ロシア語がまったく理解できなくても聞き手になるのかどうかという疑問に答えられるかどうかは、その見知らぬ人の強化履歴によって決まるだけでなく、見方によっても決まる。話しかけられたあなたからすれば、あなたは聞き手にはなり得ない。なぜならあなたは、その見知らぬ人の行動を強化できないからである。しかし、見知らぬ人からすれば、あなたは「聞き手」という刺激カテゴリーの一員と見なされている。彼は、すぐに自分の間違いに気づき、弁別する。すなわち、他へ行くか、別な言葉であなたに話しかけるだろう。彼がロシア語であなたに語りかけたのは、般化の一種とみることができる。あなたは、ロシア語の聞き手に十分に似ており、彼の行動が起こる弁別刺激として機能したのである。あなたは、彼の行動を強化できないので、彼の行動を、あなたがいるところでは確実に消去する。しかし、彼の最初の行為は、あなたによく似た多くの聞き手がいるところで強化されてきた履歴によって生じたのである。この

ような履歴の見方からすれば、あなたは、はじめは聞き手であり、少なくとも聞き手となる可能性があったのである。

◎ サイン言語とジェスチャー

　あなたとその見知らぬ人との間で、共通する言語がまったくないとしよう。そのような場合、彼はジェスチャーに訴える。彼は自分の手首を指し示して、いぶかしげにあなたを見る。あなたは、彼に自分の腕時計を見せる。彼はうなずいて微笑む。彼のこのジェスチャーを、言語行動と見ることはできるのだろうか。

　私たちの定義からすれば、彼のジェスチャーは言語行動と言える。彼の手首への指さしは、オペラント行動であり、その強化は、あなたの存在によって決まっている。（これによってあなたは聞き手になる。たとえ、あなたが聴覚障害になる恐れがあるとしても！）

　私たちの定義からすれば、言語行動は、音声行動である必要はない。それは筆記の場合もあり得る。偉大なインドの神秘家メヘル・バーバー（1894-1969）は、44年間沈黙を続け、はじめは石板にチョークで文字を書き、その後、アルファベット板の文字を指さしして単語を説明した。最後は、手を使ったジェスチャーで意思の疎通を取った（Purdom, 1971）。彼が行ったものはすべて言語行動と言えるだろう。すなわち、他者（聞き手）から強化されるために、他者の存在を必要とするオペラント行動である。

　音声言語ではない言語行動の最も良い例は、サイン言語である。黙ったままサインを送る人は、話し手であり、そのサインに反応する人は、聴覚障害があっても、聞き手である。サインをやり取りして、交互に話し手と聞き手になる人たちの集まりは、言語共同体と言えるものである。

◎ 人以外の動物

　私の家のネコは、夕食時になると私のところにやってきて、ニャオと泣いて私の足にすり寄る。彼はこれを毎日行い、私は、彼がこれをやれば、毎日彼に餌を与える。私の家の猫がニャオというのは言語行動だろうか。

　私たちの定義によれば、そのように言えるかもしれない。私の家のネコがニャオというのは、オペラント行動である。そのように鳴けば、私は彼に餌を与

えてその行動を強化する、そのような履歴によって彼は鳴くのだから。そして、その行動が強化されるには、私がいなければならないからである。そうすれば、私は聞き手になるし、私の家のネコは話し手になる。

しかし読者は、私の家のネコと私は、どう考えても言語共同体と言えないという理由で、私の家のネコのニャオと鳴く行動は言語行動ではないと言うかもしれない。私たちは話し手と聞き手の役割を交換していない。私は彼に食べ物を求めないし、彼は私に食べ物を供給しない。私が彼を呼べば、彼は時々やってくる。しかし、だからといって、そのことが私たちの関係を言語共同体と呼べるほど強固な理由であるとは言えないだろう。

しかし、この例は重要な点を指摘している。言語行動の定義は、決して人以外の動物を排除しない。チンパンジーにサイン言語を教えて、人とコミュニケートさせることができる。私の家のネコと私は、言語共同体と言えるようなものではないにしても、チンパンジーと人がサインをやり取りしたなら、彼らは言語共同体と言える。2人の人間が、交互に話し手と聞き手になってサインをやり取りするのと同じように、チンパンジーと人はやり取りしているのである。訓練を受けた2匹のチンパンジーが、互いにサインをやり取りする例が報告されている。定義によれば、もし2匹のチンパンジーが言語共同体の成員だとある程度考えられるなら、これは言語行動と言えるかもしれない。

多くの思想家たちは、言葉は人に特異的なものであると主張している。これが正しいかどうかは、**言葉**（language）の定義によって完全に決まる。もし言葉（language）が、ジェスチャーを排除して発話という点から定義されるなら、もちろん言葉は人だけのものである。言語行動（verbal behavior）の定義も同様に、人以外の動物を排除すれば、せばめられることになる。しかし、そのような定義だと、手話の人たちの言葉（language）や言語行動（verbal behavior）を否定することになる。ここでは、話し手と聞き手は役割を交換できなければならないと定義するのであるから、私のネコと私の関係のような取るに足らないケースは無視されるが、ジェスチャーは該当するのであって、したがって人以外の動物の言語行動は可能であると言える。

すべての種がユニークであるのだが、人という種がユニークであるのは、ある際立った特徴を人が持っているからではない。ユニークな組み合わせによるものだからである。当然のこととして、他の種で、人の特徴と言えるような特

徴の全体集合を共有できるものはいない。しかし、他の種と共有可能な特徴のどれかひとつはある。進化論から見れば、人は、多くの種の中のひとつであり（そして、他の種と比べて必ずしも優れているというわけではない）、「動物たち」との間に、乗り越えることができない障壁によって分離されるわけでもない。行動分析学の目的は、種らしさ（species membership）によって分類することではなく、オペラントに対して誘導された（induced）行動（第4章）、話し手に対して聞き手というように、行動と環境の関係に基づいて分類しようとすることである。

◎ **自分自身に語りかける**

　私自身への語りかけは言語行動であろうか。行動分析家は、これについて意見を異にする。彼らの回答は、言語的エピソードの中での話し手と聞き手は同じ人物の場合もあり得るという考えを、彼らが受け入れるかどうかによって決まる。

　同じ人物が聞き手と話し手になることができるなら、図7.1から、話し手の言語行動 B_V は、（聞き手と見られる）同じ人物の行動の変化 B_L によって強化されることになる。このようなことは、例えば、私が自分に指示したり、命令したりするときに起こるかもしれない。はじめての家を車で訪問するとき、交差点にさしかかって、私は「さてと、ここで左に曲がらなければならない」と自分自身に語るかもしれない。それによって、聞き手としての私が左に曲がるなら、それは、言語行為（左に曲がれという自己教示）を強化する。特に、左に曲がったことで、目的地にちゃんと着けたのであれば、そうである。

　私の自己教示（self-instruction）は、声に出して言われる場合もあるし、私的に、あるいは非顕現的に言われる場合もある。実験室でなら、適当な装置を使って、音声になっていない発話（subvocal speech）を検出できるかもしれないが、日常的な場面では、そのような装置で検出しなくても、自分自身に語ることができる。そのような非顕現的な言語行動は、**思考**（*thinking*）と言われる場合もある。じっと静かに座っている人が、ひそかに考えていると言われるときのように。

　非顕現的であろうと顕現的であろうと、自分自身への語りが言語行動と言えるためには、聞き手である自分の行動が、その語りによって変わらなければな

らない。自己教示（self-instruction）や「口を慎もう！」といったような自制（self-commands）は、言語行動と言える。「それは美しい絵だ」というような自己宣言でさえ、それによって私が何らかの行為をしたのであれば、例えば、その芸術家の名前を調べたり、価格を尋ねたりすれば、言語行動と言える。

　それでは、ただ楽しみのためだけに、自分自身に向けて歌を歌ったり、詩を朗読したりするのはどうであろう。これは言語行動と言えるのだろうか。私たちの定義によれば、言語行動とは言えない。なぜなら、聞き手の役割を果たしている者は誰もいないからである。詩の朗読の場合、発生した音声によって強化されるかもしれない。しかし、その場合の強化子は、朗読している人に聞き手行動を要求しない。周知のとおり、すべての言語行動は、必ずしも音声行動であるというわけではない（例えば、サイン言語）。また、すべての音声行動が、必ずしも言語行動というわけではない。

　自分自身に語りかけるという行動は言語行動ではないと考える行動分析家は、自分自身への語りかけを、ある行為（action）の拡張された単位の一部、すなわち活動（activity）と見る。そのような拡張された単位、巨視的単位は、第3章で論じた、オペラント行動に対するラクリンのアプローチの中で重要な役割を果たす。この見方によれば、私がはじめての家を車で訪れる行動は、その機能からみれば、単一の活動と言えるだろう。その活動は、さまざまな道筋に従って、自己教示があってもなくても、いろいろな方法で起こる。しかし、そのような行為のすべてが、同じ機能を持った活動の現れと考えられる。ひとつひとつの運転は、第4章の図4.3で見たように、同じ活動のエピソードである。自己教示に従って運転すれば、目的地にほとんどいつも行けるのであれば（すなわち、強化されるのであれば）、私はさらにそうするだろう。十中八九、その場所に行くのに最初の数回は、そのようにして運転し、道に慣れていくにつれて、自己教示に従った運転はしなくなるだろう。したがって、自分自身に語りかけることは、詩を朗読するのと似ている。つまり、その強化は、聞き手以外のものに由来する。行動がこのような巨視的な視点で考えられるときの活動は、聞き手と話し手が異ならない限り、言語行動とは言えない。

■ 言語行動 対 言葉

　言語行動（verbal behavior）と言葉（language）は異なる。言葉という語は、それが「英語（the English language）」「アメリカン・サインランゲージ（American sign language）」といった言葉で用いられるとき、ある事柄を指しているように思われる。言葉は、何か獲得されて、使用されるもの、すなわち所有物として語られる場合がしばしばある。言葉は道具のように使われると普通考えられているが、それは多くの心理主義的問題を引き起こす。このような道具はどこにあるのだろう。その道具は何でできているのだろう。誰がそれを使って、どのように使うのだろう。そして、どこで使うのだろう。この道具によって発話はどのように起こるのだろう。このような疑問が生じる。

　一方、言語行動は、具体的な自然事象からなる。それに対して、言葉は抽象である。単語と単語を組み合わせるための文法ルールからなる英語（the English language）は、言語行動を大まかに記述したものである。それは、多くの人々が語る方法を要約したものである。大まかという理由は、人々は、しばしば完璧な英語を話すわけではないからである。辞書の説明も、文法書のルールも、どちらも、英語の話し手の発話と必ずしもきちんと対応しているわけではない。

　「言葉の使用（using language）」という言い方は、心理主義的であるし、誤解を招くような言い方であるが、人がそのようなことを行っていると私たちが言うときは、その人は言語行動に従事しているのが普通である。「言葉の使用」という例で、言語行動と考えられないようなものは、すでに見たように、おそらく、本を書いたり、自分自身に詩を朗読したりするような活動だろう。逆に、言語行動の例には、手を振って合図をしたり（waving）、指で指し示したりといったように、「言葉の使用」と考えられないものもある。

　図7.2は、言語行動、音声行動（vocal behavior）、そして、「言葉の使用」の関係を示す。それぞれの円は、3つのカテゴリーのひとつを示し、特定の活動は、それらの円の中の特徴と考えることができる。3つの円は重なっているので、特定の活動は、2つ以上の円にまたがる場合があり得る。すなわち、2つ以上のカテゴリーに属する特定の活動がある。網掛けの中央の重なりの部分（「発話（speaking）」と記されている部分）は、3つのカテゴリーのすべてに属す

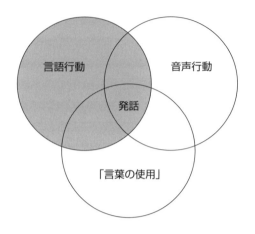

図7.2　言語行動、音声行動、「言葉の使用」の
３つのカテゴリーの関係

る事象である。すなわち、他者に話しかけるという事象である。２つの円が重なる部分は、それら２つのカテゴリーに属するが、残りのひとつのカテゴリーには属さない活動である。人や人以外の動物は、言語行動と考えることができる鳴き声やその他の音（音声行動）を発するが、これは「言葉の使用」とは考えられないだろう。手話は、言語行動であり、「言葉の使用」と言えるけれど、音声とは言えない。自分自身に向かって声を出して詩を朗読するのは、音声行動であり、「言語の使用」であるが、おそらく言語行動ではないだろう。最後に、たったひとつだけの円の中に分類される活動がある。定型化運動パターンである警戒音は、音声であるが、言語行動でもないし、「言葉の使用」でもない。手を振って合図をしたり、指で指し示したりするといったジェスチャーは、言語行動だけである。書斎で、ひとりで本を書くこと、これは「言葉の使用」ではあるが、音声ではないし、その行動を強化するために聞き手がいなくてはならないということはないので、言語行動でもない。

機能的単位と刺激性制御

　他のオペラント行動と同じように、言語行動は、（１）機能的に定義される

オペラント活動に属する行為、そして（2）刺激性制御を受けるオペラント活動に属する行為からなる。言語行動についてのこれら2つの考えは、言葉（language）や発話（speech）についての従来の見方と異なる考えとなっている。

■ 機能的単位としての言語活動

　第5章で私たちは、構造的単位と機能的単位を区別した。すべての事象は、何らかの構造を持っていると言える。そしておそらく、それぞれの特殊な事象は、独特の構造を持っているだろう。ラットはまったく同じように2回レバーを押すことはできない。すなわち、まったく同じ筋肉をまったく同程度に使って押すことはできない。（仮にラットが構造的に同じレバー押しをすることができたとしても、それでもひとつひとつの反応は、異なる時間帯で生起しているのだから、類のない事象である）それに対して、機能的な単位は、特殊な事象ではない。むしろ、特殊な事象の**種**（*species*）や**個体群、集団**（*populations*）は、図4.3で示したように、環境におけるそれらの効果によって定義される。

　ラットのレバー押しとまさに同じように、それぞれの言語行為（verbal action）は、ある構造を持っている。それは、喉と口の中のさまざまな筋肉の一連の運動系列である。小説家が、ある発声を文章で表現するとき、実際の発声に似たものを大ざっぱに記すだけである。それを読んだ人は、タイミングとイントネーションを想像しなければならない。表記法の音韻体系は、言語行為をより正確に表現する。例えば、辞書にあるひとつの語の発音から類推される綴りは、その語がどのように発音されるのかについての何らかのアイデアを提供してくれる。しかし、特殊な発声の場合、それを正確にとらえる表現法はない。なぜなら、それぞれの特殊な発声は、それ自体が独特だからである。どのようにしても、同じことを、まったく同じように、2回言うことは実際できない。私たちは、発声を正確に繰り返そうとはほとんどしないので、当然、多くのいろいろな言語行動が生じることになる。

　言語活動（verbal activity）は、行為の種（species）である。それに属する行為のすべては、聞き手に対して同じ効果を持つ。構造的に異なるやり方でラットがレバーを押しても、それらは同じ活動に属するのとまさに同じである。それらの行為はすべてラットにレバーを押させる効果を持っているからである。

また、ザックが塩を要求する方法も、構造的にはいろいろなやり方があるが、いずれも同じ活動に属する。なぜなら、どれもみな聞き手に同じ効果、すなわち、塩を手渡すという効果を持っているからである。「その塩を使ってもよろしいですか？」「その塩を取ってください」「その塩を取っていただけるとありがたいのですが」など、いずれも同じ効果を持つ。言語学者からみれば、これらはいずれも基本的に異なる発話になるだろう。はじめの文は疑問文、２番目の文は命令文、３番目は平叙文ということになる。これらの文は構造的には異なるかもしれないが、いずれも同じ言語活動である。これらすべての文は、ステイシーに同じ効果（彼女が塩を手渡す）を持つからである。この活動に属するものには、「言葉の使用（using language）」に含まれないものすらある。ザックがステイシーの目を見て、塩を指すだけでも十分である。ザックが塩やそれ以外のものを要求する構造的に異なる方法のすべてをあげるなら、それは膨大で多様なものになるだろう。しかし、それらのものがすべて機能的に等価であるなら、同じ言語活動のエピソードになるのである。

　文の構造を記述する言語学者は、語や形態素のような単位を指摘する（例えば、語尾の -s は複数の名詞、語尾の -ed は過去時制というように）。The cats moved.（そのネコが動いた）という英文は、３つの語と５つの形態素（the, cat, -s, move, -ed）に分析される。このように、文は、その構造を分析するために分解することができるが、そのような分析をしても文の機能について何も言えない。There is a tiger behind you.（あなたの後ろにトラがいる）と There is a child behind you.（あなたの後ろに子どもがいる）という２つの文は、構造的にはひとつの語しか異ならない。しかし、この２つの発話は、異なる活動に属する。なぜなら、２つの発話は異なる効果を持っているからである。多くの言語活動には、このような構造の発話があるが、その構造は、多くの異なる構造のうちのひとつにすぎない。あなたに危険を知らせる他のやり方のすべてを考えてごらんなさい。

　したがって、ラットのレバー押しが構造的に多くの小さな筋肉運動からなっており、それぞれは全体にとって必要であるのと同じように、言語行為は、構造的に単語と形態素からなっており、それぞれは全体が機能する上で必要である。必要であるが、構造は機能について何も語らない。機能は、状況と効果によってのみ理解することができる。

■ **言語行動の刺激性制御**

 他のオペラント活動の場合と同じように、言語活動は、程度の差はあるが、状況に依存して生起するようになる。すなわち、弁別刺激に依存して生起するようになる。ひとつの語が機能的単位となり得ない理由のひとつは、同じ語でありながら、状況によって機能が異なる場合があり得るからである。「水」という発話が起こる状況をいろいろ考えてみよう。私はかなり喉が渇いている。「床の上のその水たまりは何だ？」「水素と酸素が結合すると何になる？」「今、何を加えたらよいのかわかっている？」。このそれぞれの文脈で、「水」という発話は聞き手に異なる効果をもたらすだろう。そうであれば、それぞれの文脈において「水」という発話は異なる言語活動になる。

 言語活動が生起する可能性と状況との関係は、刺激性制御の関係（第6章）であって、誘発の関係（第4章）ではない。弁別刺激と言語活動の間には、膝を叩けば脚がガクンと動くというような1対1の厳密な対応関係はない。弁別刺激は、ある言語活動が起こるのを調節するだけであり起こしやすくするだけである。

 言語行動を調節する最も重要な弁別刺激の中には話し手として振る舞っている他者が生み出す聴覚刺激や視覚刺激がある。私は、その他者に対して聞き手として振る舞いながら話し手の役もする。そして、その他者の行動に影響を及ぼす弁別刺激を生み出す。

 第6章で見たように、すべてのオペラント活動は、ある文脈の中で生起する。そして、その文脈がその活動にもたらし得る効果は過去におけるその文脈と関連した強化の履歴から生じる。他のオペラント活動の場合と同じように、言語活動の場合もそうである。私が道に迷ったときに他人に道を尋ねるのは、そうするようにと教えられたからであり、また、そのような言語行動が、私が目的地に到達できたことで強化されたことが過去にあったからである。文脈によって、私の尋ね方、すなわち要求の正確な構造に違いが生じ得る。見知らぬ人に道を尋ねる場合は、弟に尋ねる場合と比べてより丁寧になる。ニューハンプシャー州の田舎で道を尋ねる場合、どのような言い回しで尋ねるか私は気を付ける。「この道でニューマーケットに行けますか？」と尋ねたら、「その道はどこにも行かない。それはただそこにあるだけだ」と答えられそうである。私は、「ニ

ューマーケットへの道を教えてください」と言わなければならない。そうすると、行き先を教えてくれるか、しばらく相手は考えてから、「いいえ。ここからそこへは行けない」ということになるだろう。

　他のオペラント活動のように、言語活動をそれらの結果だけで定義することはできない。普通、文脈も明らかにする必要がある。見知らぬ人に道を尋ねる場合と、知り合いの人に尋ねる場合は異なる。この２つの活動は、異なる文脈で生起しているのであるから異なる活動になるのだろうか。言語行動は話す相手によって決まる、その方法を問題としているポライトネス理論を学んでいる人なら、２つの活動は異なると言いたくなるだろう。他の目的でなら、「道を尋ねる」あるいは「尋ねる」だけで十分だろう。トラについて警告することと、蚊について警告することは異なる。しかし、多種用途に応じて、「誰かに危険を知らせる」という点では、それらはひとつの活動と見ることができる。この「誰が」ということと「危険」（トラあるいは蚊）は文脈の一部であるが、言語活動の一部になっている。

■ よく見られる誤解

　言語行動についての上記の考えは、話すこととジェスチャーと、他種のオペラント行動との類似点を強調する。それに対して、従来の見方は、言葉に関連した行動（language-related behavior）を分離して、これを特殊なもの、異なるものとして定義しようとする。言葉に関連した行動を特異的なものとしたくなる特徴に次の３つがある。ひとつは、言葉に関連した行動は**生成的**（generative）であるということである。すなわち、人は絶えず、新たな発話を生成する。２つ目は、他の行動と違って、話すことは、それ自体を言及することができるということである。３つ目は、話すことは、他の行動と違って、将来の出来事について言及することができるということである。これら３つの特徴によって、言葉に関連した行動が、他の行動と実際に異なるのかどうかをこれから見ていくことにしよう。

◎ 言葉の生成的特徴

　私たちは毎日、これまで語ったことがないような発話を生成する。その意味

で、おそらく私たちが話すほとんどの文は新奇なものと言えるだろう。実際、個々の発話は固有のものである。なぜなら、同じ発話をまったく正確に発することはできないからである。第5章で新奇性（創造性）について論じたとき、このように再現性がない（同じ行動が二度と繰り返されることがない）ということが、すべてのオペラント行動の特徴であるということを理解した。従来の見方は、言語行動はいろいろと変化するが、他の行動は固定している、と考えているが、そのようなことはない。そうではなく、すべてのオペラント行動は、言語行動とまったく同じように変化している。個々のレバー押しは固有の反応であり、これは塩を求める行為のひとつひとつが固有の反応であるのとまったく同じである。塩を要求することは、レバーを押すのとまさに同じくらい機能的な単位となっているのである。

　このような見方を批判する人たちは、発話の生成における文法の重要性を指摘する。文法は、あらゆる言葉の一部である。文法的な構造は、多くの場合、言語行動のひとつの特徴である。しかし、文法の規則についてせいぜい言えることは、それらの規則は、ある言語行動の構造を大まかに記述したものであるということである。実際の発話は文法的でないことが頻繁である（ときにはほとんど文法的でない）。私たちの完璧な「文」は、文の構造の規則を破っている場合が多く、しばしば未完成な文のままである。

　それでもなお、口語英語は一般的に、主語―動詞―目的語の順序に従っており、その他の点でも規則的である。しかし、言語行動を特徴づける大まかな構造的規則性は、他の行動の特徴でもある。規則的な系列をなす運動によってラットの個々のレバー押しは成立する。個々のレバー押しは、文に対応させることができる。したがって私たちは、レバー押しの文法を記すことができる。ある運動系列だけがレバー押しとなるのである。これらの系列は「文」と言えるようなものだろう。これまでのように、言語行動特有の特徴と言われているものは、他の行動にも見られるのである。（話し手は、話しをしている間、文法の規則に従っているという考えについての別個の議論は、少し後で再びすることにしよう）

◎ 語りについて語る

　言語学者と論理学者は、**メタ発言**（*meta-statements*）と呼ばれる発言を尊重

する。これは、その発言そのもの、あるいは他の発言について言及する発言である。メタ発言があることで、すなわち言葉（language）は、それ自体について言及することができるということで、他の行動とは異なる行動であるという議論が起こってくる。私は子どもの頃、友人と一緒に「この発言は偽である」というパラドックスを楽しんだ。論理学の視点からすれば、このようなメタ発言は不思議に思える。なぜなら、その発言は真のようでもあるし、同時に偽のようでもあるからである。しかしそれを、語りすなわち言語行動として見るなら、それは何も不思議なことではない。その発言は、標準的な英語の文の枠組み、主語—動詞—属性という枠組みに従っている。この特殊な発言が他と異なる唯一の特徴は、その主語が発言であるということである。

　行動分析家からすれば、メタ発言は語りについての語りである。すなわち、他の言語行動を弁別刺激として、その制御を受ける言語行動である。語りについての語りは四六時中起こっている。もし自分が語ったことが相手に聞こえなかったなら、相手は、今言ったことをもう一度言ってくれと求めるだろう。そして自分は、それを繰り返す。相手の要求と、自分が語ったことを合わせると、この両者は自分には完全によく聞こえていたのである。これが、自分の繰り返し発言（言語的行為）の弁別刺激になる。このようなことができるのは、このような繰り返し発言に対する長期にわたる強化履歴によるものである。私たちは幼い頃から、聞いている人への効果を高めるために、そしてちょうどよいときに言語的行為を繰り返すように訓練される。

　要求に応じて発話を繰り返すことは、言語自己報告（verbal self-reporting）の例である。それは、部分的に弁別刺激あるいは文脈としての自分自身の行動によって制御される言語行動である。誰かがその人自身の行動について報告するなら、その人は、その行動について「意識している（be conscious）」と言いたくなる。そのことは第3章で触れた。第6章では、自分自身の行動と言語報告の関係は、ライトとラットのレバー押しの関係と同じである、すなわち、あるオペラント行動と弁別刺激あるいは文脈の関係と同じであるということに触れた。今朝何をしたのかと尋ねられたら、私は「店に行った」と報告できる。昨日の会議で何を言ったのかと尋ねられたなら、私は「『来年の予算を決める必要がある』と私は言った」と報告できる。どちらにしても、私の現在の言語行動は、私自身の以前の行動、それが言語行動であれ非言語行動であれ、その

行動によって提供された文脈の制御を受けている。

　私たちは、私的な言語行動（private verbal behavior）についても報告できる。何を考えているのかと尋ねられて、「今日、海岸に出かけたら、なんて素晴らしいだろう、と考えていた」と答える。したがって、この言語行動は、部分的ではあるが、私的弁別刺激（private discriminative stimulus）の制御を受けている。

　実際には起こってもいないような語り、しかし、一方では起こっていたかもしれないような語りについて語るという場合が時々ある。「自分でやれと彼に言いたい気持ちだ」というような場合である。これは、実際の言語行動についての報告ではなく、ある言語行動に向けての気持ちの報告である。それは、目的についての報告、あるいは、何か他の行動傾向（第5章）についての報告に似ている。しかしそれは、「過去に、このような状況で、私はしばしばそのように行動した」と言っているのに等しい。

　まったく起こったことがないような語り、しかし、今、起こりそうな語りについて語る場合もある。「今日私が聞いたことをあなたに言わせてください」と言う。これは、部分的には、相手に聞き手になってくれとの要求である。その一方で、自分が聞いたことを報告するという言語行動に自分が従事しようとする自分の気持ちについての報告でもある。気持ちや目的についての他の報告の場合と同じように（第5章）、それは将来について言及しているように見えるが、実際には、そのような状況で、そのような言語行動が過去に強化されたことがあるという強化（何かを聞いて、それを繰り返せば、聞き手が強化してくれる）の履歴によって生じているのである。

◎ 将来についての語り

　自分が語りたいと思っている言語行動を語る場合、あたかもそれは、将来について語っているかのように聞こえる。将来の出来事は現在の行動に影響することはできないのであるから、現在の中に原因となるようなものをでっち上げたくなる。それは、内的な目的であったり、意味であったりする。場合によっては、将来について語れること自体が心的イメージの存在の証であると主張するようなことさえ起こる。「豚について話すね」と言わせるのは心の中の豚だとしよう。第5章で見たように、そのような内的な原因を想定しても、その言

語的行為へと導いた環境事象や、豚との過去の経験、そして、そのような過去の経験によって制御されている言語行動を強化した聞き手といった事柄から注意がそれるだけである。

　将来の出来事について言及しているかのような方法で私が語ったとしても、私の心の中やその他体の中のどこかで何かが生じていなければならないということはない。あるいは、そのことについてはこれまで起こったことがないような他の事象が生じていなければならないということは決してないのである。自分は紫の雌牛を見たことがない。しかし、**紫**という語と**雌牛**という語は発音したことがあるし、形容詞と名詞をくっつけたこともある。**紫の雌牛**と発言したからといって、自分の心の中や他のどこかで紫の雌牛がいる必要はまったくない。人が**想像力に富んだ**とよく言っているような類の言語行動に対する強化履歴が自分にありさえすればよいのである。

　同様に、金曜日の約束について月曜日に語ったとしても、心の中に幻のイメージや意味を想定する必要はない。約束を結んだり、約束を守ったりするというのは、長い強化履歴からくるオペラント行動である。あなたが私に会いたいと言ったとする。この聴覚弁別刺激を耳にして、私は自分の手帳にそれを記入して「金曜日の3時に会いましょう」と言う。このようなことを行ったり言ったりするのは、過去にこれらの行動が何度も強化されたからである。（月曜日の行動に対する強化子の中には金曜日になってはじめて生じるものもあるかもしれない。この時間的なずれについては、第5章で論じる）

意　　味

　言葉に関連した行動についての従来の見方では、語と文には意味があり、発話の中に含まれている意味が話し手から聞き手に伝達されると考えられている。英語（自然に話されている英語ではなく「正しい」英語）の構造を形式的に分析（formal analysis）することに関心を持っている言語学者にとって、そのような見方は何も害がないだろう。しかし、話すという活動や言語行動についての理論としては、そのような見方は、あらゆる心理主義的理論のすべての欠点に苦しむことになる。

■ 参照理論

　日常的にごく普通に使われている**意味**（*meaning*）という考えをよりきちんとした言葉の理論の中に組み入れようとしている哲学者や心理学者は、**参照**（*reference*）という考えに委ねる理論（参照理論；reference theory）を考案した。例えば**イヌ**という語は、それが話し言葉であろうと書き言葉であろうと、あるいは耳にした言葉であろうと、いずれも四つ足で歩いて吠える哺乳類のようなものを参照していると言われる。話し手と書き手は、実際のイヌの代わりに**イヌ**という話し言葉や書き言葉を使っていると言われる。聞き手と読み手は、実際のイヌについて何かを理解するために、**イヌ**と聞こえた言葉や見えた言葉を使っていると言われる。そのような見方は、なぜ話し手と書き手がはじめにその語を話したり書いたりしたのか、聞き手や読み手はその語を聞いたり見たりした結果何をするのか、そのような問題に何も答えていない。そのような見方は、ある人が話をして、他の人がその結果何かをするのを見るということ以外に何か有益な考えを提供するのだろうか。

◎ 象徴と語彙目録

　参照という考えは、**イヌ**という語が、それが話された語であれ、聞こえた語であれ、書かれた語であれ、見えた語であれ、いずれも実際のイヌのカテゴリーに対する象徴（symbol）である、と提案する。これらの象徴のすべては、どのようにして等価であると認識できるのだろう。心理主義なら、これらすべての象徴は、何らかの方法で内部の何かに結び付いていると答えるだろう。実際のイヌは、人の内部に（使用できるようには）存在し得ないのであるから、イヌというカテゴリーの何らかの表象が内部のどこかに存在すると仮定される。イヌに対する象徴は、いずれもこの表象と結び付いていると言われる。

　この表象はどこにあるのだろう。表象は**語彙目録**（*lexicon*）にあると言われる。これは、現実世界の対象や事象のそのような表象の集合体と考えられている。話し手は、この語彙目録の中で問題とする表象を探し、その場所でその表象がその象徴と結び付いているのを見つけ、その上でその結び付けられた象徴を用いる。そのように説明されている。聞き手は、この象徴を耳にして、語彙目録の中でその象徴を探し、その象徴がその表象と結び付いているのを見つけ

る。そうすることで、その象徴は聞き手によって理解される。そのように説明されている。

　この理論が心理主義であることは明らかである。このような語彙目録はどこにあるのだろう。それは何でできているのだろう。その語彙目録の起源は何だろう。誰がこの検索と使用のすべてを行うのだろう。このような複雑な心理事象によって、話すこと、聞くこと、書くこと、読むことについて、実際のところ何かが明らかになるのだろうか。

　参照についての考えは、おそらく等価性（equivalence）を説明するために考え出されたものだろう。イヌを見たり、イヌについて考えたり、「イヌ」と言ってみたり、しぐさで示したり、「イヌ」と書いてみたりして、いろいろなやり方で振る舞って、聞き手に等価な効果をもたらすことができるのはどうしてだろう。「イヌ」という語を耳にしたり、「イヌ」という文字を見たり、「イヌ」というしぐさを見たりしても、このような異なる刺激に対して同じように対応できるのはどうしてだろう。イヌに対する語を異なる言葉（language）で表現すれば、この多様性はさらに増す。そうすると、このような行為と刺激のすべてが等価であるのは、それらが、何らかの方法で、内部のどこかで何らかの表象や意味と結び付いているからと考えたくなるのがわかるだろう。

　実際に目にする等価性が何らかの架空の内的等価性に由来するものであると考えることはまったく容易である。しかし、実際に目にした等価性、あるいは架空の等価性はどこから生じたのだろう。まず、この問題に対する解答がなされなければならない。その上で、等価性について私たちは理解していると言えるのである。私たちは誰も、「イヌ」という音声を聞いたり、イヌを見たり、あるいは「イヌ」という言葉を聞いたり、フランス語の「*chien*」と聞いたりしたとき、同じように行動するように生まれてきたわけではない。私たちは、このようなさまざまな刺激にさらされ、適切に反応したことに対する強化履歴の結果として、時間をかけてこれが行えるようになるのである。行動分析家は、刺激等価性（stimulus equivalence）が、動物や子どもでどのように学習されるのかについて研究し始めたところである。動物も人間も、２つの異なる刺激に対して違ったやり方で行動するように訓練できるし、また、同じやり方で行動するように訓練できる。この等価性の学習に必要な条件は何であろうか。私たちは、実際に目にする等価性を文脈があるときの強化履歴の結果として理解

できれば、その等価性を説明するのに架空の内的な等価性を考えようとはしなくなるだろう。

◎ **文脈の重要性**

　参照理論は、語りについて何も説明していないだけでなく、その理論が考案された目的、すなわち意味を理解するという点でも失敗している。なぜなら、参照理論は文脈を説明できないからである。語彙目録の中で言葉の意味を探すという考えが指摘するように、もし**水**という語の意味が、本当に、その音声や文字配列にくっついているだけなら、どのようにして**水**という発話がさまざまな状況で異なる意味になれるのだろう。**水**という語は、他のいろいろな可能性として、文脈に応じて要求にもなるし質問にもなり得る。さらに、床の上にこぼれている液体の命名（naming）にも、材料の命名にもなり得る。

　水のような具体名詞の意味を決定するのが文脈であるなら、抽象名詞の意味や多くの言葉からなる発話の意味の場合、文脈が基本となるのは火を見るより明らかである。**雑草**という語の意味を考えてみよう。合衆国のほとんどの人々は、ツタウルシを雑草と見る。しかし、スカンジナビアの国の中には、それを景観に適した植物と見る人もいる。雑草と呼ぶかどうかは、それが好きか嫌いかによって決まる。植物かどうかで**雑草**と言えるかどうかが決まるのと同じように、**雑草**という語は状況によって決まるのである。多くの語もこれと同様である。哺乳類、四つ足、吠えるなどの特徴のリストの中から**イヌ**のような具体名詞の意味をとらえるかもしれない。しかし、これを**冗談**でやろうとしたり、**公正**にやろうとしたりするかもしれない。ギデオンが面白いと思った話が、ナオミには目に余る公正さを欠く話として受け取られるかもしれない。

　いくつかの語からなる実際の発話の場合には、参照理論はさらにひどいことになる。息子と私がレンガの壁を作っているとしよう。私の作業はレンガを積み上げることで、息子の作業はレンガを私に手渡すことである。何度も何度も私はレンガを求める。**レンガを渡してくれ、レンガを積み上げよう、レンガ！、レンガが必要だ、レンガをくれ**など、多くのいろいろな言い方で私は言う。ときには、ただ振り返って見たり、手を差し出したりする場合もある。これらの行為のすべてが同じ「意味」である。語彙目録の中を見ても意味を見つけることはできない。なぜなら、それらの「意味」は、それらの行為が成し遂げるこ

と、すなわち、壁の作業が続けられるように、息子がレンガを私に手渡すことにあるからである。

■ 使用としての意味

　意識（*consciousness*）、目的（*purpose*）、そして知識（*knowledge*）といった心理主義の他の用語の場合と同じように、意味（*meaning*）という用語は、厳密に言えば、行動分析学にふさわしくない用語である。「世界の意味を人はどのように知るのだろうか」という疑問は疑問とは言えないような疑問である。その疑問は、意味が世界のひとつの属性であるかのように、そしてその綴り方について尋ねるのと同じように、その意味について尋ねている。行動主義者は、意味について尋ねる代わりに、行為や発話の使用や機能について語る。大ざっぱに言えば、それは、意味（*meaning*）についての「意味」である。

◎ 結果と文脈

　レバーと鎖のついた実験箱にラットを入れたとしよう。鎖をラットが引っ張れば餌が出る。レバーを押せば水が出る。ラットは、鎖を引っ張って餌を食べ、レバーを押して水を飲む。この場合、鎖を引っ張る「意味」は「餌」であり、レバーを押す「意味」は「水」である、と言えるだろう。同じような状況で、人が「食べ物」と言ったら食べ物を受け取り、「水」と言えば水を受け取る。このような状況は、ラットの状況と根本的に異なるのだろうか。行動分析家は「否」と言う。ラットは、しばらくの間、餌を食べていなかった。そこで、鎖を引っ張ったら餌を得た。アーロンは、しばらくの間、食べ物を食べていなかった。そこで、「食べ物」と言ったら食べ物を得た。ラットは、しばらくの間、水を飲んでいなかった。そこで、レバーを押したら水を得た。アーロンは、しばらくの間、水を飲んでいなかった。そこで、「水」と言ったら水を得た。どちらにしても、行為をすれば（行為の使用）、その文脈（しばらくの間、食べ物を食べていない、水を飲んでいない、実験箱の中にいる、聞き手がそばにいる、という文脈）の中で、行為の結果（食べ物や水を得る）が生じる。

　言語行動の「意味」とは、言語行動の使用、すなわち、その文脈の中での言語行動の結果である。なぜ、出会った人たちの名を私たちはわざわざ覚えるの

だろうか。それをすれば、彼らが近くにいるとき（文脈）、彼らを聞き手にすることができるからである（結果）。あるいは、彼らがいないところでは（文脈）、他の聞き手と彼らについて語り合うことができるからである（結果）。人の名前の「意味」は、その名前が出現するときの文脈であり、かつ出現した後の結果である。

意味とは使用である。このように考える理由は、**意識**（*consciousness*）、**目的**（*purpose*）、そして**知識**（*knowledge*）といった普段使っている難しい用語について、これまで私たちがかなり論じてきたことにある。それぞれの用語に対して、それが起こりそうな条件（文脈）を私たちは尋ねているのである。誰かが「**意味**」という語を発するときの文脈は、**意味**についての「意味」を語ってくれる。いかなる用語であっても、その意味を尋ねるということは、それが起こるときの文脈と、それが起こった後の結果を尋ねることである。

他のオペラント行動の場合と同じように、言語行動は強化履歴に依存する。ある言語活動の使用ないし意味とは、それが起こるときの文脈におけるその言語活動の結果である。それは、その言語活動が過去のそのような文脈におけるそのような結果の履歴に依存して生起するということである。私の子どもたちが何かを要求するときに「**どうか**（*please*）」という言葉を使うことを学習したのは、何度も何度もその単語を使って要求したときだけ強化子が有効だったからである。

◎ 使用の多様性

日常的な用語で言えば、言語的な行為にはさまざまな目的がある。そのうちの最も重要な2つは、要求すること、そして情報を提供することである。図7.1に示された言語的エピソードは要求の例であり、それは、その発話がそれ自身の強化子を特定化するという、より大きなカテゴリーに属する。スキナー（1957）はそのような発話を**マンド**（*mand*）と名付けた。要求だけでなく命令や質問、さらにアドバイスでさえマンドである。「左受け左！」と言う軍曹はマンドしているのである。その強化子は兵士が左に向くことである。「今何時ですか？」と尋ねるのもマンドである。その強化子は、正確な時刻を聞いて知ることである。「今年は代数を取らなければいけないよ」と子どもに忠告している親はマンドしている。その強化子は、子どもが代数を取ることである。要

求や質問、さらにアドバイスが起こる正確な場面はいろいろなものになり得るが、それでもそれは同じマンドと言える。ザックがステイシーに塩を求めようと、ショーナ、アーロン、あるいはナオミに求めようと、いずれも強化子は同じであるのだから、同じマンドである。発話の強化子が十分に特定化される場合、その発話はマンドである。

それに対して、役に立ちそうな発話で、特に強化子を明示しているわけではなく、むしろ何か特定の弁別刺激のもとで生起する発話がある。「君の後ろにトラがいる」というような発話の重要な点はトラである。聞き手が提供する強化子は、おそらく非常に感謝するということだろうが、はっきりしない。スキナー（1957）は、そのような発話を**タクト**（tact）と呼んだ。

警告を聞いた聞き手がトラを避けるのであれば、それが話し手の強化子となるかもしれない。そのように考えるなら、トラについての警告には、マンドの性質も幾分かあるかもしれない。しかし、その違いは明確ではない。なぜなら、タクトに対する強化子は、それを特定化できないにしても、普通は、感謝とか配慮といったよく見られる社会的なものだからである。より明確にタクトと言えるものは、ある人が他の人に「本当に良い天気！」と言う場合だろう。この行為を聞き手がどのように強化するかはわからない。しかし、そのように発話された主な理由は、場面（太陽、青い空、聞き手）であり、そのような場面でそのように発話したことでこれまで強化されてきたこと（強化履歴）である。

タクトには実にいろいろな発話がある。意見を述べたり、観察したりすることはタクトである。質問に答える場合もタクトである場合が多い。時刻を尋ねられて、時計を見て、正確な時刻を告げることはタクトである。私たちが言語報告と呼んでいるものはすべてタクトと言える。「息子は青いシャツを着ている」「肩が痛い」「2番の窓口でチケットを購入できる」などは、いずれもタクトである。最初の例は、特に青いシャツのもとで生起した直接的な言語報告である。2番目は、ある点で他とは異なる。その発話は、部分的にではあるが、肩の損傷といった私的弁別刺激の制御を受けている。3番目の発話には、より多くの弁別刺激が関わっている。なぜなら、それは、2番の窓口に行ったらチケットを買うことができた、という過去の出来事に依存しているからである。この場合、2番の窓口に行くという行動は、チケットを手に入れることができたことで強化されたのであるから、この強化の関係（reinforcement relation）

が弁別刺激である。このように見ると、3番目のタクトは、**ルール**（rule）の例と言える。ルールは、第8章で取り上げることになる重要な概念である。

◎ **辞書の定義**

　語や発話を、それが本来持っている「意味」によって理解できるのであれば、私たちは辞書の定義に頭を悩ますことはないはずである。言い方を換えてみよう。辞書の定義はどのようにして役立つのだろう。見知らぬ単語に出合って辞書を引いたとき、その単語の意味を学習しているわけではない。その言葉がどのように使われているのか、その概要を知るのである。辞書には、ひとつ以上の例と同義語（異なる単語ではあるが、同じような状況で使われ、同じような効果を持っている単語）や反意語（正反対の状況で使われ、正反対の効果を持っている単語）などが示されているのが普通である。これらのすべてによって、辞書を調べた人の行動は、読み手として、聞き手として、そして書き手として生じるようになる。

　辞書には意味は含まれていない。辞書には、単語の使い方、すなわち、単語の使われ方を聞いたり見たりして学ぶ一般的な方法が示されているのである。皆さんはどのようにして、**跳ぶ、走る、語る、自動車、赤ちゃん**といった単語を学習したのだろう。私たちが使っているこのような単語のほとんどは、辞書で調べたわけではない。どんな辞書も、私たちのためにそれらの単語を定義しているわけではない。これはそうでなかったなら、辞書は役に立たないものになる。なぜなら、辞書が説明しているのは、ある語を他の語、おそらくすでに知っていると考えられる単語で使う方法を説明しているからである。私が13歳のとき、fornication（姦淫）という単語について困って辞書を調べてみたら、その単語は私が知っている（と思った）単語に関係づけられていた。

◎ **専門用語**

　辞書で探すような日常的な語で当てはまることは、科学者や他の専門家が考案した専門用語の場合、2倍に当てはまる。ある用語は必ず別な用語で定義される。互いに関連のあるいくつかの用語は、いずれもともになじみのある場合もあれば、なじみのない場合もある。しかしそれでも、すべての用語が互いに関連づけられて定義される。**形質**（trait）、**遺伝子**（gene）、**遺伝する**（inherit）

といった用語を考えてみよう。どれも他の２つの言葉を使わずに定義することはできない。それと同じことは、強化（reinforcement）、オペラント（operant）、弁別刺激（discriminative stimulus）といった行動分析学の用語にも言える。オペラント行動とは何か。それは、過去に、ある刺激のもとで強化されたことがあるために、その刺激（弁別刺激）のもとで生起する可能性がより高くなった行動である、ということになる。

　それぞれの用語は、それ自体個別の意味（架空の語彙目録の中に貯蔵されるにふさわしい意味）を持たなければならないとあくまでも主張するのであれば、語の定義がこのように相互に依存するということは問題であると思われるだけである。実際は、科学者にとって、それは何の問題にもならない。語の相互依存性は、科学的な語彙の特徴にすぎず、単にそれらの用語が一緒に使われやすいというだけのことである。

文法と構文

　言葉（language）に関心を持つ言語学者や認知心理学者は、単語を並べて文にするための規則である文法（grammar）に目を向けようとする。この単語の順序（syntax; 構文）を、私たちは、言語行動の構造と呼んでいる。行動分析家が機能に関心を向けることと、言語学者が構造に関心を向けることは、相容れないはずのものではないのだが、ノーム・チョムスキー（1959）という影響力大の言語学者が、スキナーの著書『言語行動』（原題：*Verbal Behavior*）を辛辣に批評したために、多くの人たちが行動分析学のアプローチに目を向けなくなってしまった。何人かの言語学者が、機能的なアプローチに関心を持ち始めるようになるまで（例えば Andresen, 1991）、約30年待たなければならなかった。しかし問題はまだ残っている。行動分析家はどのように構文を扱うのだろう。

■ 記述としてのルール

　すべての言葉には規則性がある。英語の場合、普通の文の順序は、主語―動詞―目的語である。*Shona kissed Nick.*（ショーナはニックにキスをした）と

いう文では、この規則的な語順によって、誰が誰にキスをしたのかが明らかである。主語と目的語の場所に多くの変化が起こる。*The book on the table caught Naomi's eye.*（そのテーブルの上の本がナオミの目をとらえた）という文では、名詞—前置詞—冠詞—名詞という形の名詞句が主語になっており、形容詞—名詞の形の名詞句が目的語になっている。この文の全体の構造は、句の構造を低次の規則性とする高次の規則性と見ることができる。所有格の *-s* や、複数形の *-s*、さらに過去時制の *-ed* を付加するといった規則性は、さらに低次の順序と言えるだろう。

　文法学者の仕事は、言葉の話し手によって正しいと考えられている文章のすべてを生み出す規則を考案することである。このような1組の規則（ルール）である文法は、多くの口語英語を簡潔に記述したものとなる。文法学者は、文法への最良のアプローチについて議論する。英語の文法はいろいろある。いくつかの候補が互いに競い、それぞれがそれ自身の長所と短所を持っている。チョムスキーは、**変形文法**（*transformational grammar*）として知られる非常に一般的なアプローチを考案した。その文法は、ほとんどのような言葉（language）にも当てはめることができるものである。まず、主語—動詞—目的語のような基本的なパターンから始まる。それから、このパターンを受け入れ可能な文章に変形することができるすべての規則（ルール）をリストアップする。例えば、受動態への変形は主語と目的語を入れ替えて、*to be* の正しい形と *by* という言葉を挿入する。*Shona kissed Nick.*（ショーナは、ニックにキスをした）は、*Nick was kissed by Shona.*（ニックは、ショーナによってキスされた）となる。

　英語の文法と言えるものを解明することは、興味深い知的な挑戦である。そして、文法を創造することは、中学校の学生や成人たちに英語を教える上で役に立つかもしれない。しかし、面白くても、そして役に立つとしても、英語の文法は英語の規則性の単なる記述でしかない。

　チョムスキーは、英語の規則の完璧とも見えるセットをリストアップしながら、これらの規則は生得的なものであると想像した。すなわち、人の内部のどこかでそれは構築されているものとした。もちろんこれは心理主義である。心理主義者は、行動の規則性を観察しながら、有機体の内部のどこかに規則性があると想像するからである。その規則性がどこから来るのかは不明のままであ

る。言語行動に対するスキナーの考えは、英語の構文は、部分的に、あるいは全体的に学習され得るものであるということを認めたのである。

◎ 能力と遂行

　文法学者は、正しい英語のみを扱っているので、実際に話されている英語を問題にすると、彼らは理想と現実の不一致を見て不快に感じる。実際の会話のエラーに対して彼らがせいぜい行えることは、エラーの修正である。文法学者は、なぜエラーが生じるのかを決して説明していない。なぜなら、文法は決して行動の理論ではないからである。文法の規則は規範である。それは、話し手が一般的にどのように行動して、社会の目から見れば、どのように行動すべきか、その基準を示している。

　チョムスキーのような文法学者は、文法の本質を誤解している。なぜなら、彼らは、規則が話し手や聞き手の内部のどこかに何らかの形で存在しなければならないと考えており、心理主義の罠にかかっているからである。これに関連する間違いは、第3章で論じた**団結心**（*team spirit*）のような用語を使ったときに起こり得る間違いに似ている。この間違いは、人々の語り方から生じる。人々は、チームは団結心を**示す**と言ったり、私たちは文法の規則に**従う**と言ったりする。どちらも誤解である。前者は、団結心を、それがチームの行動と何か異なるものであるかのように見せているし、後者は、文法の規則を、それが人が語ったり書いたりしている行為と何か異なるものであるかのように見せている。

　規則を行動と異なるものであると考えると、チョムスキーのような心理主義者は、**能力**（*competence*、理想、規則）と**遂行**（*performance*、実際に話したり書いたりする）を区別する。能力なるものは内的な架空の理想である。それはおそらく人々が「知っている」ことであろう。しかし、知っているからといって必ずしも行うわけではない。そのようなものである。能力と遂行を区別するのは「間違い」である。

　能力という考えは、他の心理主義的な説明と同じ問題を提示する。それを他の例に当てはめれば、それが無用であることが明らかになる。惑星が太陽の周りを楕円軌道で周回しているというのであれば、それぞれの惑星は、その内部に理想的な楕円軌道についての能力を持っていると言うのであろうか。惑星の

軌道が正確な楕円から少しでもずれたなら、それを「間違い」と言うのだろうか。スキナーの例はこうである。イヌが空中高く投げられたボールをとらえるとき、ある意味でイヌは落下する物体に関する物理学の法則に「従っている」と言える。だからといって、イヌが正しいときに正しい場所に移動できるのは、イヌが彼らの内部のどこかに物理学の法則を持っているからだと言わなければならないのだろうか。同じように、概して文法的に間違いなく話をしている4歳の子どもは、その子どもの内部のどこかに文法の規則を持っていると言わなければならないのだろうか。

◎ **文法と文法学者**

一般的に能力、特に文法についての考え方のひとつに、それらが実際の遂行の理想化された記述であるという考え方がある。理想化とは、いつでも単純化であり、したがって正確ではない。間違いは遂行で起こるのではなく、この単純化された記述で起こる。遂行は正確であるが、規則は不正確である可能性がある。

文法学者は、一連の規則や文法を作る。これが興味深く、これを行うことが有用である限り、文法学者たちの行動は強化され続けるだろう。しかし、どれほど文法が正確であろうと、文法は自分たちが行っていることをなぜ人は語るようになるのか、どのようにしてそのようになるのかについては何も語っていない。話すことも書くこともオペラント行動であるということがわかったのであれば、それらを説明することにしよう。

■ 文法の規則はどこにあるのだろう

文法の規則が話し手の内部にないのであれば、それらは一体どこにあるのだろう。文法の規則は必ずどこかに存在しなければならないというわけではない。そのように異議を唱えることはできるだろう。しかし、第6章の科学者の行動についての私たちの議論は、異なる考えへと導く。文法の規則は、それよりはむしろ、観察者、すなわち科学者や文法学者の言語行動にあると言える。文法学者は、科学者のように、観察し、観察したことを簡潔な形で要約する。言い換えるなら、文法学者は、1組の規則を言語化する。英語の教師によってそれ

らの規則が語られたときに、私たちがそれらの規則に耳を傾けて規則どおりにしたなら、それは、私たちが人の言うことを聞いて、それに従うことを訓練されているからである。これらの問題を次の章でもっと深く論じることにしよう。

要　約

　言語行動はオペラント行動であり、それが強化されるには、聞き手の存在が必要である。話し手と聞き手は同じ言語共同体に属していなければならない。したがって、話し手と聞き手は役割を交代できなければならない。言語行動は、日常的な言葉で言えば、**コミュニケーション**という状況を示している。コミュニケーションという状況では、ある有機体の行動が刺激となって、他の有機体の行動が変化する。他のオペラント行動と同じように、言語行動は、その結果と文脈によって説明される。言語行動には、聞き手の行為という結果が随伴する。聞き手は、言語行動の文脈の重要な部分である。ザックがステイシーに塩を求めるのは、ステイシーのような聞き手が、ザックの強化履歴において、このような言語行為を強化したからである。言語行動は模倣から始まるようである。そして、クッキーを受け取ったり、親の注目を受けたりといった結果によって形成される。聞き手や言語共同体が関与することを除けば、言語行動は、他のオペラント行動と何ら異ならない。言語行動の定義によれば、ジェスチャーやサイン言語は、それが音声を伴わない場合であっても、言語行動と言える。また、音声であっても、オペラントではない行動は言語行動とは言えない。特殊な例にはいろいろな意味があるかもしれないが、これらはほとんど重要ではない。なぜなら行動主義者は、「言葉（language）を用いること」と他のオペラント行動の類似性を明らかにしようとするのであって、それを分離しようとはしないからである。言語行動と異なるところをあげるなら、言葉（language）は抽象である。言葉は道具のように用いられるという考えは、心理主義と言える考えである。

　他のオペラント活動と同様に、言語活動は機能的な単位である。異なる発話で、互いに構造的に独特であっても、同じ言語活動であるものは多い。同じ言語活動に属するすべての発話が同じ言語活動に属すると言えるのは、ある程度、それらのすべての発話が聞き手に対して同じ効果を持つからである。このよう

なことから、塩を求める方法や、他者に危険を知らせる方法が構造的に異なっていても、それらのすべての活動は、同じ言語活動、すなわち「塩を求める」「危険を知らせる」の部分となり得るのである。他のオペラント活動と同様に、言語活動は刺激性制御を受ける。つまり、ある文脈の中でより起こりやすくなる。他のオペラント活動の場合と同じように、その効果に加えて、言語活動の定義となっている2番目の部分は、言語活動が生起する文脈である。構造的な視点からすれば似ている発話であっても、文脈によってまったく異なる言語活動になる場合がある。文脈の違いによって、起こり得る活動の構造もいろいろと異なったものになる場合がある。

　言葉の使用（language use）が他の行動と異なるのは、言葉の使用の場合、それが生成的であり、それ自体について言及することができ、そして将来について言及することができるからであると主張する思想家がいる。発話の構造に規則性があり、新たな発話が頻繁に創造されることから、発話には生成的な特質があると思われている。これらの特徴は他のすべてのオペラント行動にも当てはまるので、これらの特徴ゆえに言葉の使用を特別扱いするわけにはいかない。発話はそれ自体について言及できるということも、他のオペラント行動と異ならない。なぜなら、これは、ある言語行為が別な言語行為の弁別刺激を生み出すと言っているにすぎないからである。非言語的なオペラント行動も、同様に、弁別刺激を生み出すことができるし、弁別刺激の制御を受けることができる。発話が将来について言及できるように思えるのは、弁別刺激が生起して、時間が経過してから、その弁別刺激によって行動が制御できるようなものである。したがって、言葉の使用には何も特殊なものはない。それは、心理主義に訴えなくても理解できる行動である。

　他のオペラント行動のように、言語活動は、ある文脈で起こりやすい。すなわち、言語活動は刺激性制御を受ける。もし、発話や身振り手振りで話すといった言語行為の「意味」に何らかの意味があるとしたなら、その意味は、その行為が起こりやすい条件からなる。すなわち、文脈と、その文脈における強化である。言語行為を、その使われ方という視点で理解するなら、次のように言える。ある行為は指示的（directive）であり、これは**マンド**と呼ばれる。この行為は、文脈よりも、特定の強化に依存する。一方、情報的（informative）と言える言語行為があるが、これは**タクト**と呼ばれる。この行為は、強化より

も特定の文脈に依存する。

　文法が言語学者や心理学者によって注目されるのは、それが構造における規則性を記述しているからである。文法は、言葉（language）の話し手によって正しいと考えられる文章のすべてを生み出すことができる１組の規則（ルール）からなる。文法は、実際の言語行動のその割り当ての構造を記述するが、文法的ではない言語行動や、機能については何も語らない。文法の規則が人の内部にあるかのように想像するという心理主義の罠にはまってしまう思想家がいる。しかし、文法の規則は、語る人の言語行動にあるのである。

◆ 参考文献

Andresen, J. 1991: Skinner and Chomsky 30 years later on: The return of the repressed. *Behavior Analyst*, **14**, 49-60.　チョムスキーの心理主義ではなく、スキナーの『言語行動』（原題：*Verbal Behavior*）への評価が言語学者の間で高くなっているということが、ある言語学者によって論じられている。

Brown, R. 1973: *A First Language: The Early Stages*. Cambridge, Mass: Harvard University Press. この書は、ブラウンによる言葉の獲得についての古典的な研究を記したものである。彼と彼の共同研究者は、３人の子どもたちの膨大なデータを収集して分析した。

Chomsky, N. 1957: *Syntactic Structures*. The Hague: Mouton. この書は、言語学へのチョムスキーの偉大な貢献となった変形文法を記したものである。（ノーム・チョムスキー　福井直樹・辻子美保子（訳）（2014）．統辞構造論 付『言語理論の論理構造』序論　岩波書店）

Chomsky, N. 1959: *Verbal Behavior* by B. F. Skinner. *Language*, **35**, 26-58.　スキナーの本に対してチョムスキーが不親切で間違った解釈をした評論。いくつかの本の中に再版されている。

Conger, R., and Killeen, P. 1974: Use of concurrent operants in small group research: A demonstration. *Pacific Sociological Review*, **17**, 399-415.　本章で記した実験が報告されている。

Day, W. F. 1969: On certain similarities between the *Philosophical Investigations* of Ludwig Wittgenstein and the operationism of B. F. Skinner. *Journal of the Experimental Analysis of Behavior*, **12**, 489-506.　デイは、スキナーの考えとヴィトゲンシュタインの考えの類似性にはじめて気づいたひとりであった。

Hart, B., and Risley, T. R. 1995: *Meaningful Differences in the Experience of Young American Children*. Baltimore: Paul H. Brooks Publishing.　この書は、子どもたちの言語行動の獲得を縦断的に調べた研究を報告している。

Laudan, L. 1984: Science and Values: *The Aims of Science and Their Roles in Scientific Debate*. Berkeley: University of California Press.　文脈主義（contextualism）についてもっと学びたいのであれば、この書を読むと良いだろう。（ラリー・ラウダン　小草泰・

戸田山和久（訳）(2009). 科学と価値―相対主義と実在論を論駁する　勁草書房）

MacCorquodale, K. 1970: On Chomsly's review of Skinner's *Verbal Behavior. Journal of the Experimental Analysis of Behavior*, **13**, 83-99.　スキナーの本を批判したチョムスキーの視点に対する行動分析家によるはじめての反応。

Moerk, E. L. 1983: *The Mother of Eve - As a First Language Teacher.* Norwood, NJ: Ablex.　言葉の獲得についてのロジャー・ブラウンのデータを再調査したもの。この中でモアクは、言語行動は他のオペラント行動と同じように獲得されるというスキナーの見解を支持する豊富な証拠を見いだしている。

Purdom, C. 1971: *The God Man.* North Myrtle Beach, SC: Sheriar Press.　この伝記は、インドの偉大な神秘家メヘル・バーバーの人生と教えを伝えている。

Skinner, B. F. 1945: The operational analysis of psychological terms. *Psychological Review*, **52**, 270-7, 291-4. Reprinted in B. F. Skinner, *Cumulative Record,* New York: Appleton-Century-Crofts, 1961, 272-86.　意味と定義について論じられている。

Skinner, B. F. 1957: *Verbal Behavior.* New York: Appleton-Century-Crofts.　本章は、この古典的な作品をかなり利用した。

Snow, C. E. 1977: The development of conversation between mothers and babies. *Journal of Child Language*, **4**, 1-22.　この論文は、母親とその子どものやりとりの過程を、子どもが18カ月になるまで記録したデータを提供している。

Wittgenstein, L. 1958: *Philosophical Investigations*, 2nd. ed. New York: Macmillan. G. E. M. アンスクームによる英訳。使用としての意味を論じたとき、この本を部分的に参考にした。この本で、ヴィトゲンシュタインの考えが、スキナーの考えとかなりの部分オーバーラップしていることがわかる。（ルートヴィヒ・ヴィトゲンシュタイン　丘沢静也（訳）(2013). 哲学探究　岩波書店）

第7章で紹介した用語

記述としてのルール　Rule as description
言語活動　Verbal activity
言語共同体　Verbal community
言語行動　Verbal behavior
言語的エピソード、言語的出来事　Verbal episode
語彙目録　Lexicon
コミュニケーション　Communication
参照理論　Reference theory
辞書の定義　Dictionary definition
能力と遂行　Competence and performance
話し手と聞き手　Speaker and listener
文法　Grammar
マンドとタクト　Mand and tact
メタ発言　Meta-statement

第8章
ルール支配行動と思考

　すべての文化にはルールがある。その文化の中で育つ子どもは、系統的な指導を受けなくても、いくつかのルールに従うことを学習する。公衆の面前では服を着なければならないということを私に教えてくれた人がいたのかどうか、私は思い出すことはできない。思い出すことはできないにしても、誰かが教えてくれたものと思われる。したがって、おそらくほとんどのルールは、きちんと教えられるのだろう。

　話し手という指導者からルールを学ぶには、聞き手になる必要がある。ほとんどの子どもは、はじめは聞き手になることを学習する。すなわち、話し手(彼らの親)の言語行動に基づいて弁別することを学習する。言語弁別刺激(verbal discriminative stimulus)のこの効果は、後に、教師、コーチ、雇用者などの他者に般化する。もしこの従順さがなければ、私たちはきっと文化に同化できないだろう (Simon, 1990)。本章は、ルールの指導と、ルールへの追随を行動分析家はどのように理解するのかについて論じることにする。

ルール支配行動とは何か

　行動がルールによって「支配される」というのは、行動がルールによる刺激性制御を受けるということである。すなわち、ルールは、ある種の弁別刺激、言語弁別刺激 (verbal discriminative stimulus) である。父が私に「夕食に間に合うように6時までに帰らなければいけない」と告げたとき、それは私の行動を制御するルールであった。もし遅れたら最も不快な結果になったからである。ルールは、書き言葉にも話し言葉にもなり得る。「禁煙」というエレベーターの標識は言語弁別刺激である。この標識を貼った人は話し手である。なぜなら、その標識を貼るという行為の主な強化子は、それを読んだ人(聞き手)

にもたらす効果だからである。

■ ルール支配行動と暗に形成される行動

　目下のところ、ルールによって記述され得る行動だけを、ルール支配行動（rule-governed behavior）と呼ぶことができる。第6章で紹介したハトの見本合わせ訓練では、見本キーに対応した刺激が提示されているキーをハトにつつかせるようにする。ハトはルールに従っていると言えるかもしれない。しかし、その「ルール」は、ハトの反応遂行を言語的に要約したもの、短く記述したものにすぎない。人以外の動物の行動をルール支配行動と呼ぶべきかどうかは議論の余地のあるところだが、このハトの行動はルールによって制御されている（rule-governed）とは言えない。なぜなら、言語弁別刺激が一切関わっていないからである。第7章で私は文法の規則について同じような問題を指摘した。4歳の子どもの発話が文法的に適っている場合、その子の発話は「ルール（規則）に従っている」。しかし、4歳の子どもはその規則を告げることができないので、そして、他の誰かがその子どもに文法の規則を教えていないのだから、目下のところ、その子どもの言語行動はルールによる制御を受けているとは言えない。

　私たちは、人や動物の行動に何らかの規則性が認められたときはいつでも、彼らがルールに従っていると言いたがる。しかし私はここで、ルールを単なる複雑な弁別という以上の何か特別なものを意味する用語として使っている。私たちは、ゲームのルールのように、ルールという言語的発言に関わる弁別に目を向けているのである。なぜなら、他者の言語行動に人々が反応できるということは、歴史的に見て、心理主義に有利になるような証拠と考えられたからである。行動主義者は、科学的な説明は可能であると主張し、ルールに従うということが行動分析学の概念（強化と刺激性制御）で説明可能であるということを示そうとする。

　ルール支配行動の理解を促すために、この行動と、暗に形成される行動（これは時に「随伴性形成行動［contingency-shaped behavior］」と呼ばれる）を区別する。随伴性形成行動は、もっぱら言語を介さない強化や弱化の関係に帰することができる行動である。ルール支配行動を含むすべてのオペラント行動は、強化と弱化によって形成される。この文脈における「**暗に形成される**

(*implicitly shaped*)」という言葉が意味する行動は、比較的即時的な結果によって直接的に形成される行動であり、ルールを聞いたり読んだりして形成される行動ではない（第4章で記したとおりである）。"*All in the Family*" というテレビ番組シリーズの中のあるエピソードでのひとつの出来事がこのことを示している。アーチー・バンカーが義理の息子のマイクと靴下と靴の正しいはき方のことで議論している。マイクは、片側の足に靴下と靴をはいてからもう片方の足に靴下と靴をはく。アーチーは、両方の靴下をはいてから両方の靴をはく。おそらくどちらも、それぞれのはき方を実際に教えられてそのようにしていたわけではないだろう。どちらの行動も暗に形成されたものである。

　ルール支配行動は、他者（話し手）の言語行動に依存する。それに対して、暗に形成される行動は他者を必要としない。必要なのは、非社会的強化との関わりだけである。マイクとアーチーの違いは、たまたま起こってしまったものだろう。それぞれが身に付けた靴下や靴のはき方は、一連の行動系列の次の活動が行えることによって強化されたものである[4]（第4章）。ルール支配行動は、語られ、指示され、さらに教示される行動である（言語弁別刺激の制御を受けている）。しかし、暗に形成される行動は、教示なしで生起し、それについて語ることができない場合が多い。誰かがボールを受け止めたとき、どのようにしてそれを受け止めたのかについて尋ねてみるとよい。また、冗談を言った人に、どうしてそんなに上手に言えるのかについて尋ねてみるとよい。さらに、自転車をこいでいる人に、どうして転ばずに自転車を走らせることができるのか尋ねてみるとよい。どの質問に対しても、答えは「わからない。ただそうしているだけだ」になるだろう。彼らは活動を示すことはできるが、それを語ることはできない。これこそ、暗に形成される行動の特徴である。

　暗に形成される行動の最適な例を考えることは難しい。なぜなら、私たちの行動のほとんどは、教わることから始まるためである。そして、その行動が最終的な形に近い形で起こるようになった時点で暗に形成されていくようになるからである。体操の選手になりたての人は、はじめは技の仕方を教わる。選手はその指示に従って、手と足を注意深く動かす。最初は荒削りであるが、何度も何度も練習を重ねる。練習をとおして、身体運動と正しいフォームの間の言

---

[4] 訳注：行動連鎖のこと。靴下や靴を履く場合、個々の活動は連鎖をなしており、ある活動は、次の活動が行えることで強化される。

葉で言えない関係が技となる行動を形成し、ついには、そのフォームは正しいものになる。私たちのスキルの多くは、このパターンに従っている。文章を書いたり、運転したり、良い行儀を身に付けたり、そして楽器を演奏したりするなどはそうである。はじめの頃の大ざっぱな行動はルール支配であるが、最終的に出来上がった行動は暗に形成された行動である。

第6章の言葉で言えば、暗に形成される行動は、手続き的知識（procedural knowledge）、すなわち「方法について知ること（knowing how）」と一致する。ひとたび行動が形成されると、たとえ言葉で説明できなくても、転ばずに自転車を走らせることができる。行動とその結果について語ることができる場合、それは、ある種の宣言的知識（declarative knowledge）、すなわち「対象について知ること（knowing about）」である。アーロンが、チェスのルールを説明できるなら、彼はそのゲームについて知っている。ルールが提供するものは、ほとんどいつでも対象についての知識である。

もちろん私たちは、方法についても対象についても知っている場合がしばしばある。ある行動が形成される前後で、暗に形成されるその行動について語ることを学習するかもしれない。アーチーとマイクのやりとりは、私たちがいかにルールを簡単に作って正当化しているかということも示している。アーチーはマイクを阻止して、彼に靴をはく前に両方の靴下をはくべきだと告げている。マイクはそれに反対する。アーチーは、「火事が起こったらどうする？　外におまえが出たら、**少なくともはだしではいられないぞ**」と言う。マイクは、少なくとも片方の靴をはいていれば、片足でぴょんぴょん跳ね回れると答える。ルールを作ることは、話し手としての私たちの役目のひとつになっている。それについては第7章で触れたが、価値と文化についての第12章と第13章でも問題にするつもりである。当面、ルールの正当化に目を向けよう。正当化は、強化と弱化（少なくともはだしではいられないぞ）についての言語行動なのだから。

■ ルール：命令、教示、忠告

スキナー（1953; 1969）は、ルールを、強化関係（reinforcement relation）を指摘する言語弁別刺激と定義した（スキナーは「随伴性」という言葉を使っ

ていたが、随伴性は、反応と強化子の間の接近という意味もしばしばあるので、私たちは、この言外の意味を避けるために、より一般的な用語である「強化関係」という用語を用いることにしよう）。ゲームを一緒にやっているプレイヤーたちは、「ボールが線の外に出たらアウト」「フォーカードはフルハウスに勝つ」といった発話をして、言語弁別刺激をしばしばつくり出す。このような発話は、聞き手の行動（ボールが線の外に出たら「アウト」であるということを認めたり、フォーカードに屈したりする）によって強化される。このようなルールが強化関係を「指摘する」ということはどういう意味なのだろう。

　私たちが、今行っているように、オペラント行動について語るときの「強化関係」というのは、活動と結果の関係を意味する。種をまけば収穫がもたらされる。これが強化関係である。第4章で見たように、すべての強化関係は、「もしこの活動が起これば、この結果がより起こりやすくなる（あるいはより起こりにくくなる）」という言い方で要約できる。種をまけば、収穫がより得られやすくなる。傘を持っていけば、濡れずに済むだろう。

　ルールを語るという言語行動は、この関係を「指摘する」。このことは、ルールを提示するという活動が、この関係による刺激性制御を受けるということである。すなわち、この関係は、ルールを提示するという活動に対する文脈を設定する。第7章の用語で言えば、ルールとは、その関係のことを言っているとも言える。「角を左に曲がれば、銀行に行けるだろう」という発言は、角を左に曲がると銀行に行きやすくなる、という話し手の経験を反映する。この経験は複雑な弁別刺激であり文脈である。同様に、テニスをしていてボールが線を超えたらアウトであると私が相手に告げたら、私のこの発話は、かつて私が線を超えるようなボールを打ったときに「アウト」と言われたことがあるという私の経験の制御を受けている。指摘されている関係は、「もし線を超えるようなボールを打てば（行為）、得点を失うという弱化刺激が起こりやすい」という関係である。このように正確にルールを語ることはあまりないが、これが私が経験したことの正確な要約であり、私がルールを提示した文脈となっているのである。

　実験室で行われた実験例を見れば、**ルール**という用語が行動主義者たちによってどのように使われているかがわかりやすくなるだろう。マーク・ガリツィオ（1979）は、1セッション50分の実験を大学生に75セッションまで報酬を

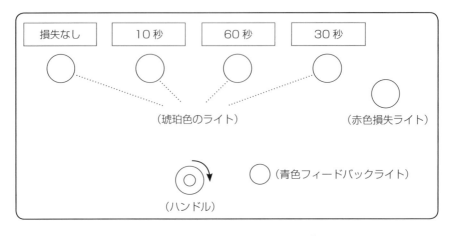

図8.1　ガリツィオの実験で用いられた装置
各学生はこのパネルの前に座った。ラバーつきのハンドルを45度回転させると、金銭損失を避けることができる。きちんとハンドルを回転させるたびに、青色フィードバックライトが点滅する。金銭を損失すると、赤色損失ライトが点滅し、音が鳴る。それぞれの琥珀色のライトは、損失回避スケジュールが異なることを示す。たまに教示（ルール）としてのラベルが適当な位置に提示される。

払って受けてもらった。彼が用いた装置は図8.1に示されている。学生たちは、「最大で2ドルが1セッションで獲得できるが、ときおり赤色『金銭損失』ライトが点滅して音が鳴る。そのとき5セント失うことになる。しかし、ラバーのついたハンドルを45度回転させると（これによって、青色『フィードバック』ライトが点滅する）、この金銭損失を避けることができる」と告げられた。金銭損失がスケジュールされているときにハンドルを回転させなければ、10秒ごとに金銭損失が行われた。各実験セッションは4つのピリオド（1ピリオドは12.5分）に分けられた。それぞれのピリオドでは、次のような処置がなされた。あるピリオドでは、ハンドルを回転させるたびに、10秒ずつ金銭損失の時期を遅らせることができる。2番目のピリオドでは30秒、3番目のピリオドでは60秒遅らせることができた。第4のピリオドでは、金銭損失は行われなかった。10秒延期のピリオドでは、10秒ごとに少なくとも1回ハンドルを回転させれば金銭損失を避けることができる。30秒延期と60秒延期のピリオドで金銭損失を避けるには、それぞれ少なくとも30秒ごと、そして60秒ご

とにハンドルを回転させなければならない。金銭損失がないピリオドでは、ハンドルを回転させる必要はなかった。この4つのピリオドはランダムな順で生じた。図8.1で示されている琥珀色の4つのライトのそれぞれは各ピリオドの信号であった。

　実験の第1フェイズでは、学生たちにさらなる情報は一切提供されなかった。4人の学生のうちひとりだけが4つのピリオド中に適切な速さでハンドルを回転させた。すなわち、10秒延期のピリオドで最も早く回転させ、ついで30秒、さらに60秒でゆっくりと回転させた。金銭損失がないピリオドではほとんど回転させなかった。他の3人の学生たちは、4つのピリオドでほぼ同じ速さでハンドルを回転させた。実験の第2フェイズで、教示（すなわち、**ルール**）が追加された。それは、図8.1に示されるように琥珀色の4つのライトの上に示されたラベルであった。

　10秒と書いてあるラベルは、「少なくとも10秒ごとにハンドルを回せ」の意味で、**30秒**、**60秒**のそれぞれのラベルは、「30秒ごとに回せ」と「60秒ごとに回せ」という意味であった。**損失なし**のラベルは、「ハンドルを回すな」となる。このフェイズでは、さらに2人の学生が実験を始めた。これらのセッション中に6人すべての学生たちが、4つのピリオドのそれぞれで適切な速さでハンドルを回すようになった。6人すべての学生たちのハンドル回転操作がラベルの制御を受けるようになったのである。専門用語で言えば、6人すべての学生が言語弁別刺激に対して弁別を示したとなる。

　第3フェイズでは、ラベルが取り除かれた。琥珀色のライトを4つのピリオドに対してシャッフルした。そのため学生たちは、ハンドルを回す速さを再び調整しなければならなくなった。6人のうち2人が4つのすべてのピリオドで再びほぼ同じ速さでハンドルを回すようになった。残りの4人は、異なる琥珀色のライトを弁別刺激にして弁別したが、先の2人は言語弁別刺激に基づいた弁別でしかなかった。彼らの行動は、あくまでもルール支配であった。

　ガリツィオの実験では、話し手は彼であり、聞き手は学生であった。ラベルを提示することが言語行動となっていた。なぜなら、それは聞き手の行動の変化によって強化されたからである。もしそのような効果がなかったなら、ガリツィオは、その実験結果について何も書こうとはしなかっただろうし、論文も発表できなかっただろう。学生たちの行動が言語弁別刺激の制御を受けるよう

になったとき、彼らの行動はルール支配となったのである。

しかしながら、ルールによって制御された行動の変化は、ライトによって制御された行動の変化とまったく同じであった。言語弁別刺激は、非言語弁別刺激と同じように行動を制御する。異なるのは制御の起源である。言語弁別刺激の制御は、生後間もなくの頃から始まったルール追随（rule-following）の長い強力な履歴に由来する。ガリツィオの実験のすべての学生たちが、ルールが導入されると、適切に反応したのは当然のことと言えるだろう。しかし、彼らのうちの何人かがルールのみに適切に反応していたのというのは印象的である。

ガリツィオの実験は、ルールをもたらす関係を直接経験する必要はないということも示している。損失を避けるには少なくとも10秒ごとにハンドルを回転させる必要があると言えるようになるのに、ガリツィオがハンドルを回してみる必要はない。ガリツィオがそのように言えたのは、彼が装置をプログラムしたときに生じた刺激と、学生たちが装置を操作したときに生じた刺激に基づいている。同様に、ボールが線を超えたならアウトと告げるのに、私がテニスをプレイする必要はない。他の人がプレイしているのを私は見るだけでよい。その弁別刺激あるいは文脈は、あくまでも関係である。単にその関係は他者の行為と結果からなる。

重要な例外がひとつある。話し手がその関係をまったく経験していない場合で、又聞きであっても、他の誰かが提供したルールを繰り返す場合が時々ある。そのような場合、「聞いたところによると」「彼らが言うには」（「聞いたところによると、角のあたりのお店でもっと手頃な値段で買えるんだって」）といった前置きを言ったりする。この例外は、私たちの一般的な原理を確証する。なぜなら、仮に私が他の人が語ったことを単に繰り返しているとしても、その話し手の行動に対する文脈と弁別刺激は、その関係の経験だからである。最終的には、ルール提供と言える発話はどのようなものでも、それに対する文脈は強化関係（reinforcement relation）である。

ルールという語の普段の使い方は、行動分析家たちの専門的な意味よりも狭い。普段使っているルールは、「強化関係を指摘する言語弁別刺激」カテゴリーに当てはまるが、このカテゴリーには、普段はルールと呼ばれないような刺激も含まれる。例えば、多くの指図や命令は、専門的に言えば、ルールである。親が子どもに「線路の上で遊んだらダメだよ。怪我をするからね」と言うとき、

この言語弁別刺激はルールである。ルールを生み出す親の言語行動は、「子どもが線路の上で遊んだら、怪我をする可能性が高くなる」という関係の制御を受けている（その関係を指摘している）からである。

これからは、ルールは「関係を指摘する」という言い方をするが、それは「ルール提供という言語行動は、強化関係の刺激性制御を受けている」ということを縮めた言い方であるということを忘れないでいただきたい。薬に対して「ダメなものはダメ」と子どもに言えば、このルールは「薬はダメ、と言えば、子どもが薬を飲んでまずい結果にならずに済む」という関係を指摘する。この例のように、ルールは強化関係を漠然と指摘する場合が多い。文脈がはっきりさせてくれるからである。新兵訓練係の軍曹が、「気を付け」「休め」「左向け左」などと命令する場合も、ルールと見ることができる。そのような命令は、兵士が軍曹の言ったことにきちんとすぐに従えば、その兵士はきちんと戦えるようになる、そのような強化関係によって発せられていると言えるからである。

すべての教示はルールである。事務職員の見習いは、「ある仕事をしているときは、他の書類は片付けておくように。そうすれば、ゴチャゴチャにならずに済む」と言われる。組み立て式のテーブルを購入したとき、説明書はルールである。それは、そこに記載されているとおりに組み立てれば、きちんとしたテーブルになるはずである、という強化関係を暗黙に指摘している。地図も略図も然りである。私の家への行き方を私が地図に書けば、それは私が行き先を語るのと同じ方法で伝えている。地図を書くのは言語行動となっている。地図はルールであり、地図に従うのはルール支配行動である。

忠告はルールの定義に従う。「息子よ。おまえはマーベルと結婚した方がいいと思う。彼女なら良い奥さんになって、おまえは幸せになるだろう」というのは言語弁別刺激である。それは明らかに、マーベルのような女性と結婚することと、幸せになることとの関係を指摘している。もしその息子が普通に父親の忠告に従うなら、マーベルと結婚するという行動の可能性は高められるだろう。私たちが、仲介業者や弁護士さらに医者や他の専門家に多くの金を払ってアドバイスを求めるのは、彼らが私たちには指摘できない関係を指摘する（ルールを提供したり、言語弁別刺激を生み出したりする）ことができるからである。

相互の利益を求めるときにルールが時々使われる。片方への利益提供が将来に持ち越される場合は特にそうである。「僕の背中を掻いてくれたら、君の背

中がかゆくなったとき掻いてあげるよ」は、自分の背中を掻いてくれる人の行動と、その人への強化子提供が遅れるかもしれないという関係を指摘している。それは、自分の背中を相手に掻いてもらう可能性を弁別刺激として高めている。(このような利他的行動については、第12章でさらに深く論じることにする)

　このような例はすべて2つの特徴を共有する。ひとつは、ルールは暗黙ないし明瞭に強化関係を指摘しているので、そのルールをいつでも「この活動をしたら、この結果が起こりやすくなる」の形で言い換えることができるという特徴である。ある言語弁別刺激をこのような形ではっきりと言ってみることで、それがルールであることがわかる。第6章で、弁別刺激はカテゴリーを作るということを知った。「スライドの中の人」(ハトの実験)や、「アメリカ南北戦争についての疑問」はカテゴリーであった。ルールも例外ではない。親の言語行動はいろいろな方法でルールを提供しているかもしれない。それらをすべて考えてみると、「冬に外出するときコートを着れば病気にならずに済むだろう」「コートを着なさい」「何か忘れていない？」「この絵の間違っているところは何？」「う〜む」などはすべてルールと言えるかもしれない。このような言い方は構造的な違いはあるにしても、これらのすべては機能的に等価であるのだから、ルールは機能的なカテゴリーである。

　もうひとつの特徴は、ルールは、ある意味で「長期の懸案事項」を指摘するという特徴である。すなわち、指摘された関係は、いつでも比較的に長期であり、しばしば長い時間、場合によっては人の一生よりも長い時間が経ってはじめてわかるものがある。煙草を吸わないようにと忠告されるのは、喫煙と病気の間に関係があるからであるが、その関係は数十年かけて次第にやっとわかる関係である。アメリカ人が民主主義の優位性を主張しようとするのは、何百年にもわたって他の主義を経験してきたからである。ルールの大事な点は、長い時間をかけて成果がもたらされるような行動を強めることである。すなわち、ルールで指摘されている関係が長期にわたって不明瞭で、しかしきわめて重要な関係である場合に、それに従った行動を強めることがルールの大事な点である。この意味で、ルールを提供する人は、ルールによって影響される人「の利益のために」ある程度振る舞うと言えるだろう。この考えは、第12章でもう一度論じることになる。

■ 常にいつでも２つの関係

ルール支配行動には、いつも２つの関係が関与する。ひとつは長期的で**究極的な強化関係**（*ultimate reinforcement relation*）で、これがそもそものルールの理由である。もうひとつは、ルールに従うことに対する短期的で**近接的な強化関係**（*proximate reinforcement relation*）である。行動の結果が遅延していて関係がはっきりしない関係は効果的ではない。そのため、煙草を吸っている人は、やがて30年もすれば癌になると言われても、あるいは、息切れを経験しても、喫煙をなかなかやめない。喫煙習慣を破るには、何かもっと即時的なものが必要である。ルールと近接的強化子（proximate reinforcer）は、どちらも話し手によって提供されるのが普通である。それらは、悪習慣を断ち切るとか、良い習慣を身に付けるといった望ましい行動を引き起こして維持する。子どもが指示に従ったら、親や教師である話し手は、明らかな強化子を提供する。大人になって仕事やスポーツの訓練を受けているとき、訓練者は「いいぞ」「そのとおり」「よくやった」といったように発言してルールに従ったことを強化する。

図8.2は、ルール支配行動の２つの強化関係、すなわち上が近接的関係、下が究極的関係を示す。第４章と第６章で説明したように、それぞれの関係には、行動に対する文脈（弁別刺激、あるいはS^D）と強化子（S^R）が含まれる。$S^D: B \rightarrow S^R$という表記は、S^Dによって行動Bが起こりやすくなるのは、S^Dは、行動Bが強化子を生じる（→）可能性を高める文脈となっているからである、ということを示す。中でも注目すべきは、どちらの関係も同じ行動に影響しているということである。ひとつは行動を促し、もうひとつは、その行動を正当化する。

◎ 近接的強化関係

近接的な関係ゆえに行動Bはルールの制御を受けていると言える。話し手が提供する言語弁別刺激はルールである。それは、行動Bが近接的強化子を生み出す文脈となっている。その強化子は、普通は他者、多くは話し手によって提供される。図8.2に示されている例では、近接的強化子は話し手の承認である。聞き手が、命令、要求、教示に従えば、話し手は承認したり、金銭や商

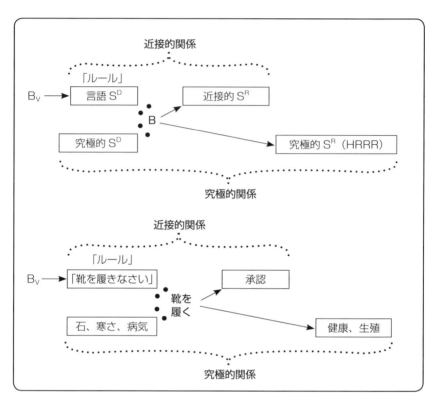

図8.2 ルール支配行動についての2つの強化関係
上段はそれらの強化関係を記号で示したものである。どちらの関係も、$S^D: B \rightarrow S^R$ のパターンになっている。上に示されている近接的関係では、弁別刺激 S^D あるいはルールは、話し手の言語行動 B_V によって生み出され、聞き手の望ましい行動 B を制御する。この制御は、行動と近接的強化子（通常、社会的で、多くの場合、話し手という他者によって提供される）との関係によってもたらされたものである。下に示されているのは究極的関係である。これは、近接的関係の理由である。なぜなら、長い矢印で表記されているように、重要ではあるが、遅延ないしは曖昧な結果（究極的強化子）が関係するからである。究極的 S^D は究極的関係の自然な文脈となっている。究極的 S^D は、その究極的な関係が優位になれば、行動 B を支配することになると思われるサインである。下段は、これらの関係の具体例である。話し手である親が、聞き手である子どもが出かけようとしているときに「靴を履きなさい」と言っている。「靴を履きなさい」は、聴覚的な近接的 S^D、ルールとなる。もし子どもが靴を履けば、その結果、親から承認されたり、あるいは叱られたりせずに済む。重要ではあるが、子どもにとって曖昧な究極的関係は、靴を履くことと、健康で、その上、子孫を残すことができるといった究極的な強化子との間の関係である。靴履き行動を制御するようになるはずの究極的 S^D には、とがった石、寒い天気、十二指腸虫のような寄生生物の存在といった条件がある。

品引換券のようなトークン強化子を提供したり、脅しのような嫌悪条件を取り除く。しばしばニュートラルであると呼ばれる助言でさえ、ほとんどニュートラルではない。マーベルと結婚することを勧める父親も、息子がそのようにすれば承認する。

　近接的関係は比較的わかりやすい。なぜなら強化が、比較的に頻繁で、そして即時的であるからである。このことは、図8.2で近接的強化子を示す矢印を短くして示した。はじめて行動を訓練するとき、このような明確な関係は特に重要である。望ましい行動がひとたび獲得されると、強化は次第に少なくなり、即時的でなくなる可能性がある。

◎ 究極的強化関係

　究極的関係があるから近接的関係がある。たとえ近接的関係がどれほど取るに足らないものに見えても、あるいはどれほど恣意的であるように見えても、究極的関係は、曖昧な長期にわたる関係（図8.2では長い矢印で示されている）ではあるが、近接的関係を正当化する。なぜなら究極的関係は、行動と、本当の意味で重要な問題となっている結果との関係を組み入れるからである。この関係が重要である理由は、究極的関係は、長期にわたる健康と生存、ひいては子孫と血縁の繁栄にとって重要であるからである。

　一言で言えば、究極的関係は適応度に関係する。合衆国の人たちは、なぜ靴を履くのか。多くの他の国の人たちのようになぜはだしでいないのだろう。靴を履くという実践は、健康との関係を考慮しなければ恣意的であるように思える。寒さからの保護はさておき、はだしでいると、傷ついたり、切ったり、感染して鉤虫症になったりする可能性がある。他の究極的関係と同様に、この関係それ自体には効果はないだろう。なぜなら、いつでも誰でもはだしでいるとそのような結果になって苦しむということにはならないからである。平均してみて、そして長い目で見てはじめて、健康への問題が明らかになるからである。その結果、私たちの文化では、子どもに靴を作ったり買ってあげたりして、子どもが小さいときから靴を履く必要性を指導し、はだしで店の中に入ることを禁じている。図8.2で示されているように、究極的文脈が優位になって、寒さや病気といった危険が身に迫ったとき人々は靴を履く。しかし靴を履く人は、この行為と健康との関係などほとんど考えていないかもしれない。彼らにとっ

ては、社会的に受け入れ可能なもの（近接的関係）が何であるのかを知っているだけで十分であるからである。彼らは、そのルールに従えさえすればよいのである。

　人々が触れることになる究極的関係を踏まえてルールを調べると、人々は一般的に気づかないかもしれないが、ルールと適応度の関係は明らかになるのが普通である。私たちが「思いやりは家庭から」というルールに従うのは、子どもたちや親せきの幸福がなにはさておき優先されることで、究極的には人の適応度（より正確に言えば、人の遺伝子の適応度）が高まるからである。「汝自身を愛するように隣人を愛せよ」というルールは、集団のすべての成員の適当な生殖成功に益する成員間の協調を促していると解釈できる。「一銭の節約は一銭のもうけ（ちりも積もれば山となる）」「今日の一針明日の十針（手遅れになれば労多し）」といった他のルールは、資源の有効利用に関わるルールである。

　図8.2では、究極的強化関係には、それ自身の文脈（究極的S^D）と、その結果（究極的S^R）があり、これが近接的関係と異なる点であることが示されている。とがった石、十二指腸虫のさなぎ、ヘビ、サソリ、カビ、イバラといった健康を脅かす状況は、靴を履くという行動（B）の文脈、すなわち究極的S^Dである。なぜなら靴を履けば、はだしでいたらなるかもしれない怪我や病気にならないで済むからである。怪我や病気になる可能性が低くなる、そして、生き残って生殖する可能性が高まる、この2つが、靴を履く行動の究極的強化子である。子どもが「いとこに優しくしてあげなさい」と言われるのは、親せき（究極的S^D）と仲良くする（B）ことで、共有遺伝子の適応度（究極的S^R）が高められるからである。

　一般的に言えば、フィットネスに影響するすべての究極的強化子は、大まかに見て4つの活動ないし成果のカテゴリーと関係する。4つのカテゴリーとは、健康（health）の維持（生存も含む）、資源（resource）の獲得、血縁者や友人との関係（relationships）の形成と維持、そして、生殖（reproduction、配偶者、他の性的パートナー、子ども、孫との関係も含む）、というカテゴリーである。これらをまとめて、図8.2ではHRRRの文字で示した。すべてのルール、特に文化に特有なルールは、究極的に見て、行動とHRRRの関係に依存する。靴を履いて健康を守る、働いて資源を獲得する、友人と家族とおしゃべりをして彼らとの関係を維持する、デートしてセックスして子孫を残す。厳密

に言えば、他の3つのカテゴリーはすべて4番目のカテゴリーに還元することができる。すなわち、健康と生存、そして関係の3つが重要である理由は、いずれも生殖という進化にとって重要な要因を直接的にあるいは間接的に後押しするからである（この問題は、第12章と第13章でさらに論じることにする）。

　近接的強化と究極的強化の関わりによって、図8.2で示される話し手の言語行動 B_V は、要求と情報提供の二重の機能を持つことになる。第7章の用語で言えば、ルールを語る（B_V）ことは、近接的関係に対してはマンドになり、究極的関係に対してはタクトになる。ルール提供に対する近接的強化子は聞き手がルールに従うこと（命令に従う、助言に従う）である。「禁煙」の札を立てる人がそのようにするのは、通常、とりわけ自分自身がそれによって満足するからである。ルール提供の何らかの究極的強化子があるとするなら、それは、聞き手の人たちがそのルールに従うことによって生じる究極的な強化子の中にある。子どもの生存と生殖に関心を示すことで、親は自分自身の生殖成功に利益をもたらすことになる。しかしながら、聞き手の行動の場合のように、生殖成功へのその関わりは長期的であって、比較的に見て効果はない。したがって、親によるルール提供は、もっぱらその子どもがルールに従ってくれることによって維持される可能性がある。

　図8.1のガリツィオの実験は、現実世界の状況と比べて単純のように思われるかもしれない。しかし、彼の実験も図8.2のパターンに合致する。近接的強化関係は、ラベルに示されている教示に従うことと損失回避の関係である。究極的関係は、教示に従うことと1セッションにつき最大で2ドル近くの収入を得るということとの関係である（がむしゃらに頑張らないで済むというのもひとつの要因となっていたかもしれない）。ラベルはルールとなっていたのであり、実験場面は究極的な S^D となっていたのである。

　ルールと近接的強化は一時的であるかもしれない。行動Bが十分な強さであれば、その行動は究極的強化に触れるようになり、そしてそれによって維持される。子どもは、靴を決して履かなければ靴を履くことが良いことであるということを決して学習しないだろう。子どもがいつも靴を履くようになったなら、すぐに靴を履く利点の究極的強化が優位になる。その状況は自動車を走らせる状況とかなり似ている。エンジンが自動的に駆動するようになるには、ある程度の速さにならなければならない。近接的強化は車のスターター（始動機）

のようなものである。近接的強化によって行動が十分な速さで起こるようになれば、究極的強化が行動を維持するようになる。ガリツィオの実験では、何人かの学生は近接的強化関係から究極的強化関係に移った。それは、ラベルがなくても彼らの反応が異なる損失関係に適切に反応するようになったときであった。私が子どもに他人には正直でいなさいと告げるのは、私がわざわざ言わなくても、子どもが他者に正直であってほしいと願ってのことである。

　ルール支配行動に対する機会がそれほど頻繁に起こらなければ、究極的強化への移行は決して起こらないだろう。それがおそらくガリツィオの何人かの学生がそのような移行を示さなかった理由かもしれない。彼らにさらなる訓練を実施すれば、彼らも最終的に教示から解放されたかもしれない。組み立て式のテーブルを購入すると、私は奴隷のように説明書に従う。これがはじめての組み立てであり、このテーブルを組み立てるのは、おそらくそのときだけだからである。それに対して、工場で来る日も来る日も多くのテーブルを組み立てる人は、すぐに説明書など見なくなるだろう。火災避難訓練や新兵訓練演習を行うのは、究極的S^D（火災や戦争）が実際に起こったときに適切な行動を起こしやすくするためである。訓練場面が現実的であればあるほど、より適切な行動が起こりやすくなる。

　ひとつの疑問が残る。何をすべきかを言うことはできるけれど、なぜそれをしなければいけないのかは言えない場合が時々ある。話し手が究極的強化関係を言語化できない場合、例えば、子どもはいとこに親切でなければならないというルールの理由が思いつかない場合、そのルールはどこから生じたのであろう。もともとは誰かが考えなければならなかったはずである。しかし、ひとりの人だけが究極的強化関係に接触しさえすればよい。文化的集団の成員は、互いにルールを学習するからである。ひとりの人がルールを語って、それを子孫や親せき、さらに隣人に伝え、そのルールが実際に究極的関係に触れるようになったならすぐに、ルールは人から人へ、集団から集団へと広がる。ルールを作ることは、ルールに従うのとまったく同じように、人間の文化にはなくてはならない部分である（これについてのさらなる詳細は、第13章と第14章で論じる）。

ルールに従うことを学習する

人は言われたとおりに行動する傾向がかなりある。私たちは、人が従順ではなく、もっと「自分で考えろ」と言いたくなるときも時々ある。特に兵士や役人には。スタンリー・ミルグリムの有名な「服従」実験（この実験では、人々は科学的な研究を専門としている心理学者の意見に単に従って、致死レベルに近い電気ショックを見知らぬ人に喜んで提示した）や、強制収容所でのナチスの行為やベトナムでのアメリカ軍兵士の行為は、このような服従がいかに行き過ぎることになる可能性があるのかを示している。このような例にもかかわらず、服従は、一般的に利益になるというのは真実であり続ける。どんなに反抗的な10代であっても、海岸で日焼け止めを塗るようにと言われれば、それに従うのが普通だろう。なぜ人は、いともたやすくルールに従うのであろう。

■ ルール追随の形成

人が非常にルールに従いやすい理由のひとつは、子どものときのとても早い時期から実に多くのさまざまな近接的強化関係にさらされてきたからである。何度も何度も子どもは言われたとおりにする。そうすると、クッキーがもらえたり、愛情や承認も得たりする。ルールは、母親、父親、他の家族の人たち、それから教師によって言語化される。「Simon Says」[5]や「Mother May I」のようなゲームでさえ、ルールに従う事を教える。

その結果として、ルールに従うこと（ルール追随：rule-following）が機能的なカテゴリー、般化したスキルになる。そのようなわけで、見知らぬ人の指示であっても、私たちは躊躇なくそれに従う。それが般化するにつれて、ルールに従うことそれ自体が部分的にルール支配的になる。子どもが「言われたとおりにしなさい」「年上の人の言っていることはよく聞きなさい」と言われるのはそうである。弁別も形成する。（「ジムの言う事に耳を傾けるな。彼は嘘つきだ」）。シンシナティのテレビ番組『WKRP』の古い話として、ある登場人物が別な人に「おかしな人の言う事を聞くなんてついていない」と言っている。

ある意味で、この般化したルール追随（般性ルール追随：generalized rule-

---

[5] 訳注：リーダーが指示を出し、みんながその指示に従うゲーム。

following）は世界に広がっている。ガリツィオは、それをふんだんに利用して実験を行ったのである。彼は、実験参加者がライトの上にあるラベル（図8.1）を読んでそれに反応するだろうと考えたのである。般性ルール追随がなければ、文化の可能性は実際に制限されるだろう。般性ルール追随があるから、子どもを公立学校に送り出したり、ジェット機を作ったりといった複雑な実践が存在できるし、それを伝達することができるのである（これについての詳細は、第13章と第14章で論じる）。

■ ルールはどこにある？

　ルール追随に対する従来の説明は心理主義的なものであった。文法の場合と同じように、一般的にルールは、それが所有物であるかのように、すなわち人がそれを**持っている**かのように語られる場合が多い。ルールは「内在化」されていると言う心理学者もいる。他の形態の心理主義の場合と同じように、私たちの行動を制御するルールは身体の中のどこかにあると考えられている。あたかも人は、何らかの方法で記録され必要に応じて調べることができるルールブックのようなものを身体内部に所有しているかのように考えられている。ここでも心理主義についてのいつもの問題が生じる（第3章）。このような内的なルールはどこにあるのだろう。それらは何でできているのだろう。そのようなルールは、どのように行動を起こすのだろう。ルールを調べたりルールを書き込んだりするのは誰だろう。ルールを書き込んだり調べたりするという行動は、ルールが説明しようとする行動ほど複雑ではないのだろうか。このような疑問である。

　いやしくもどこかに存在するものとしてルールを語ることが理に適っているのであれば、行動主義者はルールが環境の中にあるとする。ルールは、単に比喩的に提供されるものではなく、実際に音声としてサインとして提供される。それは弁別刺激である。

　ルールが身体内部にあると考えたがる理由は、行動Bを強めるルールが、行動Bが起こるときに存在しない場合があるからである。行動を制御するルールが存在しない理由は2つあると考えられる。まず、第5章と第6章で論じた、時間のずれの問題がある。ルールは以前に起こっていたかもしれないので、

ルールで述べられている行為と、その文脈の一部との間に時間的なずれが生じる。私は、自分の子どもたちに正直であれと主張する。そして、他の人にも正直であるように、この行動が般化することを期待する。もし子どもたちが教師や友人にも正直であるなら、子どもたちはそのルールを「覚えていた」と言うかもしれない。しかし、その必要はない。そのとき子どもたちは公的にルールを述べていると考える必要はないし、さらに私的にルールを述べていると考える必要もない。その活動の文脈の一部が昔に起こっていたということがわかりさえすれば十分である。

　行動を制御するルールが存在しないもうひとつの理由は、近接的強化による制御が一時的であるということである。近接的強化に代わって究極的強化が優位になるとき、ルールは存在しないかもしれない。おそらくずっと存在しないかもしれない。ルールが「内在化」されると語られる場合、おそらくこのような変遷が語られるのだろう。ガリツィオの実験で、ラベルが取り除かれた後でも適切に反応していた学生はルールを内在化したと言われるかもしれない。しかし、この変化は、外的なルールから内的なルールへの変化ではない。比較的短期の強化関係から長期の強化関係への変化である。ガリツィオの実験では、制御はラベルから琥珀色のライトに移った。私の子どもたちが、いとこに親切なら、いとこもそのように応じる。その結果、子どもたちは親切であり続ける。自分のいとこには親切でなければならないというルールを子どもたちが内在化したわけではない。そうではなく、自然な長期の結果が、いまや子どもたちの行動を維持しているのである。

思考と問題解決

　ルールによって問題が解決される場合が多い。「そのように行動すれば、事態は解決し、これこれしかじかの強化子がもたらされる」というように。問題に直面したとき、私たちはルールを公式化する必要があるかもしれない。
　人が問題を解決しているとき、とりわけ、その人は「考えている」と言われる。どのような生活空間がベストなのかを検討している建築家や、車の中に鍵を置いてロックをかけてしまった人は、その状況を「じっくりと考えて」、いろいろな解決法を「考え」「思案にふける」だろう。そのような状況にあれば、

心理主義者は複雑な内的過程を想像することが正しいと思うだろう。その人がしばらくの間じっと腰かけて、見かけ上何もしていないのに、突然、問題を解決する行為をするからである。行動主義者にはこれが課題となる。複雑な内的過程を考慮しないで問題解決を論じることはできるのだろうか。

　第5章で、問題解決に対する行動的アプローチについて簡単に論じた。心理主義的な説明では、問題解決が突然行われることに注目し、その「創造的」あるいは「霊感的」な瞬間を重視する。どのような特殊な問題解決であっても、それ以前に長い強化履歴が存在する。心理主義的な説明は、そのことを見落としている。私たちは、聞き手になることを学習するのとまったく同じように、問題解決者になることを学習する。それは生きていく上で重要なスキルである。そうであれば、子どもが問題解決の方法を学習するのを援助しない親や教師は無責任と考えられる。車の中に鍵をおいてロックをかけてしまった運転者は、援助を求めて警察を呼ぶかもしれない。この人は、以前にこのような問題解決を教えられていたのだろう。以前にこのように何もできなくなってしまったときに警察を呼んだのだろう。建築家もまた、どれほど独創的に見えても、訓練と実践、そして観察から学ぶのである。問題解決が単独で起こるということは決してない。問題解決は、以前の訓練、指導、そして強化を踏まえて理解されるべきである。

　このような一般的なアプローチに行動主義者たちの意見は一致している。しかし、その説明においては若干異なるところがある。巨視的な見方をする行動主義者は、問題解決を過去の履歴と十分に一体化したものとして見ている。私たちはある種の状況を経験する。そして、そのような状況で何らかのやり方で振る舞うようになる。この視点は、問題解決を、ここに至るまでのひとつのステップでしかないと見て、さして重要な問題とは見ない。ある人が科学者になるのは、実験室、フィールド、研究室、さらに学会で行動し、結果を受けたからである。問題が解決されるのは、装置やデータ、そして理論による。しかし、それはすべて、科学者になる、そして科学者でいるということの一部である。そのような行動は、それが以前の教育に依存している限り、ルールの制御を受けた行動である。

　これから見ていくことになるスキナー（1969）の微視的な見方は、問題解決をルールによって制御される行動と見ているが、別な、もっと即時的な意味で

見ている。スキナーは、独り言を言うのは言語行動と考えることができる（第7章）という考え、すなわち、人は話し手と聞き手の両方の役割を同時に果たすことができるという考えを受け入れたので、問題解決についての彼の説明は、聞き手である自分自身に話し手としてルールを提供するという自己教示（self-instruction）の概念に基づいている。

■ 変化する刺激

　第5章で見たように、問題として私たちが認識する状況は、強化子、すなわち成功という成果は明白であるのだが、必要な行動、すなわち解決が明らかでないという状況である。解決が起こって強化子が得られるなら、問題は解決したことになる。建築家は目的通りの（要件に合致する）デザインをスケッチしたとき、かなり満足する。金銭を受け取ることは言うに及ばず、依頼人や同僚からの賞賛も得る。

　建築家が問題を解決しているとき、机の上には多くのスケッチが広がっている。ひとつの可能性が検討され、それから次から次へと検討される。ひとつのスケッチが次のスケッチを提案する。そして、いくつかの異なるスケッチの特徴がまとめられて最後に完璧なスケッチとなる。この場合の行動（スケッチする）はいろいろである。しかし、決してランダムではない。これらのスケッチは建築家のこれまでの訓練や観察に依存するだけでなく、スケッチ同士が互いに依存している。

　あるスケッチが次のスケッチに影響するということは、最初のスケッチが次のスケッチを描くための弁別刺激として機能しているということである。建築家はひとつのスケッチを描いてそれを見る。そして、それがうまくできているかどうかを判断する。それからまた別なスケッチを描く。これまで描いたすべてのスケッチが最後のスケッチの文脈となっているかもしれない。これまで描いたスケッチによって排除される可能性もあれば、受け入れられる可能性もある。すなわち、これまで描かれたスケッチが弁別刺激となることによって、弱められるスケッチ行為もあれば、強められる行為もある。問題解決行動によって生じる刺激は、さらなる行動の可能性を変化させるのに役立つ。そのような行動の中に解決が含まれる場合がある。

そのような行動がどこから生じるのかということは決して不思議なことではない。経験豊かな建築家の場合、そのような「ひらめき」が過去に何度も強化されている。第5章で私たちは、人だけでなく、イルカやネズミにおいて、過去の行動が文脈の一部として機能する弁別訓練法について論じた。個々の新たな行為はたとえ独特であっても、それらの行為は、やはりそれ以前に行われた行為に関係している。

　問題の解決が強化されるのに必ずしも独創的である必要がなければ、そのような解決によって利益がもたらされる限り、同じような問題は同じような方法で解決されがちである。多くの心理学の教科書には、A. C. ルーチンスの実験が紹介されている。ルーチンスは、表8.1で示されているような一連の問題を人々に解かせた。それぞれの問題では、3つの想像上の水の容器（容器A、容器B、容器C）が提示されている。それぞれの容器に入る水の容量が問題ごとに示されており、解答者は、これらの容器に何回か水を注いで、ひとつの容器を右端に示されている容量にしなければならない。最初の3つの問題は、Bに入っている水をAに1回、Cに2回注げば、解くことができる。問題4と5もこのようにして解くことができる。しかし、この2つの問題は、Aに入っている水をCに注ぐだけでも解くことができる。問題6は、Aに入っている水をCに注ぐ方法だけでしか解けない。ルーチンスは、問題4と5を解くとき、人はほとんどいつでも問題1から3にかけて解いた複雑なやり方で解き、問題6はほとんどの人がこの実験で解けないことを見いだした。

　ルーチンスの結果を心理主義的に説明しようと思えば、これらの結果は、「心理セット」「認知セット」によるものであるということになる。はじめの3つの問題を解いている間に、人は、このようなセットを内的に形成すると考えられ、このセットに従って、その人は問題を解き続けることになる。一方でこのセットは、6番目の問題の解決を妨げる。以上のような説明になる。しかし、第3章で見たように、行動主義者は、このようなセットがどこにあると考えられるのか、さらに何でできているのか、どのように行動に影響するのか、と尋ねる。このセットなるものは、説明を必要とする観察事項、すなわち、ある行動パターン（ここでは、B−A−2C）が持続するということを言い換えているにすぎない。セットのようなものを考えることは、説明しないことよりもっと悪い。なぜならそれが説明らしく見えるために、私たちは本当の説明を見つけ

表8.1 「心理セット」についての実験でルーチンスが用いた一連の問題
それぞれの問題には、異なる容量の3つの容器が示されている（A、B、Cのそれぞれの欄）。求める量（D欄）は、ある容器から他の容器に水を注いで、その容器に残った水の量を示す。

問　題	容器A	容器B	容器C	求める量(D)
1	14	163	25	99
2	18	43	10	5
3	9	42	6	21
4	23	49	3	20
5	14	36	8	6
6	28	76	3	25

出そうとしなくなるからである（第3章を参照）。

　行動と環境の自然な世界の中に説明を求める行動分析学は、この状況を別な方法で見る。最初の3つの問題のそれぞれは解けているので、(B－A－2C)という行動パターンが強化される。このパターンは弁別刺激を生み出す。それは、その行動パターンが「B－A－2C」というように述べられるのであれば言語弁別刺激、そのパターンが一連の仮想行為として見られるのであれば視覚刺激である。この弁別刺激がその後の問題における行動を制御する。B－A－2Cの行動パターンに対する強化履歴とすべての問題が同じように見えるということが相俟って、新たな問題のそれぞれに対して最初の行為が確実に起こるようになる。Bをはずすという解法（例えば、A－C）は、起こりにくくなる。いやしくも起こるとしたなら、Bをはずすという行為は、Bを含むパターンが多く行われた後ではじめて起こる。

　ルーチンスの参加者のように決まりきったパターンを行う参加者と、創造的な建築家の違いは、彼らの強化履歴の違いにある。問題解決が、紋切型になるのか、あるいは創造的で独創的になるのかは、同じ行動パターンが何度も繰り返し強化されるのか、あるいは新奇なパターンが強化されるのかによって決まる。

　このような説明の普通と異なる唯一の点は、可能な解決行動を強める弁別刺激が問題解決者自身の行動から生じるということである。ルーチンスの実験に参加した人たちは、容器の問題について自問自答していたかもしれない。それ

とまさに同じように、建築家も自問自答するかもしれない。例えば、「キッチンをここに置いたらどうだろう」「この寝室を2階に移してみようか」といった自問自答である。話し手を演じながら、この建築家は言語弁別刺激（図8.2のルールのような）をつくり出している。そして、この弁別刺激が、聞き手としてのこの建築家の次なる行動の可能性を変えている。このように最終的に解決をもたらす行為の変化は、建築家自身の言語行動から生じている。

　私が問題を解決しようとするとき、声を出して自問自答したり、声を出さずに自問自答したりする。声に出さずに自問自答することを、普通「考える」と言う。車が動かないと、「おかしいな。アクセルを踏んだはずなのに」と自問するだろう。それを声に出して言おうと、あるいは声に出さずに言おうと、その行動は言語弁別刺激を生じる（図8.2で示されたように）。その言語弁別刺激によって、私がアクセルを踏む行動はさらに起こりやすくなる。じっと座っていて「突然」問題を解く人は、黙って自問自答し、その結果を想い描くという全過程を次から次へと行っていたのかもしれない。その過程が顕現的であろうと非顕現的であろうと、それでもやはり、その過程は、話し手の活動と聞き手の活動が交互に行われる過程として理解することができる。

■ 事前経過行動

　スキナー（1969）は、弁別刺激を生む話し手の活動を**事前経過行動**（*precurrent behavior*）と呼んだ。その意味は、その行動が問題解決の前に継続して起こっているということである。事前経過活動（precurrent activity）によって、問題解決（聞き手活動）は、ランダムではなくむしろ体系的に変化する。擦り切れたドアロックの中で鍵を軽く引いたりねじったりしてドアを開けるというように、ランダムな変化が役に立つ場合はあるかもしれない。しかし、問題解決における試みは、パターン、特に以前にうまくいっていたパターンに従うという点で普通は体系的である。私は、この自宅周辺でこれまで道に迷ってしまったことはないが、地図を見て可能な道順を導き出すという履歴を持っている。すなわち、私は、過去にうまくいった（強化された）やり方で行動する。これに関わる事前経過行動は、推理する、想像する、仮定を立てるなどと言われる場合が多い。このような行動のすべてに共通する特徴は、さらなる活動の出現

可能性を変える弁別刺激を生み出すという特徴である。

　読者が表8.1のはじめの数題を見たとき、「求める量が容器AやCよりも多いのだから、容器Bから水を注がなければいけない」「BとDの差はいくつだろう」といったようなことを自問したかもしれない。これらの自問は事前経過行動になるだろう。なぜなら、自分が言ったことに耳を傾けたとき、それに従って行動する可能性があるからである。

　行動分析学の他の考えと同じように、事前経過行動という考えは、従来の特徴と相容れない。事前経過行動は、人々が、思考とか、推理とか、ひらめきと呼んでいるものと同じである場合も時々あるが、必ずしもそうではない。同じ人が話し手と聞き手を同時に演じるという考えを受け入れるなら、事前経過活動は言語行動の定義に従うだろう。そのとき生じた刺激はルールである。実際、これはほとんどの場合、問題を解決しようとして私たちが声に出して自問自答しているときに明らかであるように思える。しかし、事前経過行動は、私的なものにも公的なものにもなり得るし、そして音声的なものにも非音声的なものにもなり得る。ジグソウパズルをしながらピースをひとつ取って、あちこちにはめてみたりして、ついに適当な場所を見つけたなら、その行動は公的で非音声的な事前経過行動である。家の色をどのような色にするかを決めようとするとき、いくつかのカラーチップを取り上げて、それらの色に塗られている家をイメージする。これも事前経過行動になるだろう。この場合、部分的に私的で非音声的である。

　事前経過行動とルール支配行動の関係は、つくり出される弁別刺激にある。事前経過行動はルールを作るようなものである。事前経過行動とルール支配行動はまったく同じであるとまでは言わないでおく。なぜなら、私たちの定義によれば、ルールと言えるには、弁別刺激として作用している究極的強化関係によって制御される行動によって弁別刺激が作られなければならないからである。パズルのピースを操作して形が合うということがルールと言えるはずだと語るのは勝手な解釈かもしれない。

　事前経過行動を定義することによって得られる重要な洞察は、問題解決はルール支配行動のようなものであるということである。人々が日々の困難をどのように乗り越え、どのように「創造的に」振る舞っているのかを理解するのに、何か新しい原理を考え出す必要はまったくない。私たちが考えてきた説明はま

だ漠然としたものである。そのため今後の研究が必要であるが、肝心な点は明らかである。それは、ルールを作る、ルールに従う、考える、問題を解決するといった行動のすべては、科学的に説明できるということである。

要　　約

　ルールを作る、ルールに従う、これらは、人間の生活と文化において最も重要な活動のうちの2つである。ルールと呼ばれるもの、それが話されたものであれ筆記されたものであれ、それらは言語弁別刺激である。ルールは、弁別刺激が私たちの行動を制御するのと同じように私たちの行動を制御する。ルールが言語的である理由は、ルールが話し手側の言語行動によって生じるからである。ルールに従う人は聞き手である。聞き手は、話し手のルール提供という行動を強化する。ルール支配行動は、暗に形成される行動（implicitly shaped behavior）と区別できる。暗に形成される行動は、強化関係と直接接触することで生じる。暗に形成される行動で複雑な行動は時々ルール追随と見られるけれど、そこで述べられているルールは、実際の反応遂行（パフォーマンス）のごく簡単な要約でしかない。それに対して、ルール追随についての行動分析家たちのより専門的な考えは、語られていない関係を排除する。というのは、行動分析家は、強化関係を指摘する言語弁別刺激としてルールを定義するからである。ここで強化**関係を指摘する**（*point to a relation*）言語弁別刺激とは、「ある強化関係が弁別刺激として制御（この制御は刺激性制御である）する言語行動によってもたらされる弁別刺激」という意味である。人々がルールと考えているものはほとんどこの定義に含まれる。しかし、それだけではない。要求や命令も、強化関係を指摘する言語弁別刺激としてのルールに含まれる場合が多い。特に、提案とか脅しと言えるような要求や命令はこの定義に当てはまるし、教示や忠告も当てはまる。

　ルールによって指摘される関係、すなわち究極的関係は、いつも長期的であり、曖昧である。しかし究極的関係は、健康（health）と生存、そして資源（resource）の獲得、関係（relation、特に親類や友人との関係）、さらに生殖（reproduction）に影響するという点で重要である。これらHRRRは、長い目で見れば適応度に影響する事柄である。ルールは、承認や金銭のような強化子

の提供という、もっと直接的な強化関係（近接関係）と関連している。この関係によって、行動は究極的な強化に接触しやすくなる。究極的関係ゆえに子どもたちは、ルールに従うこと、つまり従順であることを教わる。この一般的なスキル（般性ルール追随）を獲得することは、文化の中で子どもたちが成長する一部になっている。しかし、般性ルール追随を人々が学習するとき、人々が獲得するのは弁別だけである。すなわち、人々の行為が、話し手というカテゴリーによって、言語弁別刺激というカテゴリーの制御を受けるようになるということである。ルール追随が獲得されるというのを、ルールが何らかの方法で身体内部に入ると想像するのは心理主義である。ルールは環境の中にある。

　自分自身に語りかけるという行為は言語行動であるという考え、すなわち同じ人間が話し手と聞き手の両方の役割を同時に演じることができるという考えを受け入れるなら、問題を解決するという行動は、ルール支配行動の例と理解できる。その人の行動は弁別刺激を生み出す。それは多くの場合ルールと解することができる。この弁別刺激によってさらなる行為が出現する可能性が高まる。その中には、解決するという強化の対象となる行為も含まれる。そのような弁別刺激を生み出す行動は、事前経過行動と呼ばれる。事前経過行動は、公的なものもあれば私的なものもあるし、音声的なものもあれば非音声的なものもある。そして、事前経過行動は自己教示のように機能する。特に、問題を解決しているときに起こっている「考える」という行動は、事前経過行動と見ることができる。考えるという事前経過行動は、私的な音声行動である場合が普通である。

◆ 参考文献

Baum, W. M. 1995: Rules, culture, and fitness. *Behavior Analyst*, **18**, 1-21. この論文は、本章で論じたルールについての多くの考えをさらにもっと詳しく論じている。

Galizio, M. 1979: Contingency-shaped and rule-governed behavior: Instructional control of human loss avoidance. *Journal of the Experimental Analysis of Behavior*, **31**, 53-70. この論文は本章で取り上げたガリツィオによって行われた実験を報告している。

Hayes, S. C. 1989: *Rule-Governed Behavior: Cognition, Contingencies, and Instructional Control*. New York: Plenum. この本では、ルール支配行動についての行動分析学の考えが多く述べられている。

Simon, H. A. 1990: A mechanism for social selection and successful altruism. *Science*, **250**, 1665-8. 著名な認知心理学者でありコンピュータ科学の専門家である著者が、従順さ（ル

ール追随）と文化、そして適応度の関係を述べている。

Skinner, B. F. 1953: *Science and Human Behavior.* New York: Macmillan. 思考について述べられている第16章を参照のこと。（スキナー B. F. 河合伊六・高山巌・園田順一・長谷川芳典・藤田継道（訳）（2003） 科学と人間行動 二瓶社）

Skinner, B. F. 1969: An operant analysis of problem solving. In B. F. Skinner, *Contingencies of Reinforcement.* New York: Appleton-Century-Crofts, 133-71. これは、ルールと事前経過行動についてスキナーが論じた古典である。

第8章で紹介した用語

暗に形成される行動 *Implicitly shaped behavior*
究極的強化関係 *Ultimate reinforcement relation*
近接的強化関係 *Proximate reinforcement relation*
三項随伴性 $S^D: B \to S^R$
事前経過行動 *Precurrent behavior*
ルール *Rule*
ルール支配行動 *Rule-governed behavior*
ルール追随 *Rule-following*

第III部

社会問題

行動分析学と行動的な考えが応用できる領域は広範囲で多様である。人間存在のあらゆる側面を選別すると、行動主義によって人間存在の新たな視点が提供されることがわかるだろう。政治、行政、法律、教育、経済、国際関係、そして環境保護、これらの側面のすべてが新鮮に見えてくる。

　私たちが抱える社会的な問題は行動の問題である。それらの問題はすべて、人々をより良く行動させることに関係している。すなわち、人々をきちんと統治し、法律に従わせ、学校で学ばせ、ゴミをリサイクルさせることである。どのように人々に適切な行動をさせるべきか、そして、なにはともあれ適切な行動とはどのような行動か、このような難しい疑問に対する従来のアプローチは、ほとんどの場合、心理主義的であり、したがってほとんど役に立たない。行動分析家ならもっと良い答えを出せるのだろうか。

　第Ⅲ部は、決定的な答えをほとんど提供しない。しかし、その代わり行動的アプローチという新鮮なアプローチを提供する。行動的アプローチは、行動分析学が世界の問題を解決するのに一役買うことができるということを示そうとする。単純な、あるいは決定的な解決がなくてもかまわない。なぜなら行動的に考えれば、解決につながるような方法で私たちの問題をとらえることができるからである。問題の解決作業の半分は、その問題を正しい言葉でとらえることである。強化、誘導、そして刺激性制御という概念を使わずに行動を変化させようとすることは、原子論を考えずに新たな化学薬品や物質をつくろうとするようなものである。

　行動主義者は、社会的問題について多くを記しており、その結果は混沌としている。例えば、ジョン・B・ワトソンは、大衆紙向けに多くを語った。しかし、それらは彼の読者におそらくほとんど役に立たなかっただろう。なぜなら1920年代や1930年代頃は、行動について比較的何もわかっていなかったからである。今や行動についてかなり多くのことがわかっている。B. F. スキナーが1971年に『自由と尊厳を超えて』（原

題：*Beyond Freedom and Dignity*）を著したとき、それを著すための新たな概念があった。第Ⅲ部ではスキナーの本とまったく同じ見方を取り上げるが、それを拡大改訂して、スキナー以降考えられていることも含めた。

第9章 自　由

　「自由」という語の意味を理解するには、他の用語に行ったように、「自由」という語がどのように用いられているのかを調べればよい。第1章で見たように、自由意志という考えだけは行動主義と実際に相容れないだろう。この語がどのように用いられているかを理解するには、行動的な用語によって可能である。

自由意志という語の使用

　「自由」という語は3つの方法で用いられる。まず、奴隷から自由になるというように、拘束から解放されるときに自由が語られる。拘束からの解放が自由と語られる場合が多いことから、自由はある特質ないし所有であると言える。この考えを拡張したものが自由意志の考えである。それが暗示することは、人は過去や現在の環境に関わらずに行動する自由を所有するということである。第2に、政治的自由や社会的自由（social freedom）について語られる。これは束縛というよりはむしろ、ある選択をすると不快な結果に直面しなければならないという問題である。信念が迫害されるということは、信念に従って振る舞うことができないということではなく、信念に従って振る舞うと罰せられるということである。宗教的自由や政治的自由がないというのはこのことを言うのであって、自由が感じられないと言っているのである。第3に、特に宗教に熱心な人に言えることであるが、宗教的（精神的）な自由が語られる。教会が「イエスは汝を束縛から解放するだろう」と伝えるとき、自由意志や政治的自由、そして宗教的自由がないということを言っているのではない。むしろ、比喩的な拘束からの解放を語っているのである。これからこれら3つの使い方を取り上げることにする。

■ 自由であること：自由意志

　刑務所から釈放される人は、身体的拘束が取り除かれることになる。独房に閉じ込められれば、外に出ることはできない。独房のドアを開けるということは、飼育ケージのドアを開けるようなものである。「鳥のように自由になる」というのは、独房にいた人が解放されていろいろな場所に移動できるということである。

　このような特殊な自由は行動分析学では問題とならない。なぜなら、この場合の自由は、ある行為が可能であるかどうかだけを言っているからである。実験箱のレバーが取り除かれたならラットはレバーを押す自由がなくなり、レバーが戻されるとレバーを押す自由を得たと言うようなものである。

　制約で最も明白なものと言えるものは、刑務所やケージだけである。呼吸をしたり、歩いたり、語ることを学んだりすることさえ、それらを自由に選んでいるわけではない。このようなものは遺伝子と環境によって制約されたのである。もしそのような束縛から自由になることができるなら、自由意志があると言えるだろう。

　第1章で私たちは、自由意志の考えに関わる問題を論じた。哲学的な考察や美学的な考察は別として、自由意志の考えに基づいて社会政策を行うと、ろくでもない結果になるのが普通である。この考えは何もしないことを正当化するときに使われる場合が多い。コカイン依存者にコカインを常用しないという選択の自由があるなら、コカイン中毒になったのは依存者の過失であると思える。すなわち、彼らは「自分を取り戻し」さえすればよいはずであり、彼らを支援する必要はまったくないということになる。

　自由意志を考えて賢明な政策を立てることはできないということが、ゆっくりとではあるがわかってきているようだ。都市のスラムで育つ人は無教養で仕事を持たないという選択をしていると言っても何もならない。そのような言い方は虫のいい言い方である。都市部の高校の小規模なプロジェクトのいくつかは、学生たちが退学するのを防いでいるし、就労訓練によって人々は仕事に復帰して福祉対象の登録名簿から外されている。このようなプロジェクトがうまくいったのは、プロジェクトが強化関係をつくったからであり、励ましと説明（第8章で取り上げたルール）によって、それらの強化関係をバックアップし

たからである。
　私たちが自由意志を考え続ける限り社会的問題は解決されない、と行動分析家は議論する。しかし、もし私たちが率直に行動的枠組みに取り組んで問題となっている行動を変えようとするなら、私たちの焦点はどのような方法を用いるべきかという疑問にシフトする。スキナーは、2つの理由で正の強化の方を好んで議論した。まず、正の強化はかなり効果的であるということである。2つ目の理由は（これは自由を議論する上で重要な理由であるが）、人の行動が正の強化によって形成され維持されるとき、人は強制されていると感じない、すなわち自由を感じるということである。

■ 自由を感じること：政治的自由と社会的自由

　自由がないと言われる人の別な例は奴隷である。奴隷の不自由さと、身体的な拘束はほとんど関係ない。なぜなら奴隷は、働くことを拒むことはできるからである。しかし、そのような拒絶の結果として起こることはおそらく鞭打ちであろう。弱化の脅しを受けて協力する人は、その脅しに逆らうことは原則できるが、そのように反抗しても、自由を感じることはない。
　警察国家で暮らしている人も自由がないと言われる。自分たちの活動が弱化の脅しによって禁止されるからである。彼らは、民主的な社会で生活しているほとんどの人が感じるようには自由を感じることができない。私たちが支配者を公開の場で批判するときに自由を感じるのは、そのようにしても支配者は私たちを弱化することができないからである。
　自由を感じることへの重要な障壁は強制である。人は、強制されるとき自由を感じることができない。すなわち、私たちの行動が嫌悪的な結果の脅しによって制御されるとき、私たちは自由を感じることはできない。

◎ 強制と嫌悪的制御

　第4章で、私は2つのタイプの嫌悪的制御について定義した。それは正の弱化と負の強化である。正々堂々と意見を言って叩かれたなら、そのような発言行動は正の弱化を受ける。嘘をついて叩かれずに済んだなら、嘘をつくという行動は負の強化を受ける。この2つの制御は連動する傾向がある。なぜなら、

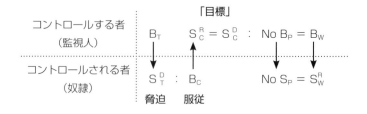

図9.1 強制
コントロールする者の脅迫行動（B_T）は、コントロールされる者がそれに服従する（B_C）ことによって正の強化を受ける。この場合のコントロールされる者の服従は、コントロールする者の目標となる強化子（S_C^R）を生じる。コントロールされる者の服従は、コントロールする者が弱化（B_W）を控える機会（S_C^D）を設定する。そして、コントロールされる者の服従は、脅迫された弱化子を防ぐことで負の強化を受ける。

ある活動が弱化されるなら、何か別な活動をして弱化を避けるのが普通だからである。

図9.1は強制（coercion）に関わる関係を示している。監視者が鞭を持って奴隷に働くように命じる。奴隷が命ぜられたとおり働くと、この奴隷の行動は鞭で打たれることを防ぐことになり負の強化を受ける。両者の間にある道筋は、監視者（コントロールする人）と奴隷（コントロールされる人）の間の相互作用に関わる。鞭を振る、あるいは脅すという行動（B_T）は、奴隷にとって弁別刺激（S_T^D）となる。それは通常、脅迫と呼ばれる。この脅迫刺激は、働く、あるいは「ボスが望んでいるとおりにする」といった奴隷の服従（B_C）の機会を設定する。コントロールされる者が服従すれば、農作物の収穫といった、コントロールする者にとっての正の強化子（S_C^R）がもたらされる。そのためコントロールする者の脅迫行動は、コントロールされる者の活動の結果として正の強化を受ける。奴隷が働き、それによって監視者の脅迫行動が正の強化を受ける限り、監視者は鞭をしまっておく。このことは、コントロールする者の目標である正の強化子は、コントロールされる者が罰せられない（NO B_P）あるいは弱化子が控えられる（B_W）ための文脈を設定する弁別刺激（S_C^D）としても機能するということを意味する。コントロールされる者の結果は、弱化子がない（NO S_P）ということ、あるいは弱化子が避けられるという負の強化子（S_W^R）である。

図9.1は、言語的エピソードを示した図7.1に似ている。コントロールする者の脅迫行動は言語行動のようなものである。それが強化されるには聞き手であるコントロールされる者が必要である。図9.1や図7.1で示されているように、２人の人間が互いの行動を強化する場合、両者は**関係**（relationship）を持つと言える。関係については、第11章でもっと一般的に調べることにする。

　図9.1は、強制の重要な決定的な特徴を示している。それは、コントロールする者の行動の正の強化が、コントロールされる者の行動の負の強化と対になっているということである。この非対称が存在するときはいつでも、コントロールされる者は、強制されており、自由がなく、自由を感じない、と言われる。

　あらゆる種類の関係が強制になり得る。親は子どもに言う事を聞かせるために平手打ちや非難の脅しをするかもしれない。教師は学生に悪い成績や皆の前で恥をかかせる脅しをするかもしれない。夫婦の一方は、他方に怒鳴ったり、愛情やセックスを拒んだりする脅しをするかもしれない。雇用者は、非承認、屈辱、雇用の喪失で被雇用者を脅すかもしれない。

　これらすべての強制的な関係は、強制的ではない関係に替えることができる。親は子どもが従えば愛情やおやつを与えることができる。教師は学生が勉強すれば良い成績や承認を与えることができる。夫婦は互いに愛と同情、そして支援を提供して報いることができる。雇用者は承認のトークン（賞状、バッジ、オフィス家具）や金銭で良い仕事を強化できる。それなのになぜ人々は、強制に訴えることが非常に多いのだろう。

　その主な理由は、強制がうまくいくのが普通だからである。強制はうまくいかないと主張する人は間違っている。なぜなら適切な教育を受けると、人間というのは嫌悪的な結果となるような事柄、特に非承認や社会的孤立に非常に敏感になるからである。すべての文化にはタブーがある。あらゆる文化に属するほとんどの人は、タブーに背かないこと、背くと非承認や排斥されるということを学習する。投獄のようななじみのない脅しでも、私たちのほとんどは十分に掟に従う。行きつく先は刑務所という少数派は、子どもの頃に正の社会的強化子や長期の嫌悪的な結果についてのルールの教育を受けていない人たちであるのが普通である。つまり彼らは、良い行いをしても愛情が注がれることも承認されることもほとんどなかったり、ルールに従っても強化子が提供されることがなかったりした人たちである。

強制に伴う問題は、コントロールされる人、そして最終的にはコントロールした人に対する強制の長期的な結果にある。長い目で見ると、メンバーを強制によって言いなりにさせる家族や社会は不快な副作用で苦しむことになる。最も際立つものは、恨みや怒り、そして攻撃である。
　嫌悪的な手段によってコントロールされる人は、自由を感じないだけでなく、コントロールした人を恨んだり、怒ったり、攻撃したりする。進化の歴史は、これによるところが大きいだろう。なぜなら自然選択は、強制の2つの主要な手段、すなわち痛みの提示と資源の喪失といった手段に攻撃的に反応する個体に有利だからである。私たちを含む多くの種において攻撃行動を引き起こす確実なひとつの方法は、痛みを与えることである。2匹の落ち着いたラットは、電気ショックが与えられると、ほとんど即座にけんかをし始める。したがって、刑務所にいる人たちが暴力的になるのは驚くべきことではない。資源の喪失（正の強化の喪失）も、人を含めて多くの種において攻撃を引き起こす。1羽のハトにその近くにいる別なハトを攻撃させるには、餌の提示を止めるだけでよい。張り合っている兄弟は、愛情のない家庭で互いに激しく憎み合うことになりかねない。
　そうであるなら、人を扱う方法のひとつとして強制はよくない。なぜなら強制は人を怒らせたり、攻撃的にしたり、激怒させたりするからである。一言で言えば、攻撃によって人は不幸になる。不幸になったコントロールされた人たちは、最終的にコントロールした人にとって嫌悪的なやり方で行動するようになる。不満は、結局、非協力や暴動を招く。子どもは逃げ出したり、自己破壊的な行動を行ったりする。夫婦の関係は破局する。被雇用者は、会社から物を盗んだり、仕事をさぼったり、辞めたりする。強制関係の罠にはまったと思う人は、不幸のあらゆる兆しを示す。自由を感じる人は幸福である。

◎ **自由と幸福**
　政治的自由あるいは社会的自由について語ると、人はしばしば選べることが自由であると言う。行動分析家にとって「選択する」ということと自由意志とは何ら関係がない。選べるとは複数の活動が可能であるというだけのことである。社会的自由とは選べるということなのだろうか。つまり、自分好みの候補者に投票することができる、あるいは気に入った教会に出席できるというよう

なことなのだろうか。

　強制について私たちは論じた。このことから、社会的自由とは、選べるということよりはむしろ、選んでも罰せられないということと言える。不法な政党や宗教に所属することを私は選ぶかもしれない。それで私が罰せられたなら、私の政治的自由や宗教的自由は制限されているということになる。

　私たちが自由と思える条件は、幸せと思える条件と同じであるということになる。賃金のために働くことは、鞭を避けるために働くことと比べて、どれほど素晴らしいことであろう。ほとんどの人は、州の税金を払うよりはどちらかといえば州の宝くじを楽しむだろう。ある集団に所属したり、ある課題に取り組んだりというように、ある方法を選んだときに自由や幸福を感じるのは、選ばなかった行為が弱化されるからではなく、選んだ行為がより正の強化を受けるからである。

　もちろん、選んだ結果が純粋に快適な結果になることはまれである。社会的な状況のほとんどは混乱を呈す。結婚して抜き差しならない状況に陥っているが幸せを感じていると言う人は、全体として、その関係を保つことの正の強化の方が、その関係における何らかの嫌悪的な制御（強制）と比べて勝っていると言っているのである。概して、良識ある市民の行動が正の強化を受けるなら、彼らは自動車を登録して税金を払わなければならないといった制限を受け入れる。人間関係と政治の関係は、第11章でさらに論じることにする。とりあえずここでは、私たちの行動が弱化や弱化の脅しによって形成されることが少なければ少ないほど、私たちの選択はより多くの正の強化によって導かれ、ますます自由と幸福を感じるようになるということがわかった、ということにとどめておく。

◎ 行動的見方に対する異論

　社会的自由についての行動分析家の見方に対して、批評家は多くの異論を唱えている。特に関連があると思われる2つを考えてみよう。

（1）欲望の本質を考えれば行動分析家の見方は正しいとは言えない。
（2）行動分析家の見方は素朴である。

最初の異論は、自由とは「自分が望むとおりのことができる」ことだという考えからくるものである。第5章で私は、将来について語ったり、現在の何かぼんやりとした表象について語ったりしているように思える「望む（want）」といった用語を取り上げた。そして、それらの用語は、何かを所有するように振る舞う傾向があるときに使われると指摘した。その何かとは強化子である。そして、望むという行為、すなわち所有のために振る舞う傾向は、その強化子が過去にもたらされたことがある文脈の中で起こる。

　子どもが最も早い時期に学習する言語行為のひとつの形態は、「私はXが欲しい」である。これはマンドとしてXによって強化される。あるいはXを獲得する行為の機会によって強化される。イブは、クッキーが欲しいと母親に告げる。母親は、彼女にクッキーを手渡したり、クッキーを取っていいよと告げたりする。一般的に言えば、聞き手が何らかの方法で、例えば金銭あるいはアドバイスによって援助してくれそうなときに、話し手は「自分はXが欲しい」と言うだろう。

　しかし、これまで経験したことがないような事柄を望むこともできるではないか、と反論される。確かに、カリブ海に行ったことが一度もないのに、休暇をカリブ海で過ごしたいと言える。この場合、強化履歴によってどのように説明できるのだろう。

　新しい事柄を望む場合、2つの要因で説明される。般化とルールである。これまでに類似の事柄を経験したことがあれば、それに似た事柄を望むと言う傾向がある。それだけのことである。カリブ海にこれまで行ったことがなくても、休暇を取って他の場所に旅したことはあるだろう。そうであれば、「休暇と楽しい旅行」というカテゴリーで般化が起こる。さらに、友人やテレビのコマーシャルの誰かが、「カリブ海に行けば楽しい」と言えば、その人は言語弁別刺激（ルール）を作っている。それを聞いた人は、他の「休暇と楽しい旅行」に向けて行動したようにカリブ海の旅行に対しても行動するだろう。

　創造性や問題解決の場合と同じように、望むという行動を理解するには、心的な表象を仮定するのではなく、強化履歴を指摘するというのが行動分析家なのである。いったい、内的な望み自体どこから来たのだろう。

　社会的自由についての行動主義者の説明に対する2番目の異論は、それが素朴であるという異論である。これは、正の強化の恩恵に懐疑的であることから

起こる。正の強化に対する手段をコントロールされる人たちに提供すると、彼らは力を得て、たやすくそれを悪用すると思われている。結局、批評家は、与えるべき力は、抑えるべき力にもなると言っている。雇用者が被雇用者たちの生活を奪うという脅しで強制するのとまったく同じように、生活必需品によって行動を強化する力を持つ政府は、生活必需品を奪うという脅しによって市民を強制することができるのではないか、と言うのである。

　この異論に対して回答するには、強化子と弱化子の違いについてさらに注意深く論じる必要がある。第4章で、私たちは、その違いがそれほど厳密とは思えない場合が時々あるということに言及した。病気になることは弱化子なのだろうか。それとも健康でいるということは強化子なのだろうか。病気にならないように良い食べ物を食べるのだろうか（負の強化）。それとも健康を保つために食べるのだろうか（正の強化）。食べ過ぎて体調がすぐれなくなった場合、食べ過ぎという行動は病によって正の弱化を受けるのだろうか、それとも良い気分の喪失によって負の弱化を受けるのだろうか。不正行為を理由に罰金を科すことは負の弱化と見なすことができるように思える。しかし、人は罰金が嫌悪事象であるかのように行動する。罰金は腕を折るほどひどいというわけではないが、同じようなものである。

　これらはすべて、**規範、標準**（*norm*）について、あるいはひとりひとりの人間の生活における普通の状況についての疑問である。普通に健康的な生活を送っている人は、喉が痛いとそれを嫌悪事象とみる。しかし、癌に苦しんでいる人は、癌と比べれば喉の痛みなどたいしたことではないと思うだろう。

　人間は、自分が置かれている通常の状況に適応する著しい能力を示す。これが金持ちであっても他の人と比べて幸せであるというわけではないという理由である。金があれば、それに慣れてしまう。贅沢に暮らして、3頭の馬と2隻のヨットを所有することに慣れたなら、ヨットの1隻を失うことは、それはやはり痛手のように思える。豊かさに慣れたなら、富の一部を失うことが本当に嫌悪的な事象のように思える。

　このように標準に慣れるということは、剥奪とか飽和に似た確立条件（establishing condition）として理解することができる。第4章で私たちは、強化子と弱化子は、ここしばらくの出来事の状態によって強くもなり弱くもなるということに気づいた。

十分に食べ物を与えられている人は、食べ物が強力な強化子とは思えないだろう。同様に、富める人の行動は、貧しい人の行動と比べて、100ドルを受け取ったり失ったりしても、その影響を受けにくい。それは、あたかも富める人は相対的に飽和していて、貧しい人は相対的に剥奪されているかのようである。金銭の損失である罰金は、金を持つことに慣れたときに嫌悪的になる。しかし、罰金の量は、罰金を受ける人の資源に見合ったものでなければならない。あまりにも高過ぎる罰金は現実的でない。ない袖は振れないからである。あまりにも低過ぎる罰金は意味がない。したがって、罰金の額は普通、ほとんどの人の普段の資源に比べて、その損失の脅威が現実的であって、取るに足らないわけではないと言えるようなものになる。

　慣れている快適さを奪うという脅しによって人の行動を制御するのは強制になる。まさに、それは拷問という脅しの制御と確かに同じである。なるほど、与えるべき力は、抑えるべき力にもなる。そして、そのような力は乱用される可能性がある。しかし、それが乱用されると、人は自由も感じないし幸せも感じないだろう。

　正の強化とは、社会的に望まれる行動によって個人の取り分がよくなるような有効な関係を作ることである。良質の製品を作る方法は、質の改善を目指している労働者に報酬を与えることであるということを知っているアメリカの製造業がある。それによって余分に費やされたコストは、製品の質が良くなることで埋め合わされる。それどころではない。労働者は、もっと幸せになるのである。違反をした運転手を罰する代わりに、良い運転をする運転手に報酬を提供しようとした共同体がある。ハイウェイ警察が、運転する私たちをときおり止めさせて、制限速度内で運転していたという理由で私たちに金銭を提供してくれたなら、私たちはハイウェイ警察についてまったく違った見方をするだろう。それは国家貨幣の節約になるだろう。職員の数は少なくて済むし、交通事故の裁判も時間がかからなくて済むだろう。さらに、人々は制限速度をこれまで以上に守ろうとするだろう。

　しかし、正の強化のひとつの問題は、それが乱用され得るということである。即座に提供される小さな目立つ強化子は、非常に強力なものになる可能性がある。そのため、人々は、目先の利益のために将来の幸福を犠牲にする。そのような状況は、**強化の罠**（*reinforcement trap*）と呼ぶことができるだろう。

◎ 強化の罠と自己制御

「習慣の奴隷になっている」人のことを語るとき、それが強化の罠だとわかる。悪習慣、特に依存（中毒）は、やめることが難しい。習慣の悪しき効果を経験している人は、自由にも見えないし、自由を感じない。ショーナが煙草を吸ってリラックスしているように見えるとき、彼女は単に喫煙を楽しんでいると言えるかもしれない。しかし、夜中に煙草が切れて、彼女が精神的にまいっている状態になったとき、彼女は悪習慣の罠にはまったと言いたくなる。

喫煙や食べ過ぎのような悪習慣には、自己制御（self-control）が必要だと言われる。これは、身体内部のどこかにある自己を、あるいは外に現れている行動を制御している内部の自己を制御すると言っているように思える。行動分析家は、そのような見方を心理主義的な見方として排除する。その代わり、彼らは、「自己制御」と言われている行動とは何であるのか、と問う。

自己制御は、選択することからなる。喫煙者が煙草をやめれば、自己制御したということになる。習慣に屈するという行為は、衝動的に振る舞う行為である。喫煙者は2つの選択肢、すなわち衝動（喫煙）と自己制御（禁煙）の選択に直面する。2つの違いは、衝動の場合、目先の強化（煙草を楽しむ）に従って行動するが、自己制御の場合、将来の強化（健康を楽しむ）に従って行動する、ということである。

図9.2は強化の罠を示す。上方の図は、強化の罠を一般的な言葉で示したものである。衝動的に振る舞う（B_I）と、わずかではあるが比較的すぐに得られる強化子（S^R）がもたらされる。短い矢印は、強化子の出現が比較的即座であること、行動と結果の関係が短期的なものであることを示す。下方の図に示されている喫煙の短期的な強化子は、ニコチンの効果と、大人っぽく見えるとか、かっこよく見えるといった社会的強化子である。衝動的行動に伴うトラブルは、将来病気になるという効果である。これは大文字の弱化子（S^P）で示されている。長い矢印は、衝動的行動の弱化がかなり遅れること、そして、行動と結果の関係が長い時間が経ってはじめて見えるということを示す。この悪癖によって、癌や心臓病、肺気腫といった結果がもたらされるのに数カ月あるいは数年かかる。喫煙の長期のこの効果は下段の図に示されている。大文字は、かなり時間が経過してから起こる悪効果が、短期の強化子と比べてかなり重大であることを示す。この害悪は、短期の結果と比べて重大であり、かつ比較的持続性

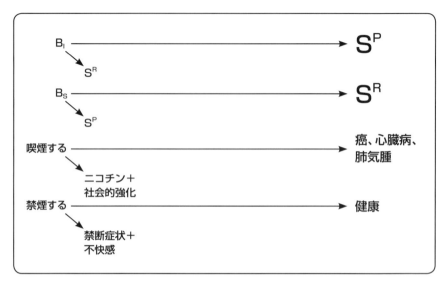

図9.2：強化の罠—自己制御、あるいは悪習慣の問題
衝動的に活動する（B_I：喫煙する）と、短期的な強化（ニコチンと社会的強化）を受け、長期的な深刻な弱化（癌、心臓病、肺気腫）を受ける。自己制御の活動をする（B_S：禁煙する）と、短期的な弱化（禁断症状と社会的不快感）を受け、長期的な重要な強化（健康）を受ける。

がある。問題をさらに深刻化させているのは、長期の結果は徐々に起こる場合が多いということである。体重や借金の増減は徐々に起こるのが普通である。そのため、時間をかけてそれらが累積してはじめて、それらが増減していたことに気づくのが普通である。

図9.2では、B_Sは、衝動に代わるもうひとつの選択行動、すなわち自己制御を示す。下方の図では、これは禁煙するという行動で示されている。もちろん、これにはチューイングガムを噛むといった特殊な選択行動も含まれる。衝動と同じように、自己制御の行動は短期的な結果と長期的な結果のどちらも招く。短期的な結果は、図では短い矢印で示されているが、それは弱化的である。しかし、比較的大したことはなく長く続かない弱化である。頭痛のような禁断症状や社会的不快感などであろう。しかし、長い矢印で示されている長期で見ると、自己制御は、重要で持続性のある強化子（大きなS^R）をもたらす。禁煙すれば、癌や心臓病、肺気腫といったリスクを軽減することになる。最終的に

は、自己制御によって健康が促進される。

　第3章で述べたラクリンの言葉で言えば、ある人を喫煙者であると言うのは、その人が頻繁に喫煙するということ、その人の日常的な活動パターンに喫煙という活動が含まれると言っているのである。ある人が禁煙すると言うのは、その人の日常的な活動パターンに喫煙することが含まれないと言っているのである。日常的に喫煙しないというパターンには、即時的で一時的な弱化が伴うので、その弱化を相殺するために、禁煙には何かしらの短期的な強化子が必要となる。煙草をやめた人は、最終的に長期の健康を楽しむことになるが、その長期の健康は時間が経ってから起こり、また、それは徐々に起こるので、長期の健康という結果は比較的効果がない。その人が煙草を吸っていないのを見たら、家族や友人、そして同僚は、それを承認する。このような社会的強化子が1日をとおしていろいろなときに提示されれば、禁煙の日常的なパターンは強められる。

　強化の罠の第2のカテゴリーは、先送りや先延ばしである。小さな虫歯がある人が歯医者になかなか行かないとき、虫歯の穴を埋めるという即時的な不快感の方が、後になって最終的に歯が痛くなったり歯根管が痛んだり、あるいは歯を失ったりといったもっと大きな弱化子より優先する。図9.2の言葉で言えば、先送りは衝動（B_I）になり、歯医者に行くのが自己制御（B_S）になる。先送りという行動は、ちょっとした不快感を避けることで即座に強化されるが、深刻な不快感によって結局は弱化される。歯医者に行くという行動は、ちょっとした不快感によって即座に弱化されるが、深刻な不快感を避けることで、そして使える歯が残ることで最終的には強化される。

　3番目によく見られる強化の罠の例は、消費と節約の葛藤である。差し当たり消費（衝動）は、小さな購入で即座に強化される。長い目で見れば節約（自己制御）は、結局は、車や家の所有といったかなり大きな寿命の長い強化子を生み出す。脅迫的に出費する人は、消費の即時的な強化の罠にかかった人たちである。脅迫的な出費が悪習慣あるいは中毒とさえ見られるのは、長い目で見ると、それが重大な強化子の損失によって弱化されるからである。

　図9.2で示されているような状況を罠と呼ぶのは、2つの理由からである。まず衝動的な行動が、衝動に対する即時的で小さな強化と、自己制御に対する即時的で小さな弱化の両方によって抜き差しならない状況に追い込まれるから

である。結果に遅延があると、その効果は弱まる。即時的な結果は、小さくても、癌で死ぬといった大きな事柄と同じくらいの大きな結末さえをも凌駕する。それは、その結末が遠く離れた将来の事柄の場合である。2つ目は、衝動に対する大きな弱化子は、人から聞いてわかるからである。これをもっと専門的に言えば、長期の弱化は、**罠にはまる**といった語からなる言語行動の弁別刺激として作用するということである。喫煙と癌の関係がいろいろと議論される前は、喫煙は大目に見られていた。もちろん喫煙は良くないと言う人もいたが、今日ほどではなかった。

衝動の嫌悪的な結果を考えれば、強化の罠にはまっている人がなぜ幸せでないのか、自由を感じないのかがわかる。行きつく先の弱化は脅威として機能し、そして自己制御はその脅威の回避と見る限り、強化の罠は強制と同じようなものである。強化の罠にはまっている人が、自分も含めた誰かが、喫煙の長期にわたる危険について語っているのを耳にしたら(その話は図9.1のS^D_Tになる)、自己制御は服従のようなものになる(もちろん、この場合、服従しなかったときの弱化子は、制御した人(ここでは喫煙の危険を語っている人)から提示されるというよりは、喫煙と病気の自然な結び付きによって提示されるのであるが)。強化の罠というものは、一般的なルールのようなものである。それは、好きな行動をやってしまうと弱化の脅威が生じる、そのようなとき人は罠にはまった感じがして不幸だと感じる、というルールである。強制から逃れる人のように、強化の罠から逃れる人は、自由と幸せを感じる。悪習慣を絶った人に聞いてみるとよい。

図9.2の長期の結果が、第8章で論じ、そして図8.2で示した究極的結果と似ているのは偶然ではない。ルールと呼ばれる言語弁別刺激の多くと、それに伴って生じる近接的強化関係は、まさに人が強化の罠にはまらないようにするためのものである。違法薬物が提供されたらそれを拒みなさいと親は子どもに命じる。この命令の重要な点は、はるか先の中毒の結果に子どもが苦しまないようにすることである。子どもがルールに従ったときに提示される親の近接的な社会的強化子は、強化の罠にはまらせる薬を服用したときに提示される比較的即時的な強化子の効果を弱める。このように見ると、多くの文化的実践は、強化の罠を回避しているように思える。第8章であげた靴を履くという例も自己制御に似ている。靴を履いた瞬間は不便だが、それに耐えれば病気にならな

第Ⅲ部：第9章

いで済むという長期の強化子を受けることになるからである。ルールという形態の文化のサポートがなければ、人は短期的な便利さから、はだしでいるだろう（衝動）。そして、後で恐ろしい結果に苦しむことになるだろう。第12章でこの点についてもう一度論じるつもりである。そこで、どのように、私たちは長期的な強化を受ける行動を「良い行動」と呼び、短期的な強化を受ける行動を「悪い行動」と呼んでいるのかについて考える。第13章では文化に目を向け、文化的実践が究極的な結果に応えてどのように進化するのかを見る。

　ルールと、ルールに従うことの保護がなければ、コントロールされる者はいとも簡単に強化の罠にはまる。その容易さはコントロールする者にとって誘惑となる。コントロールする者が正の強化を乱用する方法は、コントロールされる者にとって強化の罠になる。子どもに麻薬の試供品を提供する密売人を、私たちは皆、認めない。しかし、強化の罠を設ける政府についてはどうであろう。狡猾な州議会は、納税者は宝くじを購入する余裕がなくても州の宝くじに喜んで興じるということを知りながら、収益を上げるために宝くじを使う。このように人の弱みにつけ込む政府は搾取的である。これに関わる問題は、自由というよりは管理に大いに関わる問題なので、搾取についての議論は第11章まで待つことにしよう。

　強化の罠を考えることで、自由を感じないとか、自由になるといった問題を理解することができる。また、自由という語の別な使い方も理解できる。それは、これまで論じた自由とは異なっているように思える自由で、**精神的自由**（*spiritual freedom*）である。

■ 精神的自由

　どの時代の聖職者も精神的自由について語ってきた。彼らが語る精神的自由は、自ら求めて教会に行けるといったような社会的自由とまったく関係がない。そうではなく、精神的自由は、**この世**（*the world*）、この世の善、この世の癒しを重視する。人は、現世の快楽への束縛や愛着、あるいは隷属から抜け出ようとする。例えばインドの精神的指導者であるメヘル・バーバー（1987）は、「精神的自由になるための重要な条件のひとつは、すべての欲望から自由になることである」と語っている（p. 341）。彼は次のように続けた。

人は、この世の中で、快楽を与えるものを求め、苦痛をもたらすものを避けようとする。一方だけを手に入れて他方を避けるというようなことはできないということも知らずに。快楽を与えるこの世のものに愛着がある限り、人は、それを持たないことに絶えず苦しみ、またそれを得た後はそれを失うことに絶えず苦しまなければならない。ものにこだわらないであり続ける……それによって、すべての欲望や愛着から自由になれる……（pp. 391-2）。

　この世のものに対する愛着から自由になるというこの考えは、文学の中にも見つけることができる。ヘルマン・ヘッセの『シッダルタ』（原題：Siddhartha, 1951）という小説の中で、主人公がはじめてブッダを見たときの印象が次のように記されている。

　ブッダは、考え事をしながら、静かに立ち去って行った。彼の穏やかな表情は、幸福そうにもまた悲しそうにも見えなかった。彼は、静かに優しく微笑んでいるように見えた。健康な小児の笑みと異ならない秘めた微笑みで、彼は穏やかに、静かに歩いていた。彼はガウンをはおり、他の僧侶たちとまったく同じように歩いていたが、彼の顔、彼の歩み、彼の穏やかな下に向けられたまなざし、彼の穏やかな下に垂れた手、そして彼のすべての指が、穏やかさを語り、完璧さを語り、何も求めない、何も真似ないということを語っていた。さらに、たえざる静けさ、衰えることのない明るさ、傷つくことのない穏やかさを映していた（pp. 27-8）。

　精神的自由と現世の欲望からの逃避のこの結び付きは、宗教書に限られるわけではない。ウィリアム・ゴールディング著の『自由な顛落』（原題：Free Fall, 1959）という小説の中で、主人公が、あるとき自分が自転車に乗って恋人のビアトリスの家の近くにいることに気づいた。

　交通信号の近くに自分がいたときでさえ、自分はもはや自由ではなかった。……ロンドンのこのあたりは、ビアトリスが触れたところだった。このひどく息を詰まらせるような浮彫の橋を彼女は見たのだ。そのアーチをバスが上体を起こしながら昇っていく光景を彼女はいつも目にしていたに違いない。これらの通りのひとつが彼女の家の通り、これら淡褐色の家のひとつに彼女の部屋がある。そ

の通りの名前を私は知っていた。スクワドゥロン通りだ。金属板や道路標識にその名前が記されているのを見て、私の心臓は再びかすかに締め付けられ、私の膝はがくがくし、呼吸は短くなったこともわかった。私は橋の下り坂のところで自転車を止め、信号が緑になるのを待って、坂を下って左折した。すでに私の心は自由ではなくなっていた（p. 79）。

　ここでも、自由の感じ方は、望みや愛着、あるいは欲望の感じ方と反対である。ゴールディングは「精神的な」自由と記してはいないが、彼がそれをビアトリスへの欲望がなくなることと同じ意味で語っていることは明らかである。
　食べ物、セックス、良い車、カリブ海旅行のようなこの世の喜び、これらは強化子である。専門的な用語で語れば、これらの著者たちは、嫌悪的な制御からの自由を超えたものについて語っているようだ。彼らは、正の強化からも自由であることについて語っているように思える。もし人が嫌悪的な制御からも、そして正の強化からも自由になれるのであれば、いったい後にはどのような制御が残るのだろう。精神的自由について語るということは、人がすべての制御から自由になれるということを必ず意味しているのだろうか。そのような語りがどういうことなのか行動主義者は説明できるのだろうか。
　精神的自由を理解するためのひとつの方法は、悪く言われているものだけでなく、良く言われているものも考えればもっと明らかになる。この世の喜びを追求することが悪いことなら、何が良いことになるのだろう。答えはいろいろである。しかし、親切とか純真といった価値が一般的に提唱されている。自分自身はつらくても他者を助けよ。食べるために生きるのではなく、生きるために食べよ。身勝手と不摂生を止めよ。
　行動的な視点からすれば、そのような命令は、遅延される嫌悪的な結果を指摘している。身勝手と贅沢な暮らしは、短期的には利益をもたらすが、長い目で見れば、孤独、病、自責の念をもたらすことになる。長い目で見ると、他者を助け、適度な生活をしていればより幸せになれる。そのような長期的強化関係は、ルールがなければ、そしてルールに従うことがなければ、行動にほとんど効果をもたらさないようなものでしかない。「自分が他人にしてもらいたいように他の人にしなさい」は、私たちの社会的行動が他者支援の長期的な効果に触れることを可能にするルールである。

親切であること、そして純真であることは、単に苦しみを避ける以上の利益をもたらす。それらの行動は正の強化子をももたらす。私たちは他者と相互に助け合うことで利益を受ける。また、適度に生活していれば、普通は、健康が促進される。そして、精神的自由を唱える人は、有形ではない報酬をも指摘する。

　これはヘルマン・ヘッセの上の引用文の中で特に明らかである。「穏やか」という言葉がこの一節の中に6回も出てくる。ブッダの解脱（ものへの囚われがないという状態）は、内的な静けさや平静、そして、この世の目的を追い求めることからくる不安からの解放、絶望と高揚といった情動の激しい浮き沈みからの解放を意味する。メヘル・バーバーは、「案ずるな、幸せであれ」と教えた人だった。

　行動的な用語で言えば、精神的自由を唱えることは、すべての正の強化からの自由を論じているのではなく、どちらかといえば、ある正の強化子からではなく別な正の強化子からの自由を言っているのである。それは、生活の質についてである。「生きるために食べよ」「すべての事柄に控えめであれ」は、食べ物、セックス、衣服、あるいは自動車をあきらめるべきだと言っているのではない。それは、そのような強化子が人生の主なあるいは唯一の強化子であってはならないということを言っているのである。

　この議論は、図9.2で示した強化の罠の論法に似ている。衝動に似た身勝手な行動や無節制な行動に対するこの世の強化子は比較的に短期的である。長い目で見ると、それらの効果は、病、孤独、そして自責の念といった究極的な重大な嫌悪的結果によって弱められる。それに対して、自己制御に似ている親切な行動や節制といった行動の強化子の効果は、大きなものである可能性はあるが、比較的に遅れて現れ、さらに徐々に起こる。このように見ると、この世の短期的な強化子から自由になるという意味は、すなわち、精神的に自由になるという意味は、簡素で適度な生活をして、他者に親切にするといった行動に切り替え、それが長期の強化の制御を受けられるようにするというだけのことである。他者に対して良いことをするという考えについては、第12章で再び問題にすることにしよう。

従来の考えに対する挑戦

　自由意志に基づく従来の考えは、自由についての行動分析学の考えに挑戦する。もし、すべての行動が遺伝と過去の環境履歴によって決定されるのであれば、人はどのようにして自分の行為に責任を持つことができるのだろう。人が責任を果たすことができないのであれば、社会は崩壊するのではないだろうか。たとえ決定論が正しくても、おそらくなんだかんだ言っても決定論は賛同を得られないはずである。なぜなら、決定論は、民主主義を弱体化し、最終的には専制国家をもたらすような危険な考えだからである。このようなことすべてが語られ、そして行われたとき、科学が語っているのは、私たちが**どのように**行動するのかということだけなのではないだろうか。私たちはどのように行動す**べきか**について科学はまだ何も語っていないのではないのだろうか。とりわけ、ルイス C. S. は、『キリスト教の精髄』（原題：*Mere Christianity*, 1960）という彼の著書の中で、これについてかなり触れている。

　ひとつの事柄がこの全宇宙の中に存在する。それは唯一の事柄である。その唯一の事柄は、私たちが外部観察によって単に学ぶことができるようなものではない。その唯一の事柄とは、「人」である。私たちは人をただ観察しているわけではない。私たちは人**として存在しているのである**。この場合、いわば、私たちは内部情報を持っている。すなわち、私たちはその知っている情報の中にいる。そして、それゆえに、私たちは、人が道徳律のもとで自分を律しているとわかっている。道徳律は、人が作ったものではない。人は、そうしようとしているときでも道徳律を忘れることはまったくできない。人は、道徳律に従うべきであるということを知っているのである。次の点に気づいてほしい。電気やキャベツを研究するように外側から人を研究している人、また、私たちの言葉を知らず、その結果、私たちから一切の内部情報を得ることができない人、しかし、私たちが行ったことをただ観察しているだけの人、その人たちは誰でも、私たちがこの道徳律を持っていたという証拠をほんの少しでも得ることは決してないだろう。どうしてそのようなことができようか。できはしないだろう。なぜなら、そのような人たちの観察は、私たちが行ったことをただ示しているだけだからである。道徳律は、私たちが行うべき事柄を問題にしているのである（p. 33）。

ルイスの主張は、私が第2章と第3章で批判した「この中、その外」という二元論の観点で言い表せる。第8章でルールを持つこと（ルイスは道徳律を持つと記している）に取り組んだ。それでも挑戦は続く。私たちはどのように行動**すべきである**のか、その問題に、科学はどのように応えてくれるのだろう。

　本書の残りの章では、そのような問題を扱う。第10章で私たちは、決定論が責任という考えについて、どのように捉えているのか見ることになる。第11章では、行動的な考えによって、私たちは、自分たちの自由への脅威を感じることなく、社会的な問題をどのように解決していくことができるのかについて見る。第12章では、どのように私たちは行動すべきであるのかという問題について、科学はどこまで理解することができるのか、それについて考える。第13章と14章では文化を取り上げ、文化がどのように変化するのか、行動的に考えることで、民主主義を抑えるのではなく、どのように民主主義を拡大することができるのか、これらのことについて論じることにする。

要　約

　「自由な」「自由」といった語の、行動的な考えにそぐわない唯一の使い方は、自由意志を示唆する使い方である。自由や幸福を感じるということにもっと深く関わる他の使い方がある。社会的な自由、政治的な自由、そして宗教的な自由は、強制からの解放を意味する。私は、それを本書で弱化の脅威からの解放と定義した。私たちの選択行動のいくつかが弱化されると、私たちは自由を感じることができなくなる。行動が短期的には正の強化を受けても、長い目で見れば重大な弱化をもたらすならば、そのような強化の罠にはまっている人は自由を感じることができない。その代わり、短期でも長期でも、正の強化によって私たちの行動が維持されるなら、そして、さまざまな強化子の間で選択が行われるのであれば、私たちは自由も幸福も感じる。精神的な自由でさえも行動的な言葉で理解することができる。精神的な自由を唱える人は、短期的な個人的な（世俗的な）強化ではなく、質素に生活して他者に奉仕することで必然的に起こる、より大きな長期の強化に目を向けていることがわかる。

　「自由な」「自由」という言葉のほとんどの使い方は行動的に解釈できるが、そのような解釈によって、人、文化、政治、法律、教育、その他の社会的制度

に対する私たちの見方は変わるかもしれない。自由意志は別として、他の類の自由は、有用な社会的機能を提供する。それらは、もっと基本的な問題、すなわち幸福への方法を指摘する。社会的自由を唱える人たちは、行動の制御のために脅しや弱化が使われることに反対する。なぜなら、強制された人たちは幸福ではないからである。精神的自由を唱える人は、長い目で見れば、より大きな幸福がもたらされるような長期の強化関係の効果を強調する。社会が望ましい行動に対して正の強化をアレンジし、長期の強化関係をサポートするなら、その社会で生活する市民は、生産的であり、幸福である。

◆ 参考文献

Golding, W. 1959: *Free Fall*. New York: Harcourt, Brace, and World. この小説は、人生のきわめて重要な時期にある若い芸術家について書かれたもので、責任と自由を問題にしている。(ウィリアム・ゴールディング　小川和夫 (訳)(1983). 自由の顛落　中央公論社)

Hesse, H. 1951: *Siddhartha*. New York: New Directions. この小説は、ブッダの時代に生きたひとりの青年のインドでの魂の遍歴を記録したものである。(ヘルマン・ヘッセ　高橋健二 (訳)(1959). シッダールタ　新潮社)

Lewis, C. S. 1960: *Mere Christianity*. New York: Macmillan. これは、著名な信心深い思想家によるエッセイを集録したものである。ルイスは、科学的な世界観に対して、現代の言葉で全き挑戦をしている。(ルイス C. S.　柳生直行 (訳)(1977). キリスト教の精髄　新教出版社)

Meher Baba 1987: *Discourses*, 7th ed. Myrtle Beach, SC: Scheriar Press. これは、現代のインドの精神的指導者が精神的問題について論じたものを集録したものである。

Sidman, M. 1989: *Coercion and Its Fallout*. Boston, Mass: Authors Cooperative. この書籍は、嫌悪的制御の問題点とそれに代わる正の強化の長所を詳細に論じている。

Skinner, B. F. 1971: *Beyond Freedom and Dignity*. New York: Knopf. この書の中でスキナーは、自由についての行動分析学的見解の基礎を説明した。本章は、スキナーのこの書の第1章と第2章に負うところ大である。(スキナー B. F.　山形浩生 (訳)(2013). 自由と尊厳を超えて　春風社)

第9章で紹介した用語

強化の罠 *Reinforcement trap*
強制 *Coercion*
嫌悪的制御 *Aversive control*
自己制御 *Self-control*

社会的自由 *Social freedom*
衝動 *Impulsiveness*
精神的自由 *Spiritual freedom*

第10章
責任、信用、そして非難

　『自由と尊厳を超えて』（原題：*Beyond Freedom and Dignity*）の中でスキナーは、心理主義は、行動の科学的な説明を明らかにしようとする試みを妨げているだけでなく、戦争、犯罪、貧困といった社会的な問題の解決をも妨げている、その点で実用的でもない、と主張した。スキナーが批判した心理主義の1組の言葉は、**信用**（*credit*）と**非難**（*blame*）であった。彼は、信用と非難を尊厳（dignity）という概念と絡めて論じたが、私の経験では、社会的関連事項についての行動主義の議論は、**責任**（*responsibility*）についての関連概念を中心に展開している場合が多い。責任があると考えられる人は尊厳があると考えられる。この章では、責任の概念、その哲学的基礎とその実用的意義に焦点を当てることにする。

責任と行動の原因

　「責任がある、責任を負っている」という語は、原因について語るひとつの方法として使われる場合が多い。「不良配線のせいで（不良配線の責任で）その火事が起きた」という言い方は、「不良配線がその火事を起こした」と言うのと同じである、と言えるだろう。他の要因も関係しているかもしれないが、この言い方は、不良配線が火事の重要な要因である、と言っているのである。

　しかし、「トムはその火事の責任を負っていた」と言ったらどうなるだろう。不良配線のところにトムを置くと2つの意味になる。まず、トムが火をつけたという実用的意義である。これは潜在的に重要な連絡であり、私たちの側に何らかの行為を求めるかもしれない。2番目は、不良配線が火事を起こしたというのとまったく同様に、トムが火事を起こしてしまったという意味である。実用的な意味の方は後回しにして、まずは、人が原因となり得る考えを調べる必

要がある。

■ 自由意志と制御の可視性

　行為を起こすという意味で、ある人に、ある行為の責任があるという考えは、第1章で論じた自由意志の考えに基づいている。ほとんど常識的に考えれば、不良配線が火事を起こすということと、トムが火事を起こすということは異なる。トムは、火をつけることを自由に選べるのである。不良配線は、振動や天候のような環境要因のせいにされるが、トムの行為はトム自身に帰せられる。

　常識では、トムと不良配線は異なる扱いをしなければならないと言っているようである。しかし、よく調べてみると、両者の間の違いはなくなる。配線ははじめに取り付けられたときには問題はなかった。多くの冬と夏、何年にもわたる振動を経て、長い時間が経つにつれて悪くなったのである。ついに故障して、それによって火が「ついた」のである。トムの場合も同じように、遺伝的要因と環境事象の履歴（彼が育ってきた環境）が組み合わさって、トムは「欠陥のある」人になり、火をつけた、ということになる。配線の場合と同じように、トムは道具でしかない。その道具で火事が起こったのである。

　トムの行為をこのように見るのが奇妙に思えるのは、私たちは、物の振る舞いと人の行動の間に一線を画すことに慣れているからである。人の行動と物の振る舞いは2つの理由で異なっているように思われる。ひとつは、人が選択するものは疑う余地のないものと思えるからであり、もうひとつは、なぜある行為が選ばれたのか（選ぶという行為を決定する要因）がわからないからである。家に火をつける人は私たちの中にほとんどいない。そうであれば、トムだってその他の人とまったく同じように行動できるのは当然だと思う。

　しかし、それは、それほど当然なのだろうか。私たちは、「その人に選択の余地はなかった」と言って、その人を許す場合が時々ある。トムが火をつけたときトムの頭に銃が突きつけられていたとしよう。このときトムに選択の余地はなかったと言うかもしれない。

　そうすると、ひとつの矛盾が起こる。もしトムが以前に選択していたなら、彼は今も選択する。彼は拒んであえて銃で頭を打たれる危険に自らをさらすこともできただろう。トムには、銃を突きつけられている状態であっても、自由

に振る舞える場合であっても、選択の余地があるか、あるいは、どちらの場合であっても、選択の余地がないかのどちらかである。

　トムの行為の理由（つまり銃）は明らかである。ただ、その理由から、トムに選択の余地はなかったと言うのである。トムが火をつけた理由を知れば知るほど、私たちは、彼が自由に選択したとは言わなくなる。彼は子どもの頃に虐待を受けたとか、彼は放火魔だと言ってみたまえ。そうすると配線の場合とまったく同じように、彼に欠陥があると考え始め、彼の場合、それは仕方がないということになる。

　自由意志を持ち出したくなるのは、トムに関して何か問題となるようなこと、配線がすり減った状態にあることを確認できるような方法が、トムの場合、わからないからである。もし原因が明らかでなく、トムの頭に突きつけられた銃のような原因がないなら、過去の出来事に目を向けていく必要がある。しかし、それを見つけることは困難かもしれない。自由意志を持ち出すのは解決法としては容易だろう。しかし、科学的な視点からすれば、自由意志による説明は、まったく説明になっていないのである。

■ 信用する、非難する

　責任が、自由意志、そして行動を起こしているのは行動しているその本人であるという考えと密接に関係しているなら、認められる行為や認められない行為を行っている人を信用したり非難したりするのはきわめて当然のことと思われる。信用も非難も、原因について語るさらにもうひとつの方法なのであるが、それらには承認と非承認という要因が付加される。

　信用できる行為は強化される。それに対して非難すべき行為は弱化される。良い行動と悪い行動については第12章でさらに論じるつもりであるが、当面は、人は信用を求め非難を避けるということだけは言及しておく必要がある。

　人は、何か恥ずべき行為に巻き込まれるとき、ありとあらゆる言い訳をする。例えば、「魔が差した」「子どもの頃不幸だった」などいろいろである。重要な点は、悪魔とか不幸な幼少期といった何か他のことに責任転嫁をしている点である。言い換えるなら、行動の原因を環境に置いているのである。被告側の弁護人は、慈悲を強く訴える。彼ら弁護人は、あらゆる種類の犯罪で、有罪判決

を受けた人の経験の中に情状酌量すべき状況があることを考慮してもらうように裁判官を説得する。行動的観点からすれば、**情状酌量すべき状況**（extenuating circumstances）とは環境要因のことを言っており、**慈悲**はこれらの環境要因を考慮することを言っているのである。

それに対して、何か賞賛に値する行いをした人を信用するとき、環境要因が一役買っているという提案を一切受け付けない場合が多い。ビジネスで成功した人は、自分たちの功績は一生懸命仕事をして我慢してきたことによるものであって、運によるものではないと語る場合が多い。芸術家、作家、作曲家、科学者は、どこでその着想を得たのかと尋ねられると、はぐらかしたり、不快に感じたりすることがしばしばある。自分たちの信用できる行為（優れた行為）に情状酌量すべき状況を求めたがる人など誰もいない（謙遜が良い行いというよりはより優れた美徳と考えられている場合は除く）。

弱化に値する行為への非難を環境に向けたがるのであれば、強化に値する行為への信用をなぜ環境に向けようとはしないのだろう。その理由はすぐわかる。非難の矛先を環境に向けることはオペラント行動で、ほとんどの場合、言語行動である。そうすることで弱化が避けられるなら、その行動は強化される。環境要因を非難すれば不愉快な状況から逃げ出せる。信用を環境に向けることを人が嫌がるのは、似たようことが起こるからである。ただし、非難の代わりに信用が失われる。信用を環境に向ける行動は、強化子の損失によって弱化される。信用と強化が関連し続ける限り、人は、信用が向けられる可能性のある環境要因を隠そうする。しかし、そのようにしないで、行為の原因を完全に内部に求めて見せる必要がなくても、望ましい行為に対する強化子が提供されるのであれば、人は気兼ねなく環境要因を認めるようになる。アイザック・ニュートンが「私がかなり遠くまで見渡せたとしたら、それは巨人の肩の上に乗ったからである」と言ったのもそうである。個人への非難から弱化を分離すれば慈悲が生まれるが、個人への信用から強化を分離すれば正直が生まれる。

■ 慈悲と制御

かつて、人は自由意志に従って選択するという考えは、ほとんどの場合、人に間違った行為をやらせないために弱化を用いることと深く関係していた。盗

人の手を切り落としたり、公開絞首刑が普通に行われたりしていた。

　合衆国では今日、そのような考えや実践は行われなくなり、より温情のあるやり方が不正行為に対して行われている。情状酌量すべき状況を考えることで、犯罪者を咎めたり罰したりせずに、それを越える可能性が導入されるようになっている。それによって裁判官たちは、どのような結果を裁決するかということにこれまで以上に柔軟になった。友達にかっこよく見せようとして車を盗む10代の若者は、生活のために車を盗む成人と異なった扱いを受ける。

　実用的な視点からすれば、犯罪行動には２種類の質問が生じる。（１）その行動を変えることができるのか。（２）もし変えられるのであれば、変えるために何が行われなければならないか。（はじめの質問に対する答えが「ノー」であれば、２番目の質問は、社会で生活する人たちをその矯正できない犯罪者からどのように守るかという質問になる）。行動を変える方法に目を向けるなら、悪人を投獄することが目的として有用であるのかどうか、その悪人は職業訓練によって利益を受けることになるのかどうか、カウンセリングが助けとなるのかどうかといった実用的な問いが生じる。行動は遺伝子と環境履歴の制御を受けるということを知れば知るほど、不正行為を行っている者を矯正することに私たちはますます気兼ねなく同情的になり、実際に役立とうとする。

　凶悪犯罪に対する死刑実施に関しては、大きく議論が分かれている。死刑を実施しても、再犯の可能性を減らすことはできない。なぜなら、これ以上行動は起こらないからである。死刑を支持する人たちは、死刑は他の潜在的な悪人にとって抑止となる、と考えるのが普通である。死刑を廃止して終身刑を科すことに賛成している州もいくつかあるが、それが実施されても殺人率は変わらなかった。今のところ、死刑が犯罪抑止になるという考えを支持する証拠はない。証拠がない限り、そして、無実の人を死刑にするということが時々ある限り、死刑への反対は十分な根拠があるように思われる。しかし、その反論は可能である。なぜなら、終身刑は、犯罪者を街中から遠ざけておく以外のなにものでもないからである。誰かを刑務所にとどめておくことは、納税者からすればかなりの出費である。この論争はこれからも続くだろう。しかし、この議論は、自由選択と懲罰についての人々の見当違いの考えによってではなく、より実用的な用語で考えられるようになるかもしれない。

　間違っている行動について実用的であった方がよいのであれば、正しい行動

についてもそのようにした方がいいかもしれない。正しい行動についても実用的であった方がよいということがわかるには時間がかかる。その理由は、ほとんどの場合、単に美徳に対する報酬が明確でない限り、人は自分が行った正しい行為に対する信用を保持するからである。[6] ある慈善家が所得税で得をしたということを知ったなら、私たちは、その人が寄付をしてもその人を素晴らしい人とは思わない（その人を信用しない）。制限速度を破って罰金を科せられるのではなく、制限速度を守って報酬を受けるなら、守った人は、制限速度を破った人と比べて自分が高潔であるとか優れているとはもはや思えないだろう。

　評判や名声にこだわる人は、望ましい行動を強めるために報酬を使うことを「賄賂」と言う。それは、あたかも、明確な理由のために正しいことをすることが何か卑しいことであるかのようである。1991年に、オプラ・ウィンフリーは、彼女のテレビトーク番組で、10代の女性向けの非常にうまくいったプログラムについて話し合っていた。そのプログラムは、10代の女性たちが妊娠するのを予防し、彼女たちに高校をきちんと卒業させるためのプログラムだった。かつて、ある民間の組織が、すでに妊娠していた少女たちを支援していた。それは、少女たちが学校にとどまり、妊娠せずに栄養と子育てについての特別な授業に出席している限り、毎週、少量の金銭が支払われるというものであった。聴衆の多くは、「当然やるべきことをやらせるために金銭を使うことには同意できない」といった理由で反対した。皮肉にも、そのプログラムによって、合衆国納税者の多額の金銭が節約されても、これらの反対は起こったのである。ほとんどの10代の母親は、高校を終えることはなく、生きるために生活保護の支給金を必要とする。彼女たちは次から次へと子どもを産む場合がほとんどで、福祉登録名簿から外されることがない。そのプログラムの10代の少女たちは全員が生活保護を受けていたのだが、今や、子どもをさらに産むことはなく、高校を卒業し、生活保護も受けていない。たとえそのプログラムが連邦政府の資金を使っていたとしても（実際はそうではなかった）、それでも貯蓄になっていただろう。なぜなら、プログラムにかかった費用は、福祉の支払いに比べれば取るに足らないものであったからである。「自分自身の」理由で（すなわち、隠された理由で）正しいことをすべきであるという主張も、そして、強化は「賄賂」であるという発言も、望ましい行動を強めて納税者の税金を無

---

[6] 正しい行為への報酬が明らかなら、行為に対する信用は実用（現実）的となる。

駄遣いしないようにするために強化を用いることを阻止しているだけである。

　人というものは、用意された強化を選んで自らの信用を放棄するという考えをなかなか受け入れようとしない。先の聴衆のリアクションは、その現れである。少女たちの望ましくない行動を弱化すべきかどうかを決めるとき、おそらく慈悲と情状酌量の状況を口にするのは、実にこのような人たちなのであろう。しかし、正しい行動を強化することが適切であるということを決めるとき、このトークショーの人たちは、決して酌量すべき状況を持ち出さなかった。このプログラムは、すでに赤子を抱えている10代の少女を対象としたものであり、明らかに危険にさらされている人たちのためのものだった。聴衆の中にはシングルマザーの人たちもいた。彼女たちは、環境要因を口に出してもおかしくなかったはずの人たちである。それでも、何らかのアクションがなければ、少女たちの結末は、強化の受け入れとはならなかったはずである。社会政策についてさらに実用（現実）的に決定しようとするのであれば、私たちは、弱化だけでなく、強化の決定における環境の効果を考える必要がある。

責任そして行動の結果

　実用的に見れば、責任があるとかないとかという問題は、結果を用いるべきかどうかについての決定の問題である。悪い行動を罰するべきかどうか決めようとしている人は、正義とか道徳性について語る。しかし結局は、弱化子は一切提示されないか、あるいは何らかの弱化子が決定されるかのどちらかになる。行動分析家として、私は、どちらかといえば、正義とか道徳性を語らずこの最後の実用（現実）的な成果の方に目を向けるつもりである。もし私の息子が窓を壊したら、彼の行為を罰するべきかどうかについての私の決断は、正義について考えるというよりはむしろ、弱化によって私は何をやり遂げようとしているのかによって決まってくる。私の弱化によって息子が再び窓を壊す可能性はなくなるのだろうか、それとも、単に彼を怒らせることになるだけなのだろうか。この状況は、もし息子が自分の過ちを認めたならもっと複雑になるだろう。私は、彼に過ちを二度と繰り返させないために弱化するのだろうか、それとも本当のことを語ってくれたことを強化するのだろうか。

　あなたが、もしトムに、ある行為（窓を壊した、あるいはあなたの命を救っ

てくれた）の責任を負わせるという場合、それは、トムの行動ではなく、あなたの行動についてより多くのことを語っているのである。つまり、それは、トムの行動を弱化したり、あるいは強化したりするために、あなたが結果（consequence）を用いると言っているのである。もしあなたが自由意志を信じると言うのであれば、それは、あなたの傾向について何かを多く語っているだけである。つまり、あなたは、おそらく弱化する傾向の方が強く、強化する傾向は弱いということだろう。しかし、あなたがそのように行動する傾向は、自由意志を信じるということとまったく関係はないだろう。どのように**責任**（*responsibility*）という言葉が使われているのかを調べれば、自由意志を信じる必要はないということが明らかになる。それでは責任に話を変える。

■ 責任とは何か

　哲学者のギルバート・ライルは、ある行為に責任があるかどうかを決めることは、その行為が知的であるかどうかを決めることに似ていると主張した。第3章で見たように、特定の行為が知的であるかどうかを決めるための単一の基準は存在しない。私たちは、その特定の行為が当てはまる活動の集団、あるいは活動のパターンを探す。チェスの試合で見事な戦略をとる人がいる。その行為は知的だったのだろうか、それとも幸運だったのだろうか。誰かが雇い主から金を盗んだ場合、それはたちの悪い犯罪活動パターンの一部だったのだろうか、それとも逸脱行為だったのだろうか。

　一時的な心神喪失ということで、ある行為を弁護するとき、2つの意味合いがある。ひとつは、その行為が特徴的な行為ではないという意味合いである。発作的に激怒して恋人を殴った男性が、心から暴力的な人間ではなく、動物や子どもには親切で、年寄りが道を渡るのを援助したり、声を荒げたりすることもないということを証明するために目撃者が呼ばれる。火をつけたトムの例では、彼がいつもは良識ある市民であるのかどうか、あるいは、他の反社会的な行為をしたことがあるのかどうかを調べることになる。2つ目の意味合いは、一時的な心神喪失であるということは、その行為を弱化しても意味がないということである。その行動が二度と起こる可能性がないのであれば、それを防止する必要はないからである。火をつけるということがトムにとってごく普通に

見られる特徴でないのであれば、再犯の恐れを私たちは抱く必要はない。

　責任という考えは、第5章で論じた、意図や「目的的に」振る舞うという考えとかなり似ている。ある特定の行為があるパターンの一部であって、その行為に対する強化が明白である場合、私たちは、その行為が目的を持って行われたと言いたがる。そして、その人には責任を負わせるべきであると言いたがる。不正行為に対する実用（現実）的なアプローチでは、その強化が問題なのである。銀行の窓口係りは、金欲しさに着服したくなる。銀行の支店長は、そのような行動が起こらないようにするために、着服は罰せられると脅したり、もし着服したら徹底的に罰しようとしたりする。そのような脅しと弱化は、着服への誘惑と強化を弱めるためのものである。脅しておいて、その行動が起こったならその行動を弱化するという意味では、私たちはその人を着服の責任を負うべき人物であるとみなしている。

　責任は、非難に値する行為に関連して語られる場合が普通であるが、そのような考えは、信用できる行為にも拡張できる。望ましい行為の場合の疑問は、その行為を強化すべきかどうかである。いつもきちんと宿題をやる子どもの場合、何か特別な強化を用いる必要はないだろう。しかし、宿題をきちんとやらず、言われてしぶしぶやるような子が宿題を終わらせたなら、その行為を賞賛や特別なご褒美で強化することは必要であろう。これは間違っているのだろうか。これは賄賂だろうか。もしその行動がもっともな理由、すなわち長期的な強化子から見て望ましい行動であるなら、その行動を確立するのに、特別な強化は絶対に必要である。宿題をきちんとやれるようになったら、その特別な強化子は段階的に減らせばよい。このようなやり方からすれば、生活保護を受けている母子家庭の母親に金銭を与えて、彼女たちが妊娠するのを防いできちんと学校を卒業させるようなプログラムは正しいと言えるだろう。世間が普通期待するように、彼女たちが学校を卒業して自活するようになったなら、その支払いをやめればよいのである（もちろん、その支払いは、自活して得られる強化子と比べれば微々たるものでなければならない）。

　人が「責任のある」行動するとき、その人は、社会が有効と思えるようなやり方で行動している。このことは、通常、長期の強化関係に従って行動するということを意味する。第9章の用語で言えば、責任のある行動は、自己制御（図9.2のB_S）と合致する。もしメアリーが金を無駄遣いしないで貯金したら、彼

女は責任のある行動をしていることになる。同様にメアリーが、短期的な強化に従って学校をやめるというようなことはしないで、長期の強化に従って学校にとどまるなら、彼女は責任のある行動をしている。

責任のある行動は維持される必要がある。もし長期の強化が、学生を学校にとどまらせ続ける（B_S）ほど十分でなければ、そして、学校にとどまることが望ましい行動であるなら、私立あるいは公立の学校は、学生が学校にとどまることに対して明白で短期的な強化子を提供して、退学する（図9.2のB_l）ことの短期的な強化子を相殺する必要がある。これが、10代の母親を学校にとどまらせるために、彼女たちに経済的支援をすることが実用（現実）的であり、必要でもあるという理由である。

行動的な視点からすれば、責任について語ることは、行動の結果を用いることの望ましさ、あるいは有効性について語ることである。誰かに責任を負わせるべきであると私たちが言えば、それは、その人の行動を弱化したり、あるいは強化したりして、その人の行動を変えることを私たちが望んでいると言っているのである。その行動を維持する関係、あるいは、その行動を維持すべき関係が明らかであれば、私たちは、それらの関係を弱めるか、あるいは強めるかのどちらかを望む。トムに責任を負わせるべきではないと言うことは、彼は矯正できない（おそらく精神障害によって）か、あるいは（その行為が運のよい逸脱、あるいは不運な逸脱であれば）その行為はおそらく二度と起こることはないかのどちらかであると言っているのである。どちらにしても、その行動を弱化しても、あるいは強化しても、無効であると言っているのである。トムに責任を負わせるべきであるとか、トムに責任を持ってもらいたいということは、彼の望ましくない行動を弱化するとか、あるいは彼の望ましい行動を強化するということが有効であると言っているのである。行動分析家は、普通、正の強化で望ましい行動を強めることを勧める。

■ 実用的に考える—制御の必要性

自由を愛する人は、強制による管理に反対する。なぜなら、彼らは、強制されることで、長い目で見れば、不幸になったり、反発が生じたりするということがわかっているからである。強制に反対する多くの人は、これを一般化して、

どのような形態の制御にも反対を唱える。彼らは、人は自由に選ぶことが許されるべきであるという考えに依拠しているのである。

　行動的な視点からすれば、自由意志を行使するという意味での自由な選択は存在しない。また、何の説明も受けずに選ぶという意味での自由な選択も存在しない。第9章で私たちは、正の強化に基づく選択という意味での自由な選択について論じた。正の強化のもとでは、人は自由を感じたり幸せを感じたりする。しかし、これに基づく選択は、さらなる説明が可能である。行動的な視点からすれば、すべての行為は制御されているので、すなわち、すべての行為は遺伝的継承と環境履歴によって説明可能なので、制御から自由になるという疑問は起こり得ない。子どもや従業員の行動を制御することを拒む親や管理者は、他者や偶然にその制御を委ねるだけのことである。制御は起こるのであるが、他の子どもや他の従業員、さらに見知らぬ人、どのような結果になるのかを知っている人によって起こる。制御を否定する親や管理者は無責任な人と言える。その場合の**責任がある**という意味は、長期的な強化関係に従って行動するという意味である。管理や社会的な問題に対する責任のあるアプローチというのは、一般的に人がよく行動するような環境を計画しデザインすることである。この考えは、本書の残りの部分で取り扱う2つの大きな問題を投げかける。誰がコントロールするのかという問題と、どのようにコントロールはなされるのかという問題である。

◎ 行動の結果を適用する

　好むと好まざるとにかかわらず、また気づいていてもいなくても、私たちは、絶えず互いの行動を強化したり弱化したりしている。おそらく、ほとんどいつも私たちは、他者の行動に私たちが与える結果を意識していない。自分ではその効果がわからくても、自分の心ない発言が他人を骨の髄まで傷つけたり、あるいは他者を勇気づけたりする。しかしながら、親や教師、スーパーバイザー、あるいは統治者といった管理する側の立場にある人は、自分が提供する結果を意識しなければならない。それも仕事の一部である。結果をそのように慎重に提供するという感覚をつかむために、私たちは、適用する（apply）という語を用いることができる。そして、強化子や弱化子を適用すると言うことができる。

　結果を適用する（applying consequences）ことは、管理の一部であり、そ

れ自体がオペラント行動であり、長期の強化関係によって制御される行動である。適切な養育は、子どもたちが成人したときに成功することを決定する。子育てが上手な親は、学校での成績、友人、運動競技といった子どもの究極的な成功のサインを読み取り、それらがもたらされるように行動する。同様に、適切なスーパービジョンが、仕事の収益を決定する。能力ある経営者の行動は、究極的な成功の予測となるサイン、すなわち、出勤簿、品質管理の報告、販売といった条件性強化子によって制御される。

　管理者の行動を制御する強化子や弱化子の多くは（例えば、教師の場合、学生の出席や学校での成績など）管理されている人によってもたらされる。この事実は、自由を愛する人にとって重要でなければならない。なぜなら、この事実を知ることで、管理の場面だけでなく、すべての人間関係において、制御は相互の制御（mutual control）であるということがわかるようになり、それらの制御を明確に行えるようになるからである。相互の制御については第11章で取り上げることにする。とりあえず、**どのように**コントロールはなされるのかという問題に目を向けていくことにしよう。

◎ どのような種類の制御か

　第9章で私たちは、行動分析家は嫌悪的な手段ではなく正の強化を用いることを主張する、ということを理解した。行動が弱化や脅迫によって制御されると、人は、がんじがらめにされたような感じがしたり、みじめに感じたり、怒りを覚えたりする、と報告する。また、不平を言ったり、避けたり、反抗したりしやすい。強制は制御の仕方としてはお粗末である。なぜなら、強制は長い目で見れば、裏目に出るのが普通だからである。たとえ短期的には効果的なものになり得たとしても、強制の効果は、遅かれ早かれ、その不快な副作用によって圧倒されることになる。

　行動が適切な正の強化によって制御されるとき、人は、自由や幸福を感じ、尊厳を保つことができる、と報告する。自由に感じられるのは、選択行動が弱化されないからである。幸福を感じるのは、選択によって良いことが生じるからである。尊厳を保てるのは、信用されることで強化子が有効になるからである。しかしながら、**適切な**正の強化と言っているのは、何か重要なことを暗示する。

正の強化による管理は、強制とまったく同じように確実に裏目となる場合がある。正の強化が行われてそれが失敗するのは、2つの理由による場合が多い。それは、行動と強化子の不一致（behavior-reinforcer mismatch）という理由と、強化履歴を考慮しないという理由である。不一致についての考えは、第4章で簡単に論じた。強化子は、ある種の行動を誘導する場合がしばしばあり、そのような行為を強化する上でもその強化子は特に効果があると指摘した。ハトのキーつつき反応が良い例である。ハトは、餌が提示される可能性のあるところでは、特に光るものをつつく傾向がある。背後から光が照射されたキーへのつつき反応が餌によって強化されるなら、キーつつき反応はきわめて簡単に確立される。同様に、子どもが親と関わるとき、親が、子どもの身体に触れたり、子どもに微笑んだり、子どもを賞賛したりして愛情を示すと、これが強力な強化子となり、そのような親の反応をもたらした子どもの行動はすぐに強められる。金銭とか物品といった他の強化子も機能するが、それほどではない。愛情がなければ、それらの効果は最終的に消失する。親や教師、さらに他の養育者は、トークン強化子（物品と交換できる得点や、望ましい行動を強化するために与えられる特権）を愛情でバックアップしなければ、彼らの管理は失敗するだろう。

　成人の場合、管理の重要な要因は協力関係（affiliation）である。労働者は、人間関係が安定した適度な大きさの集団に属しているとき、より良く働くように思える。時間をかけて同じ人たちと繰り返し関わることで、それらの人々は強力な社会的強化子源となる傾向がある。日本人は、昔から職場の管理にこの良き協力関係の力を利用してきた。合衆国の製造業も日本に倣って、工場の組み立てラインでの孤立を、「品質管理サークル」、すなわち、最初から最後まで製品を作り出すひとつのユニットとして作用する集団で補ったり、そのような集団に置き換えたりするようになった。子どもだけでなく成人も、金銭の強化子が最もよく機能するのは、それが社会的強化子によってバックアップされている場合である。

　正の強化がうまくいかない第2の理由は、強化履歴を無視するということである。これはモメンタム（はずみ、勢い）に例えればわかりやすくなるだろう。長期にわたる強力な強化の履歴によって形成されている行動を、何か新しい人工的な関係を重ね合わせて変えようとすることは、加速して走っているバスに

向かってゴムボールを投げつけて、バスの進路を変えようとするようなものである。効果的な治療を行っている治療家のスキルには、古い強力な強化関係を見つけることがある。この点で精神分析学者は正しい。成人の行動を理解するには、その人の子どものときの出来事に目を向けなければならない場合が多い。例えば、男性に対して不適切に行動する女性の場合、有能な行動治療家は、彼女の父親が愛情深い人であったのかどうか、どのような行動をその父親は愛情深く強化したのか、彼女の母親は彼女の父親にどのような行動を示したのか、といった事柄を明らかにしようとする。着服防止の最良の方法は、「他者が所有するものを大事にする」と言える行動の強化履歴や、盗みと両立しない行動の強化履歴を考慮することである。金を着服する銀行の窓口係りには、そのような強化履歴がほとんどないのであろう。脅しや大したことのないインセンティブで再発を防ぎたがっている銀行の支店長は、それらの方法よりも、誘惑にその人を近づけないといった方法を取った方がよいだろう。現在の行動に対する強化の履歴を考慮しない介入は、うまくいかなくなる可能性がある。

　正の強化は行動を変えるための最も強力な手段になり得るが、それは正しく用いられなければならない。天真爛漫な熱狂は、誘導、強化、ルール、遅延結果の理解の代わりとなることはできない。それらの理解がなければ、正の強化は、他のあらゆる技術と同じように、ありとあらゆる多くの点で間違って使われかねないし、乱用されることさえあり得る。行動分析家たちが、正しいそして公平な管理という問題にどのようにアプローチするかということについては第11章で見ることになる。

要　約

　責任がある（*responsible*）という語は、地震によって被害が起きた（earthquake was responsible for damage）というように、原因について語るときにしばしば用いられる。この言葉を人に用いるとき、その言い方は自由意志に関わるすべての問題を投げかける。なぜなら、人がその人の行動の起源あるいは原因とみられるからである。人の選択が明らかなように見えて、環境側の原因がはっきりしないままだと、その人自身の行動の原因は、その人であるとみられる。環境側の要因が明らかなとき、人には選択がないと言われる場合が多い。遺伝

的ならびに環境的決定因が理解されるにつれて、自由意志や責任については語られなくなり、情状酌量すべき状況が語られるようになる。

　実用的な視点からすれば、信頼できる行為とは共同体が強化する行為である。それに対して非難すべき行為とは、共同体が弱化する行為である。非難すべき行為は、遺伝的要因と環境側の要因に帰せられる場合が多い。その場合の環境側の要因は、情状酌量すべき状況である。この場合、非難すべき行為は慈悲の心でもって扱われる。それに対して、信頼できる行為は、人に帰せられるのが普通である。人は、自分の行為が確実に強化されるように、自分の行為を自分がやったのだと言いたがる。賞賛に値する行為に環境がもたらす効果を認めることを正直と言う。望ましくない行動を弱化することについて私たちが実用（現実）的になり、そして慈悲深くなれるなら、望ましい行動を強化することについて実用（現実）的になって正直になることができる。日常的な意味で誰かに責任を求めることができるかどうかは、結果を適用できるのかどうかによって決まる。一時的な心神喪失や逸脱を口実にするのは、弱化をしても結果としてなにも良くならないということを暗示する。ある行為を「幸運」と呼ぶなら、それは強化しても無駄ということを暗示する。親や教師、スーパーバイザーや統治者が強化や弱化についての決定をオープンに行ったなら、彼らは行動をより効果的に管理できるだろう。最も効果的に管理できるのは、彼らが正の強化子を使って望ましい行動を育んだ場合である。脅しや弱化による制御は、短期的に見れば効果があるように思えるが、長い目で見れば反抗か離反をもたらすことになる。

　しかしながら、正の強化による管理は注意とスキルが必要である。強化が不適切であったり、履歴が考慮されなかったりすると失敗する。私たち人間という種においては、管理のための適切な強化は、少なくとも部分的には社会的な強化である。金銭や他のトークンといった強化子は、それらが重要な他者からの承認や愛情といった強化によってバックアップされているなら、最も効果的な強化子になると思われる。正常と思える履歴が実際に存在しない場合、履歴を考慮しないと失敗することになる。強化されたことがないとか異常な強化の履歴の場合、最良の強化関係で管理が行われたとしても、過去の履歴を乗り越えることはできない。長い履歴の効果を是正するには治療が必要である。それらが是正されるまでは、管理者は、履歴が望ましくない行動を生み出すような

文脈を避けるべく最善を尽くさなければならない。

◆ 参考文献

Hineline, P. N. 1990: The origins of environment-based psychological theory. *Journal of the Experimental Analysis of Behavior*, **53**, 305-20. この論文は、スキナーの古典的な著書である『有機体の行動』（原題：*Behavior of Organisms*）の書評として書かれた論文で、環境に基づく行動の説明と、有機体に基づく行動の説明を比較した論文である。

Skinner, B. F. 1971: *Beyond Freedom and Dignity*. New York: Knopf. 尊厳と弱化、そして弱化に代わるものについて論じた第3章と第4章、そして第5章は、本書のこの章で扱われたものと同じようなテーマを論じている。（スキナー B. F. 山形浩生（訳）(2013). 自由と尊厳を超えて 春風社）

第10章で紹介した用語

協力関係 *Affiliation*
結果を適用する *Applying consequences*
行動と強化子の不一致 *Behavior-reinforcer mismatch*
情状酌量すべき状況 *Extenuating circumstances*
責任 *Responsibility*

第11章
関係と管理、そして統治

　人間は高度に社会的な生き物である。私たちが受ける刺激、強化ならびに弱化のほとんどは、お互いの関わりから生じる。このような刺激と結果を他者に提供したり、他者から受け取ったりすることで、私たちはお互いに関係を構築する。普通の人なら、親、兄弟、親せき、配偶者、友人、そして隣人との関係を当然持っているだろう。そのような人間関係は私たち人間という種の特徴であり、そのような関係は他の種においても見ることができる。管理とか統治と呼ばれる特殊な関係は、ごく最近になってつくられたものであり、私たちは、それらをもっぱら人間の文化と結び付ける。この章では、行動分析家が一般に関係をどのような方法で扱うことができるのか調べることにする。特に管理と統治に目を向ける。行動主義を批判する人たちは、行動主義は非人道的な管理や全体主義的統治へと導くと言って非難することが多い。本章では、これらの非難がなぜ間違っているのか、その理由を示す。

関　係

　どのようなときに私たちは2個体が関係を持つと言うのだろうか。時間的にかなり隔たりのある隔絶した出会いは十分とは言えない。郵便配達人と私が、月に1回、互いに「やあ、こんにちは」と言っても、両者の間に関係があるとはほとんど言えないだろう。たとえ毎日互いに挨拶を交わしても、関係があると言うには何らかの理由があるかもしれない。2人の間に関係があると言える相互作用の頻度は話し手によって異なるが、その頻度が増せば増すほど、このような言語行動は起こりやすくなるだろう。

　関係は頻繁に繰り返される相互作用であるにしても、**相互作用**（*interaction*）とは何であるのかを言わなければならない。図7.1と図9.1は2種類の相互作

用を示したものである。前者は言語的エピソード、後者は強制的エピソードを図で示したものである。そのようなエピソードは2度と起こらないかもしれない。私は2度と会うことがない人に時間を尋ねるかもしれない。私の財布を盗んだ泥棒と2度とお目にかかることはないだろう。しかしながら、そのようなエピソードが何度も起こると、2者の間には関係があるということになる。**相互作用を行動的な言葉で理解するには、言語的エピソードと強制的エピソード、そしてそれ以外の相互作用に共通の特徴である相互強化**（*mutual reinforcement*）を理解しなければならない。

■ 相互強化

　言語的エピソードも強制的エピソードも**社会的**と呼ばれるのは、それぞれの人の行動が他者の行動を強化するからである。ある人が別な人を見張っている場合、例えば取り調べをしているときの刑事の見張りの場合や、のぞき見をする男の場合、社会的なものはなにも起こっていない。強化が一方向だからである。舞台の役者も普通は社会的とは言えない。ただし、彼らの演技が聴衆によって強化されれば社会的となる。あるエピソードが社会的相互作用と呼ばれて、それが両者の関係の基礎と見なされるには、強化は相互的でなければならない。

　図11.1は、社会的相互作用の一般的な図である。これまでの図の場合と同じように、コロンは刺激性制御を示し、矢印は行動とそれによって生じた結果との関係を示す。ある人がある場面 S_O^D（この中には、応答者である他者も含まれる）の制御のもとで、何らかのオペラント行動 B_O でエピソードを開始したとする。B_O は、ルールを述べたり（働かなければ叩くぞといった脅しをしたり、働けば給料を出すといった約束をしたり）、微笑んだり、贈り物を申し出るといった行動である。これによって弁別刺激（S_R^D）が生起する。この弁別刺激によって応答者は B_O が強化（S_O^R）されるように振る舞う（働いたり、微笑み返したり、贈り物を送ったりする）。この強化子は、エピソード開始者の側にさらなる行動（B_{O2}）の弁別刺激（S_{O2}^D）としても機能する。この行動（B_{O2}）は応答者の行動（B_R）に強化子（S_R^R）を提供する。

　両者が振る舞って、彼らの行為が強化された時点で、このエピソードは終わるかもしれない。このようなエピソードは**最小の社会的エピソード**（*minimal*

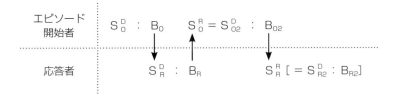

図11.1　相互強化を示す社会的エピソードの一般的な図
矢印は、行動によって結果が生ずることを示す。コロンは刺激性制御を示す。エピソード開始者の行動（B_O）は、応答者の行動（B_R）によって生じる強化子（S_O^R）を生み出す。この刺激は、次は開始者の行動の弁別刺激となり、そのもとで開始者の行動（B_{O2}）が生起する。そして、その行動によって強化子（S_R^R）が生み出される。そのようなエピソードが頻繁に繰り返されると、この2者には関係があると言われる。

social episode）と言えるだろう。

　しかし、エピソードは、2人の人が会話をするときのように、これでとどまらずに続く場合がある。図11.1で開始者が、応答者の行動によって提供される刺激（S_{O2}^D）に反応するとき、彼らの役割が代わったと言えるだろう。両者の役割は再び交代し得る。この可能性を図11.1では括弧の中の注記で示した。括弧の中の注記は、（S_R^R）がさらなる行動（B_{R2}）の弁別刺激（S_{R2}^D）として機能し得るということを示している。このような役割交代が何かしらの中断が起こるまで繰り返されるだろう。相互のやりとりが片方の側に長々と続く場合が時々あるように思える。応答者が礼儀正しくて、開始者がしつこい販売員や狂信的な信者であるようなときである。

　2つの例を考えてみよう。ザックはメガネ店にレンズを卸している卸売販売業者として働いている。ナオミは彼の上司である。彼らのやりとりのひとつは、郵便で届く多くの注文書（S_O^D）ではじまる。ナオミはザックがこなさなければならない多くの注文書を手渡す（B_O）。大量の注文書は、ザックが該当するレンズを何千もの引き出しの中からくまなく探す（B_R）ことで忙しくなる文脈（S_R^D）となる。ザックが働いている光景は、ナオミの最初の行動（注文書を彼に手渡す）の強化子（S_O^R）となる。それだけでなく、ザックが働いている光景は、ナオミがザックに「いいわ、その調子」といった言葉かけをする（あるいは、単に批判をしないというだけかもしれないが、どちらにしても、それ

はB$_{O2}$となる）ための弁別刺激（S$^D_{O2}$）としても機能する。そして、それは、ザックの作業を強化する（S^R_R）。もちろん、さらなる相互作用として、その週末には、ナオミの「いいわ、その調子」という発言は給料によって後押しされる。

2つ目の例として、ニックとショーナという夫婦の例を見てみよう。平日の朝、ショーナは7時30分（S^D_O）に仕事に出かけるための準備を完璧にする。彼女は、手提げバッグを持って玄関の戸口に立って、「それじゃ、行ってくるわね」と言う（B$_O$）。これは、ニックにとって、そのとおりの音声刺激（S^D_R）となる。その声を聞いて彼は、「行ってらっしゃい。今夜また」と言ってキスをする（B$_R$）。ニックの愛情のこもった行動は、ショーナの最初の発言を強化し（S^R_O）、彼女が「あなたもね」といった言葉で返答する（B$_{O2}$）ための文脈（S$^D_{O2}$）にもなる。ショーナのこの愛情のこもった受け答えをニックが耳にすることで、彼の愛情のこもった行動は強化される（S^R_R）。

そのようなエピソードが同じ2人の間で繰り返し起こるなら、彼らには関係があるということになる。ある限られた関係において、行為と強化子がいつも同じである場合がある。ギデオンが、毎朝、同じ新聞雑誌販売業者から新聞を買っているなら、ギデオンとその業者には関係があると言えるかもしれない。行為と強化子が大きく異なるような関係もある。夫婦というのは、お互いに料理を作ったり、一緒に買い物に出かけたり、子どものことで話をしたり、愛し合ったりする。このどれも図11.1のように図示することができる。しかし、その行為と強化子はそれぞれの相互作用で異なっている。

私たちは、同等な関係と同等ではない関係を区別する。2人の兄弟や2人の友人は同等かもしれない。しかし、雇用者と被雇用者の関係や、私の家のネコと私の関係は同等とは考えられないだろう。2人が同等と言えるのは、彼らの相互の関わりにおいて両者の行為と強化子の種類が似ている場合である。2人の兄弟が互いに思いやりを示したり、両者共に金を求めて受け取ったり、おもちゃや道具を互いに貸したりすれば、両者は同等と言える。もし一方だけが思いやりを示して他方がそうでない兄弟なら、あるいは、いつも一方が他方から金を借りるだけで、他に金を工面することを決してしないような兄弟なら、彼らの関係を同等とは言わないだろう。

同等ではない関係では、両者の間に行為と強化子の間に重なりはほとんどな

いか、まったくない。雇用者であるナオミは仕事を提供し、賃金を支払い、売り上げの利益の一部を受け取る。被雇用者のザックは働いて賃金を受け取る。患者は症状を訴えて料金を支払う。医者はアドバイスをして治療をする。統治者は法律を作り、市民はそれに従う。

■ 個人と組織

　図11.1で具体化された考えは、個人と個人の間の関係だけでなく、個人と組織の間の関係にも当てはめることができる。それはまた、組織同士の関係に当てはめることさえできる。これを行うためには、組織をそれがあたかも個人であるかのように扱えばよい。そのようにしても、組織というものが結局のところ個人の集まりであるということを忘れなければ混乱はない。会社も教会も政府も人間の集団である。その集団に属する人はすべて同じ集団の他のメンバーと関係を持っている。ある会社のすべての人が、自分以外のすべての人と関係を持っているという言い方は誇張した言い方かもしれないが、組織の一部になるということは、例えば、上位の者たちや下位の者たちと必然的に関係を持つということである。

　組織をあたかも個人であるかのように扱うことが意味をなすのは、組織の職員が入れ替え可能だからである。裁判官、大臣、医者、看護師がいなくなっても、同じ機能（役割）を果たせる新たな人が後を継いでくれる。より大きな組織のメンバーは、いついかなるときにも役割を交代して互いに交代できるようにさえなっている。アメリカ合衆国の国税庁に電話をしたり、入院したりしたとき、どのような当局者が電話に応じてくれるのかとか、どのような看護師や医者が対処してくれるのかなど考えないのが普通である。

　特定の人が組織の役割を演じているにもかかわらず、組織への関係について語れるのは関連する強化関係が依然として同じだからである。ある意味で、これは定義からすれば正しい。ある集団を組織と言えるのは、その集団が明白な安定性を持っているからである。安定しているのは組織の職員ではない。なぜなら人は出入りするからである。建物を組織と呼ぶわけでもない。ある病院が新築されてもなお同じ病院として認識される。しかし、その病院が新たな所有者によって引き継がれれば、たとえ病院の建物は同じであっても、これまでと

は異なる病院になるかもしれない。依然として安定しているものは作動形態である。私たちの言葉で言えば、強化と弱化の関係が安定しているのである。

　ある意味で、組織の活動は個人の拡張された活動に似ている。組織を構成するメンバーの活動は、組織がきちんと機能するためにまとまって機能しなければならない部分であるからである。つまり、拡張された活動がきちんと機能するためには、個人のいろいろな活動が部分としてまとまって機能しなければならないからである。ケーキを焼くには、材料を足して混ぜ、それを鍋に流し込み、オーブンで焼かなければならない。そうすることで、きちんとしたケーキができる。同様に、銀行がきちんと機能するには、窓口係り、融資担当者、販売員、受付係、主任、警備、そして管理人がそれぞれの役割をきちんと果たす必要がある。もちろん、組織と個人の間に違いはある。それは、ひとりの人間の拡張された活動の場合、そのすべての部分は同じ人間の活動であるが、組織の場合、すべての部分は異なる人の活動であるという点である。しかし、ひとりの人間の拡張された活動の場合のように、全体が強化されることで（組織が成功することで）、すべての部分が強化されることになる。組織内の関係だけでなく、どのような関係においても相互の強化が重要である。関係や組織をうまく機能させようとするのであれば、すべての関係者が全体の機能から利益を受ける必要がある。

　2人の関係の場合のように、ひとりの人間と組織との関係には2組の強化関係が含まれる。ひとつはその人の行動に影響する強化関係であり、もうひとつは組織の行動に影響する強化関係である。図11.1の用語で言えば、その人とその組織は開始者にも応答者にもどちらにもなり得る。銀行からローン申し込みの紹介状が送られてくるなら、銀行が開始者になる。しかし、こちらからそのような紹介状が送られていない銀行に行ってローンを申し込めば、こちらが開始者になる。申し込み用紙に必要事項を記入する（B_O）。記入された申込用紙は、銀行がこちらにローンを貸し出すかどうかを決める（B_R）ための弁別刺激になる（S_R^D）。貸し出しは、こちらの申し込み行動の強化子となる（S_O^R）。そこで、こちらはローン契約書にサインをして反応する（B_{O2}）。このことは、銀行がローンを認めたことを強化する。これでこちらと銀行は継続関係を持つことになる。なぜなら、こちらと銀行は、毎月相互の関わりを持つことになるからである。銀行は支払いを要求し、こちらは要求に応じて支払い、銀行はそ

れに対して領収書を送ってくる。

　行動分析家の中には、国際関係について考えるときにこの一般的な枠組みを用いている人がいる。彼らは、政府間の相互関係を人々の相互関係に類似したものととらえている。例えば、軍備競争はこのようにして理解することができる（Nevin, 1985）。ある国が武装すると、それは他国にとっての脅威（S_R^D）となる。他国も武装することで威嚇に対して仕返しをする。同じやり方で最初の国はまた仕返しをする。これが続く。

　政治学者はこの傾向を「**安全保障のジレンマ**（*security dilemma*）」と呼んでいる。ヴァン・エバラ（1984）は、第1次世界大戦の発端に関する影響力の大きい論文の中で、この大戦前に見られた軍備増強を敵対する政府間の主導権の振動と記している。一方がその攻撃能力を高めると、他方がそれに応じて攻撃能力を高める。そのたびに主導権は揺れ動く。このようになるのは、自国を守ろうとする政治は、相手と同等にするのではなく、それを超えるものにしてしまうからである。相手よりも勝っているときは、強い方が優位に攻撃を仕掛けていく絶交のチャンスとなる。そのような絶好の機会が最終的には戦争の引き金になる、とヴァン・エバラは説明した。

　そのように揺れ動く関係の中の個々の行為は短期的には意味がある（強化される）が、長期的な結果は悲惨である。その状況を図9.2の自己制御の問題として見ることができるだろう。なぜなら、そのような競争に取って代わる事柄、例えば、条約に署名して協力するといったようなことは、長期的に見ればより良い効果をもたらすが、短期的に見れば危険であるため、その達成は困難だからである。第8章の用語で言えば、平和に向けたキャンペーンのようなルールの提供がなければ、攻撃をしかけることのうまみをとるといった短期的な関係が、長い目でみれば平和になるというより大きな利益をもたらす長期的な関係より優先するのは確実である。

搾　取

　強制について第9章と第10章で論じたとき、社会的な相互作用は、たとえ両者の行動を強化したとしても、必ずしも両者に利益を提供するわけではないということがわかった。強盗が金を要求してそれを得たとき、金を渡すという

行為は負の強化を受けるので、その強盗だけが利益を得る。被害者の「利益」は、怪我をしないで済むというだけのことである。

別な種類の相互作用では、だましの語りが促される。私が店に入って服を買ったとしよう。店員が現行料金の2倍の金額を請求する。そのようなやり取りを図11.1の枠組みで見てみると、両者とも正の強化を受けていると言わざるを得ない。私は服（S_O^R）を手に入れたし、店員は金銭（S_R^R）を受け立った。より大きな文脈で見ると、この2つの強化子は不公平だと思えるので、店員は私をだましたと言える。店員の利得は私の利得と比べるとあまりにも大きい。このより大きな文脈は、公平な価格を設定する。私は、自分がだまされたことを知ることはないかもしれない。しかし、もし他の店に行ってみたり、価格を知っている人に自分が支払った金額を語ったりすれば、私は自分がだまされたと判断するだろう。すなわち、これらの弁別刺激が私の言語行動を変える。

さらに巧妙なだましの場合、両者は現行の関係を持ち続ける。だまされている方が、強化の不公平の暴露のようなより大きな文脈に接することがない場合である。より大きなこの文脈は、長い時間をかけて表面化するのが普通である。例えば、約束を結ぶけれど、結んだ約束をまったく守らない人、あるいはいくつかの約束だけを守る人が、さらに約束を結ぶ場合である。この場合、その約束者は他者に「つきまとう」と言える。最終的に、だまされている人は気づくだろう。つまり、その人の言語行動や非言語行動は劇的に変化するだろう。なぜなら、その状況が長く続くと、それに代わる別の行為の経過、例えば、他の仕事に従事したり、離婚したり、反逆したりといった別の行為の経過と比較できるからである。政府は市民が長期にわたってだまされるのを防ぐための対策を講じることが時々ある。特に、彼らが長くだまされていて、取り返しのつかない状態になったと気づくような場合はそうである。例えば、児童労働法は、子どもたちが雇用者と不当な関係を持たないようにするために作られた法律である。そのような関係では、短期的には子どもたちに給料は支払われるが、子どもたちの遊びや学びの機会は奪われ、長い目で見ると、子どもたちはだまされることになる。このような関係、すなわち短期的に見れば正の強化であるが、長期的に見ればだましと言えるような関係は、**搾取**（*exploitation*）と呼ばれる。

■「幸福な奴隷」

　強制、すなわち純然たる奴隷の可能性は、幸福な奴隷（happy slave）の可能性と比べれば、民主主義への脅威は低いかもしれない。強制は、強制された人にはすぐにわかるけれど、幸福な奴隷は、短期的には満足し、長い時間が経ってからはじめて自分が搾取されたことに気づくからである。満足しているのは彼らの行動が正の強化を受けるからである。そのため、幸福な奴隷は、自分たちが置かれている状況を是正するような行為はとらない。19世紀の工場で働いていた子どもたちは、賃金の支払いを受けていた。多くの場合、保護も受けていた。そのため彼らはほとんど満足していた。彼らは、中年になってはじめて、自分たちがだまされていたことに気づくことになる。ただし、彼らがそれに気づこうとしたならばの話であるが。気づいたとき彼らがどのような行為をとろうと、それは遅過ぎて、その害を防ぐことはできない。

　幸福な奴隷はいろいろ多くの種類の関係として生じる可能性がある。子どもが働いたり、街中で物乞いをしたり、性的な行為の対象となるのであれば、親は子どもに保護と愛情を注いで子どもを食い物にする可能性がある。夫は妻が自分の面倒を見ることを強化することで妻を食い物にし、子どもには愛情と贈り物で食い物にするかもしれない。妻は同じように、夫が長時間にわたって一生懸命働くことを強化することで食い物にするかもしれない。雇用者は、劣悪で不健康な条件での従業員の作業に対して特別手当を支給し、従業員を食い物にするかもしれない。政府は、宝くじのギャンブル行為を強化することで国民を食い物にするかもしれない。ある国が別の国の原料を取り上げて商品にし、その商品を原料と交換するという搾取もあり得る。どの例も、搾取される方は、長い間、場合によっていつまでも満足している状態となるかもしれない。

■ 長期の結果

　搾取された側の視点からすれば、搾取の問題は、それは長期の弱化を引き起こすということである。図11.2は図11.1の修正版で、そのような弱化を示している。標的行動（B_R）は2種類の結果をもたらす。ひとつは即時的なS_R^Rで、もうひとつは遅れて生じる弱化子S_R^Pである。長い矢印は、それが長期である

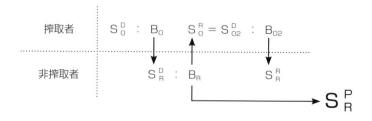

図11.2 搾取関係
搾取された側の行動（B_R）は、両者に短期的な強化子（S_O^RとS_R^R）をもたらす。しかし、結局は（長い矢印）、重大な望ましくない結果（S_R^P）をもたらす。この最後に起こる弱化子（S_R^P）は、短期的な強化子（S_R^R）と比べてかなり大きい。

という特徴を示す。S_R^Pは、その関係が搾取的な関係、すなわち長期的な弱化が短期的な強化を上回る関係であると言うための重要な要因であり、それを強調するために大文字で記した。

図11.2は、搾取のもうひとつの共通する特徴を省いている。弱化子S_R^Pは、この搾取関係が継続されるにつれて、次第に増加して大きくなるのが普通である。もし子どもが夏の間仕事をするのであれば、その損失はわずかであり、その経験はむしろ大事であるとさえ言われるかもしれない。しかし、子どもが幼児期に年がら年中働けば、その結果は悲惨となるだろう。いわば、毎年働くたびに、その穴はより深く掘られることになる。弱化が遅延され、それが次第に増大することで、搾取された人はその関係に気づくのが特に難しくなる。

第9章の用語を用いるなら、図11.2は、搾取関係が強化の罠になることを示している（図9.2を参照のこと）。図11.2の標的行動であるB_Rは、短期的な強化に従った衝動的な行為に相当する。長期的な弱化（S_R^P）に従って振る舞う自己制御は、搾取的な関係にはならないような振る舞い、あるいは、関係をもはや搾取的ではない関係に変えるような振る舞いを意味するだろう。図11.2は、ルールによって指摘されるような強化の関係（第8章）をまさに示している。親や他の保護者は、そのようなルールによって、衝動的な行動を非難したり搾取にならないような行動を強化したりする。

行動を管理するときの幸福な奴隷関係に伴う問題は、そのような関係は安定しないということである。搾取される側は損失に気づくかもしれない。その結

果は強制の結果と似たものになる。かつて幸福だった奴隷は、今や怒り、激怒し、反抗するようになる。搾取によって健康が害されたり、教育を受ける機会を失ったり、正常な人間関係を結ぶことができなくなった子どもは、今や親に逆らうようになるかもしれない。個人の利益を求めることがなかった搾取された配偶者は、今や離婚するかもしれない。搾取されてきた従業員は、最終的には雇用者を弱化する。国民や植民者は反乱を起こす。強制の場合と同じように、長い目で見れば、搾取は裏目に出る。

　公平（equity）は唯一の安定した方策であると思われる。しかし、ここに2つの昔からの疑問が生じる。公平とは何かという疑問と、どのようにすればそれが達成されるのかという疑問である。行動分析学なら、これらの疑問をまとめて比較的明確な回答へと導いてくれる。はじめの疑問は、言語行動についての疑問として理解できる。これについてこれから議論しよう。公平はどのように達成されるのかという疑問は、対抗制御（counter-control）について論じるときに取り上げることにする。

■ 相対的な福祉

　どのようなときに私たちは**公平**と**不公平**（inequity）について語るのだろうか。これらの語は定義することが難しいことで有名である。公平についての考えは人によっていろいろである。ショーナは、受刑者に道路工事の仕事を行わせるのは正しいと言うかもしれない。ギデオンは、それは恥ずべき搾取であると見なすかもしれない。公平についての考えは、同じ文化であっても時代によって異なる。産業革命の初期の頃、ほとんどの人は、資本家はできる限り多くの利益を上げるべきであり、労働者は喜んで一生懸命働くべきであるという考えを受け入れていた。時代を経るにつれて、多くの人が、そのような状況を不公平であると考えるようになり、改革が行われた。労働組合、福祉法、そして社会主義運動が起こった。

　行動分析家は、人によって異なろうと時代によって異なろうと、言語行動の結果と言語行動の文脈を調べて言語行動の変化に取り組む。もしショーナが道路工事作業は公平であると言うなら、ギデオンとは異なる弁別をしている。彼女は、囚人を、納税者が支払った税金を食い尽くす金がかかる厄介者と見てい

る。すなわち、受刑者、刑務所、納税者が支払った税金、さらに社会への負債についての彼女の言語行動は、ギデオンの言語行動とは異なる強化履歴によって形成されたものである。ショーナとギデオンは、きっと異なる仲間、異なる言語共同体と交際するはずである。おそらくギデオンの両親は、法の下での公平あるいは神から見た公平についての語りを強化したのだろう。

　行動の結果を比較することが、ある状況を搾取的であるとか不公平であると言うときの弁別刺激となっている。ある人ないしグループへの結果が、別な人や別なグループへの結果と比較される。例えば、同じ仕事に対して、女性に対する支払いが男性に対する支払いと比べて少ない場合、公平と言えるだろうか。合衆国やその他の西洋国家では、子どもは幼い頃から、自分と他人の間でそのような比較をすることを学ぶ。「彼女は私よりも多くもらった」というような発言をすれば、アイスクリームやおもちゃ、あるいは比べられたものは何でも、それらがもっともらえることで強化される。「それは不公平だ」という発言が何度も繰り返される家があるのは、その発言が頻繁に強化されるからである。それは商品で強化されなくても同情であってもよい。

　大人になると公平に関わる議論はもっと複雑になる。公平に関わる言語行動を制御している弁別刺激はさらに複雑になる。私たちは、ある人が他者と比べてより多くの労力を払ったなら、その人が他者と比べてより多くを受け取るのは公平であるという場合が時々あるということを知っている。鉄製の高層建築はかなり危険を伴うと考えるなら、高層建築の労働者は大工と比べてより多くの支払いを受けるべきであるということになるだろう。

◎ **公平理論**

　公平（equity）を論じるとき、組織心理学者と社会心理学者たちは、比較的即時的な強化子（成果［outcome］とか利益［profit］と呼ばれる）と長期の条件（投入量［input］とか投資［investment］と呼ばれる）を比較した割合について言及する。ジョージ・ホーマンズの公平理論（equity theory）の古典的な言い方で言えば、この割合は、利益を投資で割ることで求められる。

　ホーマンズは、公平かどうかはこの割合によって決まると主張した。もしある関係の2人の投資に対する利益の割合（profit/investment）が等しければ、その関係は公平と言える。2人の人あるいはグループが、第三者（アクメレン

ズ会社や合衆国政府）との関係でこの割合が等しくなければ、両者の間の格差は不公平である。

　投資に対する利益の割合は、2つの方法で増加する。投資が減るか利益が増大するかである。もし女性と男性が等しく仕事に投資した場合、両者の関係が公平になるには、女性への支払い（利益）が男性への支払い（利益）と同じでなければならない。しかしながら、上司と部下の例で言えば、上司のナオミが部下のザックと比べてより多くの投資をしているなら、投資に対する利益の割合は、ナオミがザックと比べてより多くの利益を彼らの関係から受けた場合に限って等しくなることができる（ナオミは、ザックと比べて会社との関係からもより多くの利益を受ける）。両者の間に公平が成り立つかどうかを決めるには、利益あるいは投資のどちらか一方だけを見ることはできない。両者の間の割合を見なければならない。

　公平理論は、労力と賃金といった比較的短期の結果に関わる利益を考えている。この場合の利益とは、それぞれの側が関係から得る真の利得であり、利得から損失を差し引いた値である（例えば、賃金から労力を引いた額）。ザックが注文に一生懸命に応じたなら、会社は彼が適切に注文に応じたことを金銭で強化しなければならない。それによって彼の行動は継続される。それ以外の関係では利得は具体的なものではない。ニックにいつもどおりに皿洗いをしてもらうには、ショーナは、きちんと彼の努力に報いてあげなければならない。そうすれば、彼はこれからも皿洗いをしてくれるだろう。公平理論によれば、結婚によってニックが受ける利益は、愛情やセックスの機会といった利得から皿洗いのような労力を差し引いた値と見なされるだろう。

　投資についてのホーマンズの考えは、2つの構成要素からなる。（1）教育を受けるといったような努力。これは長期の強化子がもたらされると考えられるので投資である。（2）容姿端麗とかジェンダー（社会的性）のような個人の属性。これらは社会的相互作用で有用な投資であるが、ここでは一般的な意味での投資という意味ではない。1番目のような構成要素について異論はない。賃金を決めるときに教育や経験を考慮することは慣例である。公平理論で言えば、ステイシーとマルシアの唯一の違いが、ステイシーが大卒でマルシアが高校を終えただけであるなら、ステイシーの投資に対する利益の割合は、ステイシーにより多くの賃金が支払われることで、マルシアの利益の割合と同じにな

る。おそらくステイシーとマルシアは、これが公平であるということに同意するだろう。

　２番目のタイプの投資は、議論が多い。他の事柄が等しい場合、同じ労働に対して男性の方が女性よりもより多くの賃金が支払われるべきであるというのは正しいのだろうか。それが正しいか正しくないかにかかわらず、このような支払いの格差は実際に起こっている。公平理論は、このような場合に人はどのように行動すべきかについて何も語っていない。公平理論は、人がどのように行動するかについて取り扱っている。男性の方が女性よりも多くの賃金を受けるべきであるとか、白人の方が黒人よりも多くの賃金を受けるべきであると考えるように育てられた人は、男性や白人がより多くの賃金を受けていても不公平であるとは思わないだろう。論理的には、これらの属性が投資に対する利益の割合の分母に属するということで、これらの属性は投資になっているのである。女性よりも多くの支払いを受けるべきであると思っている男性は、自分が女性と比較して公平に支払いを受けていると言う前により多くの利益を要求する。同じような現象は個人的な人間関係の領域でも起こっている。ルックスの良い人は、そうでない相手役と比べて、関係からより多くの利益を要求する。ルックスが良いということは、良いルックスにお金をかけていると言われるのと同じ言い方で投資と呼ばれるのかもしれない。美しい女性は、「私にはそれだけの価値がある」と言って高価な宝石を要求するかもしれない。ハンサムな男性は、パートナーがその気になる前にセックスすることを要求し、それが不公平だとは思っていないかもしれない。

　投資についての心理主義的な見方は、人の内部にいろいろな場面における強化についての期待といったようなものに訴える。より多くの利益を要求する人は期待があるからだと言う。行動分析家にとって、そのような言い方は何も説明していない。期待とは何か、期待はどこから生じるのかと尋ねるだろう。

　行動分析学の視点からすれば、利得、損失、そして投資といった公平理論の構成要素のすべては、公平に関わる言語行動を制御する弁別刺激である。公平理論が有効なのは、ある比較が公平であるとか公平でないと言わせるようないろいろな要因を、その理論が指摘している点である。ある関係において一方が他方と比べてより多くの報酬や他の強化子を受けるなら、それは、即時的な損失（例えば、費やされた努力）の違い、経験と教育の違い、個人的属性（例えば、

ジェンダー、人種、ルックス）の違いが比較検討されている。投資に対する利益の割合は、数学量と見ることはできない。なぜなら、関係するすべての異なる要因から利益と投資を計算する方法は、誰もわからないからである。その割合から言えることは、対立するいろいろな比較のすべての組み合わせが、**公平**とか**不公平**、あるいは**公正**（*fair*）とか**不公正**（*unfair*）といった語の可能性に影響するということである。ザックは、自分の上司のナオミの方が仕事の経験が豊富であると考えるなら、ナオミの方が自分よりも多くの支払いを受けることを公平と言うだろう。しかし、もしナオミが男性で、男性の方が女性よりも多くの支払いを受けるという教育をザックが受けていたなら、両者の給料の違いがさらに大きくてもザックはそれを受け入れて、それでもそれを公平であると言うだろう。

◎ どちらの比較か

この最後の例は行動分析学の強さを示す。公平理論は、公平について語るときのいろいろな要因を指摘しているだけで、どの要因を比較検討するかは当然のように考えている。行動分析学は、さらに一歩進めて、どの要因を考慮するのか、それを決定するものは何かという問いまでも問題にする。

この疑問に対する答えは人の履歴にある。すべての弁別は過去の強化と弱化によって決まる。ある格差を公平と言って、そうでない格差を不公平と言うのも例外ではないはずである。2つのやり方でザックは、男性への賃金が女性と比べて高いのは公平であると考えるようになったのかもしれない。まず、彼が経験した仕事では、実際に同じ仕事に対して女性の方が男性よりも少ない賃金であったのかもしれない。2番目に、彼の両親あるいは他の権威ある人たちが、彼にこのことを教えていたのかもしれない。それによって、男性、女性、そして公平についての彼の言語行動が形成されたのかもしれない。どちらにしても、ジェンダー、人種、教育、ルックスといった要因を伴ったザックの履歴によって、彼が公平と呼ぶ格差、不公平と呼ぶ格差は決まる。女性の権利を熱烈にサポートするステイシーを彼が好きになると、ザックの公平についての判断は変わる。女性に関わるザックの言語行動や非言語行動をステイシーが強化したり弱化したりすると、彼の「意識は高まり」、女性の給料が少ないのは公平であると彼はもはや言わなくなる。

要因の考慮の仕方が変わると、比較対象のグループが変化する場合が多い。19世紀には、飢え死にしそうな小作人の子どもたちが比較対象とされたので、子どもの労働は公平であると思われていたのかもしれない。20世紀になると、子どもの労働の社会的損失が明らかになった。そのとき、労働せずに遊んだり学校に通ったりした中産階級の子どもたちが比較の対象となり、子どもの労働についての言語行動もそれに従って変化した。自分自身の比較対象を他の労働者だけにすることを教えられた労働者は、官僚が特権を満喫していても不公平ではないと見る。そのような教育を受けていない労働者は、自分たちの窮状と官僚の窮状を比較して不公平であると力説するかもしれない。そのような比較が十分に行われると、ソビエト連邦の崩壊のような出来事になる（Lamal, 1991）。

◎ 協　力

公平で相互的な強化を考えれば、協力（cooperation）を理解することができる。協力的な関係というのは、強化が相互的であり、かつ公平な関係である。協力が短期間で起こることが時々ある。それは、どちらの行動も強化され得る直前に両者が貢献しなければならないときである。例えば、オーケストラがシンフォニーを演奏する場合、個々のメンバーは、すべての演奏が聴衆によって認められスポンサーによって代価が支払われる前に受け持ちの演奏をしなければならない。全員が受け持ちの演奏をして、全員が一緒に利益を得る。しかし、長期になってはじめて協力が起こる場合が多い。それぞれの関係者が貢献する時期が異なる場合である。このようなことが起こるのは、人々がお互いにやり取りをするときである。例えば、夫婦が交互に家事を行ったり、友人同士が飲み物や食事を互いにおごったりするような場合である。この互恵的（reciprocate）な関係は、もし片方が不十分な貢献をするなら（すなわち、図11.2でS^R_Rをしょっちゅう十分に提供しないような場合）、だましの可能性を開く。しかし互恵性が、長い目で見て結局公平になる限り、その関係は協力と言える。そのような関係については、第12章で利他的行為（altruism）について論じるときにさらに問題にしよう。

制御と対抗制御

　強制や搾取的な関係によって引き起こされた不公平の宣言は、より公正な取り決めに向けた手段である革命へと拍車をかける。政府、結婚、あるいは仕事をひっくり返すというのは極端な行為である。革命、離婚、ストライキは最後の手段のように思える。それは、他の手段ではうまくいかなった場合にはじめてとられる手段である。

　そのような極端な手段は、関係を断つことによって、搾取された人（コントロールされる人）の状況を変える。脅しや約束といったそれほどでもない手段は、搾取者（コントロールする人）の行動を変えることで、その関係の中で変化をもたらす。革命、離婚、ストライキについての脅しは、問題を起こしている側が変化することを強制することになるかもしれない。コントロールした者に向けられる逆戻りの制御は、新たな関係を付加する。それは図11.1の一般的な用語で示すことができる関係である。行動分析学は、これを対抗制御（counter-control）と呼ぶ。

■ 対抗制御

　強制的な対抗制御は、図9.1と比べることができる。虐げられた人や集団は、もしコントロールする人が応じてくれなければ、商品やサービスといった強化子の除去を脅かす。例は、革命や離婚の脅しほど極端なものである必要はない。サボタージュや不満でも脅しとなり得る。その関係がどれほど非対称的であっても、コントロールする側がコントロールされる側から何かを望む限り、コントロールする側の行動がコントロールされる側によって強化され得る限り、コントロールされる側は強化を控える脅しを行うことができる。その脅しが効果的であるとき、コントロールする側の行動は、負の強化によって対抗制御を受ける。

　対抗制御は、正の強化によっても起こり得る。多くの関係は脅しを約束に置き換えることができる。従業員は、賃金を上げてくれたなら生産性をもっと高めると約束する。妻は、夫が彼女のキャリアを積むことを支援してくれるなら、家庭に拠金することを約束するかもしれない。コントロールする側の行動が変

化するなら、それは正の強化ということになる。その強化は長い時間をかけてはじめて起こる。しかし、コントロールする側は、最終的にみると、これまでよりも一層良い状況になる。

　対抗制御は、コントロールする側に選択があるということ、つまり別な行為が可能であるということを暗示する。その選択は、短期的にだけ利益をもたらす行為と、長期的にはそれよりも一層良い利益をもたらす行為の間の選択であるので、コントロールする者の状況は図9.2と比べることができるかもしれない。それは自己制御の問題である。コントロールされる者が生み出す弁別刺激は、長期的に見ればより素晴らしい利益をもたらす選択肢の可能性を変える。支配を受けるものが反乱の脅しをするなら、支配者は彼らを奮い立たせる代わりに税を少なくするかもしれない。従業員が工場主に製品の質を高めることを約束したら、工場主は従業員が指摘する新たな管理計画に切り替えるかもしれない。コントロールされる者による脅しや約束はルールとなり、短期的な強化によって裏付けられるかもしれない。そのため、その状況はルール支配行動を示した図8.2と比べることができる。このように、コントロールする者がより良い長期の関係を選択することは、自己制御（図9.2）やルール支配行動（図8.2）に対応する。

　図11.3は、これまで述べた2種類の対抗制御を示す。それぞれの図の左側の相互作用が対抗制御を示す。コントロールする側は、公平に働きかけるか（B_O；税を減らすとか戦争を止める）、あるいは搾取的に働きかけるか（B_X；税を上げるとか戦争を続行する）の2つのやり方のどちらか一方で働きかけることができる。2つの選択肢のどちらも二者間に異なる関係をもたらす。それは右側の箱の中に示した。B_Xという活動がもたらす関係は、下の箱に示されているが、これは現在の状態である。B_Xは「普段どおりの関わりを続行する」である。しかし、B_Oという活動をすると新たな関係（上の箱）になり、コントロールする側もされる側もどちらにとってもなお一層の利益となる。コントロールされる側が約束を結んだり脅しをしたりすると（B_C）、それは弁別刺激（S_C^D）を生み出す（「自分たちの賃金を上げろ。さもなければストライキに入る」といった言語刺激で、これは第8章で述べたようなルールである）。そして、この弁別刺激は、1組の強化関係を伴った上の箱（関係）を指摘し、コントロールする側の別な行動 B_O（例えば、賃金を上げる）を促す。脅しによってコ

ントロールされる側の対抗制御が行われるとき（上の図）、S_C^D は B_O が有利であることを指摘する。これは B_X が最終的にはコントロールする側に重大な嫌悪的な結果（S_X^P）をもたらすからである。これらは、コントロールされる側にとって長期的な嫌悪結果である S_R^P に対するコントロールされる側の行動（B_{R3}）によって起こる。もし為政者が国民に重税を課すなら、国民は、その支配者に反抗し彼らを退陣させる。

コントロールされる側が約束によって対抗制御する場合（図11.3の下の図）、S_C^D は B_O が優れていることを指摘する。そのようにすることで最終的にはどちらの側も重要な強化子（S_R^R と S_O^R）がもたらされるからである。国民が平和と繁栄を満喫するとき、彼らは為政者を尊敬し称える。コントロールされる側の行為（B_{R3}）は、必要な場合もあればそうでない場合もある。利益共有と良質の制御が組み合わさることで、雇用者も従業員もどちらも直接的な利益を受けることができる。

コントロールされる側は、2種類の対抗制御を組み合わせて、脅しと約束の両方を申し出る場合が多い。市民団体は、公務員がある政策をとるなら公職追放すると脅しをかける一方で、同時に別な政策を採用するなら彼らを支持することを約束する。この戦略は、しばしば「飴と鞭」の戦略と呼ばれる。

対抗制御が必要になるのは、コントロールする側の B_O と B_X の選択が次の2つの理由で困難な選択になるからである。まず、短期的な強化子の中で S_{X1}^R が S_{O1}^R と比べてより大きいという理由である。さらにまた、図9.2が示すように、B_O を選択したことで、コントロールする側の面子が潰れるといった何らかの即時的な弱化子（S_O^P）が起こったり、B_X を選択したことで、敵に勝利するといった何らかの即時的な強化子（S_X^R）がコントロールする側に起こったりするかもしれない。このような即時的で短期的な結果はすべて搾取的な関係の選択を助長する。2つ目の理由は、たとえ S_X^P と S_O^R という重要な結果が強化の短期的な違いと比べて勝っているとしても、それらの結果は遅延するということである。コントロールする側は、B_O の利益を受ける前に長い時間待たなければならないかもしれない。これによって、対抗制御がないと、B_O と B_X の選択は強化の罠（図9.2）にはまることになる。対抗制御がなければ、コントロールする側は、衝動的に B_X を選択する行動をとる可能性がある。しかし、コントロールされる側が、承認や賞賛といった図11.3の即時的な強化子（S_C^R）

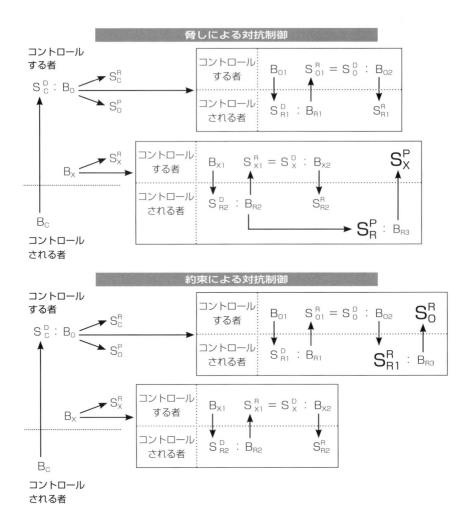

図11.3 対抗制御

脅しによる抵抗制御（上の図）と約束による対抗制御（下の図）のどちらにおいても、コントロールする側はコントロールされる側と2つの関係のどちらかを選択する。それは右側の箱の中で示されている。コントロールする側の B_O という行為は、より良い長期的な関係をもたらす。行為 B_X はあまり好ましくない関係をもたらすか、それを継続する。脅しによる対抗制御が起こるのは、コントロールされる側が、コントロールする側の B_X に対する長期的で重大な弱化子（S_X^P）を指摘する弁別刺激（S_C^D）を生み出す場合である。約束による対抗制御が起こるのは、S_C^D が B_O に対する長期的な強化子（S_O^R）を指摘する場合である。対抗制御が必要な場合というのは、小さくて即時的な結果（S_O^P、S_X^R、S_{X1}^R）が長期の結果（S_X^P、S_O^R）よりも制御の力が強くなりそうな場合である。コントロールされる側は、B_O に対する何らかの短期的な強化子（S_C^R）を供給することで、B_X を維持している短期的な強化子の効果を帳消しにすることができるかもしれない。

によって裏付けられるルールを提供するなら、B_x を助長する即時的な結果は帳消しにされ、将来より良い結果となる選択は促される（図8.2を参照）。

■公　平

　対抗制御は公平（equity）を考慮することで起こる。不公平を語らしめる弁別刺激が個人と集団の比較であるなら、その比較はまた対抗制御を開始させる要因でもある。しかし、ひとたび成功するなら、対抗制御は関係の永続的な部分となる。対抗制御は、比較された個人と集団を同等に保つのに役立つからである。すなわち、対抗制御は不公平が再び起こるのを防ぐ。対抗制御はまた、関係をより良い関係へと絶えず導くことができるメカニズムでもある。

　不公平についての語りは時とともに変化するので、対抗制御を新たに求める声が起こり得る。これは新たな比較がなされたときに起こる。社会的に満足されなくなると、下層階級やカーストの人たちは、自分たちの状況と自分たちよりも上の階層の人たち（かつては彼らの上長の者）の状況を比較し始める。歴史家は、フランス革命が新興の中産階級が貴族階級と比べて政治的力を持たなかったことに対する不満によって起こったとする。脅しても王の行動が変わらなかったので、中産階級は反乱を起こし、新しい形態の政府を樹立した。その政府は中産階級にこれまで以上の力、すなわちより効果的な対抗制御を提供した。まったく階級のない社会では、比較は極端に一般的になる。あらゆる個人や集団が他の個人や集団と比較されるかもしれない。「能力に応じたそれぞれから、必要に応じたそれぞれに」という理想が、ロシア革命をもたらした要因の一端であった。

　究極の公平は平等（equality）である。平等な者同士の関係においては、好ましくない比較が存在しないという意味で公平であるだけでなく、その比較はその関係の当事者の間で行われる。20世紀以前、夫婦の関係は同等ではないと考えられていた。しかし今日では、この夫と他の夫との比較や、この妻と他の妻との比較ではなく、公平なる比較が夫と妻の間でなされる場合が多い。言い換えるなら、2人の配偶者がこの関係に等しく満足しなければならないということが指摘されている。

　同じ強化子を受ける平等な者は仲間である、というこれまでの定義にこだわ

るなら、平等な者のほとんどは仲間とは言えないだろう。なぜなら彼らはその関係において、異なる強化子を受けるからである。私たちが夫婦と言う場合、図11.1 と図11.3 の S_R^O や S_R^R のように両者の関係における強化子の種類が異なるために、両者を満足させる資源が異なる夫婦を言っているのである。しかし、そうであっても、彼らも他の人も、彼らは等しく満足していると報告するかもしれない。そうでなくてもそのように行動するかもしれない。このような言語行動が起こると、当事者たちは平等であるとも言われるようになる。

　公平理論からすれば、平等であると言うには、ジェンダー、人種、ルックス、教育のあらゆる違いを度外視して、2 人の当事者の投資が等しいものと見なされなければならない。実際には、このように行動する人はめったにいない。公平理論の大事な点は、どのようにすれば人々は不公平な関係を公平と呼ぶことができるのか、その方法を説明することである。しかし公平理論が認めていることは、投資は等しくなれるという可能性であり、ひいては、公平であるには利益も等しくなければならないということである。

　平等なもの同士の関係が特殊な場合、制御と対抗制御の違いはなくなる。なぜならどちらもコントロールする側でもなければ、コントロールされる側でもないからである。すなわち、その関係から相手と比べてより多くの利得を得ることは決してないからである。それぞれが相手の行動を等しく制御する。

　部分的な公平から平等へと変化すると、その関係は完全に変化する場合が多い。労働者は自分と他の労働者とだけを比較するとき、たとえ雇用者が自分たちと比べてより多くの利益を得ていたとしても、彼らは公平な状況と言うだろう。しかし、この労働者たちが自分たちと雇用者とを比較し始めたなら、公平を達成するのに彼らは平等を達成しなければならないだろう。そのような運動は従業員所有のビジネスへと導いたり、あるいは規模を拡大すれば、政府所有のビジネスや社会主義へと導いたりする。

■力

　公平について考えると、力について考えることになる。それが普通である。**力**（*power*）は、普通、直観や常識に訴えて定義される。行動分析学は、それと比べてより良い理解への道筋を提供する。

公平と力は関係の別な側面を言っている。公平について語るとき、それはその関係から引き出される利益について語っている。力について語るとき、それぞれの当事者が他者の行動をどの程度制御しているのかについて語っている。当事者たちがその関係から受ける利益が公平でないとき、より多くの利益を受ける方がより多くの力も持っていることになる。この力が大きければ大きいほど、それと同じく利益も大きくなるが、この力を所有する者をコントロールする側と呼ぶのである。

　しかし厳密に言えば、強化の関係が力強いのであって、人が力強いというわけではない。ある人が力を持っているというのは、その人が強力な関係の道具となっているというときである。従業員が仕事に失敗したことで、雇用主がその従業員をクビにすることができるなら、その従業員の行動は強力な関係によって制御されている。人の力はその人が行使する強化の力によってもっぱら決まる。

　2つの要因が強化関係を強力なものにする。強化子の重要性と、その強化子を制御する正確さである。強化子の重要性は、その強化子の絶対的な価値によって決まるのではなく、強化子によってコントロールされる者の生活において、他の強化子との相対的な価値によって決まる。私たちが「彼女にとって仕事が命」とナオミについて語るなら、彼女の生活において強化を提供するものは他にほとんどないと言っているのである。職を失うことは彼女にとってはかなりの打撃となり、ナオミは仕事を失わないことならきっと何でもするだろう。このときのナオミと雇用者の関係において、雇用者には絶大な力が与えられることになる。しかし、もしナオミが彼女の生活において他に多くの関係を持っているなら、例えば、両親、配偶者、子どもたちや友人などと関係を持っているなら、そして、特に他にも収入源を持っているなら、彼女にとって仕事はそれほど重要ではなくなる。そのとき彼女の雇用者は、失職の脅しで彼女の行動を制御することはできなくなるだろう。一般的に雇用者の方が従業員よりも裕福であるので、従業員がその関係から引き出す利益は、絶対的にはそれがわずかであっても、従業員にとってはかなり重要になる。個々の労働者が制御する強化子を共同出資することで、組合は労働者に対して部分的に強化子の重要性に差がないようにしている。

　強化子の重要性の違いは、公平ではない他の関係でも見られる。教師が学生

につける成績は、教師に対する学生の承認と比べて、学生にとってより重要であるのが普通である。親の愛情は、子どもが親に向ける愛情と比べて、子どもにとってより重要であるのが普通である。より力を持つものがより重要な強化子を操作する。

　強化子の重要性が力の一因となる方法は、正常ではない関係において特に明らかになる場合が多い。子どもに対する親の愛情よりも子どもの成績の方が親にとって重要であるなら、その子どもは親に対して顎で使おうとする。学生がナイフや銃で教師を脅すことができるなら、教師の行動は学生の承認によってかなり揺さぶられる。従業員が余人をもって代え難い重要なスキルを身に付けているなら、その従業員は雇用者をこき使うことができる。

　これらの関係の力は、その関係の正確さによっても決まる。たとえその関係における強化子が重要であっても、強化子の提示が遅れたり不確かであったりした場合、その関係の力は弱まる。子どもが最も楽しく価値ある時間を過ごすのに、週末まで待ちなさいと言わなければならない多忙な親の場合、子どもの行動を制御する力は弱い。より大きな利益をもたらす仕事に随伴して賃上げしなければならない雇用者は、従業員の行動を制御する力を失う。全体主義の政府は、盗聴器などを使って国民を密かに見張ることで嫌悪制御の正確さを高めている。それによって対立者をより確実に弱化する。

　公平ではない力は公平ではない利益に基づいているかもしれない。より力強い強化関係を行使する人は、より多くの報酬も得る。コントロールする者は、自分により大きな強化をもたらすコントロールされる者の行動を強化する。

　しかし不公平には限界がある。コントロールされる者の行動が強化される頻度があまりにも少なく、強化の対象となる行動があまりにも多く要求されるなら、対抗制御が起こりやすくなる。ある会社の労働者が別な会社の労働者に比べて賃金が低い場合、あるいは自分が働いた割には家族を養えるほどの給料をもらっていないということがわかったなら、彼らは仕事をするのを辞めて抗議して組合に加入するようになる。弁別刺激になっている比較によって、ある時点で、コントロールされる者は、コントロールする者が彼らの権力を乱用しているとか、自分たちの関係が搾取的である、と主張する。コントロールする者の行動がその現状を打破し続けたとしても、それでも力の不均衡によって、ある程度の利益の不均衡だけは持続する可能性がある。

対抗制御は、力の不均衡を減らすことで不公平を軽減する機能を持つ。コントロールする者の行動を強化したり弱化したりする関係を構築することで、コントロールされる者は、コントロールする者のより多くの自分たちへの働きかけを強化することができる（約束を申し出たり、脅しをしたりして、正の強化や負の強化を行うことができる）。反逆を避けるために、独裁者は税を減らす。約束した品質管理の改善のために、実業家は従業員の利益分配制度を設ける。対抗制御はコントロールされる者の相対的な力を高めるので、それは力の不均衡を減らして公平を高めることになる。極端な場合は、対抗制御によって利益と力が等しくなる。例えば、夫婦が等しい関係にあるなら、彼らの行動は等しく強化されるだけでなく、他の強化源によって結婚による強化が２人にとって等しく重要なものにもなる。

■ 民主主義

民主主義はなぜそれほどまでも評判の良い政治形態なのだろう。従来の回答は、市民が自由や幸せを感じるから、であった。行動分析学によって、民主主義の長所をさらに十分に、そしてより明らかに理解することができる。

第９章で見たように、民主主義の中で生活している市民が比較的に自由や幸福を感じることは間違いない。しかし、市民の行動を正の強化で制御する善意ある独裁者を想像できる。そのような政府の場合、市民は自由を感じるかもしれない。しかし、独裁者の慈善行動を確実に継続させるには彼らは無力だろう。人々の自由の安全装置となっている民主主義の要因は、対抗制御である。

民主主義は、市民に彼らの支配者の行動を制御するための強化関係を提供する。合衆国では、大統領と国会議員は定期的に評価の対象となる。これによって再選される場合もあれば、交代させられる場合も出てくる。彼らがやっていることが気に入らなければ、私たちは彼らをお払い箱にすればよい。

民主主義の対抗制御は、脅しや約束によって成り立つ。脅しの場合、もし統治者の政策（図11.3の B_{X1} と B_{X2}）が選挙人に弱化の結果（S_R^P）をもたらすなら、市民は誰か他の人に投票し（B_{R3}）、その統治者を解雇する（S_X^P）。そのような脅しは、デモや集会で明らかになる。約束の場合、もし政策が強化子（S_R^R）をもたらすなら、選挙人はその統治者に投票し（B_{R3}）、その統治者を官

職（S_O^R）に戻す。約束による対抗制御を日常的な言葉で言えば、ロビー活動（陳情運動）になる。

　民主主義はまた、ある種の平等によって特徴づけられる。フランス革命とロシア革命では、すべての人を「市民」と呼んだり、「同士」と呼んだりしてそれが象徴化された。合衆国の大統領と市民の関係は、平等という関係にはなり得ない。官職についている間、民主主義の統治者たちは明らかにコントロールする者たちである。しかし、官職から退けば、彼らは再び普通の市民になる。他の皆と同様にコントロールされる者になる。長い目で見れば、彼らも他の皆と同じ強化関係を受けることになる。

　民主的統治者たちの政策は、遅かれ早かれその統治者たち自身にも影響を及ぼす。官職についている間でも、大統領と国会議員は税を支払わなければならない。官職から退けば、彼らは自分たちが立てた政策の影響をより受けることにさえなる。長い目で見れば、民主主義は、コントロールする者とコントロールされる者の間の関係を部分的な公平を超えて平等へと向かわせる傾向がある。

　もちろん、民主主義をこのように記述するのは理想化である。政府の役人は秘密の不法な行為を行うことが時々あるし、賄賂も時々受ける。前の大統領が普通の市民に戻るのは部分的でしかない。しかし、全体として、民主主義は、君主政治や専制政治といった絶対的なシステムと比べて改善された体制と一般的に考えられている。しかし、民主的な過程が不完全であるということから、それらの過程はさらに改善される可能性があると言える。おそらくさらにもっとより良い対抗制御の手段を見つけることができるだろう。社会のそのような改善方法については、第14章で述べることにする。そこではソーシャル・エンジニアリングについて取り上げるつもりである。

要　約

　2人の当事者の間のエピソードを社会的相互作用と呼ぶには、それぞれの関係者が他方の行動を強化しなければならない。すなわち、その強化は相互でなければならない。これまでの章で論じた例には、言語行動や強制がある。2人の人間の間に頻繁に社会的相互作用があるとき、両者の間には関係性があると言われる。これと同じ考えは、個人と組織の間の関係性にも当てはまる。

強制に基づく関係は明らかに不公平である。しかし、もっと巧妙な形態の不公平は搾取的な関係として特徴づけられる。搾取的な関係では、両方の関係者の行為は正の強化を受ける。これらが不公平だと言われる理由は、片方が長い目で見ればだまされるからである。搾取される側は、このような関係に加わることで最終的には深刻な弱化を受ける。短期的に見て、だまされている人が満足した状態の場合がある。そのような人は「幸福な奴隷」と呼ばれる。長い目で見れば、幸福な奴隷は、自分たちがだまされていたことに気づいたり、人から知らされたりする。つまり彼らは、不満や抵抗を起こさせるような弁別刺激に出合う。このような長期にわたる不安定さによって、搾取は、強制と同じように、お粗末な管理方法となる。

　強制関係と比べて、搾取関係に対する抵抗傾向の方が、社会の人々の言語行動の影響をより受けやすい。搾取についての語りは、フェアではないとか不公平であると語るときの文脈と同じ文脈で起こりやすい。比較は二者間、あるいは2つのグループの間で行われる。そして粗末な扱いを受けた人やグループは搾取されたと言われる。行われるその比較は、話者の強化歴に依存するので、搾取、公平、不公平についての語りは、人によって異なるし、時によっても異なる。

　強制と搾取は関係を変えることで改善される。関係性は厄介なものになり得るが、劇的な変化によってこれまでの関係が継続される可能性は少なくなる場合が多い。強化関係が付加されたり、あるいは対抗制御が行われたりすることで、さらにもっと平等に近づく。コントロールする者は、別な関係、既存の関係の修正の選択を求められる。そして、コントロールする者にとって優れた長期的な結果を指摘する弁別刺激がコントロールされる者によって提供されるなら、コントロールする者は、新たな一連の行為を行う可能性が高くなる。対抗制御は約束と脅しによって作用する。それは、将来の強化や将来の弱化の回避を指摘する刺激（ルール）によって作用する。社会的強化によって裏付けられる脅しや約束によって、コントロールする者は、短期的により多くの利益をもたらす関係を衝動的に選択するのを避け、代わりに長期的により素晴らしいものになる関係の方を選択しやすくなる（自己制御）。コントロールされる者がコントロールする者の行動を制御できる新たな関係（対抗制御ができる関係）が構築されることで、その関係はより大きな公正へと変化する。ある関係の

相互の強化が長い目で見れば公平になるとき、その関係を協力（cooperation）と呼ぶ場合が多い。

　新たな比較が起こると、関係はさらに変化するかもしれない。その新たな比較が、以前よりも広い範囲の準拠集団（reference group）に行われるなら、その関係はさらに大きな公平へと向かい、最終的には平等へと向かう。平等関係にある当事者たちはお互いが比較される。平等関係では、双方の当事者たちは等しく利益を受ける。強化が等しいと、制御と対抗制御、コントロールする者とコントロールされる者の区別がなくなる。なぜなら、それぞれの関係者は相手の行動を等しく制御するからである。

　ある関係のそれぞれの当事者が他者の行動に及ぼす制御は、その当事者の力である。もっと正確に言えば、強化関係の力である。その力によって、その当事者は他者の行動を制御する。関係の力は、強化子の重要性と、強化子の制御の正確さによって決定される。その強化子が重要であればあるほど、そして強化子の制御が正確であればあるほど、ますますその関係は強力になる。ある関係の強化関係における力が不均衡であると、その関係から引き出される利益は不均衡になる。対抗制御はコントロールされる者の力を高めるので、対抗制御によって力の不均衡が減少し、不公平はなくなる傾向がある。

　民主主義がかなり強力であるのは、民主主義によって、人々、すなわちコントロールされる人々が対抗制御を行えるという点である。対抗制御は、選挙、デモ活動、ロビー活動によって行われる。対抗制御があっても関係は不平等なままである。しかし、対抗制御がある限り、統治者が官職につく期間は限られる。そのため長期的に見れば平等は保証される。なぜなら、統治者が官職を退いて普通の市民になれば、彼らは他のすべての人と同じ強化関係を受けることになるからである。すべての人の行動が同じ関係によって制御されるなら、すべての人は平等である。少なくとも、理論上はそうなる。実際に実践されているような民主主義は、改善に向けて開かれているのかもしれない。

◆ 参考文献

Adams, J. S. 1965: Inequity in social exchange. In L. Berkowitz (ed.), *Advances in Experimental Social Psychology*, Vol. 2. New York: Academic Press, 267-99. これは、比較の異なる基準の効果を考慮することでホーマンズの公平理論を拡張した古典的な論文である。

Homans, G. C. 1961: *Social Behavior: Its Elementary Forms*. New York: Harcourt Brace World. この古典的教科書にホーマンズのオリジナルな公平理論が紹介されている。(ホーマンズ G. C. 橋本茂（訳）(1978). 社会行動—その基本形態 誠信書房)

Lamal, P. A. 1991: Three metacontingencies in the pre-perestroika Soviet Union. *Behavior and Social Issues*, **1**, 75-90. この論文は、ソビエト連邦で行われていたあまりにもひどい管理実践のいくつかを行動的に分析した論文である。

Mearsheimer, J. J. 1995: The false promise of international institutions. *International Security*, **19**, 5-49. この論説では、国際関係における安全保障のジレンマについて、ひとりの政治科学者の視点が拡大的に論じられている。

Nevin, J. A. 1985: Behavior analysis, the nuclear arms race, and the peace movement. In S. Oskamp (ed.), *International Conflict and National Policy Issues. Applied Social Psychology Annual*, **6**. Beverly Hills: Sage Publications, 27-44. この論文では、国際関係の問題に行動分析学がどのように応用されるのか、その方法が示されている。

Rao, R. K., and Mawhinney, T. C. 1991: Superior-subordinate dyads: Dependence of leader effectiveness on mutual reinforcement contingencies. *Journal of the Experimental Analysis of Behavior*, **56**, 105-18. この論文は、上位の者と下位の者の関係を実験的に調べた研究論文である。特に、彼らの関係が強化子の重要性に依存すると記されている。

Skinner, B. F. 1974: *About Behaviorism*. New York: Knopf. 対抗制御について、第12章の「制御についての問い：The question of control.」で明確に論じられている。

Skinner, B. F. 1978: *Reflections on Behaviorism and Society*. New York: Appleton-Century-Crofts. この本のエッセイの中でも「やっとのことで、課税の重荷から自由になる：Freedom, at last, from the burden of taxation」のエッセイでは、州営宝くじの搾取的性質が論じられている。

Van Evera, S. 1984: The cult of the offensive and the origins of the first world war. *International Security*, **9**, 58-107. 第一次世界大戦へと導いた安全保障のジレンマとその成り行きについてある政治科学者が論じている。

第11章で紹介した用語

安全保障のジレンマ　*Security dilemma*
幸福な奴隷　*Happy slave*
公平　*Equity*
公平理論　*Equity theory*
最低限の社会的エピソード　*Minimal social episode*
搾取　*Exploitation*
相互強化　*Mutual reinforcement*
対抗制御　*Counter-control*
力　*Power*
投資に対する利益の割合　*Profit/investment*

第12章
価値：宗教と科学

　価値（values）についての疑問は、善と悪、正と誤についての疑問である。文化が発展すると、私たちは、ある事柄や活動を「善」と呼ぶことを学習する。そして、それらの事柄を求めて努力し、それらの活動に従事する。また私たちは、ある事柄や活動を「悪」と呼ぶことも学習する。そして、それらの事柄を避け、それらの活動を避ける。仲間を賞賛することは善で、正直に労働することは善である。病気は悪で、卑劣な言動は悪である。本章で私たちは、これらの事柄や活動が、善とか悪と呼ばれて受け入れられたり避けられたりすることを認めることになる。私たちの関心は、それらの事柄や活動を善や悪と私たちが呼ぶ行動をどのように説明するかということにある。

　従来の見方では、価値は、概念や態度、あるいは身体内部のどこかに存在する精神的事柄である。宗教心を持った人には、これらの精神的価値は神に由来するということになる。第9章の終わりで紹介したルイス C. S. からの次の引用文の根底には、神に由来するというこの考えがある。「科学は価値に関わる問題を明らかにすることはできない、科学が語ることができるのは私たちがどのように**行動するのか**についてであって、私たちがどのように**行動すべきであるのか**について科学は何も語ることができない」。今日、行動主義者はルイスのこの考えに同意しない。科学は、私たちがどのように行動すべきであるのかという問題にいくらかの光りを投じることができるのである。

価値についての問題

　行動主義者は、価値が精神的実体であるという考えを認めない。仮に価値が何かしらのものであるなら、価値は行動である。ルイスが言うように、神の目からすれば、何が善で何が悪であるのかについて、科学が語れるものは何もな

い。しかし、人々の目からすれば、何が善で何が悪であるのかについて大いに語れるはずである。行動分析学が取り組むことができることは、せいぜい人が何をするのかということだけであるというルイスの考えが正しいとしても、人はどのように行動すべきかについての語りは、人が行っていることのひとつなのである。行動分析家は、人が行っていることに目を向けることで、特に、善悪や正誤について人が語っていること（すなわち、善悪や正誤についての人々の言語行動）に目を向けることで、価値に関わる問題を扱っていくことができる。科学は、人が価値についてそのように語る理由を調べることができる。

■ 道徳的相対主義

　価値についての語りは、人によって、場所によって、そして文化によってかなり異なる。そのため、お手上げということで、善悪についての考えを説明するような普遍的な基準など何もないと言っている思想家もいる。そのような思想家は、唯一の可能性として**状況的倫理**（situational ethics）について語る。これは、普遍的な原理というよりはむしろ特定の状況から生じる倫理である。言い換えるなら、このような道徳的相対主義者（moral relativism）は、それぞれの人は自分が置かれた特定の状況に関連して善悪についての独自の考えを展開させる、と考えている。そのような考えを拡張したものが、「善も悪もない、人の考えがそのように判断させるのだ」という言い方である。

　道徳的相対主義に関わるひとつの問題は、善と悪についての考えが異なる人同士が対立している場合、その対立を解決するための手段を道徳的相対主義は何も提供していないように思える点である。極端な例として、あるサディストが、他人に苦痛を与えることは善であると考えているとしよう。普遍的な基準がなければ、どのようにして彼の行為が悪であると結論できるのだろう。「それが良いと思うならそれをやれ」という考えを抑えることができるものは何であろう。

　そのような疑問に対する回答として、道徳的相対主義は社会的な慣習（しきたり）を指摘する。どのような行動を善と呼び、どのような行動を悪と呼ぶかは集団によって決められる。そのようにして決められた慣習は、個々人の状況の一部になる。サディストに対しては、そのような行動は集団では認められな

いと教えることができる。しかしながら、このような見方にはいくつかの基本的な疑問が投げかけられる。(1) 集団はどのようにして、善や悪についての慣習を決めるのだろう。(2) 集団はどのようにして、ひとりひとりの人間に慣習を受け入れさせるのだろう。

■ 倫理的基準

厳密な道徳的相対主義に取って代わるのは、普遍的な倫理基準や原理は発見できるという考えである。普遍的な倫理基準や原理が発見できれば、善と悪についての人の主張は特定の状況以上の成果として説明できるだろう。宗教家のルイスも行動主義者のスキナーも普遍的な基準があると考え、道徳的相対主義を否定した。もちろん、どのような基準を用いるべきかについて2人の考えは異なる。特に、そのような基準が何に由来するのかについて2人の考えは異なる。

◎ 人間性の法則

ルイス (1960) は、何が公平であるかについて人は争う場合が多いという見解から始めている。

> 私たちは、人が語っている事柄の内容に耳を傾けることによって、何か非常に重要な事を学習できると私は思っている。次のようなことが語られる。「誰かがあなたに同じことをしたら、どうしますか？」―「それは私の座席だ。そこにははじめから座っていたのは私だ」―「彼をひとりにしてやれ。彼は君を傷つけているわけではないのだ」―「なぜおまえがはじめにつっこまなければならないのだ」―「君のオレンジ1切れを私にくれたまえ。君には私のものをあげる」―「がんばれ。約束しただろう」(p. 17)

ルイスの視点からすれば、上のような言い方は、人が言い争いをするとき、誰もが共有していると考えられている倫理的基準に彼らは訴えているということになる。

ところで、私にとってこのような発言のすべてに興味深く思えることは、他者の行動が自分にとってたまたま気に入らなかった、とただそれだけを発言者は言っているわけではないということである。発言者は、何らかの行動基準のようなものに訴えているのである。発言者は他者にそれを知ってもらいたいのである。そして、他者はその発言に対して「おまえの基準なんてくそくらえ」と答えるようなことはめったにしない。ほとんどいつでもその発言を聞いた他者は、自分が行っていることは、実際のところ、その基準に逆らっているわけではないとか、もし逆らっているとしたなら、何か特別な理由があるからだともっともらしく言おうとする。発言を聞いた者は、最初に席をとった人がそれを保持すべきではないとか、自分がオレンジ1切れを受け取る事情はまったく異なるとか、何か約束を守りとおすことができないような事柄が思いがけなく起こった、といったように、この特殊な場面で何か特殊な理由があるかのようなふりをする。それは、実際のところ、あたかも発言者とそれを聞く者の両者が、心の中に何らかの法則あるいはルールを持っているかのように見える。それは、何が公明正大な行為なのか、何が品行正しい行動なのか、何が道徳的なのか、あるいはそのように呼びたくなるようなものすべてについての法則やルールである。その法則やルールについて彼らは実際に同意する。そして、彼らはそのような法則やルールを持っている（p. 17）。

　このすべての人が同意している「法則やルール」を、ルイスは「人間性の法則（law of human nature）」と呼んでいる。第9章で見たように、彼は、この法則は私たちが行っていることについてではなく、私たちが行うべき事柄についての法則である、と入念に説明する。その法則に人は従わない場合があり得るし、また従わない場合が多い。そのような法則である。

　行間を読むと、ルイスの法則というのは、親切とか公平さに関するものであることがわかる。それは、「自分が他人にしてもらいたいように他の人にしなさい（Do unto others as you would have them do unto you）」という黄金律（行動規範）に帰着する。ルイスの目からすれば、自己を利するためにルールを私たちが破るのは、見かけ上のことである。彼は、私たちがなぜそもそもルールに従うのか、その理由を尋ねている。人が無私無欲に振る舞う唯一の理由は、私たちの神が私たちに与えてくださった内的な感性、正しいことに気づく

感性である、と彼は暗に言っているのである。

　ルイスは、人は自己の利益に従って黄金律に従う場合もあるということを見逃している。第8章で私たちはルールについて論じた。それを踏まえると、この黄金律というルールは、見返り（reciprocation）が考えられる長期的な結果を指摘している。私たちが他者のために良いことをすると、他者は私たちのために良いことを行ってくれる場合が多い。私たちが公然とルールを破ることに抵抗する理由は、自分が他者に勝手な振る舞いをしたなら、彼らも自分に対して勝手な振る舞いをする可能性があるからである。

　第11章のより専門的な用語で述べるなら、黄金律は公平を命じている。もし他者の望ましい行動を十分に強化しなければ、その行動はなくなるだろう。ナオミはショーナにオレンジ1切れを与えたのに、ショーナはナオミにオレンジ1切れを与えるのを拒むなら、おそらくナオミはショーナに他のどのようなものも与えることはないだろう。ザックがギデオンとの約束を破ったなら、ギデオンの行動は、ザックの約束（ルール、第8章）によって再び制御されることはおそらくないだろう。「自分が他人にしてもらいたいように他の人にしなさい」というのは、自分が他人の行動を強化すれば、彼らは自分の行動を強化してくれるという意味である。

　進化生物学者も、普遍的な人間性として利他性（altruism；他者に対して善であるということ）と互恵性（reciprocity；長期的な公平を考慮すること）を認めている（進化生物学者は、さらに結婚、財産権、血縁者の認識といった他の文化的な普遍性も認めている）。この生物学者たちの考えはルイスの考えに似ている。すなわち、どこにいても私たちが目にするのは、人は、少なくとも時には、他者と共有したり他者のために犠牲を払ったり（利他の実践）、他者をだましたりもする（長期的に見れば、互恵にならない）、そして、だませば弱化される、特にだまされた人によって弱化される、ということである。このような現象が普遍的であることから、親切や公平は人間性の法則であると言われる。

　しかし、ルイスと異なり、進化論者と行動主義者は、人間の行動に規則性が見られたとしても、それはいろいろな形態の利己性（selfishness）の現れにすぎないと見る。ナオミがショーナにオレンジ1切れを与えるのは、長い目で見れば、ショーナがお返しをしてくれる（与えるというナオミの行動を強化する）

可能性がある場合だけである。ギデオンが教会に時間と金を寄付するのは、長い目で見て何か戻りがある場合に限る。だましやだましに対する弱化を避けるような言語行動、ルイスによれば「ふりをする」という行動が「正しい」行動と異なる点は、だまし行動の方がより速やかに強化されるという点だけである。このような行動は、明らかに利己的な形態の行動でしかない。すなわち、それらの行動は、短期的な強化子をもたらすように振る舞っている。このように利他的行為（altruism）は、それによって個体の長期的な利益が高まるという理由で、いまだ利己的である。

　人の利己性の重要な例外は、血縁者に向けられる行動で起こる。特に親は、見返りを求めずに自分の子どものためなら犠牲になる。兄弟姉妹は、互恵性が期待できない場合でも互いに援助する場合が多い。あるいは、おおっぴらに見返りを求めるようなことはしない。叔父や叔母は、姪や甥を大事にする。裕福な人なら、恩返しができない「いとこ」であっても支援さえするかもしれない。

　しかし、そのような例外は黄金律というルールを証明する。利他性の普遍性は、遺伝的な基盤による。血縁者に向けられる利他性のための遺伝子は選択される。なぜなら、血縁者は遺伝子を共有し、血縁者を助けることで遺伝子プール中の共有遺伝子の度数が増加するからである。非血縁者に向けられる利他性を促す遺伝子は、それらが長期的な強化に対する感受性を生み出す遺伝子と足並みを揃えている限り、選択の対象となり得る。このように論を進めると、起源の問題へと発展する。いったい人間性の法則はどこから来たのかという問題である。

◎ 起源の問題

　ルイスは、進化論者や行動主義者と同様に、共通の価値は単なる社会的習慣であるとする道徳的相対主義者たちの考えを認めない。「道徳的法則と呼ばれるものは、単なる社会的習慣、何か教育によって教え込まれるものではないのだろうか」という問いに、ルイスは次のように述べている。

> 他のすべての事柄を学習するのと同じように、品行正しい行動についてのルール（rule of decent behavior）を私たちが親や教師、友人や本から学ぶということに私はまったく同感である。しかし、私たちが学ぶ事柄の中には単なる習慣で

しかないものがあり、それらは異なるものになっていたかもしれない。私たちは左側通行を学ぶが、そのルールは右側通行であったとしても問題はない。私たちが学ぶ事柄の中には、数学のように、まったくの真理であるものもある。上記の問いは、人間性の法則がこの２つの事柄のどちらに属するのかという問いである（p. 24）。

もちろんルイスは、道徳的法則は「まったくの真理」であると主張する。それは違ったものになっていたかもしれないというような習慣ではないと彼は言うのである。彼は、関連する説明を必死ではねつけようとする。その説明は、品行正しい振る舞いは、総じて、人の社会に利するという説明であり、次のような説明である。「人間は、結局のところ、何らかの感覚を持っている。すべての人が不正なことをしない社会でなければ、本当に安全や幸福になることはできないということを人間は知っている。なぜなら、品行正しく行動しようとすることで安全や幸福になれるということを人間は知っているからである」彼は、この説明を次のようにはねつけている。

さて、もちろん、安全と幸福が、正直で公平、そして互いに親切である個人や集団や国家によってはじめてもたらされるというのはまったく正しい。それはこの世で最も重要な真理のひとつである。しかし、良いことや悪いことを行うように、なぜ私たちは良いとか悪いと感じるのだろうという問いに対する説明として、それは的外れな説明である。「なぜ自分は利己的であってはならないのか」と尋ねたら、「それは社会にとって良いことだから」とあなたは答えるだろう。そこでさらに、「なぜ自分は、自分にとって都合が良くなくても、社会にとって良いことを大事にしなければならないのか」と尋ねれば、「君は利己的であってはならないからだ」とあなたは答えざるを得ないだろう。それは、はじめに戻っただけである（p. 29）。

ルイスにとって、「良いことや悪いことを行うように、なぜ私たちは良いとか悪いと感じるのだろう」「なぜ私たちは利己的であってはならないのか」を説明するには、何らかのさらなる要因、何らかの究極的な理由が必要なのである。
進化生物学者たちは、利他性は「種にとって良いこと」のための活動、ある

いは集団選択（group selection）のための活動であるという説明に、同じような反論をする。個体がもし自分を犠牲にして集団の適応度を高めるように行動するなら、その集団の中で利己的に振る舞うあらゆる成員は、すなわち、犠牲を払う（すなわち、欺く）ことなくその集団にいることの利益を満喫している成員は、他の成員たちよりも高い適応度を持つことになるだろう。そうすると、利己的な個体の数は増し、結局は社会的なアレンジメントは不安定になる。何らかのより大きな配慮、究極的な利己的配慮によって、個体を利他的な状態にしておくことができなければ、集団のためになるようなあらゆる社会的システムは、だます者たちが招く混乱の被害を受けやすい。

価値についての宗教による説明と進化による説明は、何らかの究極的な要因、あるいは絶対的な基準が私たちの価値を説明しなければならないという点で一致する。しかし、その一致は、それらの議論に関する限りである。ルイスは人間性の法則は神に由来すると提唱するが、進化論者は、それは自然選択の結果であると主張する。

価値についての科学的アプローチ

価値について科学的に説明するためには、神のような超自然的な原因に訴えることはできない。ルイスの主張に対して行動主義者たちは、私たちが実際に行っていることを超えて、私たちが何をすべきであるのかということについて何か語ることができるのだろうか。

答えは、「イエス」でもあるし「ノー」でもある。行動分析家は、善とか悪と考えられていることを人々が行うことについて説明することができる。特に、善悪、正誤についての人々の言語行動を説明できる。すなわち、私たちが何をしなければならないのかについて人は何を語っているのかを説明できる。しかし、ルイスのような宗教家はそのような説明にきっと満足しないはずである。そして、「汝盗むなかれ」というようなことを互いに私たちが言わざるを得なくなるように、この宇宙がなぜアレンジされたのかその理由について詰問するかもしれない。世界の在り方を考えると、どのように宇宙が生じたのかは説明することができたとしても、世界がなぜそのようにならなければならないのかについての疑問は残る。ルイス（1960）は次のように語っているのだが。

科学は実験によって機能する。科学は物事がどのように振る舞うのかを見つめる。しかしながら、複雑そうに見える科学的な発言でも、長い目で見るとそれらのすべては、実際のところ、次のようなことを言っているのである。「私は1月15日の午前2時20分に天空のこれこれしかじかの部分に望遠鏡を向けて何々を見た」「私は、この材料の一部をポットに入れて、しかじかの温度で熱した。そして、これこれのことを行った」……しかし、そもそもなぜあらゆるものはそこに存在するようになるのか、科学が観察する事柄の背後には何かがあるのかどうか、異なる種類の何かがあるのかどうか、このような疑問は科学的な疑問ではない。もし「背後の何か」があるのなら、それは人にまったく知られないままでなければならないだろう。あるいは、それは何らかの異なるやり方でそれ自体を知らしめなければならないだろう。何かそのような事柄があるという発言や、そのような事柄はないという発言は、どちらも科学がなし得る発言ではない。結局のところ、それは、実際には常識の問題である。科学はこれまでにこの全宇宙のすべての単一の事柄を知ったと言えるほど完璧なものになったと仮定したなら、「なぜ宇宙は存在するのか」「なぜ宇宙はそのようにあり続けるのか」「それに何らかの意味があるのか」といった疑問はまさに疑問のままであるということは明白ではあるまいか（p. 32）

科学が扱えない問題があるというルイスの一般的な議論の正しさは認めつつも、私たちは、はるか彼方の向こうから人間性の法則は生じたとする彼の主張には同意できない。その法則に従うことを人が行ったり語ったりすることに私たちが目を向ければ、それらを科学の対象にすることはできるのである。なぜ人は非利己的に（利他的に）行動するのか、なぜ人は利己的な行動を悪、非利己的な行動を善と言うのか、私たちはそれを説明できるのである。これまでのように、強化、言語行動、そして刺激性制御といった行動分析学の概念を使って説明しよう。

■ 強化子と弱化子

スキナー（1971）は、次のような単純な大まかな目安を提供した。善と呼ばれる事柄は正の強化子である。悪と呼ばれる事柄は弱化子である。善と呼ばれ

る活動は強化される活動であり、悪と呼ばれる活動は弱化される活動である。

　私たちの肉体がどのようにつくられているかによって、善になる事柄や活動もあれば、悪になる事柄や活動もある。健康は善であるが、病気は悪である。食べ物と食べることは善である。痛みと転倒は悪である。愛情は善であるが、排斥は悪である。

　条件づけによって獲得された強化子や弱化子が善とか悪と呼ばれるのは、それらが無条件性強化子や無条件性弱化子と関連づけられたからである。金銭は善、病気の兆候は悪である。Aという成績は善であるが、Fという成績は悪となる。それらの刺激が結果として、ならびに言語的なラベルとして効力を持つかどうかは人の履歴によって決まる。その効力は時によって、人によって、文化によって異なる。合衆国の多くの子どもたちの行動は、野球カードによって強化されるかもしれない。そのような子どもはこのカードは善である（良い）と言う。これは大人には当てはまらないだろう。しかし、人によっては大人でもそのカードが善のままである場合がある。インドの村で生活している人にとって、野球カードはおそらく強化子とはなり得ないだろうし、善とも言われないだろう。その人たちは、野球カードが無条件性強化子と関連づけられたこともなければ、野球カードという言語行動も、カードを善と呼ぶ行動も強化されたことはないからである。

　ほとんどの条件性強化子や条件性弱化子は、私たちが他者と社会の中で生活することで獲得される。成績、メダル、叱責、称賛、時間通りに仕事に取り掛かること、バスに追いつくこと、これらの結果のどれもその効力は、もともと社会的である。つまり集団によってアレンジされた強化によるものである。これらのすべては、それらをもたらす行動が、それらによって強化されたのか、あるいは弱化されたのかによって、善とか悪と呼ばれる。叱責は悪である。嘘をついたり、遅刻したり、だらしがなかったりといったことは、叱責によって弱化される。仕事に取り掛かることは善である。朝早く起きて、速やかに食事をし、バスに追いつくといった行動は、時間通りに仕事に取り掛かることで強化されるのである。

　良いとか悪いとか言われているもののほとんどは、社会がそのようにアレンジしているからそのように言われている。そうであれば、良いとか悪いと言われている活動のほとんども、社会がそのようにアレンジしているからそのよう

に呼ばれることになる。つまり、それらの活動は他者によって強化されたり、弱化されたりするので、良いとか悪いと言われるのである。子どもが兄弟や友人と仲良くすることは良いことであると言われ、親や教師によって強化される。慈善事業に寄付をすることは良いことであると言われ、友人や新聞のコラムニスト、さらに国税庁によって強化される。国税庁の強化は税金の削減である。嘘をつくことは悪いことと言われ、親や教師や友人から弱化される。賄賂の授受は悪いことと言われ、司法当局によって弱化される。

　強化は善、弱化は悪という、スキナーが提供した大まかな目安は、価値判断についてのルールを示唆する。そのルールは、**善、悪、正、誤**に関わる言語行動である。「人をだますことは間違っている」という発言が起こるのは、そのように発言すれば、親や教師から強化されてきたからである。したがって、そのような発言をしても認められなかった人は、嘘をつくことは間違っているとは決して言わないだろう。しかし、このような人でも、もし正直でいたなら強化され、嘘をついたら弱化されるという履歴があれば、この人は決して嘘をつくことはないかもしれない。それに対して、嘘をつくことは間違っていると言っておきながら何度も嘘をつく人がいるかもしれない。しかし、普通は、嘘をついて弱化されてきた人は、「嘘をつくことが間違っている」という言語行動が強化されてきた人でもある。強化子は良いものであり、強化される行動は正しい行動である、という発言や、弱化子は悪いものであり、弱化される行動は間違っている、といった発言は、普通に強化される言語行動である。

　このように説明すれば、私たちがなぜ事柄や活動を善とか悪と言うのか、その理由が明らかになるだろう。しかし、それでも少なくとも2つの未解決の根本的な問題が残る。まず、私たちは、正しいとか間違っているといったことについて強い感情を抱く。これは、ルイスが品行正しい行動についてのルール（rule of descent behavior）と呼んだものについての感情である。何か良いことをすると、私たちは良く感じる。何か悪いことをすると、悪く感じる。私たちが良い事柄、悪い事柄と語るのは、それらについてそのように感じるからであると言われる場合が多い。感情は、私たちが良いとか悪いとか言っている事柄とどのように関連しているのだろうか。

　なるほど、私たちの社会では、良い活動、悪い活動というのは、強化される活動、弱化される活動であったとしても、なぜ私たちの社会は、このような特

定の活動を強化したり弱化したりするのが通例となっているのだろう。それを説明しなければならない。これが２番目の問題である。良い活動や悪い活動について、社会という集団に強化や弱化を行わせるものは何だろう。これこそが、ルイスが提起した問題であり、彼は、この問題を神に訴えて回答した。行動分析家は、今日、一般的にスキナー（1971, 1981）の先例に倣い、進化論に訴えて回答する。これを本章の次のところで見ていくことにする。まず、感情の役割についての問題を取り上げ、それから進化の役割に目を転ずる。

■ 感　情

　スキナー（1971）は、私たちが行うことと、私たちが行うべきことの違いについて、事実と、事実について私たちが感じる方法との違いを例にしながら論じている。人は、この違いを容易に受け入れるけれど、スキナーは、行動分析家にとって、活動と、活動について私たちが感じることは、どちらも説明されなければならない事実であると指摘した。「事実について人はどのように感じるのか、あるいは、何かを感じるということは何を意味するのか、それは、行動の科学が答えを出すべき問題である。事実というのは、事実について人が感じるものと明らかに異なる。しかし、事実について人が感じるものも事実なのである」（p. 103）。もしギデオンが堪忍袋の緒が切れてショーナを怒鳴り、後になってそのことについて嫌な気持ちを感じる場合、行動分析家は、ギデオンの怒鳴るという行動だけでなく、彼が嫌な気持ちを感じるということについても説明する必要がある。

　ギデオンの怒鳴るという行動も、嫌な気持ちになるという感情も、どちらも活動である。彼が感じている嫌な気持ちには、うなだれるとか、どれほど嫌と感じているかについての彼の語りが含まれる。気分が良いとか悪いとかいった感情をそのように報告するのは、自己知識の例である（第６章）。この報告を理解するには、人の強化歴と弱化歴を調べる必要がある。誰かを怒鳴ったときに嫌な気持ちに誰もが必ずしもなるわけではない。それなのに、なぜギデオンはそのようになるのだろう。おそらく、怒鳴るという彼の行動は、親や教師、さらに友人たちから長年にわたって頻繁に弱化された可能性が高い。その結果、彼が不正な振る舞いをすると、みじめになって、不安や恥や罪悪感といった感

情を報告するようになったのである。

　スキナーは、そのような報告は、身体状態の弁別制御を受けた言語行動であると主張した。この身体状態は、気分が害された状況で、心拍や呼吸、胃や汗腺の変化が記録されるときのように、少なくとも部分的には公的である。公的であれ私的であれ、それらは弁別刺激として機能する。この弁別刺激と外的な状況（怒鳴りやショーナの傷ついた表情）がともに嫌な恥ずかしい罪の意識の感情を報告する機会となるのである。良い気持ちであるという報告は、過去に行動が強化された状況と似た状況において起こる。ナオミがある科目でＡの成績をとったとき、彼女は良い気分だと報告する。その報告は「喜び」「恍惚」とも言われるような身体状況から生じるのである。

　しかし、そのような報告の弁別刺激となっている状況をなぜ良いとか悪いと言うのか、その理由についてそのような報告は説明していない。むしろ、感情についての報告、さらに良いとか悪いといった発話は、同じ起源から生じる。それは履歴である。感情や価値判断は、強化の履歴と弱化の履歴の２つが同時並行したことに由来する。スキナーは、身体的状態をレスポンデント条件づけによるものとした。それらの身体的状態は、系統発生的に重要な事象（第４章を参照のこと）である強化子や弱化子が、過去の人生で起こっていた状況に対する生理的な反応である。それらの身体的状態は、強化子と弱化子を制御するオペラント関係の副産物として生起する。すなわち、それらの身体的状態は、良いとか悪いと言われる行動を形成する（促す、あるいは妨げる）関係の副産物として起こるのである。良いとか悪いという発話は、次の２つのオペラント関係が同時に起こることで進行する。ひとつの関係では、強化子と強化される行動が存在するところで**良い**と語れば強化される。もうひとつの関係では、弱化子と弱化される行動が存在するところで**悪い**と語れば強化される。ギデオンは、ショーナを怒鳴って、自分が何か悪いことをしたと言い、また嫌な感じがするとも言う。しかし、彼は、一方を行ったという理由で他方を行ったということではない。この２つの言語行為は、２つとも重なり合ってはいるが、異なる強化履歴によって進行する。

　良いとか悪いという感情を必ずしも経験しなくても、良いとか悪いといったことについて人が語ることができる理由は、それらの強化履歴間の違いで説明できる。正しいとか間違っているという議論に熱中する場合が多いが、落ち着

いて話を進めることはできる。保険について何か特別な感情を抱かなくても、私は自分が保険に入る正当な資格があると言えると思う。

　感情は別にして価値について発言するという履歴によって、私たちは、「〜する義務がある」「〜すべきである」といった言葉がなぜ使われるのか、その理由を理解することができる。このような言葉を含む発言は、第8章で取り上げたルールである（すなわち、言語弁別刺激である）。ナオミがザックに「銀行に行くには、角を左に曲がるべきです」と言えば、ナオミは、「あなたが左に曲がれば、その行為は、銀行にたどり着くということで強化されるだろう」とまさに言っているようなものである。「〜すべきである」という言葉は、ザックにとって、自分の行動が強化される可能性があるということの手がかりになっている。ルールは、それが社会的強化を指摘している場合、価値判断と呼ばれるのが普通である。社会的強化では、強化子が他者によって提示される。スキナー（1971）は、「君は本当のことを語るべきだ（語る義務がある）」といった発言は、それが強化関係を指摘している点で価値判断であると主張した。「君は本当のことを語るべきだ」という発言は、「もし他の人の承認があなたにとって強化的であるなら、あなたが本当のことを語ることは強化されるだろう」といった言い方に翻訳することができる。スキナーは「そのような言い方は、倫理的（ethics）あるいは道徳的（moral）判断である。なぜなら、エートス（他の時代や社会と明確に区別される、その時代、その社会に特有な価値・信念・行動様式）やモーレス（歴史的慣習）は、ある集団の慣習となっている実践のことを言うからである」（pp. 112-13）と論評した。第8章の用語で言えば、スキナーが主張していることは、価値判断は、本来社会的である究極的強化を指摘したルールであり、話し手と聞き手が所属する集団の「慣習となっている実践」によって生じたものである、ということである。もし聞き手の行動が集団の実践に従っているなら、聞き手はその集団に所属することで、承認だけでなく、資源、さらに生殖のための機会といった利益を得る。第13章で論じる文化的実践と以下で論じる道徳を議論するには、再び進化論を再検討する必要がある。

■ 進化論と価値

　私たちの議論は、基本的な疑問、あるいはルイスが言いそうな「真の疑問」に今までのところ答えてはいない。良い事柄が強化子で、良い活動は強化される活動、そして悪い事柄は弱化子で、悪い活動は弱化される活動であるなら、何によって、強化子は強化的となり、弱化子は弱化的になるのだろう。

　第4章では、部分的ではあったが、その解答について概略説明した。それは適応度（fitness）である。食べ物がそれを剥奪された有機体にとって強化子となるのは、集団において、その遺伝子型ゆえに、食べ物が強化子となるべく組織化されたタイプは、そのように組織化されていない他のタイプと比較してより多くの繁殖を行うからである。痛みが弱化子となるのは、痛みをもたらす身体的危害が弱化子となるべく組織化されたタイプは、そのように組織化されていない他のタイプと比較してより多くの繁殖を行うからである。時々、遺伝子異常によって、痛みをもたらす刺激によって弱化される可能性がない状態で生まれる人がいる。そのような人は、何度も怪我をして、介護者が絶えず見守ることがなければ子ども時代を生き延びることはできない。同様の問題は、保護や性、激しい暑さや寒さ、吐き気といった、他の個人的な強化子や弱化子に欠陥がある人についても起こる。

　人という種は社会的である。そのため、私たちの遺伝子の適応度は、お互いに向けられる私たちの行動と関連している場合が多い。集団で生活することの利益は、私たちが互いに敏感になったり互いに依存したりするようになるメカニズムの犠牲の上にはじめてもたらされ得る。仲間の承認だけでなく、仲間の幸福も私たちにとってかなり重要な場合が多い。赤ちゃんの泣き声だけでなく、見知らぬ人ですら苦しんでいるしぐさは、私たちにとって嫌悪的であるのが普通である。他のいかなる個人的な利益は別として、他者に向かって利他的に行動することが強化子として機能することを示す実験がいくつかある。私たちは、短期的な個人の利益を犠牲に供して、集団のより大きな利益を求める場合が多い。そして、長い目で見れば、それは自分たち自身のより大きな利益となるのである。

　より正確に言えば、長い目で見たときの利益が大きければ大きいほど、遺伝子の利益はより大きくなる。進化生物学者のリチャード・ドーキンス（1989）は、

有機体は「生存機械（survival machine）」であるという言い方で、その立場を鮮明にしている。生存機械は、有機体の身体をどのように組織化するかということを遺伝子に一切任せるという「賭け（gamble）」をしている、と彼は言っている。

> 複雑な世界の中で予測をすることは、危険な仕事である。ひとつの生存機械が行う決定はすべて賭けである。そして、その決定は遺伝子が行っている。遺伝子は、脳をあらかじめプログラムして、遺伝子が行う決定が、概して、うまくいくようにする。進化というカジノで使われる通貨は生存である。厳密に言えば、遺伝子の生存である。しかし、それは、多くの目的で、大まかにみて個体の生存と言っていいだろう。水を飲もうとして水たまりのところに降りると、水たまりの近くに潜んでいる捕食者の餌食になる危険性は高まる。水たまりのところに降りなければ、渇して死んでしまうだろう。どちらをとっても危険は存在する。そうであれば、自分の遺伝子が長期にわたって生存する可能性を最大限にするような決定をしなければならない……。何らかの勝算を考えなければならない。しかし、もちろん、動物が意識的にそのような計算をするなどと考える必要はない。遺伝子は、正しい賭けをするような脳を作る。その結果、そのような遺伝子を持つ個体の生存可能性はより高くなり、したがって、その個体の遺伝子と同じ遺伝子が伝達される可能性は高くなる。私たちは、ただそれだけを考えればよい（pp. 55-6）。

ここで言われている「賭け（gamble）」と「決定（decision）」は、行動のことであり、私たちヒトという種においては、それらは学習された行動であるのが普通である。遺伝子の見方からすれば、学習も、なおさらのこと「賭け」となるだろう。なぜなら遺伝子は、有機体に正しく行動させることなどほとんどできないからである。環境と関わるための何らかの制御を放棄すれば、生存可能性は高まるかもしれない。もしそうであれば、これを可能にする遺伝子の数は増えるだろう。しかし、遺伝子が一般的に有機体を良きギャンブラーにする傾向があるなら、学習可能な活動に制限を加え、行動を制御できる環境の側面にも制限を加える遺伝子が選択される。このようにして、遺伝子によって学習は制約される。ただし、ごく限られた範囲内でのことである。遺伝子が制御を保つひとつの方法は、良いとか悪いということになる事柄、あるいは強化子や

弱化子を設定することである。ドーキンス（1989）は、オペラント学習について次のように記している。

> どちらかといえば予測不可能な環境で予測するという問題を遺伝子が解決するためのひとつの方法は、学習能力を組み込むという方法である。ここでこのプログラムは、生存機械に次のような形で指示するのかもしれない。「これは報酬として定義されるもののリストである。口の中の甘い味、オルガスムス、適度な温度、微笑む子ども。これは不快なもののリストである。さまざまな種類の痛み、吐き気、空腹、泣き叫ぶ子ども。何かを行った後、このリストの中の不快なものがたまたま続いて起こったなら、それを繰り返してはならない。しかし一方で、良いもののリストの中のひとつが続いて起こったなら、それはどんなものでも繰り返せ」。このようなプログラミングの利点は、それによって、もともとのプログラムの中に組み込まなければならない細部にわたるルールの数を大幅に削減することができるということである。そして、それによって、詳細に予測することができなかった環境の変化に対処することもできる（p. 57）。

強化子や弱化子を定義してオペラント学習のための手段を提供する遺伝子は、不確実な環境の中で生き延びる私たちのような種において選択されるだろう。同様に、強化子と弱化子は、良いものや悪いものを定義する。たとえその賭けがうまくいかなくても、そして行動が適応度を向上させなかったり、適応度を低めたりするようなことになったとしても、そうである。ドーキンスは続ける。

> ここであげた例で言えば、口の中の甘い味やオルガスムスは、砂糖を食べて性交すれば遺伝子の生存に有利である可能性があるという意味で「良い」ものになるはずである。遺伝子はそのように予測している。この例に従えば、サッカリンやマスターベーションという可能性を未然に防ぐというようなことはないし、砂糖が異常なほど多く存在する私たちの環境で、砂糖を摂り過ぎるという危険性もない（p. 57）。

この最後の部分は強調に値する。私たちの環境に砂糖が「異常なほど多く存在する」のは、私たちの環境が変わったからである。甘い味を強化子とする遺

伝子が選択された環境は、もはや私たちの環境にはない。文化が変わったせいで砂糖は今やふんだんにある。文化は、進化の変化と比べて非常に急速に変化した。そのため、遺伝子プールの転換は、文化の変化に追いつくことができない。しかし、文化は変化し続けている。そして今や、多くの砂糖を摂取することは悪いことになり、食べ物に気を付けることは良いことになってしまった。しかし、このような良いこと悪いことといったラベルは、単に個体にとどまって関係することではない。なぜなら、これらのラベルは、強化や弱化に対する集団の実践によって決まるからである。すなわち、集団が強化や弱化をどのように扱うかによってラベルが決まるからである。文化と文化の変化については、第13章で再び論じることにする。

◎ 利他的行為

　進化論と行動分析学の両方によれば、長期的な利益が保証されない状態での自己犠牲という意味の真の利他的行為（altruism）は起こり得ない。進化生物学者は、利他的行為は、ほとんどの場合、血縁者に向けられることが多いと指摘する。血縁者のための自己犠牲が選択され得るのは、血縁者も利他的行動をもたらす遺伝子を共有しているからである。利他的行為をする者が、たとえ個人的には大損をしても、遺伝子は血縁者の利益によって増加する可能性がある。生物学者は、さらに、自己犠牲は見知らぬ人にまで拡大すると主張する。ただし、それは見返りが期待される場合に限る。例えば、集団に所属してその利益を受けるためには、その代償として自分を犠牲にしなければならないようなときである。人は、まったく無関係の者よりも、自分が属する倶楽部や隣人、あるいは、自分たちと同じ人種の者を支援する可能性が非常に高い。

　行動分析家は、これをさらに一歩進めて、利他的行動は強化に依存すると主張する。例えばスキナー（1971）は、他者の利益のための振る舞いは、社会的な強化によるものであると考えた。スキナーは、ある人の行動が強化されるように他者がアレンジするとき、影響を受けたその人は「『他者の利益のために』行動していると言われるだろう」と主張した（pp. 108-9）。利他的行為の受け手は、その行為者と比べて即座に利益を受けるかもしれない。しかし、利他的行為を行った者も最終的には利益を受ける。人が他者に対して利他的に行動するのは2つの状況においてである。（1）第11章で述べたように、他者と関わ

ることで、その他者が最終的にお返しをしてくれるようなとき、あるいは（2）何らかの第三者が利他的な行為を強化するようなアレンジをしたとき、である。ベビーシッターは、他人の子どものために自分の時間と労力を犠牲にする。時には、怪我をするという危険がある。しかし、最終的には子どもの親から金銭や承認といった報酬を受ける。政府は、税金を支払うという犠牲を国民に求める。しかし、税金を支払うという行動は、最終的には、学校に行ける、ゴミを処理してくれるといったサービスを受けることで強化される（もちろん、税金を支払えば、罰金を科せられたり、刑務所に入れられたりといった弱化を受けずに済む）。

　利他的行為がなぜ起こるのか、その理由は長期的な強化を考えれば理解できる。しかし、利他的行為がなぜ起こりにくいのかということも、その強化が遅延されるという理由で理解できる。第9章（図9.2）と第11章の用語で言えば、利己的行動は衝動的で、利他的行為は自己制御になっているのが普通である。人がしばしば利己的に行動するのは、利己的行動の強化が比較的即時的であるからである。この世界では多くの不正がある。人は嘘をつき、いんちきをする。盗みもするし、殺人もする。それはそのような行動が短期的に利益をもたらすからである。

　「社会化（socialization）」と呼んでいるもののほとんどは、親切や寛大といった行動を強化する長期的な結果に行動を接触させる。他人のためになることをしなさいという言語行動はルール（第8章と第11章の意味の）となっている。そのルールによって、人は利己的行動の強化の罠にはまらずに済む。そのような強化の罠は、図11.3に示されていた。図11.3では、コントロールする者は、短期的な利益を得る搾取的な関係と、長期的な利益を得る協力的な関係のどちらかを選択しなければならない。コントロールされる者は、長い目で見てより良い選択を促すようなルール（例えば、約束あるいは脅し）を提供する。第8章と第9章で見たように、そのようなルールは、承認のような比較的短期的な社会的強化子によって裏付けられるのが普通である。不正がなくならないのは、ルールや社会的強化が無効であったり、それらが人の環境にまったく存在しなかったりするからである。しかしながら、人が正しく行動する限りでは、社会的な訓練は機能する。

　自己の利益に関わらない利他的行動は明らかに存在しない。利他的行動も究

極的には遺伝子の影響や強化歴、あるいはほとんどの場合、その両方にたどることができるからである。人は、普通、同胞や親族のためになることを行う。それは、彼らがこのような血縁者と遺伝子を共有しているからでもあるし、そのように行動することを教えられるからでもある。つまり、血縁者に「親切に」振る舞うと、その行為は親や他の家族の成員によって強化される。

利他的行動は強化されるので、「良い」行為と言われる。苦しんでいる人を救うことは良いことであると教会は会衆に教える。この言語行動は、慈善行為が教会での承認や地位によって強化される可能性を指摘する。ある行為を**良い**と呼ぶ言語弁別刺激や、そのような活動の名前と「～**すべきである**」「～**する義務がある**」という言葉の対は、第8章の意味のルールとなる。長い目で見れば、話し手と聞き手の両者の行動は強化されるので、良い行動は、人間関係という文脈においてルール支配行動となっているのが普通である。

「なぜ宇宙は存在するのか」といった究極的な疑問に科学は答えることはできないというルイス（1960）の主張は正しい。しかし、何が正しく何が間違っているのか、また、人は何をなすべきかといった疑問に、科学は何も語れないという彼の主張は間違っている。宇宙がアレンジされ、社会が今あるような社会になった理由を語れる科学者はいなくても、行動分析家なら、正しい、間違い、そして、すべきであるといった慣例（すなわち言語行動）を説明することはできる。すなわち行動分析家は、人間性の法則を、遺伝子の効果とオペラント学習の成果として説明することができる。

◎ 道　徳

「なぜおまえがはじめにつっこまなければならないのだ」「君のオレンジ1切れを私にくれたまえ。君には私のものをあげる」といった口論好きの発言が、過去の強化に由来する言語行動であるなら、同じことは道徳的判断や禁止命令にも当てはまる。「汝盗むなかれ」という戒律は、盗むということは悪いことであると言っているのに等しいのであって、第8章の意味のルールである。それは、盗むという活動は、私たちの社会では弱化される可能性のある活動であるという慣習上の弱化を指摘する言語弁別刺激である。それは、弁別刺激として、盗むという行動の可能性を低減する。同じことは、他の9つの戒律にも言えることである。

そのような発言を戒律とか禁止命令と呼ぶことは、忠告のような他のルールと異なる。親が子どもに嘘をつかないようにと忠告するとき、そこで伝えられている弱化は本来個人に関する弱化である。嘘をつくと私たちの社会によって弱化されるだけでなく、親もそれを認めない。しかし、道徳（morals）と呼ばれる言語弁別刺激は、集団の実践に由来する、より一般的な強化や弱化だけを指摘する。

第8章で論じたルールについての私たちの議論によって、私たちは、これらの一般的な社会的強化関係を、近接的な関係としてとらえるようになった。そして、ルールがなぜ存在するのか、それを説明する究極的な結果が何であるのか、をさらに探し求めることになった。そこで明らかになったことは（図8.2）、私たちは適応度にもたらされる効果（第8章ではHRRR）を探し求めているということである。盗みは、どちらかといえば、究極的に個人の適応度を下げるのだろうか。この疑問への最良の解答は、道徳的な戒律を含む文化的実践がどこから生ずるのか、それについてのより一般的な議論に求められる。

◎ 豊かな暮らし

価値についての議論は、究極的な善とは何かという問題に目を向けなければ、完全ではない。集団の実践や善悪についての言語行動は、究極的な目標に向けられているのだろうか。多くの哲学者や経済学者、そして他の社会科学者たちは、人間社会は何かしら理想的な状態にそもそもなれるのかどうか、そのような究極的な良い人生とはどのような人生なのかについて、訝しく思っている。私たちは、何らかの目標に向かって、理想的ではないにしても、少なくとも最良と思えるような何らかの社会的取り決めに向かって努力していくことができるのだろうか。プラトンは、哲人王[7]による君主政治を提案した。経済学者のジェレミー・ベンサムは、「最大多数の最大幸福」という経済的取り決めを提案した。

そのような究極的な最終状態を仮定する論考は、**ユートピア的**（*utopian*）としばしば呼ばれる。これは、トマス・モアの著書『ユートピア』（想像上の国、実在しない場所という意味のギリシャ語 nowhere）に倣って語られる言葉である。行動分析家は、何か新たなユートピアについて考えているのだろうか。第14章で、この疑問に対するきちんとした解答をするつもりだが、ここでは

---
[7] 訳注：プラトンの著作に描かれた理想的統治者。

簡単な解答にとどめる。

　行動分析家は、社会がどの方向に進んでいくのかを特定できない。それは、進化生物学者が、進化が最終的にどの時点で終わるのかを予測できないのと同じである。スキナーが著した小説『ウォールデン・ツー』（原題：*Walden Two*, 1976）は、しばしば理想郷（ユートピア）について記された本であると言われる。しかしスキナーは、いつもそのような言い方のどれをも否定した。彼にとって、その本の中で記されている想像上の共同体は、目標というよりは方法を示しているからである。

　行動分析家は、何かしら理想的な最終状態を明確にすることはできない。しかし、彼らは、変化のための方法、変化によって社会が正しい方向に進むかどうかそれを決める方法を提供できる。例えば、民主主義は望ましい営みであるということがわかっている。なぜなら、民主主義によって、多くの人が、これまで行われた営みよりも、そして、現存する独裁政権と比べてみても、より多くの満足を得ているからである。しかし、知ってのとおり、民主主義は統治制度の最終的な語になり得ないかもしれない。アメリカの選挙で投票する人の割合は話にならないほど低い。教育を受けていない人、失業している人、ホームレスの人があまりにも多い。参加を高めるように変えることができるのだろうか。強制的な搾取的なアレンジメントからより公平なアレンジメントに移行できるのだろうか。私たちの行政組織の欠陥をなくす方法を探してみると、行動分析家は、強化関係を慎重に変えていくことを提案できる。この変化は、実験に基づいてなされるべきであり、社会的満足を高めることができるかどうかを評価することができるものでなければならない。社会的な実験と評価といったこのような考えについては、第14章で取り上げることにする。

要　約

　行動分析家は、良いとか悪いとか、あるいは、正しいとか間違っていると言われる事柄や活動について、人が行ったり語ったりすることに目を向けることで、価値についての問題にアプローチする。道徳的相対主義は、良いとか悪いという語りは、文化によって適宜変わるものであり、厳密に言えば、社会的な慣例として起こるものであるという考えである。この道徳的相対主義は、宗教

的思想家や行動分析家には受け入れられない。その代わり、両者は、普遍的な基準、すべての人が共通して共有する何らかの原理があると考える。宗教家のルイスC. S. は、たとえ守られないようなことがよくあっても、すべての人はどのように私たちが行動すべきかということについてのルールを理解しているように思えると主張した。行動分析家も、利他性や互恵性（reciprocity）といった形で示される親切な行動についてのそのような普遍的な行動様式を認める。しかし起源の問題について、ルイスは、行動分析家と袂を分かつ。宗教的思想家たちは、正誤の基準を神に由来するものと見る。それに対して、スキナーのような行動分析家たちは、そのような基準は、進化の歴史に由来するものと見る。

　良いこと悪いことについてのスキナーの経験則は、良いと呼ばれる事柄は正の強化子であり、悪いと呼ばれる事柄は弱化子である、そして良いと呼ばれる活動は強化され、悪いと呼ばれる活動は弱化される、というものである。無条件性強化子と無条件性弱化子、そして、それらに関連した活動は、良いとか悪いとか言われるようになる。それは、この世界と私たちの身体の構成がそのようになっているからである。しかし、多くの事柄や活動は、私たちの社会的環境ゆえに良いとか悪いとか言われるようにもなる。これは、私たちの行動に対する強化や弱化の多くが他者の活動によって起こるからである。他者は、子どもたちが小さいときから、彼らに条件性強化子や条件性弱化子について訓練するだけでなく、弱化の事柄や弱化される活動は悪いことだと教え、強化の事柄や強化される活動は良いことだと教える。子どもたちはそのように教えられて、弱化の事柄や弱化される活動を悪いと言い、強化の事柄や強化される活動は良いと言うようになる。

　ある事柄が良い事柄であるとか悪い事柄であるといったようにラベルを人がつける理由は、その人の強化と弱化の履歴によって説明できる。それだけではない。人がそれらの事柄について良いとか悪いといった感じを抱く理由も、その人の強化と弱化の履歴によって説明できる。人は、自分たちの行動が弱化される状況では嫌な感じがすると言う。すなわち、「感じがする」と呼ばれる生理的出来事は、公的な文脈とともにそのような報告を誘導する弁別刺激として機能する。同じような理由で、人は、自分たちの行動が強化される状況では良い感じがすると言う。そのような感じ、すなわち感情は、良いとか悪いとかいった語りを説明はしない。むしろ、そのような生理的事象や、良いとか悪いと

いった感情についての報告は、これまでの強化や弱化の履歴に由来する。これらの履歴は、良い事柄とか良い活動、さらに悪い事柄や悪い活動と言わせる（すなわち価値判断させる）履歴と対応していたり、部分的に重なっていたりする。価値判断は、「〜すべきである」「〜する義務がある」と言われるときに最も明白になるルールである。そのルールは、社会的な究極的関係を指摘する言語弁別刺激である。すなわち、聞き手が属する集団の実践によって生起し、その集団の他の成員との関係に影響する言語弁別刺激である。

　強化子や弱化子、特に社会的な強化子や弱化子がどこから生じるのかという問題を行動分析家に投げかけると、自然選択という答えが戻る。ある事象を強化的あるいは弱化的にする遺伝子は、そのような遺伝子を伝達する個体の繁殖成功が促されることで選択される。これが、甘い味やオルガスムスが強化子となる理由を説明し、自分と同じ種族の他者を自分が犠牲になっても支援することが強化子となる理由を説明する。子孫や他の血縁者に向けて利他的に振る舞うことが選択されるのは、それによって、利他的行為を誘導する共有遺伝子が促進されるからである。血縁者でない者への利他的行為は、その行為を行う者に長期的な利益がもたらされるかどうかによって決まる。血縁関係にない者が利他的行為を行う者と関係を持ち続けることで最終的にお返しをしてくれる（互恵的に振る舞ってくれる）のであれば、あるいは集団の実践によって、その集団に属する他の成員が究極的強化をきちんとアレンジしてくれるのであれば、血縁者でない者への利他的行為は起こる。どちらでも、利他的行為は、利他的行為を行った者に究極的な利益を提供する（すなわち、利他的行為は強化される）。

　そのような社会的強化関係の文脈では、道徳的ならびに倫理的禁止命令は、究極的な社会的強化や究極的な社会的弱化を指摘する言語弁別刺激（ルール）になる。行動分析家は、より良い社会的強化を明確にし、それを実施するための方法を提供することで、私たちの社会を「豊かな暮らし」へと次第に向けていくことができる。

◆ 参考文献

Dawkins, R. 1989: *The Selfish Gene*, 2nd ed. Oxford: Oxford University Press.　この優れた本は、現代の進化論を読みやすい形で示している。（リチャード・ドーキンス　日高敏隆・

岸由二・羽田節子・垂水雄二（訳）（2006）．利己的な遺伝子　紀伊國屋書店）

Lewis, C. S. 1960: *Mere Christianity*. New York: Macmillan.　この本には、キリスト教と、キリスト教の価値についての小論が集録されている。表題の小論は、科学と宗教を扱っている。（ルイスC. S.　柳生直行（訳）（1977）．キリスト教の精髄　新教出版社）

Midgley, M. 1978: *Beast and Man: The Roots of Human Nature*. New York: New American Library.　この本では、道徳的哲学と進化論の両方の視点から価値が論じられている。

Skinner, B. F. 1971: *Beyond Freedom and Dignity*. New York: Knopf.　この本の第6章では、特に価値の問題が取り上げられている。（スキナー B. F.　山形浩生（訳）（2013）．自由と尊厳を超えて　春風社）

Skinner, B. F. 1976: *Walden Two*. Reprint. New York: Macmillan.　初版は1948年に出版された。これは、実験的な社会についてスキナーが記した小説である。価値と社会的強化についての考察がなされている。（スキナー B. F.　宇津木保（訳）（1983）．ウォールデン・ツー――森の生活　誠信書房）

Skinner, B. F. 1981: Selection by consequences. *Science*, **213**, 501-4. Reprinted in *Upon Further Reflection*. New York: Prentice Hall, 51-63.　スキナーが、オペラント学習と自然選択、そして文化の進化を比較している古典的な論文である。

Weiss, R. F., Buchanan, W., Altstatt, L., and Lombardo, J. P. 1971: Altruism is rewarding. *Science*, **171**, 1262-3.　この論文は、教示がなくても、他者が感じている不快のレベルを低減することが研究に参加した人にとって強化的であるということを示した研究を報告している。

第12章で紹介した用語

互恵性　*Reciprocity*
状況的倫理　*Situational ethics*
道徳的相対主義　*Moral relativism*

ユートピア　*Utopia*
利他性、利他的行為　*Altruism*

第13章 文化の進化

　人間と他の種を区別するものがひとつあるとすれば、それは文化である。ここで文化とは、より良い教育を受けているとか、知的であるとかという意味の文化ではない。集団をなす人々によって共有されていたり、その人たちによって伝達されたりする日常的な慣習という意味の文化である。世界には、非常に多様な文化が存在する。そのため、文化を研究していた文化人類学者は、人間の文化を、その主な特徴によって単に分類したり目録を作ったりすることに集中した時期があった。文化の多様性を説明するための科学的な方法がわからなかったからである。その状況は、1970年代になって変わった。心理学者や進化生物学者が、行動についての彼らの説明を拡大して、文化をも説明の対象にしたからである。

　これらの説明は行動に焦点を絞っていたので、生物学者と心理学者の影響を受けた結果のひとつとして、文化を行動の観点から再定義することになった。1970年代以前は、ほとんどの文化人類学者は、1組の共有価値や共有信念といった抽象概念（心理主義的概念）の観点から文化を定義していた。注目すべきひとつの例外は、マービン・ハリスであった。彼は、共有された慣習（行動）という観点からより具体的に文化を定義した。スキナー（1971）は、ハリスと同じように、文化を具体的に定義した。スキナーは、ある集団の人々が共有する言語的ならびに非言語的実践（practice）を文化とした。

　慣習（custom）は、世界各地で多様であるばかりでなく、どの集団でも、同じ集団内で時間とともに劇的に変化する可能性がある。現在のアメリカ人が植民地時代にタイムスリップしたら、当時の開拓者と話すことに困難を感じるだろう。話されている英語が、過去300年の間にかなり変わったからである。服装、社会的行動、結婚、セックス、所有物について誤解が生じるだろう。例えば、歴史家のゾンマービルC. J.（1982）によれば、幼児期（childhood）と

いう言葉は、比較的最近になって考案され、16世紀に端を発する。子どもの誕生日が毎年祝われるようになったのは17世紀になってからのことである。

　進化の理論では、形態の多様性を説明する問題は、変化を説明する問題と同じである。多様な新しい形態は、先祖の形態が変化したものだからである。例えば、生物の進化の理論では、熊の祖先の集団があり、そのうちの何頭かが北へ北へと移動し、そして選択の結果、それらはより大きくなり、最終的に白くなり、今日私たちが見るような異なる種になったと考えられている。

　同様に、文化の多様性を説明する問題は、文化の変化を説明する問題と同じである。文化の進化についての理論では、分裂して2つに分かれた集団によって受け継がれる祖先の文化が考えられている。祖先の慣習が修正されて新たな慣習が生じる。その結果、2つの集団の文化は、互いに似ても似つかないようなものになる。ここで比較ができるかもしれない。すなわち、文化の進化は、生物の進化と同じような理論で説明され得るのだろうか。つまり、文化の進化は、変異にはたらく選択の結果として起こるのだろうか。

　前のいくつかの章で述べたように、その説明の詳細は比較的重要ではない。間違いであるとわかるものもあるかもしれない。そして、文化の説明は、新しい考えが起こると変わるだろう。私たちの目標は、ただ行動的な説明が可能であるということを示すこと、そして、その説明はもっともらしいと思えるほど十分に複雑であるということを示すことだけである。

生物の進化と文化

　遺伝子のプールの変化である生物の進化と、集団の社会的行動の変化である文化の進化を比較するために、私たちはかなり一般的な用語で選択について考える必要がある。それは、自然選択とオペラント学習を比較した第4章で行った方法である。それら2つと同様に、文化の進化も、変異、伝達、そして選択の結果と見ることができる。しかし、文化の進化は、他の2つを考慮しないで理解することはできない。なぜなら、文化に関わる行動はオペラント行動であり、その行動の獲得は、自然選択に由来する遺伝的基盤に依存するからである。

■ 自己複製子と適応度

　選択の単位は何だろう。変異して、伝達され、そして選択されるものは何だろう。自然選択とオペラント学習の場合、遺伝子、対立遺伝子（allele）、そしてオペラント行動の変異を単に語ることで、この問題を回避できた。文化の進化の場合、選択の単位は、それほど明確ではないし、より議論の多いところである。なぜなら、文化を行動と選択という観点から語ることは、従来の説明に逆らうことになるからである。ひとまとまりの文化を構成し、選択の過程に取り込まれる文化の部分とは何だろう。

　そのような疑問に答えるために、リチャード・ドーキンスのような進化生物学者は、自己複製子（replicator）という概念を発展させた。これは、存在するとすぐに、それ自体をコピーするものである（DNAでさえ、それ自体をコピーするとは言えない。なぜならDNAは、その原型をコピーする化学的過程に取り込まれるにすぎないからである）。ドーキンスは、自己複製子と言えるものは三種類の安定性がなければならないと説明する。三種類の安定性は、（1）寿命（longevity）、（2）生殖能力（fecundity）、（3）コピーの忠実度（coping fidelity）である。生殖には時間がかかる。寿命があれば、自己複製子は確実に長く存続し、生殖は十分にできる。ドーキンスは、有機体が出現する前の始原の「スープ」の中にひとつの遺伝子、すなわちDNAが1個あったと想像する。その微粒子、あるいは微粒子の一部は、それがコピーされるには化学的に十分に長く安定していなければならないだろう。それが長く存続すればするほど、コピーの可能性は増す。有機体が出現した後、遺伝子のプールにある遺伝子は、化学的に安定する傾向があっても、放射線によって変化を受ける可能性はあるし、細胞分裂の間、特に重要なのは配偶子の形成中（減数分裂のとき）に、ばらばらになる可能性がある。なぜなら配偶子は子孫に伝達されるコピーを運搬するからである。生殖能力とは、コピーを頻繁に行う傾向のことである。2つの対抗する自己複製子（対立遺伝子）のうちより多くコピーされる自己複製子は、遺伝子のプールの中でより多くなる。コピーの忠実度とは、正確さのことである。不正確なコピーによって、親の良いところは失われる傾向がある。コピーをうまく行う自己複製子のコピーは、その自己複製子にかなり類似する。似ていれば似ているほど、ますます良い。

これら３つの要件を満たすには、小さな単位の方が有利である。なぜなら小さなDNA片は、損傷や崩壊を受けにくく、コピーの早さもより速く、そしてエラーを起こす可能性も少ないからである。このような考えを相殺するものが何もなければ、自己複製子は、常にいつでも最小のものになるだろう。しかし、安定性の要件は、より大きな単位を有利とする他の考えによって相殺される。
　より大きな自己複製子の促進要因は、**有効性**（*efficacy*）という言葉で要約できるかもしれない。大きな単位は、それが置かれている表現型（有機体）に大きな効果を持つ可能性がある。そこで、大きな単位は、それ自身の将来に大きな効果を持ち得る。ひとつの遺伝子がひとつのタンパク分子全体の生成を制御するなら、例えば、いくつかの化学反応を制御するようになる酵素をひとつの遺伝子が制御するなら、その遺伝子の表現型は、その遺伝子を長く生存させ、頻繁に再生させるような形質を確実に保有するかもしれない。
　小さいことが利点である安定性と、大きいことが利点である有効性との間で、自己複製子の大きさは、中程度でいろいろな大きさになる傾向がある。比較的大きなDNA片が、集団の隅々まで広がるほど十分に安定することもあるし、小さなDNA片が十分に有効であるために選択される場合もある。例えば、小さなDNA片がタンパク分子構造の重要な一部分を制御するなら、そうなるだろう。
　比較的小さな単位が有効性を達成するための特別に良い方法は、「チームワーク」と呼ばれる方法である。ドーキンスは、遺伝子はそれだけで機能することはめったにないと指摘する。選択は、他の遺伝子と協力したり他の遺伝子と呼応したりして作用する遺伝子に有利に働く。ある遺伝子の２つの対立遺伝子をXとX'としよう。２つの対立遺伝子は、すべての点で適応度が一致している。ただしX'は、別な遺伝子Yとともに作用してより素晴らしい表現型を生み出すことができるという点が異なる。X'とYの組み合わせは勢力を伸ばし、おそらくX対立遺伝子の組み合わせを駆逐することになるだろう。遺伝子や形質の群（cluster）は、このように選択される可能性がある。肺、呼吸、皮膚、丈夫な手足や羽、翼、飛翔、そして、木の中での巣作りなどは、そのような群である。ドーキンスは、このようにして有機体が出現したと理論化した。遺伝子が「生存機械」に一括してまとめられると、遺伝子はさらに生き残り、さらに再生される。

■ 社　　会

　遺伝子が集合体において一般的によりよく機能するなら、遺伝子は集合体の集合体になることでさらによりよく機能することもあるだろう。すなわち、生存機械が共に集まって集団を構成する、そのような生存機械を構築することが遺伝子に有利な場合があるだろう。群れをなす魚も、群れをなす鳥もかなり有利である。例えば、そのような集合体になると、それぞれの個体が自活を楽しむ場合と比べて、捕食者から自分たちの身を守ることもよりよくでき、かなり効率よく餌を見つけることもできるだろう。ライオンやハイエナのような捕食者は、集団になることで単独では捕らえることができないような大きな獲物を制圧することができる。他の条件が等しい場合、社会的な生存機械を構築する対立遺伝子の方が、単独の生存機械を構築する対立遺伝子と比べてより良い生存をもたらす傾向があるなら、時間とともに種は集団をなすようになる。

　しかし、社会を作るというのは単なる集合体になることではない。群れは、ある種の限定つきの結び付きであるかもしれない。餌を食べている間、それぞれの個体の行動は、他の個体との距離が密接になるように制限されている。しかし社会においては、個体は、自分の利益のためだけに行動するようなことはしない。オオカミの群れが1頭のヘラジカの跡を追ってそれを殺すとき、彼らは皆、全員に益するような方法で共に行動する。それぞれの個体の行動は目標の達成に必要である。そして、全員が努力しなければ、利益を受ける者は誰もいない。これが協力である（第11章）。

　オオカミにとって、1頭のヘラジカは文字通りの意味で共通目標である。ひとたび殺されれば、ヘラジカはオオカミ集団の成員の間で分配される。もし各々の個体の参加が集団の活動によって受ける利益に依存するなら、それぞれの個体は利益の分配を受けなければならない。だますような傾向は一切抑えられる必要がある。なぜなら、集団がばらばらになったら、それぞれの個体の利益はなくなることになるからである。個体の短期的な利益（だまし）よりも、集団の維持という個体の長期的な利益を優先させる遺伝子が選択されることになる。短期的に見れば他者の利益のために、しかし長い目でみればより大きな利益のためになるように振る舞う傾向を、私たちは利他的行為と呼んでいるのである（第12章）。

利他的行為は社会の証である。ある集団が安定したつながりの中で共に暮らし、互いに利他的に行動する場合、その集団は社会である。アリのコロニーのような社会では、すべての個体が密接に関係しており、利他的行為は、共有の利他的遺伝子への利益によって選択され得る。したがって、近い血縁の間で互恵的である必要はない。しかし、まったく無関係の個体の間では、相互の利益は互恵性に依存する。利他的行為の遺伝子とともに、同じ集団の他の成員を覚えるための遺伝子、借りとつけ（支払い）の責任を取るための遺伝子は、すべてがひとつの群（cluster）として選択される可能性がある。誰が誰なのか、誰が誰に対して何をしたのか、それらを知ることによって、無関係のライオンで構成される集団であっても、彼らは共に団結し、大きな獲物を捕らえ、互いを守り、互いの子孫に食べ物を与えることができる（もちろん、何らかの関係性があるなら、その方がよい）。

　利他的行為だけでなく、他の多くの社会的行動もまた、社会が適応度に有益であるなら、選択される可能性がある。デイビッド・バラシュ（1982）は、マーモットを研究して、単独で生活するウッドチャックと社会的なオリンピック・マーモットの間に際立った違いがあることを発見した。ウッドチャックは低地の肥沃な場所で生活し、そこでの成長期間は比較的長い。それに対して、オリンピック・マーモットは山の高いところで生活し、そこでの成長期間は短く、天候は厳しい。ウッドチャックは、見たところでは比較的温暖な天候の中で自活しているようだ。彼らは、自分たちと同じ種類の他個体を排除して、自分の縄張りを維持する。オスとメスは交尾をするときだけ一緒になり、メスは子どもが離乳するまで子どもを育てる。離乳が過ぎると、彼らは散り散りになる。彼らにとって、社会的に暮らすことの損失はその利益を上回る。オリンピック・マーモットの場合、挨拶の声、成員の認識、警戒声、集団による巣穴の維持、餌の共有、そして協力的防御といった、集団で生活する上で必要な行動が温かな毛とともに選択される。このようにしながら、子は2～3シーズンの成長期間をとおして集団と共にいるのが普通である。これはおそらく、彼らは、この激しい天候の限られた資源によってすぐに成熟することができないからであろう。集団で生活する利益の方がその損失よりも勝っている、そのようにさせている重要な要因はこのゆっくりとした成長かもしれない、そのようにバラシュは考えた。

社会生活を営んでいる者はすべて文化を持っていると言えるのだろうか。アリは？　オリンピック・マーモットはどうなのだろう。アリは驚くべき範囲の適応を示す。彼らは、人以外の動物で戦争を行う唯一の生き物である。集団で争って死に至る。アリの中には、食べ物を栽培する者もいる。彼らは、コロニーに持ち込んだ葉片を使って食用のキノコを育てる。それでも、アリのコロニーに文化があるとは思えないし、それを見つけたいとも思わない。何が足りないのであろう。

■ 文化の定義

足りないものは学習である。文化は集団の学習行動である。文化は、集団への所属関係の結果として獲得される言語的ならびに非言語的オペラント行動からなる。アリもオリンピック・マーモットも、自分たちの社会の他の成員を認識するのであるから、集団への所属関係の結果として学習しているのではないかと言う人がいるかもしれない。アリは自分たちのコロニーに入ってきたよそ者を殺す。それは彼らが異なるにおいを発するからである。よそ者であっても、同じコロニーの化学物質が塗布された者は受け入れられる。オリンピック・マーモットは集団の成員には挨拶をするが、よそ者は追い散らす。このような弁別は学習されたものであるに違いない。なぜなら、アリの場合それぞれのコロニーのにおいは、そのコロニーだけにしかないにおいであって、マーモットの場合それぞれの社会の一員である資格はその社会でしか成り立たないからである。そのような学習は文化の基本と言えなくもない。しかし、それでも、文化と言うにはあまりにも小さ過ぎる。まず、関係する行動は、おそらくオペラント行動ではないだろう。その弁別は、挨拶のディスプレイや挑戦的な攻撃の出現ないし非出現からなる。それらの行動は定型化運動パターンである。関係する学習は、オペラント条件づけというよりは古典的条件づけのようなものにより近いと思われる。つまり、その学習は文脈に完全に依存し、結果にほとんどまったく依存しない。次に、ある個体から他の個体へ行為が伝達されるようなことはないし、教示のようなものは関わらないという点をあげることができる。集団への所属関係の結果としてのオペラント学習は、集団の行動がその集団に属する成員に対して結果をアレンジするという意味を含む。人の親は、自分の

子どもの行動に対して強化をアレンジする。これについては簡単に触れることになるが、まず、いったいなぜ文化が存在するのか、進化の理論がそれをどのように説明しているのか見る必要がある。

◎ **文化と社会**

　文化が出現するには、まず社会が存在しなければならない。なぜなら文化は、社会の所有物だからである。ロバート・ボイドとピーター・リチャーソン(1985)は、文化は、「集団レベルの現象」であると説明している。遺伝子のプールと同じように、集団全体を見てはじめて文化を見ることができる。彼らは、文化の特性のプールと遺伝子のプールを比較した。すべての集団は遺伝子のプールを持っている。しかし、文化の特性のプールを持っているのは、おそらく人間集団だけだろう。

　遺伝子のプールが世代から世代へと伝達されるのと同じように、文化のプールも伝達される。日本あるいは合衆国で育っている子どもは、遺伝子のプールの一部を持っている。そして、その子どもが文化の習慣を学習するにつれて、最終的には、文化のプールの一部を持つことになる。子どもが成人し、文化を他の子どもたちに伝える。そして、死ぬ。したがって、個体は死ぬが、遺伝子のプールも文化のプールも存続する。日本のほとんどの人は箸を使って食べる。それに対して合衆国のほとんどの人はフォークとナイフ、そしてスプーンを使って食べる。しかし、正確に見ると、このように異なる方法で食べる人は世代間で変化する。個体は、遺伝子を伝え、文化の特性も伝える。しかし、遺伝子のプールと文化のプールは個体を超越する。集団レベルでは、生存機械そして行動する有機体としての個体は、事実上、遺伝子のプールと文化のプールが伝達されるための手段でしかない。

　異なる文化の2つの社会が接触したとき、一方の文化が他方の文化と比べて非常に優勢であるために、従属した文化の特性のすべてがなくなるというようなことはめったにない。普通は、2つの文化の要素からなる新たな文化が出来上がる。そうなるのは、それぞれの文化の慣習は受け入れてもらうためにもう一方の文化の慣習と競うからである。一方から勝ち取るものもあれば、他方から勝ち取るものもある。ひとつの文化の慣習が、もう一方の文化の慣習に取って代わる理由は、文化がとにかく存在する理由、すなわち、直接的であれ間接

的であれ、文化は適応度に影響せざるを得ないという理由と関係しているはずである。

◎ **文化と適応度**

　文化に関わるような学習は、遺伝子の見方からすれば、危ない橋を渡る作業である。なぜなら、あらかじめプログラムされている行動によって成長する生存機械は、不適切な行動をする可能性が少ないからである。しかし、平均的に見て、学習する生存機械の方がそうでない生存機械よりも生き残って子どもを残す可能性がより高いのであれば、学習のための遺伝子は、どちらかといえば生き残って増加するだろう。学習がうまくいかないようなときがあっても、長い目でみれば、多くの個体間で、そして多くの世代にわたって学習が役に立つなら、学習の遺伝子は選択されることになる。

　変化する環境、あるいはもっと正確に言えば、住めそうないくつかの環境で、資源と危険があまりにも多過ぎ、そして多様であり過ぎて、たやすく分類することができないような環境を想像してみよう。熱帯でも、砂漠でも、温暖な気候でも、そして北極圏でも生き延びることができるなら、分散の可能性があると考えてみよう。これらのすべての可能性を開くには、どのような資源やどのような危険があるのかを学習する能力、それらを獲得したり、それらを避けたりする方法を学習する能力は不可欠なものであるだろう。人や他の種が学習するのは、学習を助長する遺伝子が危険性を凌ぐ可能性を開くからである。

　同様の考えは、文化の存在を説明する。もし学習することが役に立つなら、自分と同じ種類の他者、すなわち自分と同じ社会の成員から学習することは役に立つかもしれない。すなわち、適応度への平均的利益が学習を促す遺伝子を選択できるなら、適応度への平均的利益は文化のための遺伝子を選択できる。かなり多くのことが学習されなければならないのであれば、あるいは多くの可能性が解決されなければならないのであれば、他者から学習することは有益な近道となるだろう。靴を履いた方がいいのかどうか、どのような靴を履けば最良なのか、それを私たちはどのように知るのだろう。答えを早く見つけるのに、周囲の人たちから学ぶことほど優れた方法があるだろうか。単独生活している人は、その問題に対する適切な解答にたどり着くことはないだろう。文化が伝達されるなら、私たちは車を再び発明する必要はないのである。

靴を履くとか、英語を話すといった文化的に伝達される特性が、生存機械の遺伝子の適応度を高める可能性があるなら、文化の伝達を確実にするという特性を助長する遺伝子は選択されることになる。どのような種類の特性によってその近道が可能になるのだろう。

■ 文化の特性

　学習された行動を、指導とか教示と言われるような方法で集団から個体へ伝達するには、3つの種類の特性が必要である。はじめの2つは、刺激に対する制約と模倣に対する制約であり、集団から個体が学習できるものである。しかし、これらは単に原始的と言えるような文化だけの基礎となっている。このような特性を、**模倣だけの文化**（*imitation-only culture*）と呼ぶことにする。3番目の特性は、社会的な強化である。それが加わると、模倣だけの文化とは異なる**本格的な文化**（*full-brown culture*）となる。社会的強化子によって、人間の文化の重要な要素である教示（instruction）が可能になる。

◎ 刺激に対する制約

　学習が危険であるなら、学習は制約される可能性がある。すなわち、学習は、有機体の構造、特に神経系や感覚器官によって誘導されたり、導かれたりする。これは、他と比べて行動に影響を及ぼす可能性がかなり高い刺激があるということを意味する。食べ物を摂取した後で気分が悪くなると、ラットは気分が悪くなる前に食べた食べ物の味やにおいを避けるようになる。ウズラやハトといった視覚によって食べ物を見つける鳥類は、気分が悪くなる前に食べた食べ物に見た目が似ている食べ物を避ける。人は両方のバイアスを持っているようである。ニューバーグ・ロブスターを食べてから気分が悪くなった人は、後に、そのロブスターのにおいをかいでも、また見たりしても胃がむかついた感じがする。

　バイアスがかかった刺激が同じ種の他の成員によってもたらされるなら、私たちは、その他者から素早く学習する。進化生物学者は、人に加えて多くの生き物がこのような感受性を示すことを指摘する。例えば、ミヤマシトド（white-crowned sparrow）という鳥は、他のミヤマシトドの鳴き声に特別な

感受性を示す。オスのミヤマシトドが成鳥したときに歌を歌えるようになるには、幼いときに成鳥の歌を聞かなければならない。もし幼いオスが実験室で飼育され、鳴き声を一切耳にしなかったり、近縁種であるヌマウタスズメ（march sparrow）の鳴き声だけを耳にしたりした場合、成長したとき、自分の種の典型的な歌には似ても似つかない原始的な歌しか歌えない。正しく歌えるようになるには、ミヤマシトドの歌だけを聞かなければならない。テープに録音されたミヤマシトドの歌はかまわない。そうすれば、ミヤマシトドのオスの鳴き声は、自分が小さなときに聞いた歌に似た歌になる。成体から幼体へのこのような伝達によって、歌の方言ができる。ミヤマシトドの歌は、場所によっていろいろな変異を示す。

　人の言語学習は、ミヤマシトドの歌の学習と同じような方法で制約されているようだ（導かれているようだ）。人の聴覚系は、言語音に特別な感受性を持っているようである。乳児を対象にした実験室での研究によれば、重要な音素を弁別する能力は、生後間もなく現れることがわかっている。他の研究によると、乳児は、人の顔と他のパターンを弁別できることがわかっている。その能力は、言語学習だけでなく、他の多くの社会的な結果に役立つ能力である。

　人間の赤ちゃんは、経験したことが書き込まれるような「白紙状態」では決してない。彼らは、他の人間から提供される重要な刺激の影響を受けられるような世界に誕生する。これらの社会的刺激は、子どもが正常に発達する上で絶対不可欠な刺激である。そのため、保護者から社会的刺激が提供されるときと、乳児がそれらの刺激を受けとるときに、多くの不確実なものを取り除く遺伝子が選択されてきた。親は赤ちゃんに多大な関心を示し、赤ちゃんも親に多大な関心を示す。

　すべてのミヤマシトドは、障害がなければ、ある時期になると歌おうとし始める。それと同じように、人の場合もすべての乳児は数カ月齢になると喃語を発するようになる。ミヤマシトドの歌が発達するには、鳥は自分自身の鳴き声を聞くことができなければならない。同じことは、人の発話にも当てはまるようである。慢性の耳感染の子どもは、異常な発話を発達させる（通常、言語療法によって修正される）。

　刺激に対する特別な感受性と、喃語のような特別な行動傾向は、密接に関連し合っている。特に、適応価（adaptive value）は、他者の行動に対する感受性と、

他者が行うとおりに行動する傾向とが連結することで生じる。言い換えるなら、特別な感受性は、模倣への傾向と相伴う場合が多い。

◎ 模 倣

模倣なくして文化はおそらくあり得ないだろう。変わりやすい環境について学習することが適応度に有利であるなら、模倣も有利であるだろう。模倣は適切な行動を確実に獲得させる上で役立つからである。この議論をより具体的にするために、ボイドとリチャーソン（1985）は、架空の個体群を考えている。それは、干ばつになったり雨が降ったりといったサイクルを繰り返すような、時々変化する環境の中で生活している非文化的な有機体の個体群である。それぞれの世代で、個体は現在の環境でうまくいく行動を自分自身で学習しなければならないと考えてみよう。うまく行動する者もいればそうでない者もいる。彼らは引き続き次のように述べている。

ここで突然変異による架空の「模倣者」遺伝子の進化について考えてみよう。この遺伝子は、この遺伝子を運搬する者に対して、個体の学習を控えさせ、前の世代の個体の行動をコピーさせる遺伝子である。環境が世代間で激しく変化しない限り、これらのモデルとなる個体の平均的行動は、今や適応的な行動に近いものになる。前の世代の個体たちの行動をコピーすることで、模倣者たちは、試行的に学習するコストを避ける。そして、多くのモデルにわたって平均すると、模倣者たちは、模倣しない者たちと比べて今や適応的な行動を獲得する機会に恵まれることになる（p. 15）。

言い換えるなら、模倣する個体は、現在の環境の中で生存と繁殖をもたらすような方法で行動する機会に恵まれることになる。その結果、模倣者遺伝子は、遺伝子のプールの中でその数を増すことになる。

この論理の道筋をたどると、模倣は多様な種で起こる。その多くは私たちが非文化的と考えるものである。エプスタイン（1984）は、訓練を受けていないハトを、別のハトがピンポンボールをつついて強化子である餌を受け取っているところを観察できる装置の中に入れた。すると、そのハトは、自分のそばにあるピンポンボールをすぐにつつき始め、訓練されたハトを取り除いた後でも

そのボールをなおもつつくことがわかった。そのハトは、しばらくすると、つつくことを止めるのは間違いないだろう。しかし、つつけば餌が出るように装置を設定すれば、そのハトのつつき反応は、強化され、誘導された行動からオペラント行動へと変わるだろう。しかし、模倣によってハトの群れ全体がピンポンボールをつつくことを学習したとしても、ハトは極めて原始的な文化を持ったとは言えるかもしれないが、ハトが本格的な文化（full-blown culture）を持ったとはどうしても言いにくい。

同じことは、サツマイモを砂浜の海岸で洗うことを学習したサルの群れにも当てはまる。研究者たちがサツマイモを与えたところ、1頭のサルが単独でサツマイモを洗い始めたのが観察された。数頭のサルがそれに倣い、さらに他のサルも真似をした。この特性の広がりは、おそらく模倣と強化によるものと思われるが、文化ではあるが原始的な文化のひとつと見なすことができる。ただしイモ洗いと他にこの群れに特有ないくつかの特性に限られた原始的な文化である（ヒト以外の動物の社会的学習の概要については、グッドイナフ他[1993, pp. 138-40]を参照のこと）。

模倣だけで伝達されるそのような特性のプールを、**模倣だけの文化**（*imitation-only culture*）と呼ぶ。これは、かなり人の文化と共通するところはあるが、重要な要素、すなわち教示、指導、あるいは訓練が欠けている。模倣だけの文化では、集団の他の成員の行動は、他個体の行動を誘導する刺激、あるいは文脈としてしか機能しない。模倣される行動（イモ洗い行動）の結果は、それを行う個体の環境の非社会的側面（イモにくっついている砂）から生じたものである。しかし、教示の場合は二個体の間に関係があるということになる（第11章）。学習者の行動は指導者によってアレンジされ、少なくともいくつかの強化子（賞賛や承認）が指導者によって提供されるのが普通である。そのような社会的強化関係によって、人の文化は模倣だけの文化の可能性をはるかに凌ぐものになる。

教示が文化にもたらす効果については、後で議論することにしよう。まずは、強力な社会的強化子を選択することで、教示に対する遺伝的基盤を提供したと考えられる進化の方法に目を向けることにする。

◎ 社会的強化子

　子どもが人の文化の中で成長するために学習しなければならない行動のすべてを学習することは、大人からの絶えざる反応形成がなければおそらく不可能であろう。さらなるスキルとより繊細な弁別を学習することが有利であるなら、そのような行動の獲得を促す遺伝子は選択される。

　第4章と第12章で私たちは、ある重要な事象（食べ物、配偶者になるかもしれない他個体、避難場所）を強化子にする遺伝子や、ある事象（痛み、病い、捕食者）を弱化子にする遺伝子が、オペラント学習によって適応度が高められるあらゆる種において選択される可能性を論じた。この考えを広げれば、微妙な社会的手がかりが、どのようにして強力な強化子になったり、文化の基盤として機能したりするのかという問題を説明できる。例えば、第12章で、ドーキンスが、強化子のリストの中に**微笑む子ども**、弱化子のリストの中に**泣き叫ぶ子ども**を含めていることがわかった。ほとんどの親にとって、微笑んでいる子どもの光景は強力な強化子である。彼らは、その光景が行動を誘導する刺激（無条件刺激ないし解発子、第4章を参照）であると認めるだろう。泣き叫ぶ子どもの泣き声は、私たちが容認する他の音と比べると静かな方であるが、私たちが経験する音の中で最も嫌悪的な音のひとつである。そして親は、子どものところに駆け寄り、お乳を与えたり、おむつを換えたり、子どもを泣き止ませるのに必要なことは何でもする。子どもの微笑みや泣き声が、なぜそれほど強力に親の行動に影響しなくてはならないのか、ひとりひとりの親の健康や生存を考えても説明はできない。しかし、子どもの世話をするということは、遺伝子の生存と大いに関係がある。そして、そのような効果に対する傾向を含んだ遺伝子パッケージはかなり繁栄するかもしれない。子どもの微笑みや泣き声は、遺伝子が親の養育行動を誘導し、強化する手段である。

　もし子どもが親の行動を形成するのであれば、親が子どもの行動を形成するというのはどこまで本当なのだろう。大人は子どもたちの周りでさまざまな行動変容を示す。彼らは微笑んだり、愛情を込めて見つめたり、声の調子を高めたりする。これらはすべて定型化運動パターンである（第4章）。子どもにとって、親の微笑みや注視、そして接触は、強力な強化子である。しかし、文化にとって有利という以外にこれらの明白な理由は見当たらない。子どもが親から学習するものが何もなければ、そのような微妙な手がかりを強化子にする遺

伝子は決して選択されることはないだろう。しかし、親のこのような刺激が強力な社会的強化子になることによって、文化の伝達は可能になる。それによって、模倣だけの文化をはるかに凌ぐ可能性が開かれる。

社会的強化子が特に効果的であるのは、それらが非常に扱いやすいからである。子どもの行動を、食べ物や金銭といった非社会的強化子で形成しようとしている親を考えてみよう。子どもが望まれた反応をするたびに、親はクッキーひとつあるいはコインひとつを手に取って手渡さなければならない。クッキーなら子どもは食べ、コインであれば、子どもは後でそれで何かを買う。微笑みや抱擁、あるいは承認の発声であれば、たやすくそして即座に提供できる。それと比べると、食べ物や金銭の場合、どれほど見苦しく非効果的であるだろう。金銭と違って、これらの社会的強化子は、親からすればいつでもどこでも利用できる。クッキーと違って、愛情は、何度も何度も与えることができ、子どもはそれに飽きることはない。たやすく提供でき、飽和もゆっくりとしているということから、これらの強化子によって、子どもが起きている間は、子どもの教育がいつでも行えることになる。

変異と伝達、そして選択

私たちが議論してきた特性の種類は、刺激に対する制約（stimulus constraints）、模倣、そして社会的強化子である。これらは、文化を生み出すだけでなく、文化の変化ももたらす。文化の進化は、遺伝の進化にきわめて似た方法で変化する。すなわち、文化は、変異、伝達、そして選択の組み合わせ（変異の選択的伝達）で進化する。これがどのように起こるのかを理解するには、いくつかの基本的な疑問に答える必要がある。何が変異し、どのように変異するのか、そして、変異はどのように伝達されるのか、選択のメカニズムはどのようなものか、という疑問である。

■ 変　異

進化は、変異がなければ起こらない。生物の進化の場合、染色体上の遺伝子座決定は、さまざまな対立遺伝子によって受け継がれなければならない。これ

によってさまざまな遺伝子パッケージや生存機械が生み出される。同じように、文化の進化で必要なことは、さまざまな文化的「対立遺伝子」が競合しなければならないということと、さまざまな特性パッケージが可能でなければならないということである。しかし、遺伝子、対立遺伝子、そしてパッケージに相当するものは何であろう。また、それらの変異のメカニズムはどのようなものであろう。

◎ **文化的自己複製子**

「何が変異するのだろう」という疑問は、単位についての疑問である。ドーキンスの用語で言えば、それは「寿命、生殖能力、コピーの忠実度を持つ文化の自己複製子は何だろう」ということになる。

ここでの問題は、オペラント行動の単位(第4章)を確認する問題にまさに似ている。その解決法は、まったく同じである。ここでも、そこで述べたのと同じように、単位はその機能によって確認される。文化的自己複製子とは、ある活動である。それは、集団によって実践され、そして伝達され、ある機能を果たし、結果として、ある効果をもたらし、あるいはある結果がもたらされる。言い換えるなら、文化的自己複製子はある任務を成し遂げる。冬に暖かい服を着れば、私たちは健康でいられる。コンピュータのプログラムを作ることで、生計を立てることができ、地位を得ることができる。

遺伝子パッケージのように、文化的自己複製子は、大きさに変異があると考えることができる。例えば、文化人類学者は、さまざまな理由で文化を区別する。ある文化は特別な文化、またある文化は一般的な文化というように。ある形の鉢を作るといった特別な工芸品を生産することは、比較的小さな文化的自己複製子となる。技術文化におけるひとつの例は、あるブランドのテレビを製作することかもしれない。より大きな自己複製子あるいは自己複製子のパッケージは、相互依存の慣習の集合体として定義される。例えば、結婚と家族についての慣習は、ともに起こりやすい。家族が多い文化では、見合い結婚は規則となっている。おそらく、あまりにも多くの人々が2つの家族のつながりに関わることになるので、ロマンスの気まぐれに委ねることができないのであろう。夫婦の及ばざるところに関わる人の数が少なければ少ないほど、恋愛結婚の方が普通になる。西洋では過去300年間に、拡大家族から核家族への変化が見ら

れた。そして、恋愛結婚が主流になった。

　英語を話すことは、自己複製子のひとつと考えられる。ただし、それは、あまりにも一般的過ぎて文化の慣習を理解する手立てにほとんどならない。もっと特別な言語的自己複製子は、挨拶したり、価格や商品について交渉したりすることであろう。「やあ、会えてうれしいよ」「俺のロバは少なくともおまえの羊3頭の値だ」という言い方は、いろいろな言葉で言われるだろう。その言葉は、結果（すなわち、終わった仕事）と比べればそれほど重要ではないのが普通である。ほとんどの文化は、さまざまな関係（例えば、配偶者対雇用者）に対してさまざまな挨拶を持っている。このさまざまな挨拶は自己複製子である。トルコやインドのような国の店主と交渉した欧米人が証言するように、商品の質と出所について嘘をつくのが日常茶飯事の文化もある。いろいろな文化でいろいろな交渉が行われている。これらが自己複製子になっている。

● ミーム、文化、実践

　文化の自己複製子に対していろいろな名前が提案されている。ラムズデンとウィルソン（1981）は文化遺伝子（culturgen）を提案し、ドーキンス（1989）はミーム（meme、クリームと韻を踏んでいる）を提案している。スキナー（1971）は実践（practice）を用いた。科学の歴史には、酸素や加速度のように新たに考案された用語もあるし、力や反応のように日常的な語りから充てられた用語もある。私たちの趣旨からすれば、実践（practice）や慣行・慣習（custom）といった語にこだわりたい。その語の方が、文化的自己複製子が活動であるということを気づかせてくれるからである。

　進化生物学者は、文化的自己複製子が活動であるということに気づいていない。そのため彼らは、文化の進化について考察する上で不利である。ラムズデンとウィルソン、そしてドーキンスは、信念（belief）、意見（idea）、そして価値（value）の進化について記している。盗むことは悪いことであるという信念や意見あるいは価値は、物としてとらえられると、自然なメカニズムによって進化することはできない。なぜなら、それは自然ではないからである。第3章で論じた心理主義の問題は、他のあらゆるタイプのオペラント行動に対するのと同程度に文化の実践にも当てはまる。文化の進化の単位が精神的実体（Boyd and Richerson, 1985）や未知の神経構造（Dawkins, 1989）であると考

えても何もわからない。そのような架空の説明は相変わらず不適切であり、文化的実践がどのように発生して、どのように変化するのかという、長い期間にわたる歴史と行動に目を向けなければ答えられないような問い（第4章）を説明することはできない。

　遺伝子のプールにおける遺伝子の頻度は、集団（個体群）のすべての個体にわたってのみ評価できる。それとまったく同じように、実践の頻度も、集団のすべての個体にわたってはじめて評価できる。例えば、現在のアメリカでは、1970年代と比べるとより多くの女性が口紅をつける。1950年代と1970年代を比べると、口紅をつける女性は1970年代の方が少ない。そのような文化の変化は、多くの女性を調べてはじめて評価できる。女性の間で、そして時間をかけてそのように頻度が変化する事柄は、口紅をつけるという実践そのものである。すなわち、それが自己複製子である。自己複製子として機能する実践の集合体は、ライルによればカテゴリーラベルであり、第3章で述べた巨視的見方からすれば集合的活動である。例えば、「盗みを認めない」というのは活動であって、窃盗を罰することや、人のものを盗んではいけないと子どもに語るといった部分からなる（第3章）。それは何か自然なもの、1組の相互依存の行為を示している。そのため、それは選択という自然な過程によって進化する可能性のあるものを示している。集団の成員は、盗みを弱化するかもしれないし、盗みと相容れない行動を強化するかもしれない。そして、盗むことがどれほど悪いことかということを語るかもしれない（「汝盗むなかれ」といったように）。そのいずれも、それによって盗みの頻度が減少する限り、選択される可能性がある。

　会話が文化のひとつであるということは強調に値する。文化の実践として、ことわざ、物語、そして神話といった昔ながらの発話がある。ニューハンプシャー州では、「触らぬ神に祟りなし」ということわざがある。これは地方の文化である。古代ギリシャの文化のひとつに神話があった。文化にとって特に重要なのは、第8章で確認したルールという発話である。ルールには、「汝盗むなかれ」のような道徳的禁止命令や、「いつも、『どうぞ』とか『ありがとう』と言いなさい」といった指示や、「このあたりでは冬場は暖かいコートを着る必要がある」といった環境についての知識などがある。文化の物語や神話でさえ、ルールに似たところがある。なぜなら、それらは教訓や格言を伝えるの

が普通だからである。すなわち、それらは慣習的な強化や弱化を指摘する。例えば「オオカミだ」と叫んだ少年の話には、言語弁別刺激、信頼性、そして強化についての教訓が含まれている。ゾンマービル C. J. (1982) は、幼年期についての彼の本の中で、勇敢な青年、美しい乙女、ドラゴン、そして意地が悪い継母についての子ども向けのおとぎ話も、人生についての教訓を間接的に教えたり、自信を持って世界とやりとりすることを促したりして、社会的に有効な機能を果たすと主張している。「それらは、子どもに2組に分かれることを促すことで道徳的発達に先んじなければならないことを提供する。一方の登場人物に同情し、他方の登場人物には対抗する。それによって子どもは、自分が見習いたいと思う人物に自分を重ね合わせる習慣を身に付ける」(p. 139)。言い換えるなら、道徳上の禁止命令のように、ある文化のおとぎ話は、その集団の実践によって強化されるような行動を起こしやすくするのに役立つ。生物学者や分化人類学者が、ある文化の「信念」や「意見」そして「価値」について語るとき、彼らはおそらく、その文化の言語行動の伝統について特に言及しているのだろう。

　私たちは、発明と反復を区別するように、ルールを作ることとルールを提供することを区別できる。人は時々ルールを作る。それは、禁止命令、忠告、あるいは教示という形の新たな発話を人が生み出すという意味においてである。これらのうちのいくつかのものだけが、その文化に特有のルール提供の一部となる。それが人から人へ、世代から世代へと、強化と絡んだ模倣によって広がる。ルールを作ることとルールを提供することはどちらも、人間の文化の部分である。

　集団の中で発生する特別なルールが提供されることで、さまざまな文化が生じたり、また同じ文化でも時間とともに変化したりする。今日のインドなら、結婚適齢期の若い男性は、親から「おまえは、私たちがおまえの妻として選んだ女性に会って気に入らなければ、断ってもよい」と言われるかもしれない。合衆国では、「おまえが妻として選んだ女性と私たちが会って、私たちが彼女を気に入らなければ、私たちは断るかもしれない」と言われるかもしれない。合衆国でも3世紀前なら、インドの若い男性のようなことが言われていたかもしれない。ルールは、場所によって、時によって変わる。

● 社会的強化と社会的弱化

　すべての文化には、集団の成員によって強化される行為もあれば弱化される行為もある。子どもは親に従うと、承認され愛される。嘘をついたり、だましたり、盗んだりすると、認められず拒絶される。社会的強化や社会的弱化といったこれらの慣習は、最も重要な文化の実践である。なぜなら、それらは、文化の基礎を形成するからである。模倣だけではそれはできない。教える、導く、指導する、と呼ばれる行動は、文化にとって正常な行動を強化したり、文化から逸脱した行動を弱化したりするオペラント行動である。教えるという行動それ自体も、オペラント行動として強化されなければならない。多くは学生の正しい行動によって強化されるのであるが、それだけでなく、給料の支払いといった文化の他の実践によっても強化されなければならない。

　スキナー（1971, 1974）は、社会的強化を人間の文化にとって非常に重要な強化と見ていた。そのため彼は、**実践**（*practice*）という語を、そのような関係だけに使うべきであると提案した。彼の視点からすると、文化にとって正常な行動は社会的強化によって形成される。正常な行動はそのような強化関係から生じるので、その関係の方がその行動よりも基礎的である。したがって、文化を知ることは、強化と弱化という文化の実践を知ることである。ある形の鉢を作ることは文化の二次的部分である。その形の鉢を作ることを強化することが文化の一次的な部分である。いとこが結婚するかしないかは文化の二次的な問題である。いとこ同士の結婚の申し込みが強化されるのか弱化されるのかが文化の一次的な問題になる。

　スキナーの立場には、主に2つの意味合いがある。まず、模倣だけの文化は除外され、ヒト以外の動物種の文化の可能性は制限されている（ヒト以外の動物種が文化と言えるようなものを持つためには、動物は同じ集団の他の成員の模倣行動に強化をもたらすオペラント行動に従事しなければならない。イモ洗い行動が親から子へ広がるだけでは十分ではない。親は子どものイモ洗い行動を強化しなければならない）。もうひとつの意味合いは、スキナーの視点の矛先は、難しくて解答不可能と思われる疑問を避けているということである。それは、ある行動が文化に特有な行動、あるいは正常な行動と言えるには、集団の中のどのくらいの数の成員がそのような行動に従事しなければならないのかという疑問である。スキナーは、集団の成員が他個体のそのような行動を強化

する限り、数に実質的な意味はないと答えている。たとえ、たった数名の成員であっても彼らがその行動を強化するなら、その行動はその集団の行動の一部として持続するだろう。

　進化生物学者の視点は、2つの点でスキナーの視点と異なる。まず、教育の重要性を認識する人たちは、文化を、集団の所属関係の結果として学習された行動からなるものと定義する。この定義は、模倣だけの文化と、教育を含む文化との間に線引きをしない。すなわち、この定義は、非社会的な強化と結び付いた模倣によって獲得されるイモ洗いのような行動と、集団の他の成員との相互のやりとりによって獲得される行動（すなわち、第11章の意味では、関係の結果によって獲得される行動）のどちらも文化的な行動とみなす。このようなどちらかといえば両立的な見方からすれば、集団の成員は十分にモデルとして機能するのであって、強化源である必要はない。次に、彼ら進化生物学者たちは、文化を遺伝子のプールに例えて、何が文化にとって正常かという問題を回避する。文化のプールの中には、ごく普通に見られる実践もあるし、ほとんど見られない実践もある。重要なのは、それらの実践がプールの中で存続しているのか消滅しているのかということである。

◎ 突然変異と再結合と移入

　文化のプールが遺伝子のプールのようなものであるなら、それはその中に新規性に対する手段を含まなければならない。遺伝子のプールでは、次の3つの過程が新規性を生み出す。（1）突然変異によって、新しい対立遺伝子源が構成される。（2）再結合あるいは交差（減数分裂の間に起こるDNAの分裂と再結合）によって、対立遺伝子の新たな統合が可能になる。（3）ひとつの集団から別な集団へ個々の遺伝子が移動することによって、遺伝子のプールの中に新たに統合された統一体が現れる。これら3つの過程に似た過程が文化のプールで起こる。

　文化で突然変異に似ているものは、偶然の出来事とエラーである。同じ行為がまったく正確に繰り返されることは不可能である。そのことはすでに論じた。変異は行動に本来備わっているものなのである。うまくいく変異もあれば、そうでない変異もある。何らかの制御不可能な環境事象によって押しつけられるような偶然の出来事がある。私は右手を怪我したとき、左手で歯を磨かざるを

得なかった。そうすることで、右側の歯を前より上手に磨けるということがわかった。今、私は歯を磨くとき、右手と左手を切り替えて磨いている。このように、自分たちが普段行っている方法で何かを行うことが難しくなったとき、別なやり方でやったほうがうまくいくということがある。最後に、遺伝子の自己複製子のように、コピーのエラーが起こる。テニスの選手が、間違ってコーチを真似たところ、前よりもボールをうまくサーブできる場合がある。親がやっているのを不完全に真似た子どもが、靴を前よりうまく履ける場合がある。しかし、突然変異の場合と同じように、ほとんどの過ちは悪い方向に向かう。最善となる幸運な出来事というのはまれである。

　再結合に似た行動事象は、刺激性制御がうまくいかないということである。同じような状況でこれまでに数百回も正しく行動していたのに、道を間違えて家路につくとか、服を間違えて着るとか、親類に何か不適切なことを言ったりやったりするというようなことがある。普通だったら別々なままの行動パターンが、このようにして混じり合う場合がある。普通、そのような混合は破滅的であるのだが、ときにはより良い帰り道を見つけたり、より良い服装になったり、親類と前よりうまく付き合えるようになったりする場合がある。

　移入によって遺伝子のプールに新規性がもたらされるように、移入によって文化のプールに新規性がもたらされる。これは、ある社会の個体が別な社会に入るときに起こる。例えば、19世紀と20世紀の間に、日本で生活している西洋人は多くの実践を日本の文化に伝えた。合衆国への移民は、新しい料理法、新しい言語表現、新たな仕事の方法、新たな形態の宗教をもたらした。

　新たな実践は、サブカルチャー（下位文化）からの移入として文化の中に入るかもしれない。すなわち、社会の中の下位集団に特有な1組の実践からの移入である。合衆国への移入の影響は遅れて現れる場合が多い。なぜなら、文化によって区分される民族集団というものは、他の集団から部分的に分離されたままであり、何世代にもなってはじめて主要な文化に移るからである。ほとんどすべてのアメリカ人は、ジャイブ（jive：ジャズ音楽の隠語）、イタリア語のパスタ（pasta）、ハツパ（chutzpah：厚かましさ）といった語句の意味を、たとえその起源は知らなくても知っている。

■ 伝　　達

　選択による進化の第2の重要な構成要素は、ある世代から次の世代への伝達である。生物の進化の場合、親の遺伝物質（DNA）が子へ伝達される。文化の進化では、伝達はもっと直接的な手段で起こる。すなわち、ある集団の成員の行動が別な成員へと伝わる。

◎ 獲得形質の遺伝
　20世紀まで、特性は、親から子へ直接的に伝達されるときがあると考えられていた。その結果、親によって獲得された形質は子に現れると考えられた。ある鍛冶工の腕が、労働の結果、筋肉隆々となったなら、その筋肉隆々の腕は彼の子どもに伝達されるかもしれない。生物の進化でそのような考えを裏付ける証拠は一切見つかっていない。しかし、獲得形質の遺伝は、文化の進化ではまさに伝達の手段である。
　私たちのような文化を所有する種においては、子どもは親が学習したものは何でも学習する傾向がある。服装からテーブルマナー、方言、言動などの癖に至るまで、すべての事柄が親から子へ直接伝えられる。文化のいくつかの特性に対して、親から子への遺伝物質の伝達は直接的な役割を果たさない。しかし、親から子への遺伝的継承はまた、文化の伝達を導いたり、文化の伝達にバイアスをかけたりする。すなわち、子どもは、親から受け継いだ遺伝子の結果として、ある活動を学習する傾向がある。例えば、高所を恐れるようになったり、音楽や手作業のスキルを学習したりすることに対して、何らかの素質を子どもと親は共有する場合がある。
　しかし、遺伝物質の伝達は文化の伝達に無関係であると考えられるので、**遺伝学的な親**（*genetic parent*）は**文化の親**（*cultural parent*）と異なる可能性がある。子どもは、叔父や叔母、教師、牧師、コーチといったいろいろな大人から文化の実践を学ぶ。人はまた、同僚から実践を学ぶ。子どもは他の子どもたちから「遊び場の規則」を学ぶのが普通である。大人は、他の大人から、仕事の「要領を見せ」られる。そのような伝達は、遺伝子には不可能であるが、**水平伝達**（*horizontal transmission*）と呼ばれる。水平伝達は世代の中で起こる。そのため、文化的実践は、たったひとつの遺伝世代の範囲の中でさえ、集団をとおし

て広がることができる。

このことは、文化の進化は生物の進化と比べてかなり早いということを意味する。遺伝の伝達は、個体の生活史のある時点だけに限られている。それに対して、文化の伝達は一生をとおして起こる。文化の伝達によって、大きな集団であっても、ほんの数年の間に、新しい特性が集団全体にわたって古い特性に取って代わることができる。生物の進化に比べて文化の進化が早過ぎるということが問題を引き起こすことが時々ある。「甘党」とか核兵器といった私たちが現在抱えている問題がその例である。砂糖や武器を作るという実践はあまりにも早く進化したため、甘味に引き付けられたり攻撃的になったりする傾向の根底にある遺伝子は、遺伝子のプールの中でなかなか減ることができない。その代わり、他の実践が先の例の悪い効果を相殺するために進化した。ダイエット、歯磨き、和平交渉、武装解除といった実践である。

◎ 模 倣

獲得された文化の特性が伝達されるひとつの方法は、直接的なコピー、すなわち模倣による伝達である。生物の進化では、DNAのコピー（複製）は、配偶子の形成中に起こる。それから、そのDNAは、それが伝達される個体の発達に影響を及ぼす。これは、模倣によって構成される表現型の直接的な複製と比べると、不確かであり間接的である。

子どもは大人や他の子どもの真似をする。大人は他の大人の真似をするのが普通である。しかし、大人が子どもの真似をする場合もときにはある。子どもが使っている俗語表現、「**格好いい**（*far out*）」「**最高**（*totally awesome*）」といった言い方は、それを耳にした大人の発話にも紛れ込みがちである。

模倣はオペラント学習の基礎となる。ある行為が模倣によってひとたび誘導されると、その行為は強化され、形成されて、もっと進化した形になる。子どもが「**アブブ**」とひとたび声に出したら、それを承認したり、リンゴを与えたりするという聞き手の反応は、子どもの発声を強化し、最終的にはその発声を「**アップル**」へと形成する。強化が起こらなかったりその行為が弱化されたりしたなら、その発声の頻度は低いままであるか、なくなる。ある子どもがテレビの攻撃行動を真似て、他の子どもを叩くかもしれない。しかし、その攻撃が続くかどうかは、その行動が強化されるか弱化されるかによって決まる。

模倣は、学習性のものと学習性でないものとに分けられる。ハトやサルの模倣はおそらく学習性の模倣（learned imitation）ではないだろう。子どもの模倣のほとんどは（そしておそらく大人の模倣のほとんども）、模倣に特別な経験が必要でないという意味で学習性の模倣ではないだろう。それは、あたかも私たちの遺伝子のいくつかが、私たちの身体に「身の回りの人たちをよく見て、彼らが言っていることに耳を傾けなさい。そして、彼らが行っているようにやりなさい」と指示しているかのようである。ハンマーで釘を打つ親を見ている小さな子どもは、指示されなくてもハンマーを手に取って板を何度も叩くだろう。

反応形成と結びついた非学習性の模倣によって、なぜ子どもたちが話すことを学習し、周囲の者が行うように社会的に行動することを学習するのか、その理由を説明することができる。郷里や母国を離れた成人でも、気づかずに方言を使ったり、言動などの癖を示したりする。

学習性の模倣は別問題である。学習性の模倣は、第8章で述べた意味での、ある種のルール支配行動である。他者から「このようにしてごらん」と言われたとき、言われたとおりに行動できるかどうかは、そのような状況での模倣に対する強化歴に依存する。多くのいろいろな文脈で、非学習性の模倣から学習性の模倣への移行が起こる。家庭で親が「私をよく見て」と言ったり、遊び場で友達が「僕がやれるものを見て」と言ったり、教室で教師がサイモンセッズ[8]のようなゲームをするときにそのような移行が起こる。

非学習性の模倣によって文化の伝達は早くなる。しかし、学習性の模倣の場合、さらにもっと早く文化を伝達する。学習性の模倣であれば、実践を伝達するのにたったひとつの社会的エピソードで十分である。「このように髪を櫛ですいてごらん」と言われれば、言われた方はすぐにそうする。そのような環境が模倣行動に対して社会的な強化子や非社会的な強化子を提供すると思えば、学習性の模倣は持続するだろう。

◎ ルール支配行動

学習性の模倣は、より一般的な種類の文化の伝達である。つまりルールによる伝達である。子どもが学ぶ最初の教訓のひとつは、親や他の目上の人の言う

---

[8] Simon Says：リーダーが指示を出して、他のみんながその指示に従うゲーム。

ことに従うことである。単に真似をしなさいと言われるよりは、どちらかといえば、子どもは、言われたとおりにやりなさいと教わる。矛盾が起これば、「私が言うとおりにやってごらん。私がやっているようにではなく」と子どもは言われる。きっと子どもたちには、ルールに従うことを学習する素質があるのだろう。なぜなら子どもは、親から提供される刺激、特に親の音声に対して感受性を示したり、親から提供される社会的強化子の影響を受けたりしやすいからである。

ルールに従うことを学習しない子どもは悲劇だ。なぜなら、そのような子どもは、社会的に受け入れられるあらゆる種類の行動を獲得しないからである。親が子どもに指示する発話の多くは、次のような言い方と同じである。「私たちの文化では、私たちはXという行動をする。Xという行動は私たちの集団の成員によって強化される」。あるいは「私たちの文化では、私たちはXという行動を避ける。Xという行動は私たちの集団の成員によって弱化される」。そのようなルールは、**慣例**とか**しきたり**（*conventions*）と普段言われている関係を指摘する。親は子どもに「バイバイと言いなさい」「左手でフォークを持ちなさい」「誰かに会ったら握手しなさい」と言う。これらのすべての行為は、その集団の成員によって強化される。親は子どもに「ザックおじさんを叩いてはいけません」「みんなの前で鼻をほじってはいけません」「大声で笑ってはいけません」と言ったりする。これらの行為はすべて、その集団の成員によって弱化される。

そのような慣例（しきたり）が力を持つのは、それらが適応度に対する集団成員の利益に究極的に由来するからである。第8章の用語で言えば、その究極的な強化は、「もし君がそのように行動するなら、君はこの集団の中で暮らしていくための保護を受けることができ、資源を共有することもできるだろう」という形をとる。行動がとても受け入れ難いものであれば、追放の憂き目を見ることになる。公共テレビ番組シリーズの『アメリカの経験』（原題：*The American Experience*）の何話目かの放映では、19世紀初頭のニューイングランド地方の人里離れた町に暮らす、ひとりの女性の苦境が描写された。その女性は、町はずれで暮らしていた10代のときに、ひとりの私生児を養子縁組に引き渡した。そして、何年後かに自分の息子とは知らずに結婚した。過ちに気づいたとき、息子は追い出され、その婦人は排斥された。少数ではあるが、彼

女に同情する人がいた。しかし、彼女は結局、町はずれの掘っ立て小屋の中で餓死していた。今日では、このように見捨てられる人たちは、結局、「路上生活をする」ことになる。

　社会的なしきたりは、個人の健康や幸福に直接的に影響する強化や弱化を指摘するルールと異なる。「冬には温かい恰好をしなさい」というのは、集団の他の成員の誰もが認めるかどうかにかかわらず、温暖な気候では良いアドバイスである。社会的なしきたりは、主に社会的な強化や弱化を指摘する価値発言である。それらは、「〜すべきである」「〜する義務がある」といった語を含む場合が多い。「友達のものを決して盗むべきではない。しかし、所得税をちょっとごまかすのは問題ない」と子どもに語る親が合衆国にいるかもしれない。第12章で見たように、「〜すべきである」「〜する義務がある」といった語は、究極的な強化と弱化を指摘する。「汝の父と母を敬え」といった道徳的発言を含む社会的なしきたりでは、集団の他の成員によって、近接的な強化子や弱化子だけでなく、究極的な強化子や弱化子も提供される。社会的なしきたりの究極的な強化には、第8章と第12章のHRRRの最後の2つのR、すなわち関係（relationships）と生殖（reproduction）が含まれる。

■ 選　択

　変異と伝達の他に、文化のプールで実践が進化するには、選択についての何らかのメカニズムが必要である。生物の進化で選択が起こるのは、生存と生殖に差異があるからである。似たようなことが文化の進化でも当てはまるに違いない。遺伝子の場合と同じように、文化の自己複製子の中には、より長く生存し、より実り豊かで、より忠実にコピーされる変異がある。

◎ 選択的伝達

　実践がどのようなものであっても、それを無差別にコピーする個体（生存機械）は、選択的にコピーする個体と比べて、よりうまくやっていくことはできないかもしれない。選択的に模倣する個体は、選択を導いてくれる何らかの手頃な基準、何か便利な特徴があれば、最も適応的な行動を獲得しそうである。

　選択的模倣の最良のルールは、成功者を模倣することだろう。変化しやすい

環境では、適応的な行動のための最良の手がかりは周囲の者たちの活動である。そのような環境では、このような指示を含む遺伝子あるいは遺伝子セットは、他の遺伝子と比べてうまくやっていくことができるだろう。しかし遺伝子は、非常に抽象的な指示ならどのようなものでも符号化することはできない。その代わり遺伝子は、一般的に成功と相互に関連のある具体的な基準に向かって模倣を導く必要がある。例えば、ボイドとリチャーソン（1985）は、自分の親ではなく他個体を模倣した方が有利となるような状況が多くあると指摘している。「例えば、子どもは頻繁に外へ出ていかなければならない。移入した者にとって、新たな生息地出身の個体は、自分の生みの親と比べてかなりより良いモデルになる可能性がある」(p. 15)。そのような状況で、どのようにして模倣すべき者、あるいは模倣すべきことを知ることができるのだろう。

　ボイドとリチャーソンが指摘する具体的な基準のひとつは頻度である。ごく普通に見られる行為、すなわち規範・基準は、最も成功している行為と言えるだろう。最も頻繁に起こっている行為を模倣させるのはそれほど難しくはない。単に、その行為をゆっくりと示してあげれば、模倣は起こる。その結果、ある活動がコピーされるには、何回もその活動が提示される必要がある。より良い実践だけれど、それほど頻繁ではない実践の場合、そのようなルールはうまくいかないだろう。しかし、平均すると適応度が高まり、長い目で見れば、それらの遺伝子が選択されるようなルールでありさえすればよい。

　2番目に考えられる具体的な基準は、次のようなものだろう。最も頻繁に遭遇する個体を模倣するという基準である。私たちの種では、そのような個体は、生みの親である。しかし、養父母でも叔父や叔母でも、教師や友人であってもかまわない。家族や重要な他者を認識するための遺伝子は、模倣を導くということ以外のさまざまな理由で選択され得る。例えば、血縁者や互恵的になる可能性のある他者に、利他的行為を導くといった理由である。「思いやりは家庭から」というルールは、「模倣は家庭から」というルールと関連するかもしれない。

　頻繁に遭遇する活動を模倣するというように、頻繁に出会う個体を模倣するというのは何らかのリスクを伴う。人間は、自分を育ててくれる大人を模倣するようである。これは多くの場合、良い結果となるが、時にはとんでもないことにもなる。子どもの頃に虐待を受けた人は、自分の子どもを虐待しないと誓

うかもしれない。しかし、実際に子どもを持つと、それがなかなかできないということに気づく。遺伝子の視点からすれば、不適応な行動をそのようにコピーすることは相殺されるだろう。ただし、自分の親をコピーすることが、ほとんどいつも、平均して、そして長い目で見れば、有利である場合に限る。

　頻繁ではない活動や、自分の親ではない他個体を模倣するには、成功のためのさらに別な基準が必要となる。ロバート・フロストは、彼の詩「選ぶもののない道（The Road Not Taken）」の中で、「森の中で道が二手に分かれていた、そして私は——／私は人が通らない道を選んだ、／その道は、まったく違ったものになった」と記した。その違いとは何だったのだろう。

　成功した活動というのは強化された活動である。そして成功した人というのはその人の活動が強化された人である。人は、強化される活動を模倣する傾向がある。また、強化子を所有する人を模倣する傾向がある。ドライバーは交通渋滞に遭遇すれば、自分の車線にとどまるのが普通である。それは社会的に正しい（強化される）行為である。しかし、ある車が路肩を暴走して他のすべての車を追い越しても見かけ上弱化されることがなければ、他の数台の車はきっと同じようなことをするはずである。子どもと大人の典型的な手本となる人物は、映画俳優、プロのスポーツ選手、政治家、会社重役といった富と地位のある人たちである。その人たちの行動は大いに強化されている。

　強化子が存在するときはいつも模倣する、そのような傾向を高めるような遺伝子は、成功した活動や成功した人を模倣する傾向を遺伝暗号にすることができるだろう。これは、「自分の強化子リストの中にある出来事を見たときはいつも、その周辺にいる人の真似をしろ」といった教示のようなものだろう。それとは別に、模倣傾向は、文化によって大いにあるいは完全に形成することができる。子どもたちに成功の真似をするようにと教えることができる。「ギデオンおじさんを見てごらん。おまえも大きくなっておじさんのようなお金持ちになりたいと思わない？」といったように。

　もっぱら遺伝子によって提供されようと、あるいはもっぱら文化によって提供されようと、強化子と関連する活動や、強化子と関連する人を模倣する傾向は、強力な選択圧になる。それが、比較的珍しい実践でさえも社会集団の中で広がっていくことができる理由である。20世紀初頭、自動車は珍しく、多くの馬の所有者は自動車をばかにしていた。しかし、自動車の方が馬よりも優れ

ている（より強化的で、かつより弱化的ではない）ことがさらに明らかになるにつれて、自動車を所有するという実践は広がり、一世代の中で馬を所有する者はほとんどいなくなった。この変化は、もし選択的模倣がなかったなら、それほど急激に起こることは決してなかっただろう。

◎ ルールに従うこと、そしてルールを作ること

なんでもかんでも模倣するというのではなく、強化された活動、強化子と関連する人を模倣するというように、どちらかといえば選択的に模倣するというのと同じ考えで、ルールに対しても選択的に従う傾向がある。例えば、人は命令や忠告に従うことが多いが、命令や忠告であればなんでもかんでも単に従うというわけではない。文化のプールの中で頻繁に起こっている実践は模倣されやすいのと同じように、文化のプールの中で頻繁に起こるルールは従われやすい。このようにして、主要な実践は継続される傾向がある。子どもの頃、至るところで盗みは悪いことだということを何度も聞かされた子どもは、盗みの場面でさえできる限り見ないように注意深くなるかもしれない。テレビで見た暴力を真似る子どもの数がかなり少ないのは、暴力はいけないことだとかなり頻繁に説教されたからなのかもしれない。

成功した人は真似されやすい。それと同じように、成功した人のルールは従われやすい。ニューヨーク市で道に迷ったなら、誰に道を尋ねるだろう。歩道に座っているぼろを着た人に尋ねるだろうか。それとも高価な服を着て大股で歩いている人に尋ねるだろうか。私たちは、行動が強化されているとはほとんど思えないような人の忠告に従おうとはしない。それに対して、成功しているように見える人の忠告なら、金を払ってでも従うときがある（仕事やガーデニング、あるいはウェイト・コントロールに成功する方法について書かれた本を買ったりする）。

成功した人の真似をする傾向と同じ様に、明らかに成功した人たちによって提供されるルールに私たちは従う傾向がある。このような傾向によって、比較的珍しい実践でさえ、文化のプールの中で急速に広がることができる。ビデオカセットレコーダー（VCR）を手頃な価格で手に入れることができるようになったとき、合衆国の大多数の家庭はVCRをわずか数年以内に購入した。VCRの使用がこのように急速に普及したのは、概して広告と口コミによるも

のであった。すなわち、うまくいった人たち（行動が強化された人たち）が、他の人たちに、VCRを買って使ってみたらすごく良かった（VCRの購入とその使用が強化された）と伝えたことによるものであった。広告の証言は、うまくいった人たちが語るルールに私たちが従う傾向を十分に利用する。その製品の購入を勧める人たちは、普通、著名な人たちである。彼らはいつも、ルックスが良く、高価な服装で、話し方が上品な人たちである。

　ロナルド・プリアムとクリストファー・ダンフォードは、彼らの『学習するようにプログラムされる』（原題：*Programmed to Learn*）という本の中で「エスロックの伝説（*The Legend of Eslok*）」という物語を語っている。それは、選択的伝達と結び付いた変異によって、どのように文化が形成されるのかを示している物語である。その物語では、うまくいく人と失敗する人、そして適応度に及ぼす長期的な効果と相容れない短期的な強化に応じてルールが成長すること、などが語られている。その内容を簡単に以下に示す。

　昔々、ずっと昔のそのまた昔、人里離れた肥沃な谷にひとつの農村があった。村の人々は貧しくもなく豊かでもなかった。彼らはなんとかうまく暮らしていた。ある日、メフィストフェレスが老人の恰好をしてこの村にやってきた。彼は何人かの農夫と仲良くなり、彼らに種と道具を贈り物として提供した。はじめ村人たちはその贈り物を受け取ることを拒んだが、しばらくすると、数名の者が受け取った。贈り物を受け取った農夫たちは、ほとんどすぐに豊かになり始めた。彼らの収穫は他のすべての者たちよりも多かった。彼らの成功を見た他の村人たちも、この老人の贈り物を受け取り始めた。間もなくすると、すべての者が裕福になっていた。そしてメフィストフェレスは去った。

　贈り物を受け取った家ではその数年後、すべての子どもが死んでしまうということを村人たちはまったく知らなかった。村のすべての家族が贈り物を受け取ったので、村のすべての子どもは死んだ。ついに、すべての大人が老人になって死にかけていたとき、エスロックという名の男がその村と谷を捨て旅に出た。

　エスロックは、何日も旅をした。そして別な村にやってきた。彼はそこで落ち着き、人々にあの老人とその贈り物の話を語った。エスロックが死んだ後、その物語は語り継がれ、新たな教訓となった。それは「贈り物を抱えたよそ者には気を付けろ」であった。

何世代かの時が過ぎた。エスロックの物語は神話と見なされるようになった。そのうち村人の数は増え過ぎて、冒険的な若者の中には新たな村をつくろうとする者が現れた。彼らは良い場所を求めて遠く旅をした。そして、今は誰も住んでいないエスロックの故郷であったあの肥沃な谷にやってきた。彼らはそこに定住し、村をつくり、村を大きくした。

　そこへ再びメフィストフェレスが贈り物を抱えてやってきた。前のように、その贈り物を受け取る者がいた。しかし今度は、「贈り物を抱えたよそ者には気を付けろ」という言い伝えを覚えていて、贈り物を拒んだ者がいた。数年すると、贈り物を受け取った者の子どもたちは死に始めた。これを見て村人たちは、メフィストフェレスを村の中から追い出した。贈り物を拒んだ者がいたおかげで、その村は災難から逃れることができ、また、もとのつつましい生活に戻った。以後、言い伝えは村の確固たるルールになった。それは、「よそ者から贈り物を受け取ってはならない」というルールである。

　この物語は、ルールに従うこと、そしてルールを作ることの両方が、最終的に適応度を高めることにどれほど依存しているかを示している。よそ者についてのルールは、適応度にもたらす悲惨な効果に応じて作られたのであり、そのルールに従った人たちは災難を避けたのである。

◎ 自己の利益

　ドーキンスは著著『利己的な遺伝子』（原題：*The Selfish Gene*）の中で、遺伝子であろうと実践であろうと、自己複製子は自己の利益から活動するということを強調している。すなわち、自己複製子は自分自身を促進する。その意味は、その促進によって、自己複製子自身の生殖頻度が高められる傾向があるということである。それにもかかわらず、遺伝的に符号化された多くの特性や、多くの文化的実践は、しばしば個々の生存機械を犠牲にしながら、集団あるいは文化の生存を促しているように見える。集団性（社会性）の利益について考察したとき、個体の利益よりも集団の利益の方を優先させる遺伝子がどのように選択されるのかを見た。そのような遺伝子が、平均して、そして長期的に見て、個体の短期的な利益を優先させる遺伝子よりもうまくやるだけでよいのである。一見すると利他的で協力的と思えるような行動は、一般的にこのようにして説明される。

同様のことは、文化の自己複製子にも当てはまるかもしれない。文化の自己複製子も、個々の生存機械を犠牲にして増加する可能性がある。模倣したりルールに従ったりして、兵士は戦場に出向いて殺される場合が多い。原始的な武器であったとき、集団に属して権威に従うことを促す遺伝子は、おそらく戦争によって利益を受けただろう。結果として、戦争という文化的実践は生き残り蔓延したのかもしれない。なぜなら、それらの実践は、平均して見ると、そして長期的に見ると、強化されるからである。例えば、戦争によって財が増えたり、領土が拡大したりして強化されたからである。

遺伝子との類似性からさらに指摘されることは、他の実践を存続させるという理由で選択される実践がいくつかあるということである。そのような実践は保守的になる傾向があるだろう。すなわち、文化の変化を受けにくい。例えば、外国人嫌いはこれで説明できるだろう。外国人を殺害したり追い出したりすることは、その文化が外国の実践によって侵害されるのを防ぐのに役立つ。そうすることで、その文化の他のすべての実践を存続させることができる。17世紀と18世紀の日本は、鎖国をすることで、西洋人からの影響を首尾よく拒んだ。この鎖国が崩壊するためには、黒船が日本の海岸にやってきて、抵抗し続けることが危うくなるまで待たなければならなかった。その抵抗は、外国人嫌いの短期的な利益で説明される。しかし、人々の長期的な繁栄を考えれば、最終的に西洋文化に門戸を開くことになるのかもしれない。

進化論の考えに従えば、文化は、生物の進化によって設定される範囲内でなければ発展しないということになる（Boyd and Richerson, 1985）。そもそも文化が誕生する以前に、遺伝子が選択されたのである。選択された遺伝子は、何が学習できるのか、何が強化的になり得るのかということについて制限を設けたことで、文化を制限したのである。短期的に見ると強化的ではあるが、健康と生殖に有害な実践に人は従事するかもしれない。しかし、長期的に見れば、健康を保ち、生殖を育むような行為を人は行う傾向がある。それが、ルール支配行動の最終的な強化が適応度にとってなぜ重要であるのかの理由である（第8章）。文化の実践と、遺伝子の適応度との間に対立が生じると、その対立は、文化の変化によって最終的に解消される。「エスロックの伝説」が暗示する重要な点のひとつは、短期的な成功（よそ者の贈り物を受け取る）が長期的な生殖成功と対立するとき（死んでいく子どもたち）、新たな実践（「よそ者から贈

り物を受け取ってはならない」というルールの提示）が発達して、その対立は相殺される。例えば、砂糖がたやすく入手でき、キャンディを作れば儲かるような実践へと発展したとき、人はますます多くの砂糖とキャンディを消費するようになった。合衆国では、健康への長期的な損失がゆっくりとではあるが明らかになり、それによって歯磨きをしたり、砂糖の代用品を使ったりといった実践が発展した。同様に、核兵器製造の危険な効果は、軍備縮小への動きによって相殺されている。最終的に分析すると、文化は、私たちの遺伝子の利益によって変化する。私たちにとってこの点が特に重要となるのは第14章である。第14章では、意図的な文化の変化に目を向ける。

要　約

　集団の文化は、その集団の成員によって共有される学習行動からなる。その学習行動は、その集団の成員となることによって獲得される行動であり、ある成員から他の成員へと伝達される行動である。文化の進化は、ある意味で、オペラント行動の反応形成や生物の進化に沿って起こる。すなわち、変異が選択的伝達と結び付いて文化は進化する。選択の単位は、自己複製子である。これは変異するものであり、選択的に伝達されるものである。自己複製子とは、それ自体の複製を促すあらゆる実体である。良い自己複製子というのは、寿命、生殖能力、コピーの忠実度、そして有効性を持つ。

　文化と言えるための要件のひとつは社会である。真の社会には協力がある。協力は、見かけ上の利他的な行動である。短期的には他者の利益となるが、長期的には利他的な行動を行った者の利益となる行動である。文化と言える第二の要件は、集団の成員が互いに学び合えるという能力である。これによって、文化的実践は時間を超えて伝達される。

　生物の進化では、集団（個体群）の有機体すべてによって所有される自己複製子のプールは、遺伝子のプールとして知られている。文化の進化では、社会によって所有される文化的実践のプールは、文化のプール（culture pool）と呼ばれる。これらの実践は、文化の自己複製子となっている。そして、それらが文化のプールの中で伝達されるとき、それらの頻度は、その自己複製子がどの程度頻繁に学習されるのか、それに応じて増減する。

私たちのような種では、他者から学ぶことで、学習者の遺伝子に長期的な利益がもたらされる。そのとき、他者からの学習を可能にする特性は選択される。そのような特性は3つある。それらは、刺激、模倣、そして社会的強化子に対する制約である。私たちの身体は非常によくできているので、私たちは、表情や音声といった他者によってもたらされる刺激に影響される。ある有機体が別な有機体の真似をして、その結果、強化されたなら、オペラント学習は素早く起こる。微笑みや、愛情表現としての軽い叩き、そして抱擁といった社会的強化子によって、他者からの学習はさらに多く、そしてさらに早く行われる。なぜなら、それらの強化子によって、教育や指導といった実践が導かれるからである。

　文化の自己複製子（実践）は、模倣と指導によって伝達される集団成員の活動である。これらの単位は、オペラント活動と同じように機能的に定義される。なぜなら、そのような自己複製子は、オペラント活動だからである。文化の自己複製子には、食べ物に関する選択や製造といった非言語的な実践だけでなく、物語やことわざ、道徳的禁止命令といった言語的な実践も含まれる。これらの言語的実践の機能は有益である。なぜなら、言語的実践によって、ルールが提供されたり、ルール提供に似た教示が与えられたりするからである。すなわち、言語的実践は、社会的に強化される行動を誘導する弁別刺激を提供する。人の文化には、ルールに従う、ルールを与える、ルールを作る、といった実践が含まれる。これらの実践はすべて、他者によってアレンジされた強化関係、すなわち、社会的強化と社会的弱化に依存する。社会的強化と社会的弱化のこれらの実践は、それらが生み出す行動は別として、人の文化の最も基本的な自己複製子であるかもしれない。

　進化論の第1の要因は変異である。遺伝子が変異するのとまったく同じように、文化の自己複製子も変異する。遺伝上の偶然と同じように、行動上の偶然もときには有利となる。遺伝子のプールと同じように、文化のプールは移入によって利益を得ることができる。

　第2の要因は伝達である。遺伝の伝達と異なり、文化が伝達される場合、獲得された特徴が継承される。文化の伝達の可能性は、遺伝の伝達の可能性をはるかに凌ぐ。なぜなら、実践を伝達する者、すなわち文化の親は、それを受け取る者、すなわち文化の子どもと遺伝的に関係ない場合があり得るからである。

文化の伝達は、遺伝の伝達と次の点でも異なる。遺伝の伝達は受胎のときにしか起こらないが、文化の伝達は個体の生涯を通じて起こる。文化の伝達の資源と機会が多いことから、文化の進化は、生物の進化と比べてかなり早く起こることになる。文化が進化すると環境は変わる。この環境の変化によって、古い環境で適応度を高めた傾向が、新たに変化した環境では、適応度に有害な実践をもたらす場合があり、これは社会問題となる。そのような問題が生じると、それを解決するための新たな実践が発展する傾向がある。

　文化の伝達は、模倣によってもルールによっても起こる。学習性の模倣は、ある種のルール支配行動である。子どもはルールに従うようにと教わる。その理由は、ルールに従えば、実践の伝達が特に早くなるからである。

　文化の進化における第3の要因は選択である。伝達が選択的であるがゆえに選択は起こる。有機体がいろいろな環境に入る可能性があるなら、特定の環境でうまくいった実践を受け入れる方向に伝達が偏るメカニズムが進化するだろう。成功をもたらすと言えるような基準のひとつは頻度である。人は、頻繁に遭遇する実践や頻繁に遭遇する人を模倣する可能性がある。人は、行動が頻繁に強化される人が提供するルールに従う傾向がある。そうであれば、ルールに従うことは、成功にさらにもっと直接的に関わる点で選択的であるのかもしれない。

　文化の実践は、遺伝子に似た自己複製子である。そのように考えれば、自分が属する共同体や国の利益のために、自分を犠牲にする行為を人がしばしば行う理由を説明できる。金銭、時間、労力を提供したり、自分の命をも危険にさらしたりといった「無私無欲」の実践は、その結果が、平均して、そして長い目で見て強化的である限り、文化の一部となり続けるだろう。そのような実践を維持する社会的強化子は、結局のところ、遺伝子の適応度に及ぼす実践の効果に由来する。

◆ 参考文献

Barash, D. P. 1982: *Sociobilology and Behavior*, 2nd ed. New York: Elsevier. この教科書は、行動の進化の説明の基礎となる多くの理論を明確に述べている。マーモット同士の比較を行いながら社会性を考察している部分がある。

Barash, D. P. 1986: *The Hare and the Tortoise: Culture, Biology, and Human Nature*. New York: Viking Penguin. この本は、文化の進化と生物の進化を比較している。

Boyd, R., and Richerson, P. J. 1985: *Culture and the Evolutionary Process*. Chicago: University of Chicago Press. この本は、文化の進化を学問的に扱っている。文化の進化が多くの点で生物の進化と類似している点や、異なる点、さらに相互に関わっていることが明確に述べられている。

Dawkins, R. 1989: *The Selfish Gene*, 2nd ed. Oxford: Oxford University Press. この本の第11章の「ミーム:新たな自己複製子 (Memes: the new replicators)」を参照のこと。(リチャード・ドーキンス 日高敏隆・岸由二・羽田節子・垂水雄二(訳)(2006). 利己的な遺伝子 紀伊國屋書店)

Epstein, R. 1984: Spontaneous and deferred imitation in the pigeon. *Behavioural Processes*, **9**, 347-54. ハトがお互いに模倣するということを示した実験が報告されている論文である。

Goodenough, J., McGuire, B., and Wallace, R. 1993: *Perspectives on Animal Behavior*. New York: Wiley. この教科書は、動物行動のメカニズムと理論についての情報を提供している。

Harris, M. 1980: *Cultural Materialism*. New York: Random House. 文化人類学の範囲内で文化を研究することへの行動的アプローチがこの書名となっている。

Hull, D. L., Langman, R. E., and Glenn, S. S. 2001: A general account of selection: Biology, immunology, and behavior. *Behavioral and Brain Sciences*, **24**, 511-73. この論文は、生物の進化、免疫系、そして強化のそれぞれの選択の間に類似点があることを示しており、多くの他の研究者による注釈が記載されている。

Lamal, P. A. (ed.) 1991: *Behavioral Analysis of Societies and Cultural Practices*. Bristol, Pa: Hemisphere Publishing. 行動分析家たちによって書かれた論文がこの本に集録されている。

Lumsden, C. J., and Wilson, E. O. 1981: *Genes, Mind, and Culture: The Coevolutionary Process*. Cambridge, Mass: Harvard University Press. 文化の進化と生物の進化の相互の関わりを論じた初期の本のひとつである。

Pulliam, H. R., and Dunford, C. 1980: *Programmed to Learn: An Essay on the Evolution of Culture*. New York: Columbia University Press. この本は、遺伝子が学習を導く方法と、それによって文化が発展する仕方を調べた愉快な本である。エスロックの伝説についての独創的な語りは、この本の第8章を参照のこと。

Skinner, B. F. 1971: *Beyond Freedom and Dignity*. New York: Knopf. 文化の進化については、特に第7章を参照のこと。(スキナー B. F. 山形浩生(訳)(2013). 自由と尊厳を超えて 春風社)

Skinner, B. F. 1974: *About behaviorism*. New York: Knopf. この本でスキナーは、さまざまな批評家たちの批評に答えている。第8章の「原因と理由」では、ルール支配行動について論じている。

Sommerville, C. J. 1982: *The Rise and Fall of Childhood*. Beverly Hills: Sage Publications. 子どもたちに関する実践が西洋文明の歴史をとおして論じられている書物である。

第13章で紹介した用語

生みの親（遺伝的な親）と文化の親　Genetic parents and cultural parents
学習性の模倣　Learned imitation
自己複製子　Replicator
実践　Practice
社会　Society
水平伝達　Horizontal transmission
生存機械　Survival machine
対立遺伝子　Allele
文化　Culture
本格的な文化　Full-blown culture
ミーム　Meme
模倣だけの文化　Imitation-only culture
有効性　Efficacy

第14章
文化のデザイン：生存のための実験

　おそらくスキナーは、文化のデザインについての彼の考えを単に述べただけであって、それ以上の物議を醸し出すようなことは一切言っていない。文化のデザインという言い方に、批評家たちは、全体主義の政治、厳格な管理体制、沈滞低迷といった悪影響があると思った。彼らにとって、それは危険な考え、最悪な事態への決まり文句であると思えた。どうしたら文化をデザインできるほど十分に賢い人になれるのだろう。このデザインに賛同しない人はどうなるのだろう。そのような反発に対して火に油を注ぐかのように、スキナーは、行動工学（behavioral engineering）の本も著した。それは脅迫とすら思えた。

　行動主義者の考えの中には、自由意志や心（mind）、そして言葉（language）についての考えのように、真に議論を呼ぶものがある。しかし、文化のデザインと行動工学についての考えは、**デザイン**や**工学**という語に対する一般的な偏見に基づく解釈で問題視されているだけのように思える。批評家にとって、これらの言葉は、基本計画（マスタープラン）のようなもの、文化のあるべき姿についての固定観念、好むと好まざるとにかかわらず実行されるものを意味する。しかし、自由（第9章）、政治（第11章）、そして価値（第12章）についての行動分析学の論理的拡張からそのような考えは導かれない。例えばスキナーの著書、『自由と尊厳を超えて』（原題：*Beyond Freedom and Dignity*）と『ウォールデン・ツー』（原題：*Walden Two*）で述べられている考えは、エンジニアやデザイナーが正常に作動する製品を造ろうとしているときに経験する、試行錯誤の過程にかなり似ている。家をデザインする建築家は、スケッチを描く。そしておそらく模型を作り、この試作品を調べて問題がないかどうか調べる。さらにクライエントにそれを見せて検査する。この過程のどの時点でも、クライエントがそのデザインを認めないなら、製図板に戻ってもう一度検討し直すことになる。職業訓練、政策減税のような政府主導の実験的プロジェクト

に反対する人はほとんどいない。それらの計画は、人が社会的に望ましい方法で行動できるようにするための合法的な取り組みと見られる。これから見ていくように、行動分析家は、そのような実験に、私たちはもっと体系的に、そしてもっと一般的に取り組むべきであるということだけを提言する。

進化によるデザイン

　文化が進化の過程によって変化するということ、すなわち変異、伝達、さらに選択の結果として変化するということを認めたのであれば、これらの3つの側面のすべてを改善することで、その進化を高めることができるはずである。意図的に新たな実践を試みることで、変異を高めて変異を導くことができる。良いと思える（第12章と第13章の意味で）実践を教えることで伝達を保証することができる。実験的なプログラムを専門家が評価できるようにするための訓練を実施することで、選択を際立たせることができる。

■ 選択育種

　ダーウィンが自然選択を考えた理由のひとつは、選択育種（selective breeding）の研究である。形質がある世代から次の世代へとどのように伝達されるのかについて、ダーウィンは明確な理論を持っていたわけではなかった。しかしダーウィンは、品種改良が動物育種家によって行われていることを知った。その方法は、育種家が望んでいる形質を子に持たせる場合、その形質を持つ親を繁殖させる方法である。馬は走る速さで品種改良することができ、牛は身体の大きさと乳を多く出すことで品種改良することができた。ダーウィンが考えたことは次のようなことであった。集団の成員の中で子どもを生めそうな個体が環境によって選択されるのであれば、たとえめちゃくちゃなやり方であったとしても、時間が経つにつれて、より高い繁殖成功をもたらす特性を持つ個体がその集団を次第に占めるようになる。

　ただし、重要なひとつの点で選択育種は自然選択と異なる。それは、集団のどの成員を選んで繁殖させればより強力な選択になるのか、選択育種の場合、その選択を意図的に行うということである。文化の進化に対する文化のデザイ

ンの関係は、このような自然選択に対する選択育種の関係のようなものである。農学の専門家が、実験をして、選択育種して、農夫が利用できるように品種改良するのと同じように、文化の専門家は、実験をして、評価して、そして社会が利用できるような実践を改善できるはずである。

　そのような実験は、ある程度すでに行われている。1930年代、多くの人は、社会保障制度給付金と失業手当給付金が実験的に行われたことを知っている。そして、ごく最近であれば、マイノリティ優遇措置が実験的に行われていることを知っている。たまに、それぞれの州が新たな実践を試みることもある。例えば、生活困窮者を援助するための逆所得税や、教育資金のための宝くじなどである。新たな実践を使ったほとんどの実験は、都市や学区、あるいは街区で小規模に行われている。ゴミのリサイクル、親が学校を選ぶ、犯罪監視などがそうである。そのような実験の中には、うまくいかないものやひどい結果になるものもある。例えば、逆所得税、貯金の規制撤廃（自由化）、金融機関借入金などがそうである。

■ 評　　価

　文化をデザインするということは、より多くの実験をより注意深く行うというだけのことである。すなわち、計画を立てて評価（evaluation）しながら実験を行うということである。評価が計画されていない実験の場合、その実験が成功したと言えるには、実験の結果が目を見張るような結果でなければならない。しかしながら、文化の実験の結果は、とらえにくい場合が多い。例えば、10代の未婚の女性の妊娠や麻薬関連の死のような、ある出来事の頻度の変化や、標準テストの得点のような、ある集団内の個人の成績の変化のようなものはすぐに現れるものではない。人によってはかなりの変化を示したとしても、その変化がわずかである者や、まったく変化しない者もいる。したがって、評価を行うには、うわべだけの観察では駄目である。データが集められ分析されなければならない。実験科学者が実験結果について結論を導くために統計的検定やグラフを使わなければならないように、文化の実験者も同じような方法を用いなければならない。これが、新企画の実験に対して資金を提供する機関が、プロジェクトの承認前に計画の中に評価が盛り込まれることを要請する場合が

多い理由である。

　大がかりな財政支援は、小規模の実演やパイロット実験にも依存する。それが普通である。万一、文化のパイロット実験がうまくいかないなら、その実験が小規模であるがゆえに、比較的すぐにあらゆる問題を見つけて、それらを容易に改善することができる。小規模な規制撤廃をはじめに試していれば、合衆国の貯蓄と貸付は破たんしなかったかもしれない。注意深い評価がなされなければ議論の余地が残るところだが、他の文脈で規制撤廃がうまくいっているように見えても、貯蓄貸付機関は、それとは異なる文脈であった。その新たな文脈でパイロット実験を行って規制撤廃をはじめに評価すべきだったのである。

　しかしながら、評価はひとつの問題を投げかける。育種家は、農学の実験で病気や生産性に対する抵抗力といった明確な定義や基準に従って新しい血統を評価する。文化の実験では、成功か失敗かについてすべての人の結論が一致する場合もあるが、多くの実験は論争の余地を残す。用いる基準が異なれば結論は違ってくるからである。州の宝くじについて、それによってもたらされる収入の観点から見る人は、宝くじはきっとうまくいくと思うだろう。しかし、社会経済的に低い階層から収入をもっぱら集める方法が宝くじであると考えている人からすれば、宝くじは惨憺たる失敗ととらえるだろう。いったい、文化の実験はどのような基準によって評価されるべきなのだろう。

■ 基準としての生存

　基準についてのこのような問題を扱うとき、スキナーはいつも生存について記している。世界的規模の問題のとき、彼は単に人類の生存を問題にしたと思えるようなときもあるが、それ以外のときは、人ではなく、人がつくる文化の生存について記している。

　生き残るためには文化は変化することができなければならない。なぜなら、文化が安定したままでいられる世界は、新たな環境上の課題や他の文化との競争がない世界だけだからである。今日の世界は、環境が悪化しており、世界規模のコミュニケーションによって文化と文化が絶えず接触している。そのため、環境の変化に立ち向かって、他の文化の実践を吸収しなければ、文化は生き延びることはできない。実践は、ひとつの文化の中だけでなく、文化と文化の間

でも競合する。外国の実践が強化的であることがわかったなら、その実践は、もともとあった文化に進出し伝統的な実践に取って代わることすらある。日本人は、西洋人から大量生産と品質管理を取り入れた。今日のアメリカ人は寿司と空手を楽しんでいる。実践はまとまって出現し互いに依存する傾向があるので、ある実践を取り入れると、他の実践も取り入れる場合が多い。空手に関心がある人は禅に興味を持つかもしれない。日本人は、大量生産を取り入れたことで品質管理も取り入れた。実践の相互依存性によって、大きな文化様式の間で競争が起こる。文化全体であっても起こる。ある集団が、自分たちの伝統的な文化を捨てて別な文化を大規模に取り入れたなら、伝統的な文化は死んだと言える。

　変化する環境において、もし新たな課題に応じて変化する文化と、そうでない文化があるなら、生き延びる可能性があるのは前者の方だけだろう。そのような課題が特にきわめて重要となるのは、それらの課題が、その文化の実践それ自体によって生じる場合である。例えば、核兵器を製造したり、有害な廃棄物を投げ捨てたりするという実践は、来るべき世代の幸福を脅かす。多くのことが、文化が自らつくり出したこのような課題に文化がどのように反応するのか、その方法によって決まる。

　基準となる生存には、環境の変化だけでなく、長期的な関係に対する反応の変化という意味も含まれる。短期的な関係にのみ反応すると、災いとなるのが普通である。なぜなら、短期的な関係と長期的な関係は対立するのが普通だからである。短期的に見ると、ビニール袋はアメリカ人に人気がある。ビニール袋は便利だし安価だからである。しかし長い目で見ると、ビニール袋は、結局ゴミの山となり環境を汚染する。長い目で見れば、ビニール袋の実際のコストは高くつく。満足できる廃棄にはコストがあるからである。短期的には、化石燃料は便利で安価なエネルギー源のように見えるが、長期的には、それらを使用すれば、交通渋滞と大気汚染は助長される。

　私たちが直面する問題のほとんどは、第９章の見方からすれば強化の罠となっている。短期的な結果に従った行為は、比較的即座に強化される。そして、その強化は明らかである。しかし、長期的な関係は困難を提供する。なぜなら、それらの結果は遅延されるし累積的であるのが普通だからである。水路に有害な廃棄物を少し投げ捨てても、長期にわたる重大な結果にはならないかもしれ

ない。しかし、毎日少しずつ何年間にもわたって投げ捨てれば、その累積的な効果によって最悪となる。

　個々の会社が長期的な関係に従って反応することがあてにできないのであれば、規制による強化関係を強要する必要がある。電力の消費によって利益が向上する限り、電力会社が電気の節約を奨励するとは思えない。メイン州では、公益委員会が、電気の節約を妨げるこの要因を取り除く実験を試みた。電力会社の利益をおおよそで一定に保つために、委員会は消費が下がれば価格が上がるようにアレンジした。その結果、消費は下がった。消費を促すことがもはや強化されなくなり、電力会社が電気の節約を奨励し始めると（あるいは、少なくとも電気の消費を促すことをやめると）、個人消費者の電気節約傾向は前と比べて高くなった。規制による強化によって、電力会社の行動は節約を促す長期的な関係に従ったものになった。

　そのような長期的な関係に反応するには、ほとんどの場合、当て推量であるが、予測が必要となる。たとえ予測がはっきりしない場合でも、措置を講じなければならないときがたまにある。例えば、森林と化石燃料を消費する私たちの実践は、大気中の二酸化炭素の濃度を高めることになり、地球全体の温暖化、すなわち「温室効果」を招くと思われている。しかし、その関係は確かであるとは言い難い。なぜなら、他の理由でも温度は上昇したり下降したりするからである。一般的な上昇傾向が確証されるには、何年もかかるかもしれない。問題があるということがはっきりするまでは対策を取らないとすると、実際に問題が起こってからでは遅過ぎて災害を避けることはできない。

　環境、経済、そして社会の長期的な結果について予測できるように、ごく少数の専門家を訓練することはできる。社会は、このような専門家に長期的な関係を明らかにしてもらい、それに対処するための新たな実践を提言してもらえるようにしなければならない。しかし、このような提言によって変化が起こり得るのは、この専門家たちの言語行動に反応し、文化の生存のために役立とうとする集団が社会の中に存在する場合だけである。例えば、ゴミのリサイクルを人々に奨励する集団は、この役割を担う。

　彼らによって、人々が、より良い食事制限をしてもしなくても、あるいは電気を節約してもしなくても、古い実践がもたらした問題を解決するのは、古い実践に取って代わる新たな実践である。その新しい実践には2つの効果がある。

ひとつは、文化の生存を確実にするということであり、もうひとつは、社会の成員の長期的な生殖成功を促進するということである。なぜそもそも社会と文化が存在するのか、この疑問に対する最も有力な説明は、社会と文化によって適応度が高まる、という説明であった（第13章）。実践は、実践する者たちの適応度を高めるように変化する。あるいは、私たち自身の実践によって問題が生じた場合、適応度の重大な低下が起こらないように実践は変化する。変化は必要であると論じるとき、人は自分の子どもや孫の健康と生存について語る場合が多い。

■ 誘導変異

　ボイドとリチャーソン（1985）は、『文化と進化の過程』（原題：*Culture and the Evolutionary Process*）という著書の中で、スキナーが文化のデザインと呼んだものをきわめて当然のことと受け止め、それに誘導変異（guided variation）という専門的な名前をつけて、文化を進化させる力のひとつとしてそれを記載した。彼らは、個別に学習され、模倣や教育によって伝達される行動と誘導変異は同じものであると見なしている。これはスキナーの考えよりも広範である。なぜなら、誘導変異には、非言語的な行動に関わる事例までもが含まれているからである。すなわち、ある生き物が試行錯誤で学習し、他の生き物がそれを模倣するという事例である。しかし、ボイドとリチャーソンは、彼らが合理的な計算と呼んでいる事柄に目を向けている。それは、スキナーが事前経過行動（第8章を参照）と呼んだものに相当する。ダイエットを試みるとか、生物分解可能なプラスチックを試してみるといった事前経過行動の結果、解決がもたらされる。その解決は、「もっと健康になるには葉菜を多く食べなさい」「公害を防ぐには、生物分解可能なプラスチックを使いなさい」といった言語行動の弁別刺激となる。この言語行動は、それに耳を傾けた人にとってはルールとなり、その人たちにルール支配行動を誘導する。そして、このルール支配行動は、最終的に強化されるに違いない。

　ボイドとリチャーソンは、「適応基準（adaptive standard）」という形式で強化を取り入れている。

誘導変異の力が進化にもたらす効果は、味覚あるいは快とか苦痛といった感覚のような何らかの適応基準が存在することに依存する。例えば、合理的計算による適応は、環境についての情報を収集し、さまざまな代替行動パターンの結果を評価し、何らかの基準に従って代替成果の望ましさを評価することで進展する。環境の変異を指向的でしばしば適応的な表現型の変化へと翻訳するものは、このような誘導基準である。この表現型の変化が、その後、後続の世代に文化的に伝達される。これらの基準の源は、明らかに誘導変異の過程そのものと究極的に無関係なものでなければならない。最終的な分析において、私たちは、この誘導している基準を、何か他の過程が生み出したものと説明せざるを得ない（p. 9）。

ここで使われている心理主義的な言葉遣いを解釈すると、「味覚あるいは快とか苦痛といった感覚」というのは、子ども、富、吐き気といった、さまざまな結果の強化的ならびに嫌悪的な特徴に相当すると言える。そして、「基準」というのは、強化子や弱化子を意味する。「情報の収集」「結果の評価」という言い方は、言語的な事前経過行動や、おそらく操作的な事前経過行動に相当する。すなわち、さらなる言語行動を制御するさまざまな弁別刺激（成果）を生み出す行動に相当する。ここでの「表現型の変化」とは、文化の何らかの実践の変化を意味する。「基準」の原因となる「源」や「過程」は、もちろん自然選択である。第4章と第13章ですでに見たように、事象が強化的な力や弱化的な力を得るのは、そのような力によって一般的に適応度が高まる場合である。
　ボイドとリチャーソンの誘導変異がスキナーの文化のデザインとほとんど同じであるなら、なぜスキナーの考えだけが議論の的となるのだろう。主な理由は、おそらく、ボイドとリチャーソンの論考が、厳密に言えば、記述的であるのに対して、スキナーの論考は、多くの場合、規範的（指示的）になっているからだろう。どちらの論考も、すでに私たちの社会で起こっている過程を指摘しているのだが、スキナーだけが、そのような誘導変異がより多く行われなければならないとか、さらにそれが体系的に行われなければならないと主張し続けている。このような主張によって、私たちの民主主義が専門家の強い影響力によって脅かされることになるという恐怖が生じる。
　このような反発に答えるとき、スキナー（1971）は、いつもその怖れはもっともであると受け止めた。しかし、彼はより広い視点を持つことを求めた。き

ちんと設計された文化とは、専門家から不当な影響を受けないようにするための強化関係（第11章の対抗制御を参照）を含む文化である。スキナーが**実験的社会**（experimental society）と呼んでいる彼の構想には、単に少数の限られた領域における実験だけではなく、多くの最前線での実験も含まれる。

実験的社会

　人類の生存と文明の存続に危機を感じたスキナーは、環境の挑戦に対処するための、文化的実践の取り入れがあまりにもゆっくりし過ぎているため、破滅を回避することができないのではないかと危惧した。過去に機能していた実践は、不適応なものになるかもしれない。そして、代わりの実践が必要になるかもしれない。スキナーは、古い実践にしがみつくのではなく、絶えず新しい実践を試みて、それがもっともうまくいくかどうかを調べなければならない、そして、新たな実践で実験することを私たちの文化の実践のひとつにしていかなければならない、と主張した。彼は、実験的な社会の代わりに、実験する社会について記したと言った方がよいかもしれない。

■ 実験する

　スキナー（1971）は、文化の実践で実験することと、実験室で実験することとを比較した。

> 　文化は、行動を分析するときに使われる実験空間にかなり似ている。……有機体が実験空間に入れられるのと同じように、子どもは文化の中に生まれてくる。文化をデザインすることは、実験をデザインするようなものである。随伴性（すなわち強化関係）がアレンジされて、効果が調べられる。実験で私たちが関心を抱くことは、何が起こるのかということであり、文化をデザインする場合は、それがうまく機能するのかどうかということになる。これが科学と技術の違いである（p. 153）。

　ここでスキナーは、行動の科学である行動分析学と、行動テクノロジー（behavioral technology）の違いを指摘している。科学は理解することだけを目的としているが、テクノロジーは、実用的な結果を目的としている。テクノロジーと科学は、部分的には相互依存的である。科学は、実践が機能する理由を説明する。テクノロジーは、実際にきちんと機能する実践を見つけるために科学を利用する。

■ 民主主義

　例えば、私たちは、第11章で、民主主義は、より大きな対抗制御を市民に提供するので、他の政治体制と比べて優れているかもしれないと推測した。この考えは、民主的なプロセスのさらなる改善方法を指摘するかもしれない。行動分析家のマーク・ゴールドシュタインとヘンリー・ペニーパッカーは、「候補者から犯罪者へ——公職選挙における腐敗の随伴性（From candidate to criminal: The contingencies of corruption in electric public office）」という論文で、民主主義へのたったひとつの最大脅威、すなわち腐敗に取り組んでいる。ゴールドシュタインとペニーパッカーは、公職選挙に出馬する候補者の行動に影響する強化関係と、選ばれて公務員になってからの彼らの行動に影響する強化関係が異なるために腐敗が起こると論じている。候補者は、出馬している間、人々の利益の代弁者になること、機能していない政府の実践を改善すること、有権者たちの関心事に耳を傾けること、を約束して、金を工面して票を集める。選挙で選ばれると、その人は、今や新しいそしてほとんど抵抗できない1組の強化関係に直面する。十分な資金があるいくつかの特別な利益団体は、もしその議員が彼らに有利な決定をしてくれるなら贈り物や寄付を提供する。その上、他の当選した議員は受け入れを奨励する。国レベルでは、下院議員も上院議員も、再選挙のときになると、膨大な資金が必要であると指摘するロビイストの目標に突然なる。地方のレベルでは、たとえ出資金がもっと少なくても同じような関係が起こる。なぜなら住宅開発業者も企業も、建築規制の譲歩や特別なサービスを求めるからである。彼らの代議士は、選挙で選ばれた公務員をディナーに連れ出したり、野球の試合のチケットや休暇旅行を提供したりする。ゴールドシュタインとペニーパッカー（1998）は、フレンドリーという名前の人の状況を記している。

フレンドリーという候補者は、個人的な接触や支援や饗応、そして、選挙運動員から提供される公衆の好ましいフィードバックなど、盛りだくさんのスケジュールを経験した。選挙が終わると、このようなことはほとんどなくなり、その公務員は、他の何らかの強化子の影響を極端に受けやすくなる。自分に都合のよい待遇を求める人たち（すなわち、フレンドリーを堕落させる人たち）は、非常に意欲的に強化子の隙間に立ち入り、その隙間を自分自身の随伴性システムで埋める。彼らは強化子をサンプリングしたり、強化子を使ってシェイピングしたりするといったテクニックに長けている。間もなくすると、フレンドリーは、新たなレパートリーを持つようになる（pp. 6-7）。

この公務員がこの新たな強力な強化に屈服しても、選挙期間に戻ると、選挙で問題は改善されるかもしれない。しかし、そうは言っても、新たに選ばれた人が再び同じような強化関係の変化に屈服するという問題が残る。腐敗が解決されるには、公務員と、彼らにさらなる対抗制御をもたらす選挙区民との関係がかなり変化しなければならない。

ゴールドシュタインとペニーパッカーは、地元で選ばれた公務員に対してひとつの提案をしている。彼らは、その提案を次のように記している。

選挙で選ばれたすべての公務員は、選挙のたびに住民投票を受ける。毎年、有権者は、各現職者に関してひとつの投票案件に答えることが求められる。それは、さらに1年間、その現職者を異議申し立てなく留任させるべきかどうかという案件である。賛成多数の投票であれば、異議なく、その現職者はサービスを継続できる。一方、反対投票があれば、毎年行われる次の住民投票で異議申し立てが行われ、交代させられる。このようなシステムのもとで新たに選ばれた現職者は、少なくとも2年間は勤めることが保障される。その後、毎年異議申し立てがなければ、それは、現職者の仕事に関して市民が肯定的に評価している証となる。もし異議申し立ての投票があれば、現職者が続く選挙で勝ち取るために、翌年は自分の実践を改める年となる。それができなければ、おそらく時宜を得て投票者によって免職される。この手続きは、地方政府にとって何らコストにならない。なぜなら何らかの形の選挙は毎年行われるのが普通であり、それに住民投票を単に重ねるだけだからである（p. 7）。

上記の彼らの提案は、公職から外されるという脅し（対抗制御）に裏打ちされたフィードバック（強化や弱化）がより頻繁に行われることを保証する。そのため、現職者が公職についている限り、それによって正しい行動が促されるだろう。また、公職の確定条件のいくつかの不備はなくなるだろう。公務員が、数年の間、対抗制御を受けずにいられるという不備と、それから、たとえ公務員がよい仕事をしていても、選挙によって異議申し立てに直面せざるを得ないという不備である。しかしながら、上記の提案は妥当であるように思えるけれど、それがうまく機能するかどうかを見いだす唯一の方法は、それを試してみることしかない。

■ 幸　福

　私たちは、どのようにして、ある実践がうまく機能しているとわかるのだろう。ボイドとリチャーソンの適応基準と、誘導基準に話が戻る。最も普通に見られる答えは、幸福という観点から表現される。どのような作業が人を幸福にするのだろう。

　しかし、これは、どのような条件のもとで人は幸福であると言われるのだろう、という問題の言い換えでしかない。私たちはすでに、この疑問に対する行動分析家たちのアプローチを第9章と第11章、そして第12章で見てきた。まず、人は、嫌悪的な結果（あるいは、慣れ親しんだ強化の除去）という脅威から自由であるとき、より大きな幸福を報告する。第9章で私たちは、自分たちの環境が選択（代替可能な行為）を提供し、その選択によって嫌悪的な結果ではなく、むしろ強化的な結果がもたらされるとき、人は幸福を報告するということを知った。人は、自由、特に強制からの自由を感じると報告するときの条件と同じ条件のもとで幸福になる傾向がある。それだけではない。精神的な自由を分析したときに指摘したように、ある種の正の強化からの自由を感じると報告するときの条件と同じ条件のもとでも人は幸福になる傾向がある。

　文化の中で作用する基準としての幸福については、ひとつの制限を設ける必要がある。すなわち、私たちは、ここで長期的に見た場合の幸福について語っているのである。人の文化に由来する長期的な幸福は、短期的な個人の強化と競合する場合が多い。短期的に見れば、税を支払うことを喜ぶ者はいない。し

かし、長期的に見れば、税を払うことで、人は学校にも行けるし、ゴミも収集してもらえる。

　第11章で私たちは、搾取と公平を調べることで長期的な視点を取り入れた。ある文化の強化と弱化の関係は、人間関係の面で具体化される。人間関係は、弁別刺激と結果の反復交換からなる。この反復交換によって、人は他者の行動を制御し、組織は人の行動を制御する。人は、搾取的な関係から自由になって、公平な強化子を受け取るとき、すなわち、比較対象となる集団が受け取る強化子と等価な強化子を受け取るとき、より大きな長期的な幸福を報告する。歴史的には、合衆国の流れは、ますます広い比較を行う方向に向かっている。妻たちは、他の妻たちと比較されるだけでなく、夫とも比較されるようになった。少数派は、他の少数派と比較されるだけでなく、多数派とも比較されるようになった。最終的に、個体群（集団）全体が比較される集団になれば、公平に対するすべての人の基準は同じになるだろう。

　第12章と第13章で、最終的に私たちは自然選択の賜物であるのだから、私たちの幸福は、私たちの遺伝子の適応度に一致する傾向があるということに私たちは納得した。ほとんどの人にとっての幸福（強化）は、適応度に究極的に結び付いた自分や他者の条件（強化子）から生じる。すなわち、人の幸福は、個人の生存と快適さ、子どもたちの福利（welfare）、家族や他の親類の福利、配偶者や親友や地域の人たちといった、互恵的な関係を持つ非血縁者の福利（第11章）から生じる。

■『ウォールデン・ツー』におけるスキナーの構想

　スキナーは、実験的な社会、あるいは実験する社会についての彼の考えを伝える試みのひとつとして『ウォールデン・ツー』という小説を書いた。小説であるので、その本は実験する社会とはどのようなものなのかを具体的に示している。実験する社会の良さを主張するエッセーとしては、それは間接的である。なぜならスキナーは、登場人物の対話によって彼の主張を通したからである。この本を十分に評価するには、スキナーの視点を踏まえてそれを解釈しなければならない。

◎『ウォールデン・ツー』を解釈する

　この本は、バリスとキャッスルという2人の中年の大学の教授が、アメリカ中西部の農村地域にある実験的な共同体を訪れることにしたという話からはじまる。彼らが見たのは、整然と立ち並んだ建物と約1,000人の住民が暮らす土地であった。彼らはそこで過ごした数日間のほとんどを、フレイジアというこの共同体の創設者との話し合いに費やした。彼はそこで暮らしていたが、共同体の運営に直接関わるようなことはしなかった。

　この本の読みどころのひとつは、フレイジアとキャッスルがバリスの忠誠心を求めて争うときである。学者としての自分の役割に満足していると記されているキャッスルは、太り過ぎの論争好きな哲学者、心理主義の化身のような人物である。行為の人物であるフレイジアは、活気のある議論好きな自信過剰とも言える人物として記されている。彼は、行動テクノロジーに基づく新たな世界の希望を象徴する。バリスは、学者としても、そして自分の生活にも不満を抱えている人物で、説得されやすい人物である。この3人のいずれもスキナーの代わりとは言えない。しかし、彼らの間で起こっている議論、特にフレイジアとバリスの議論は、スキナーが自分自身に行っている議論に似ているかもしれない。

　フレイジアがウォールデン・ツーの周辺を案内したために、バリスとキャッスルは、その文化のさまざまな側面、すなわち経済、政治、教育、結婚、余暇に関する実践について知ることになる。フレイジアは、どのようにそれらの実践が行動の原理に基づいているのかを説明する。キャッスルは、欠点を見つけては心理主義的議論を吹っ掛ける。フレイジアはそれに反論する。バリスは両者の間で揺れ動く。次々に、実験する社会の考えに対して反対意見が出る。ほとんどはキャッスルによる反対で、バリスの反対もいくつかある。そして、それらにフレイジアが答える。

　ウォールデン・ツーのすべての側面が、合衆国一般よりも良く機能しているものとして描かれている。貨幣は一切必要ない。役に立つ仕事をすれば労働クレジットが提供される。窓を洗うといった面倒な仕事に対しては、1時間につきより多くのクレジットが与えられ、教えるといった楽しい仕事には、少ないクレジットが提供される。政府は、市民からのフィードバックに非常に敏感に反応するので、選挙は時代遅れのものとして廃止された。子どもたちには自分

自身を教育する方法が教えられ、教師には緩い指導だけが求められる。人々は、非常に多くの余暇の時間を楽しみ、そしてそれを生産的に使う。服装はさまざまである。社会的なやり取りは直接的であり親切である。なによりすべての人が幸福である。バリスは、最終的に、ある種の霊的な目覚めを体験して、大学へ戻る道すがらキャッスルを残してウォールデン・ツーにとどまるべく戻ることになる。

◎『ウォールデン・ツー』はユートピアなのか

　もちろん、ウォールデン・ツーは、あまりにも良過ぎて本当には思えない。この本は、トマス・モアの本『ユートピア』のように、理想郷を描いた小説として見られる場合が多い。これまで、そのような小説が多く書かれている。そのほとんどは、普通、私たちが知っている世界と比べてはるかに良い生活が営まれている小さな隔絶された共同体について書いている。表面的に見ると、『ウォールデン・ツー』は、この型に当てはまる。

　しかしスキナーは、この本が理想郷の本であるということを認めなかった。実験的な（実験をする）社会の基本的な考えを描くことを目的としたものであると彼は主張した。経済、政治、社会生活などの具体的な細目は実例をもってのみ示された。この細部にわたる描写がこの小説の重要な点であるが、典型的な理想郷の小説とは違って『ウォールデン・ツー』は、この細部を超えた方法、すなわち実験的な方法を指摘する。その細部をスキナーが推奨しているととらえると、この本を読み間違えることになる。実際、スキナーの見解を考慮すれば、彼が『ウォールデン・ツー』の細部について何か明確な考えを持っていたとは言えない。なぜなら、それらの細部は、実験と、選択の結果として時間をかけて変化しなければならないものだからである。労働クレジットシステムや、絶えず行われるフィードバックによる政治、自己教育がうまくいくかどうかについてわかる人は誰もいない。実験する社会においては、それらの事項は、試みられ、修正され、そして保持されたり削除されたりすることができるのである。

　年月を重ねるにつれて「理想郷の（utopian）」という語は、「非実用的な」「現実不可能な」という意味をさらに持つようになった。そして『ウォールデン・ツー』は、この意味で理想郷と呼ばれるようになったのかもしれない。1,000人の共同体であれば、実験は意味があるかもしれないが、3億人の人間がいる

国であったなら、あるいはかなり多くの人間がいる州や都市では実行できないのではないかと思われるかもしれない。確かに、ウォールデン・ツーのような共同体が成功したとしても、それはそれだけの小さな島のままだろう。この本の中でスキナーは、ウォールデン・ツーのような共同体が他にも国の至るところで生じていると想像した。そのような共同体の中で十分な数の人が生活すれば、最終的にその人たちが国全体に影響を及ぼし始めると彼はほのめかしている。

スキナーの推測が当たるかどうかを知ることは難しい。なぜなら、そのような共同体を着手した試みはほとんど成功したことがこれまでなかったからである。1960年代に合衆国で始まったひとつの共同体は1990年代まで存続したが、その時にはその共同体は、実験するという実践を止めてしまった。メキシコの共同体、ロス・ホルコネスは実験する実践を続けてはいるが、依然として規模があまりにも小さいままで、影響を及ぼすほどではない。

おそらく文化の実験が発展するのに、いくつかの小さな共同体に依存する必要はないのだろう。世界大恐慌以来、すべての段階の政府、すなわち地方自治体から連邦政府に至るまで、実験を行う傾向が増大していると主張できるだろう。ゴミ処理、薬物の使用、10代の妊娠、失業といった問題への新たな対処法を検証する試験計画（パイロット・プロジェクト）は新聞に記載されることが多い。他の社会における実践が、議論の的になったり採用可能性の候補になる場合もある。悲観主義者は、既得権のある集団の力を指摘して、新しい方法に反対するかもしれない。それに対して楽天家は、結局、実験する社会に向かって、ゆっくりと、もたもたしながらも進んでいると言うかもしれない。スキナーは、私たちの行動上の問題を解決するためには、遅過ぎるということがないように、もっと早く、もっとシステマティックに取り組んでいかなければならない、とおそらく主張するだろう。

反　　論

スキナーは、『ウォールデン・ツー』や『自由と尊厳を超えて』の著書の中で、実験する社会についての彼の構想に対する反論に答えている。その書き出しで、好むと好まざるとにかかわらず、おそらく初歩的ではあるが、発展しつつある

行動テクノロジーはすでに存在するという視点を彼は記している。人の行動は、設計された強化関係によって制御され得るということについて、疑いの余地はないだろう。問題は、この理解をどのように役立てるかということである。

　最初の反論は次のようなものである。この構想は間違っている。理由は、実験室の中では人の行為を制御することができたとしても、そのような条件は、人工的で単純化されており、複雑な日常世界とは異なるからである、という反論である。これに対してスキナーは、物理学や化学の実験も同じく人工的であるし単純化されているけれど、その結果は日常世界に応用できる、それを疑う者は誰もいない、と指摘して回答した。制御は、必ずしも素晴らしいものでなくても役立つ場合がある。日々の広告業界を見れば、歴史を宣伝することができるということがわかる。幸いにも、制御がより建設的に利用される場合もある。例えば、行動マネジメントは、教室でも精神科病院でも行われている。『ウォールデン・ツー』でフレイジアは、失敗は起こっているけれど、テクノロジーは疑いもなく機能している、と指摘している。スキナー（1971）は、あまりにも単純過ぎて行動テクノロジーを認めるわけにはいかないという人たちには、その代わりとなるものを調べることを勧めた。

　　行動分析学が取って代わろうとしている従来のやり方こそ、すなわち、心や感情、そして自律人間のそれ以外の側面に訴える方法こそ、実際にあまりにも単純化し過ぎている方法である。心理主義的な説明をすぐにでっちあげてしまえるその安易さこそ、おそらく注意すべき事柄にほとんど注意していない最良の証であろう。それと同様のことは、従来の実践にも言える。実験的な分析に基づく技術は、他の方法で行われていることと比較されてはじめて評価されるべきである。非科学的あるいは前科学的な良識、または常識、個人的な体験からの洞察に対して、私たちが、結局、示さなければならないものは科学である。それ以外に何もない。単純化への唯一の解決法は、複雑さの扱い方を知ることである（p. 160）。

　続けてスキナーは、他のあらゆる科学と同じように、行動分析学がすべての疑問に答えることが必ずしもできるわけではないということを認めた。しかし、行動分析学の発展に伴って、私たちが直面するますます困った問題に対して行動分析学は解答を提供している。

行動の科学は、私たちが抱えるすべての問題を解決できる段階にまだ至っていない。しかし、行動の科学は発展途上の科学である。それが最終的に適切な科学であるのかどうかは、今は判断できない。人間の行動のいろいろな側面を行動の科学は説明できないと批評家が主張するが、彼らが言いたいことは、普通、人間の行動のすべての側面を説明することなど決してできないということだろう。しかし、行動の科学の分析は発展し続ける。そして、それは、実際のところ、批評家たちが普段考えているよりもさらに前進している（p. 160）。

　２番目の反論は、デザインするということは、いじくりまわすことと同じである、とする反論である。賢明ならざる革新は破局をもたらす可能性があり、結果がどうなるかはわからずに何か実験しようとすると、良い結果にならずに損害を与えることになる。まだ見ぬ結果を恐れるよりはむしろ、なるようにならせた方が無難であるだろう。このような反論に対してスキナーは、「計画されない事柄もうまくいかない」と答えた。介入しなければ、私たちは自分たちの運命を偶然に委ねることになる。そのような方法は、これまでは十分にうまくいったかもしれない。しかし、世界は、私たちの行為によって私たちの存在そのものが脅かされる世界になっている。ただ座して最善を求めるのは無責任な行為であると思われる。

　スキナーが記したウォールデン・ツー共同体には立案者の集団がある。その集団に属するそれぞれのメンバーは、決められた期間、立案者として勤務する。彼らは、マネージャーたちのフィードバックに基づいて実践を評価する。それぞれのマネージャーは、健康、酪農業、食品の調理、子どもの世話など役割が決められた特定の集団に所属する。マネージャーたちはデータを集め、立案者たちがそれを分析する。データを用いながら、立案者たちは、どの実践がうまくいくのか、どの実践は改善できるのか、新たに試してみる実践はどれなのか、を決定する。

　立案者たちは専門家たちである。彼らは、新たな方法を評価して計画するための訓練を受けなければならない。責任を負うべき政府は、複雑な問題を解決するための方法を専門家に提案してもらう。橋を作るための基準を設けたり、新薬を評価したりといった問題を扱うときと同様に、公害と犯罪といった行動上の問題を解決するためには専門家が必要である。行動分析家は、学校、刑務

所、病院向けの実践をデザインすることがますます求められている。行動分析家が役に立つにつれて、彼らの役割はますます必要なものとなるだろう。

3番目の反論は、デザインを停滞の意味にとらえている。計画によって、革新の余地のない無味乾燥な環境が生み出される、という反論である。すでに論じたように、この見方は、「デザイン」という語を誤解している。実験的なアプローチの強みは、実験によって革新が促されるということである。うれしい偶然は、どんなものでも有効に使うことができる。見込みのある新しい提案は、どんなものも試みることができる。しかし、私たちは、もっぱらうれしい偶然だけに頼るべきなのだろうか。

これに関連する反論は、デザインによって厳格な統制ならびに画一性がもたらされるという反論である。あるスタイルの服装や食品の調理が最良であると判断されたなら、すべての人がそれに従わざるを得なくなるだろう。最良と判断された製品だけが商店に陳列されることになるかもしれない。そのように恐れての反論である。この恐れは、それ自身の基盤である多様性の価値を見落としている。西洋文明の歴史から、人は選択ができるとき、より幸福であるということを私たちは学んでいる。今日私たちが満喫しているような多様性は、計画によって保護されるだけでなく、計画によって高められるのである。多様であることに価値があるのであれば、私たちはそのようにデザインすればよいのである。

4番目のさらによく知られた反論は、デザインされるような社会は面白味がないという反論である。スキナー（1971）は「私はそれを望まない」と言った。これを行動的に翻訳すると、「そのような文化は、嫌悪的なものになるだろう。また、私がこれまで慣れ親しんだやり方で私を強化することはないだろう」ということになる（p. 163）。不足がない、危険もほとんどない、多くの余暇があり、すべての人が健康で生き生きとしていてストレスがまったくない、ウォールデン・ツーのような共同体での生活は退屈かもしれない。苦しみがない世界では、ドストエフスキーやモーツァルトのような人はいるのだろうか。スキナーは、この批判は評価に値する部分があるということを認めた。自分自身がウォールデン・ツーで生活することを望むことはなさそうだ、と彼は思っていた。しかし、反論に答えてスキナーは、今日の世界で生活する私たちにとってということではなく、その中で生活する人たちにとって、この社会は素晴らし

い社会である、と指摘した。『ウォールデン・ツー』の中でフレイジアは、キャッスルやバリスにこのことを強く主張したのである。フレイジア自身は、ウォールデン・ツーに合わない人物として記述されている。彼は、この共同体を愛してはいるが、普通の文化を経験したために、建設的なことが行えるようにしたこの新しい文化の中では落ち着かない人間であると感じている。

「私はそれを好まない」というこの批判は、実験する社会の考えとあまり関係しない。それは、むしろ福祉国家の考えと関係する。もし実験する社会が、優れた実践を選択するための基準を、快適さや健康、さらに秩序や安全をもたらす実践とするのであれば、私たちは、すべての人の行動ができる限り多くの正の強化を受けるような福祉国家に向かうだろうし、強制関係や大部分の嫌悪的な制御を避けるようになるだろう。これには、多くの人々が、自分たちの活動を制御する強化子や強化関係をかなり変えることになる。生産的で創造的な活動は、明確に強化されるかもしれない。おそらく、「自分が能力のある人間であることを証明したり」、隣人と争ったり、だましたり、盗んだり、嘘をついたりする必要などほとんどないだろう。

現在の世界で暮らしている人の中で、そのような世界を退屈に思う人がいようがいまいが、その変化を起こそうとするなら、その動きは急激なものではなく緩やかなものになるだろう。架空の『ウォールデン・ツー』でさえ、ある期間にわたって徐々に発達したのである。私たちのほとんどは、おそらく自分の生涯で起こり得る変化を喜んで受け入れるだろう。そして、それぞれの世代は、前の世代の文化と実質的に異なる文化の中で成長するだろう。彼らは、それを決して退屈とは思わないだろう。

文化をデザインすることは、民主主義の脅威となり、専制国家をもたらすというのが最も大きな反論である。ユートピア小説とならぶものに悪夢のような小説と呼ばれるものがある。例えばジョージ・オーウェルの『1984年』（原題：*Nineteen Eighty-Four*）やオルダス・ハックスリーの『すばらしい新世界』（原題：*Brave New World*）といった小説である。オーウェルは全体主義国家を描いた。その国家では、人々を脅して服従させるのに行動の原理が用いられている。特に、その国家が用いる方法はすべて強制である。人々は悲惨な状況にあり、絶えず怯えている状況にあるが、それでも、国家は存続できるほど十分な力を持っている。思い出されるのは、ナチス政権下のドイツであり、ソビエト連邦で

ある。ハックスリーの本では、民衆は正の強化と歩調を合わせることになっている。不足はないけれど、すべての人が人生の初期の頃から、快楽を与える薬物、例えばコカインのようなものに嗜癖するようになる。それらはふんだんに手に入る。人々は、見境のないセックス、ゲーム、さらに肩肘張らない芸能を楽しむことに時間を費やすことを教わる。彼らは、文学、哲学、科学、あるいは教養ある人の伝統と見なされるものは、どのようなものにも無知なままである。

　このような小説が提起する懸案事項に対して、２つの重要な指摘がなされ得る。最初の指摘は、これらの悪夢はどの程度現実的であるのかということである。オーウェルの社会は、私たちにナチス政権下のドイツやソビエト連邦を思い出させるが、どちらも崩壊した。第９章と第11章で記したように、強制的な関係は本質的に不安定である。人々は、最終的に逃避したり反抗したりする。ハックスリーは正の強化の使用を描いている。そうであれば、反乱が生じる可能性は低いのではないかと思う。しかしそれだけに、ハックスリーの悪夢の方は、さらに厄介なものに思える。彼が記している管理方法は搾取的である。第11章で見たように、人が搾取的な関係に反発したり、あるいはその関係を変えようと行動したりするのは、自分たちが不公平であると気づいたときだけである。すなわち、自分をより裕福な集団と比較したときだけである。ハックスリーの小説では、そのような比較は一切行われていない。しかし、彼の小説に登場する支配階級は、彼らが搾取している人たちと比べてかなりより良い生活を送っている。このような支配階級が、どのように人々に比較させないようにしているのか、それについて気に掛けるしかない。古代ギリシャやローマのように、過去の階級的社会においては、支配階級のメンバーであっても、不公平を非難する場合が多かった。長い目で見れば、搾取的な管理もまた不安定である。

　２番目の指摘は、安定した管理には効果的な対抗制御があるということである（第11章）。支配する者とされる者との関係は仲間関係になり得ない。公平な関係にさえなり得ない。しかし、対抗制御の手段が崩壊の単なる脅しよりも強力な場合、そのような関係は安定する可能性がある。民主主義では、反逆の脅威はほとんど起こらない。なぜなら人々は、選挙、陳情運動、デモといった別な形態の対抗制御を行えるからである。

　第11章で述べたように、民主主義の第二の重要な特徴は、長い目で見れば、支配者も支配される者も同じ強化関係を共有するということである。支配者の

在任期間が終了すると、元支配者は普通の市民になる。他の市民と同じ法律がその元支配者に適用される。共有される強化関係は、支配者の行動に対する長期形態のさらなる制御となる。統治者が公職についているときに取った行為は、最終的には、その共同体の他の人たちと同じ効果をその統治者にもたらす。しかし、そのような長期的な関係は、対抗制御といった比較的即時的な関係によって埋め合わせる必要がある。対抗制御は、それが短期的であるがゆえに、統治者の行為に強く影響する。

　しかし、民主主義にどれほど利益があろうと、合衆国で実践されているような民主主義は決して完璧なものではない。選挙は、対抗制御の方法としては十分ではない。なぜなら、何年も経ってからはじめて選挙によるフィードバックが行われるからである。統治者たちの行動に対してより即時的な結果を提供するには、選挙は頻繁に行われる必要がある。しかし、頻繁に選挙が行われると、混乱を招く。ゴールドシュタインとペニーパッカーの提案は、少なくとも地方のレベルでは、それほど混乱なく選挙の回数も少なくて済む。しかし、他の問題が残る。選挙のとき、実際に投票する有権者の数は半数にも満たない場合が多いという問題である。投票する人たちは、その問題を考慮しているとは思えない。なぜなら、選挙宣伝活動は、そのような問題を取り上げない場合が多いからである。選挙運動を行うには費用がかかるので、裕福な人は公正な取り分以上の影響力を発揮する。権限（強化子についての）委譲も問題を投げかける。なぜなら、任命される者は、彼らを任命する者と比べて対抗制御の影響を受けにくい可能性があるからである。ほとんどのアメリカ人は、融通の利かない官僚主義的な公務員との出会いに苛立しさを感じると語るだろう。運転免許証の申込書を受け取る公務員は、何ら咎められることがない申込者に対して無礼な場合がある。なぜなら、申込者はどのように申請したらよいのかまったくわからないからである。申請者が免許証を受け取るためには、その公務員の協力を仰がなければならない。職場によって対応がいろいろであるのは驚くべきと言えるだろう。官庁であろうと、銀行であろうと、食料品店であろうと、安定した組織では、サービスを提供する人は、丁寧で頼りになる。この違いは何に由来するのだろう。組織を安定させるのは何だろう。

　スキナーは『ウォールデン・ツー』の中で、民主主義の何が良いのか、それはどのように改善され得るのかという疑問に対する解答と解決を推測した。も

ちろん計画者には任期期間がある。その結果、彼らは、長い目で見れば、他のすべての人と強化関係を共有する。しかし、選挙は行われていない。代わりとしてスキナーが提案したのは、マネージャーたちに、ほとんど頻繁に世論調査を行わせたり、提案を求めさせたりすることであった。スキナーは、「コミュニケーション」に対する今日の懸念を予期していたのかもしれない。人々が、コミュニケーションについて語るとき、特に管理についての議論でコミュニケーションについて語るとき、彼らが何を意味しているのかを調べてみると、彼らは対抗制御について語っているように思われる。公務員やサービス提供者は、利用者の話に耳を傾けたり、利用者に対して丁寧に対応したりすることが強化されると、利用者に対して敏感に反応して丁寧になる。利用者は、彼らの行動を強化する手段を比較的にほとんど持っていないので、その強化子は、公務員やサービス提供者の上司から提供されなければならない。しかし、そのためには、上司は自分が監視する部下の行動に気づくように振る舞わなければならないし、部下に行動の仕方を教示しなければならない（気づくように振る舞うというこの行為、すなわち観察する行為や、教示するという上司の行為それ自体も強化されなければならない）。上司が、自分の部下とこのようにして「コミュニケート」すると、利用者に対する部下の対応は適切な行動になるだけでなく、利用者は以前よりもより多くの対抗制御が行える。利用者の好意的な反応と非好意的な反応が単なる違い以上のものになる。なぜなら、それらの反応に注意が向けられるからである。スキナーが指摘したことは、政府も同じように良い状態になることができるということである。彼の考えでは、マネージャーたち（サービス提供者）は、自分たちが制定した実践の効果に計画者たちが気づけるように、有権者たち（利用者たち）の世論調査を行った。言い換えれば、世論調査は、計画者たちの行動を強化したり弱化したりするだけでなく、維持の行為あるいは変化の行為を誘導する機能をも持つ弁別刺激を提供する。アメリカ合衆国民への世論調査は、ほとんどいつも行われていると言っていいほど増加した。そのような実践は、上手に利用されるかもしれない。

今日、私たちが直面する問題は、厄介な問題に思える。それらの問題を私たちが解決することができるかどうかについて、悲観的になるには理由がある。人々の心を変えなければならない、そのようなことを今なお耳にする。人の行動を変えなければならないということ、人の心を変えようとしても普通はうま

くいくわけではないということ、そういうことに人々はいまだ気づいていない。望ましくない行動をさせないようにするには、これまで以上に弱化が必要だ、と今なお言われている。感情や内的自己についての心理主義的な語りが議論の主流である限り、そして正の強化の代わりに嫌悪的な制御が用いられるべきであるという道徳的論議がなされている限り、私たちは、自分たちの問題を行動的な問題としてとらえることはできないし、それを解決するために行動的なテクニックを用いることはできないだろう。私たちは、計画を立てて、実験をして、そして評価する必要がある。私たちは、変えなければならない強化関係をすぐに変えるだろうか。長期的な結果が私たちのポリシーを制御できない限り、そして短期的な結果が私たちの行動を制御し続ける限り、破滅は必然的であるように思われる。

　それでもやはり、楽観の理由はあるかもしれない。短期的にものを見るということが私たちの文化の主流であるかもしれないけれど、私たちは長期的な結果によってもっと制御される方向に向かっているように思われる。昔、それぞれの世代は、次の世代に、公害、武器、負債といったますます大きくなる問題を、短期的な判断に基づいているとしか言えない行為によって残してきた。ある危機から次の危機へと移るにつれて、実践は、それらの危機を最終的に回避できるように進化する。そのような実践は、起こり得る長期的な関係を評価して予測することができる専門家に必然的に依存する。また実践は、十分な知識を持った積極的に発言する市民にも依存する。彼らは、統治する人たちに弁別刺激と結果を提供すべく行為する。報道、専門家、そして関心を向ける市民の判断が、わずかずつではあるが、合衆国を含めた世界の多くの国で、環境を保護し、貧困をなくし、健康を増進するための新たな実践を推進することに成功しているように思われる。これらの実践はますます評価され、代わりとなる実践と比較されるだろう。私たちが望むと望まざるとにかかわらず、そしてそれが可能であるとか不可能であるとか考えようと、私たちは、とにかくスキナーが提唱した実験する社会に向けて移動しているのかもしれない。そのように期待しようではないか。

要　　約

　文化をデザインすることを行動分析家は推奨する。それに対して反論が時々生じた。しかし、行動分析家の推奨は、正しく理解されるなら、ほとんど議論の余地はないものである。デザインという考えは、好むと好まざるとにかかわらず、人々に課せられる何か固定した計画を提供することでは決してない。デザインという考えからは実験と評価の過程が暗示され、その過程で人々の長期的な幸福にしたがった実践が選択される。ここで言っているデザインは、文化の進化と関係する。この関係の仕方は、選択育種が自然選択に関係するやり方に似ている。選択育種が、遺伝の変異と、形質の意図的選択による伝達をうまく利用するのと同じように、文化のデザインは、文化の変異と、実践の意図的選択による伝達を利用する。システマティックな実験と選択によって、社会的な問題や環境問題に対する文化の変化は加速される。

　実験的な実践は、生存、すなわち社会の生存を目的とする。しかし、文化（生活様式）の生存（存続）の方がほとんどである。文化が長期にわたって存続するためには、文化は環境の変化に応じて変化しなければならず、長期的な結果に基づく実践を採用しなければならない。さまざまな実践の起こり得る成果を予測するには、訓練を受けた専門家が、長期的な効果を見つけるために必要なデータを収集して分析しなければならない。新たな実践を採用するかどうかは、そのような専門家の結論によって決まる。変化は、社会の中の集団によってもしばしば左右される。そのような集団は「変化を求めて働く」ことで、すなわち、新たな実践を促す弁別刺激を生み出す言語行動に従事することで、専門家の予測に反応する。

　文化の生存（存続）と変化のための選択基準は強化である。成功をもたらす実践とは、それに競合する他の実践と比べてより多くの長期的な強化（あるいは、より少ない長期的な弱化）をもたらす実践である。より強化的な実践を実験し選択するということは、事前経過行動、すなわち、ひとつの問題に対して考えられるさまざまな解決方法を促し、解決できる方法と解決できない方法についての言語行動、すなわち強化される行動と強化されない行動についての言語行動へと導くことができる行動に相当する。

　最終的には、文化の変化と生存（存続）は適応度に依存する。無条件性の強

化子や弱化子は、社会的なものであれ非社会的なものであれ、自然選択の結果である。それらは近接的な手段であり、その手段によって、それらの強化子や弱化子を司る遺伝子は選択される。したがって、そのような結果（無条件性の強化子や弱化子）によって選択される実践は、長い目で見れば適応度を高める。

実験的な社会とは、スキナーによれば、実践による実験を定期的に行って新たな実践を選択する社会である。実験的な社会というより、実験する社会と言った方がよかったかもしれない。スキナーの小説『ウォールデン・ツー』は、そのような社会を描いている。それは、比較的に隔離された牧歌的な共同体を描いているという意味で、理想郷の小説と呼ばれている。しかし、これは、この本に対する読み誤りである。なぜなら、その共同体の具体的な細部は、主要な点、すなわち文化のデザインの実験的な方法を実体化しているだけだからである。この小説の読み方としては、登場人物たちが文化のデザインに対する一般的な反論を投げかけたり、それに答えたりしているエッセイとして読んだ方がよい。

このような反論の中には、行動的なテクニックは現実の世界では役に立たないといった反論や、デザインによって破滅的な状況になったり、厳格に統制された組織が出来上がったりするといった反論、実験する社会など面白味はないという反論がある。これらの反論にはすぐに反駁することができる。行動的なテクニックは、現実の世界で役に立つことがわかっている。実験は破滅的状況を避けるためのものであり、多様性を促すためのものである。文化の変化は緩やかであって、実験する社会という文化は、そこに住む人たちの歴史にふさわしいものになるだろう。

最大の反論は、文化のデザインは専制国家をもたらすのではないかという反論である。しかし専制国家は、本質的に不安定な関係である強制と搾取に依存する。もし文化のデザインが人々の幸福を目指す実験する社会であるなら、それは決して専制国家にはなり得ない。なぜなら、人々は、自分たちの行動が正の強化を受けて、強制的な関係や搾取的な関係から自由であるときに幸福だからである。安定と幸福は、公平と対抗制御に依存する。この２つは民主主義の顕著な特徴である。対抗制御の手段としての選挙の代わりに、何かもっと効果的なコミュニケーション手段ができるかもしれない。しかし、それは民主主義を高めるものであって、民主主義を抑えるものではない。

人類は先例のない問題に直面している。しかし、希望のための理由はあるだろう。実験をしてデータを集めれば集めるほど、訓練を受けた専門家の意見に耳を傾ければ傾けるほど、より良い実践を求める市民が見識を深めれば深めるほど、私たちが幸福になる可能性はますます高くなるだろう。

◆ 参考文献

Boyd, R., and Richerson, P. J. 1985: *Culture and the Evolutionary Process*. Chicago: University of Chicago Press. 誘導変異（guided variation）についての資料が、この本の第1章と第4章で記されている。

Goldstein, M. K., and Pennypacker, H. S. 1998: From candidate to criminal: The contingencies of corruption in elected public office. *Behavior and Social Issues, 8*, 1-8. この論文で著者たちは、選挙の前後で強化関係が変化し、それによって現職者の行動が汚職へと導かれるということを論じている。そして、対抗制御を高めることで、汚職問題の解決を試みる代替選挙システムを提案している。

Huxley, A. 1989: *Brave New World*. Reprint. New York: HarperCollins. この本は悪夢のような小説で、初版は1946年に出版されている。支配層エリートが民衆を薬物と気楽な娯楽に耽溺させているという内容である。（ボークスR. 松村達雄（訳）(1974). すばらしい新世界　講談社）

Orwell, G. 1983: *Nineteen Eighty-Four*. Reprint. New York: New American Library. この書は、もうひとつの悪夢の小説で、初版は1949年に出版されている。強制、すなわち嫌悪的な制御によって支配される社会が描かれている。（オーウェルG. 高橋和久（訳）(2009). 一九八四年　新訳版　早川書房）

Skinner, B. F. 1961: Freedom and the control of men. In B. F. Skinner, *Cumulative Record*, enlarged ed. New York: Appleton-Century-Crofts, 3-18. 初版は1955年に出版されている。このエッセイは、文化のデザインに対する多くの反論について論じている。

Skinner, B. F. 1971: *Beyond Freedom and Dignity*. New York: Knopf. 第8章は、文化のデザインとそれに対する反論を扱っている。（スキナー B. F. 山形浩生（訳）(2013). 自由と尊厳を超えて　春風社）

Skinner, B. F. 1976: *Walden Two*. New York: Macmillan. これはスキナーが著した小説であり、初版は1948年に出版されている。実験する社会について記されており、文化のデザインに対する反論への回答も記されている。この版には、「ウォールデン・ツー：再検討（"Walden Two revisited"）」というエッセイが盛り込まれている。（スキナー B. F. 宇津木保（訳）(1983). ウォールデン・ツー――森の生活　誠信書房）

第14章で紹介した用語

実験的社会　*Experimental society*　　　**誘導変異**　*Guided variation*
選択育種　*Selective breeding*

◎ 索　引

■あ行

アリストテレス（Aristotle）　5
安全保障のジレンマ　285
暗に形成される行動（随伴性形成行動を参照）　210
意識　74
遺伝子　34, 199
遺伝的継承　7
遺伝子型　86
意図的イディオム、意図的な用語、意図　78, 122
意味　61, 122, 196
ウィルソン（Wilson, E. O.）　351
ウォールデン・ツー（Walden Two (Skinner)）　330
エビングハウス（Ebbinghaus, H.）　9
エプスタイン（Epstein, R.）　346
黄金律（行動規範）　312
オーウェル（Orwell, G.）　392
脅し、脅迫　121, 244, 298
オペラント学習　93
オペラント行動　110, 170, 200
オペラント条件づけ　93
音声行動　179

■か行

概念的節約性　33
解発子（鍵刺激）　100
科学的知識　162
学習性無力　91
隠れた主体　2
活力、生きる力　6
ガリレオ（Galileo, G.）　4
カロリー　5
感覚データ　28
関係　219, 279
関係（性）　20

間欠強化　175
感情　131
記憶　9
機械の中の幽霊　57
聞き手　172
超越機械論的仮説（ライル G. も参照）　59
記述としてのルール　200
擬人化　10
帰属理論　158
機能　113, 117, 122, 184
機能的なカテゴリー　218
機能的単位　117, 185
機能的な定義　114
規範、標準　249
客観的心理学　7
究極的（な）強化　144
究極的説明　108
強化　41
強化関係　141
強化子　93, 317
強化の歴史、強化の履歴、強化履歴　100
強化の罠（随伴性の罠）　250
競合　7
教示（指導, 指示）　117, 209, 211
教示（ルール）　181, 211, 212
強制　243
脅迫、脅し　121, 244, 298
協力関係　275
虚構の、虚構的　68
巨視的（な）見方　63
キリーン（Killeen, P.）　171
近接的（な）強化　219
近接的説明　108
クーン（Kuhn, T.）　32
グルーピング　117
ゲーリケ（Guericke, O. v.）　36
系統発生　83, 99
系統発生的に重要な事象　93

401

決定論　4, 14
嫌悪的制御　243
顕現的―非顕現的　69
言語共同体　164, 171
言語行動　62, 169, 170
言語的エピソード　172
言語報告　137, 150
語彙目録　193
効果の法則　101
構造的単位、カテゴリー（範疇）、グルーピング　33, 58, 117, 185
公的事象、公的な行動　41, 47
行動工学　373
行動テクノロジー　381
行動の科学　2, 81
行動傾向、性向　64, 149, 176
行動の結果の適用　273
行動分析学　3
行動連鎖　144
構文　50, 200
公平　276, 289, 290
公平理論　290
ゴールディング（Golding, W.）　256
互恵性　294
心　7
心と体の問題　20
個体群、集団　84, 102, 368
個体発生　101
言葉　62, 169
コピー理論　69
小人　53
コミュニケーション　44, 170
コンガー（Conger, R.）　171

■さ行

再現　8, 104
搾取　255
参照理論　193
ジェームズ（James, W.）　29
自我　52
時間の隔たり　115

死刑　267
刺激　12, 41, 62, 87, 88, 140, 141, 155
刺激性制御　62, 139, 140, 184, 187,
刺激等価性　194
刺激に対する制約　344
思考　69, 209, 227
自己制御　251
自己知識　74, 155
自己の利益　313, 366
自己複製子　337
自己報告　68, 131
事前経過行動　232
自然事象　2, 47, 49, 50
自然選択　6, 84
自尊感情　115
実験的（な）社会　381
実験箱　121
実在論　2, 26
実践　7, 254, 313, 322, 351, 354
実用主義　2, 25, 26, 29, 39, 163
私的刺激　76, 155
私的事象　47, 48, 68
慈悲　265, 266
社会　16, 381
社会的エピソード　280
社会的強化　174
社会的強化子　174, 370
社会的自由　241, 243
弱化　94
弱化子　93, 317
自由　2, 241-243, 246, 255
自由意志　14-15, 241-242, 264
宗教　21, 241, 309
自由と尊厳を超えて（スキナーの著書）
　　238, 263, 373, 388
種の連続性　9
手話　180, 184
状況的倫理　310
条件刺激　100
条件性（の）強化子　95
情状酌量すべき状況　266
衝動　52, 251
自律性　53

◎ 索　引

■あ行

アリストテレス（Aristotle）　5
安全保障のジレンマ　285
暗に形成される行動（随伴性形成行動を参照）　210
意識　74
遺伝子　34, 199
遺伝的継承　7
遺伝子型　86
意図的イディオム、意図的な用語、意図　78, 122
意味　61, 122, 196
ウィルソン（Wilson, E. O.）　351
ウォールデン・ツー（Walden Two（Skinner））　330
エビングハウス（Ebbinghaus, H.）　9
エプスタイン（Epstein, R.）　346
黄金律（行動規範）　312
オーウェル（Orwell, G.）　392
脅し、脅迫　121, 244, 298
オペラント学習　93
オペラント行動　110, 170, 200
オペラント条件づけ　93
音声行動　179

■か行

概念的節約性　33
解発子（鍵刺激）　100
科学的知識　162
学習性無力　91
隠れた主体　2
活力、生きる力　6
ガリレオ（Galileo, G.）　4
カロリー　5
感覚データ　28
関係　219, 279
関係（性）　20

間欠強化　175
感情　131
記憶　9
機械の中の幽霊　57
聞き手　172
超越機械論的仮説（ライル G. も参照）　59
記述としてのルール　200
擬人化　10
帰属理論　158
機能　113, 117, 122, 184
機能的なカテゴリー　218
機能的単位　117, 185
機能的な定義　114
規範、標準　249
客観的心理学　7
究極的（な）強化　144
究極的説明　108
強化　41
強化関係　141
強化子　93, 317
強化の歴史、強化の履歴、強化履歴　100
強化の罠（随伴性の罠）　250
競合　7
教示（指導，指示）　117, 209, 211
教示（ルール）　181, 211, 212
強制　243
脅迫、脅し　121, 244, 298
協力関係　275
虚構の、虚構的　68
巨視的（な）見方　63
キリーン（Killeen, P.）　171
近接的（な）強化　219
近接的説明　108
クーン（Kuhn, T.）　32
グルーピング　117
ゲーリケ（Guericke, O. v.）　36
系統発生　83, 99
系統発生的に重要な事象　93

決定論　4, 14
嫌悪的制御　243
顕現的—非顕現的　69
言語共同体　164, 171
言語行動　62, 169, 170
言語的エピソード　172
言語報告　137, 150
語彙目録　193
効果の法則　101
構造的単位、カテゴリー（範疇）、グルーピング　33, 58, 117, 185
公的事象、公的な行動　41, 47
行動工学　373
行動テクノロジー　381
行動の科学　2, 81
行動傾向、性向　64, 149, 176
行動の結果の適用　273
行動分析学　3
行動連鎖　144
構文　50, 200
公平　276, 289, 290
公平理論　290
ゴールディング（Golding, W.）　256
互恵性　294
心　7
心と体の問題　20
個体群、集団　84, 102, 368
個体発生　101
言葉　62, 169
コピー理論　69
小人　53
コミュニケーション　44, 170
コンガー（Conger, R.）　171

■さ行

再現　8, 104
搾取　255
参照理論　193
ジェームズ（James, W.）　29
自我　52
時間の隔たり　115

死刑　267
刺激　12, 41, 62, 87, 88, 140, 141, 155
刺激性制御　62, 139, 140, 184, 187,
刺激等価性　194
刺激に対する制約　344
思考　69, 209, 227
自己制御　251
自己知識　74, 155
自己の利益　313, 366
自己複製子　337
自己報告　68, 131
事前経過行動　232
自然事象　2, 47, 49, 50
自然選択　6, 84
自尊感情　115
実験的（な）社会　381
実験箱　121
実在論　2, 26
実践　7, 254, 313, 322, 351, 354
実用主義　2, 25, 26, 29, 39, 163
私的刺激　76, 155
私的事象　47, 48, 68
慈悲　265, 266
社会　16, 381
社会的エピソード　280
社会的強化　174
社会的強化子　174, 370
社会的自由　241, 243
弱化　94
弱化子　93, 317
自由　2, 241-243, 246, 255
自由意志　14-15, 241-242, 264
宗教　21, 241, 309
自由と尊厳を超えて（スキナーの著書）
　　238, 263, 373, 388
種の連続性　9
手話　180, 184
状況的倫理　310
条件刺激　100
条件性（の）強化子　95
情状酌量すべき状況　266
衝動　52, 251
自律性　53

■や行

誘導　91
誘導（する）刺激　347-348
誘導変異　379
ユートピア　329
誘発する　90, 140
欲望　247
余計　53-54
予測不可能性　19

■ら行

ライル（Ryle, G.）　58-59
ラクリン（Rchlin, H.）　62
ラッセル（Russell, B.）　28
ラボアジエ（Lavoisier, A.）　5
ラムズデン（Lumsden, C. J.）　351
利他的行為　294
リチャーソン（Richerson, P. J.）　342
ルイス（Lewis, C. S.）　259
ルール　34, 199-200, 212, 225-226
ルール支配行動　209-210
ルールに従う、ルール追随　209-210, 216, 225, 364, 369
ルール（の）提供　216, 285, 369
ルールを作る　212, 364, 369
歴史、履歴　3, 15, 83, 100, 113
歴史的説明、歴史による説明　83, 106, 108, 114
レスポンデント条件づけ（古典的条件づけ）　90
ローティ（Rorty, R.）　61
ロマネス（Romanes, G.）　10

■わ行

ワトソン（Watson, J. B.）　11

《訳註》それぞれの用語に対応させたページは、その用語が「見出し」となっているページ、用語の説明が行われているページ、あるいは、その用語の初出ページである。

◎ 訳者あとがき

　本書は、William Baum 著の "*Understanding the behaviorism: Behavior, culture, and evolution*" 第2版の邦訳書である。原著を翻訳したいと訳者が思った理由は、行動を理解するということはどういうことなのか、そして、行動の科学は可能であるのか、という2つの問題について行動の研究者や実践家の方たちと改めて考えてみたかったからである。

　言うまでもなく、ヒトやヒト以外の動物がなぜそのように行動するのか、その問題は古くから議論されており、また、その問題に対する説明の仕方や視点は多様である。にもかかわらず、行動を理解するということはどうすることなのか、そして行動を科学することは可能であるのか、といった行動にかかわる根本的な問題が、我が国の行動研究者の間でかつてほどには議論されなくなったように思える。また、徹底的行動主義の視点が方法論的行動主義の視点といまだに混同されるようなことがあって残念に思っていたことも翻訳の動機である。

　行動理論の入門書としては、我が国では恩師の故佐藤方哉先生が著した『行動理論への招待』（大修館書店）があり、それに勝るものは他にないように思える。私どもが学生のころは、佐藤先生の著書が行動主義を理解するための教材であった。そして、行動の科学とはどのような科学であるのか、それは可能かという問題について、行動を学ぶ者が語り合う機会は多かった。それは行動の科学がいまだ我が国に十分に普及していなかったためであろう。

　その後、行動の科学である行動分析学が次第に知られるようになり、日本行動分析学会の会員数は、2015年の夏で、1,000名を超えるにいたった。しかし、佐藤先生の著書を読む者、そしてその書籍の存在を知る者はどのくらいいるのだろう。我が国の行動の研究者や実践家が、彼の著書に目を向けていただくきっかけになってもらえればと思ったことも、今回の翻訳の理由のひとつである。

　Baum 博士は、B. F. Skinner の著書と比べて学生にとってわかりやすい現代的な行動主義を説明する目的で上記の初版を著したという。しかし第2版では、Skinner の考えに着目するより Baum 博士自身の巨視的な行動主義の視点が説明されている。その意味で、彼の著書によって Skinner 以降の行動分析学

の視点を理解することができる。もともと生物学を専攻していたBaum博士は、進化についてのDarwinの理論だけでなく、行動生物学（エソロジー）や進化生物学の視点を縦横無尽に織り交ぜながら、科学の哲学としての行動主義を解説している。そして、社会における人間の行動にいたっては、自由や幸福、公平や平等、さらに政治や文化に関する問題が、現代の行動主義によってどのように理解されるのか、Baum博士自身の視点が懇切丁寧に述べられている。これからの行動の科学の発展は、過去と現在の行動主義の理解なくしてありえない。それはまさに行動の科学が行動を説明する方法と同じである。そのような点からも、佐藤先生の著書だけでなく、Baum博士の著書はすぐれた科学哲学書として行動主義を理解するのに最適な本であると考えている。

　本訳書が、多くの行動の研究者や実践家の方たちと行動の科学について新たに語り合うためのきっかけになれば幸いである。読みにくさや誤訳があるとしたら、それは訳者の至らなさによるものであって、けっして原著にあるのではない。そのときは読者諸氏の御叱正を賜りたい。なお、各章末に記されている参考文献で邦訳されているものがあれば、できるかぎりそれらについても記しておいた。

　最後に、二瓶社の宇佐美嘉崇氏には、原稿執筆開始から編集作業全般にわたって懇切丁寧なご助言とご支援を賜った。ここに宇佐美氏に厚い感謝を捧げたい。

森山　哲美

著　者
◎ William M. Baum

　ボーム博士は、1961 年にハーバード大学で心理学の学士号を受けた。もともと生物学を専攻していたが、大学 1 年生と 2 年生のときに B. F. スキナーと R. J. ハーンスタインの講習を受けた後、心理学科に移籍した。彼は、1962 年にハーバード大学の大学院に進み研究を行った。そこでハーンスタインの指導を受け、1966 年に博士号（Ph.D.）を取得した。1965 年から 66 年にかけてケンブリッジ大学で過ごし、そこの動物行動学支学科（the Sub-Department of Animal Behavior）で行動生物学（ethology）を研究した。1966 年から 1975 年にかけて、ハーバード大学で、ポスドク研究員、研究助手、助教として勤務した。彼は、脳と進化と行動の、国立衛生実験研究所（the Institutes of Health Laboratory for Brain, Evolution, and Behavior）で 2 年間を過ごし、1977 年にニューハンプシャー大学の心理学科の招聘に応じた。1999 年にそこを退職し、現在は、カリフォルニア大学デービス校で準研究員としての地位を得て、サンフランシスコに居住している。彼の研究テーマは、選択、巨視的行動と環境との関係、採餌、行動主義である。彼は "Understanding Behaviorism: Behavior, Culture, and Evolution" の著者である。

訳　者
◎ 森山 哲美　もりやま てつみ

　1952 年　東京生まれ
　1982 年　慶應義塾大学大学院社会学研究科心理学専攻博士課程満期退学
　1998 年　博士（心理学）（慶應義塾大学）
　現　在　常磐大学教授、常磐大学大学院人間科学研究科長（併任）、常磐大学心理臨床センター長（併任）、日本行動分析学会監事

　主要著訳書
　　『行動心理ハンドブック』（共著、培風館、1989 年）、『心理学に必要なコンピュータ技術』（共著、北樹出版、1990 年）、『比較心理学を知る』（ヘイズ著、共訳、ブレーン出版、2000 年）、『刻印づけと嗜癖症のアヒルの子―社会的愛着の原因をもとめて』（ハワード・S・ホフマン著、翻訳、二瓶社、2007 年）、『行動分析家の倫理―責任ある実践へのガイドライン』（ジョン・ベイリー／メアリー・バーチ 著、共訳、二瓶社、2015 年）

行動主義を理解する
―― 行動・文化・進化 ――

2016年9月20日 第1版 第1刷

著　者　　ウィリアム・M・ボーム
訳　者　　森山哲美
発行所　　有限会社二瓶社
　　　　　TEL 03-5648-5377
　　　　　FAX 03-6745-8066
　　　　　郵便振替 00990-6-110314
　　　　　e-mail: info@niheisha.co.jp
装　幀　　株式会社クリエイティブ・コンセプト
装　画　　shutterstock
印刷製本　株式会社シナノ

万一、乱丁・落丁のある場合は購入された書店名を明記のうえ小社までお送りください。送料小社負担にてお取り替え致します。但し、古書店で購入したものについてはお取り替えできません。なお、本書の一部あるいは全部を無断で複写複製することは、法律で認められた場合を除き、著作権の侵害となります。定価はカバーに表示してあります。

ISBN 978-4-86108-078-4　C3011
Printed in Japan

二瓶社　好評既刊

障害児の問題行動
その成り立ちと指導方法
高田博行　著
ISBN　978-4-931199-10-1
定価（本体価格 1,360 円+税）

自閉症、発達障害者の社会参加をめざして
応用行動分析学からのアプローチ
R・ホーナー／G・ダンラップ／
R・ケーゲル　編
小林重雄／加藤哲文　監訳
ISBN　978-4-931199-16-3
定価（本体価格 2,913 円+税）

一事例の実験デザイン
ケーススタディの基本と応用
D・H・バーロー／M・ハーセン　著
高木俊一郎／佐久間徹　監訳
ISBN　978-4-931199-37-8
定価（本体価格 3,000 円+税）

うまくやるための強化の原理
飼いネコから配偶者まで
カレン・プライア　著
河嶋孝／杉山尚子　訳
ISBN　978-4-931199-55-2
定価（本体価格 1,400 円+税）

行動分析学から見た子どもの発達
ヘンリー・D・シュリンガーJr.　著
園山繁樹／根ヶ山俊介／
山根正夫／大野裕史　訳
ISBN　978-4-931199-57-6
定価（本体価格 4,800 円+税）

発達障害児を育てる人のための親訓練プログラム
お母さんの学習室
山上敏子　監修
ISBN　978-4-931199-62-0
定価（本体価格 2,800 円+税）

重度知的障害への挑戦
ボブ・レミントン　編

小林重雄　監訳
藤原義博／平澤紀子　共訳
ISBN　978-4-931199-63-7
定価（本体価格 6,000 円+税）

強迫性障害の治療ガイド
飯倉康郎　著
ISBN　978-4-931199-67-5
定価（本体価格 800 円+税）

学習性無力感
パーソナル・コントロールの時代をひらく理論
C・ピーターソン／S・F・マイヤー／
M・E・P・セリグマン　著
津田彰　監訳
ISBN　978-4-931199-69-9
定価（本体価格 5,200 円+税）

臨床心理学の源流
ロバーツ・D・ナイ　著
河合伊六　訳
ISBN　978-4-931199-74-3
定価（本体価格 1,900 円+税）

行動分析学からの発達アプローチ
シドニー・W・ビジュー／
エミリオ・リベス　編
山口薫／清水直治　監訳
ISBN　978-4-931199-80-4
定価（本体価格 3,400 円+税）

挑戦的行動の先行子操作
問題行動への新しい援助アプローチ
ジェームズ・K・ルイセリー／
マイケル・J・キャメロン　編
園山繁樹／野口幸弘／山根正夫／
平澤紀子／北原佶　訳
ISBN　978-4-931199-82-8
定価（本体価格 6,000 円+税）

入門　**問題行動の機能的アセスメントと介入**
ジェームズ・E・カー／
デイビッド・A・ワイルダー　著

二瓶社　好評既刊

園山繁樹　訳
ISBN 978-4-931199-87-3
定価（本体価格 1,000 円+税）

入門　精神遅滞と発達障害
W・ラリー・ウィリアムズ　著
野呂文行　訳
ISBN 978-4-931199-88-0
定価（本体価格 1,000 円+税）

自閉症児の発達と教育
積極的な相互交渉をうながし、学習機会を改善する方略
ロバート・L・ケーゲル／
リン・カーン・ケーゲル　編
氏森英亞／清水直治　監訳
ISBN 978-4-931199-90-3
定価（本体価格 4,800 円+税）

入門　発達障害と人権
スティーブ・ベーカー／
エイミー・テーバー　著
渡部匡隆／園山繁樹　訳
ISBN 978-4-931199-92-7
定価（本体価格 1,000 円+税）

科学と人間行動
B・F・スキナー　著
河合伊六　他訳
ISBN 978-4-931199-93-4
定価（本体価格 4,200 円+税）

親と教師のための AD/HD の手引き
ヘンリック・ホロエンコ　著
宮田敬一　監訳
ISBN 978-4-931199-97-2
定価（本体価格 1,200 円+税）

肥前方式親訓練プログラム
AD/HD をもつ子どものお母さんの学習室
肥前精神医療センター情動行動障害センター　編
大隈紘子／伊藤啓介　監修
ISBN 978-4-86108-004-3
定価（本体価格 2,600 円+税）

子どもの発達の行動分析　新訂訳
シドニー・W・ビジュー　著
園山繁樹／根ヶ山俊介／山口薫　訳
ISBN 978-4-86108-007-4
定価（本体価格 2,200 円+税）

はじめての応用行動分析　日本語版第2版
P．A．アルバート／A．C．トルートマン　著
佐久間徹／谷晋二／大野裕史　訳
ISBN 978-4-86108-015-9
定価（本体価格 3,200 円+税）

スキナーの心理学
応用行動分析学（ABA）の誕生
ウィリアム・T・オドノヒュー／
カイル・E・ファーガソン　著
佐久間徹　監訳
ISBN 978-4-86108-016-6
定価（本体価格 2,300 円+税）

自閉症、発達障害児のための
トイレットトレーニング
マリア・ウィーラー　著
谷　晋二　監訳
ISBN 978-4-86108-022-7
定価（本体価格 1,400 円+税）

行動変容法入門
レイモンド・G・ミルテンバーガー　著
園山繁樹／野呂文行／渡部匡隆／大石幸二　訳
ISBN 978-4-86108-025-8
定価（本体価格 3,600 円+税）

自閉症児の親を療育者にする教育
応用行動分析学による英国の実践と成果
ミッキー・キーナン／ケン・P・カー／
カローラ・ディレンバーガー　編
清水直治　監訳
ISBN 978-4-86108-027-2
定価（本体価格 2,400 円+税）

自閉症児と絵カードでコミュニケーション
PECS と AAC

二瓶社　好評既刊

アンディ・ボンディ／ロリ・フロスト　著
園山繁樹／竹内康二　訳
ISBN　978-4-86108-034-0
定価（本体価格2,000円＋税）

刻印づけと嗜癖症のアヒルの子
社会的愛着の原因をもとめて
ハワード・S・ホフマン　著
森山哲美　訳
ISBN　978-4-86108-037-1
定価（本体価格1,800円＋税）

人間コミュニケーションの語用論
相互作用パターン、病理とパラドックスの研究
ポール・ワツラヴィック／
ジャネット・ベヴン・バヴェラス／
ドン・D・ジャクソン　著
山本和郎　監訳
尾川丈一　訳
ISBN　978-4-86108-044-9
定価（本体価格2,600円＋税）

メイザーの学習と行動　日本語版第3版
ジェームズ・E・メイザー　著
磯博行／坂上貴之／川合伸幸　訳
ISBN　978-4-86108-045-6
定価（本体価格4,000円＋税）

機軸行動発達支援法
ロバート・L・ケーゲル／
リン・カーン・ケーゲル　著
氏森英亞／小笠原恵　監訳
ISBN　978-4-86108-053-1
定価（本体価格5,200円＋税）

発達障害のある人と楽しく学習
好みを生かした指導
デニス・レイド／キャロライン・グリーン　著
園山繁樹　監訳
ISBN　978-4-86108-055-5
定価（本体価格1,800円＋税）

子どものニーズに応じた保育
活動に根ざした介入
クリスティ・プリティフロンザック／
ダイアン・ブリッカー　著
七木田敦／山根正夫　監訳
ISBN　978-4-86108-058-6
定価（本体価格2,200円＋税）

広汎性発達障害児への応用行動分析
（フリーオペラント法）
佐久間徹　著
ISBN　978-4-86108-062-3
定価（本体価格800円＋税）

スクールワイドPBS
学校全体で取り組むポジティブな行動支援
ディアンヌ・A・クローン／
ロバート・H・ホーナー　著
野呂文行／大久保賢一／
佐藤美幸／三田地真実　訳
ISBN　978-4-86108-064-7
定価（本体価格2,600円＋税）

自閉症児のための活動スケジュール
リン・E・マクラナハン／
パトリシア・J・クランツ　著
園山繁樹　監訳
ISBN　978-4-86108-070-8
定価（本体価格2,200円＋税）

行動分析家の倫理
責任ある実践へのガイドライン
ジョン・ベイリー／メアリー・バーチ　著
日本行動分析学会行動倫理研究会　監訳
ISBN　978-4-86108-072-2
定価（本体価格4,200円＋税）

発達障害児の言語獲得
応用行動分析的支援（フリーオペラント法）
石原幸子／佐久間徹　著
ISBN　978-4-86108-073-9
定価（本体価格800円＋税）